T0274760

¿FEMINISTA YO?

¿FEMINISTA YO?

*Guía básica para entender
los feminismos y sus debates HOY*

Ana Vásquez Colmenares

Grijalbo

Penguin
Random House
Grupo Editorial

¿Feminista yo?
Guía básica para entender los feminismos y sus debates HOY

Primera edición: febrero, 2023

D. R. © 2023, Ana Vásquez Colmenares

D. R. © 2023, derechos de edición mundiales en lengua castellana:
Penguin Random House Grupo Editorial, S. A. de C. V.
Blvd. Miguel de Cervantes Saavedra núm. 301, 1er piso,
colonia Granada, alcaldía Miguel Hidalgo, C. P. 11520,
Ciudad de México

penguinlibros.com

ISBN: 978-607-382-616-7

Impreso en México – *Printed in Mexico*

A mi madre y a mi padre, de quienes aprendí casi todo lo importante.
A las mujeres que son o han sido mis maestras, amigas, comadres,
cómplices de aventuras, con quienes he reído y llorado.
A las mujeres que, a lo largo de los siglos, han sufrido y han pensado
que había otra manera de existir, otra manera de ser humanas.
A mi hijo, a mis sobrinas y sobrinos, en cuya generación pongo
esperanzada la posibilidad de un mundo más igualitario, libre y feliz.
A mis hermanos, compañeros de genes y de aventuras.

ÍNDICE

INTRODUCCIÓN

El amo es superior al esclavo; el adulto es superior al niño;
el varón es superior a la mujer.
ARISTÓTELES

Vivimos un innegable tiempo de cambio en las estructuras económicas, políticas y sociales. El mundo y sus viejos paradigmas han ido transformándose. Lo invisible reclama ser visible y lo que era silenciado alza su voz y ocupa un nuevo lugar.

Aparentemente, en muchos contextos la igualdad entre los sexos ya se alcanzó y las mujeres estamos supuestamente "empoderadas",* y por ello he escuchado que el feminismo ya no es relevante. ¿Será verdad? ¿Y este empoderamiento cuánto tiene que ver con haber alcanzado la plena igualdad?

Es cierto que desde hace décadas hay algunas primeras ministras, presidentas de países (de 193 países solo 22 son go-

---

* La Agenda 2030 de la ONU, en su Objetivo 5, se refiere al término de *empoderamiento* como "proceso mediante el cual las mujeres asumen control sobre sus vidas: establecen sus propias agendas, adquieren habilidades (o son reconocidas por sus propias habilidades y conocimientos) aumentando su autoestima, solucionando problemas y desarrollando la autogestión. El empoderamiento requiere capacidad de actuar en varias dimensiones: sexual, reproductiva, económica, jurídica y relativa a las políticas". Es un proceso y un resultado. Por eso nadie te empodera, tú te empoderas. Véase ONU (2015). *Lograr la igualdad de género y empoderar a todas las mujeres y las niñas* (Objetivo 5). Versión digital en <*https://www.un.org/es/chronicle/article/objetivo-5-lograr-la-igualdad-de-genero-y-empoderar-todas-las-mujeres-y-las-ninas-se-deja-algo-en-el*>

11

bernados por mujeres, es decir, solo 11.3%),[1] hay legisladoras, renombradas científicas y artistas reconocidas, directoras de grandes empresas, mujeres astronautas o en altos rangos militares, pero en números muy minoritarios. Las mujeres somos una ligera mayoría poblacional en el mundo, pero *minorizada* respecto a los beneficios y privilegios de poder y el estatus económico; y, lo que es peor, **somos una mayoría totalmente desproporcionada en violaciones sexuales o en todas las formas de acoso y trata de personas con fines tanto de explotación sexual como laboral.** Por cada delito sexual contra 1 hombre hay 11 contra una mujer;[2] seguimos ganando *mucho menos* en promedio por el mismo trabajo y llevamos sobre nuestros hombros la mayoría de las pesadas cargas relativas a las tareas domésticas y de cuidados de las infancias, personas enfermas, mayores o con discapacidad, ¡e incluso de los hombres adultos sanos que viven con nosotras!, sin ningún tipo de remuneración.

La violencia económica y psicológica es común en buena parte de las parejas, no solo heterosexuales; común incluso en las que no hay violencia física o sexual, pues están muy extendidos fenómenos como el *gaslighting*, una forma de violencia donde hay un claro desbalance de poder, donde el violentador te suele criticar, te hace sentir menos o avergonzada, te vuelves experta en editar lo que vas a decir antes de hablar con él, para no contrariarlo, donde con frecuencia te pinta como "exagerada", "hipersensible", "loca", y te condiciona el afecto a tener su mismo punto de vista y hacer lo que él desea.

En todas las escalas sociales, pero más en condiciones de pobreza, persisten enormes opresiones, brechas de desigualdad y violencias por el hecho de ser mujeres, que hunden a cientos de millones en desesperanza, desesperación, enojo o rabia.

En este mundo desigual, donde perdura la discriminación y la opresión contra las mujeres y las niñas de manera directa o indirecta, las feministas y los feminismos se han convertido en temas de conversación recurrentes y candentes, no solo entre las propias mujeres, sino entre hombres, personas de la diversidad y disidencia sexual, organizaciones civiles, empresas, gobiernos, familias, medios, plataformas digitales, aulas, parejas, e incluso en chats de amistades o familia que antes no tocaban temas como derechos de las mujeres, patriarcado, androcentrismo, machismo, misoginia, etcétera.

El orden de género patriarcal, comúnmente denominado **patriarcado, es un sistema de dominación donde el poder, estatus y superioridad se le otorga en una sociedad al varón de manera automática por el simple hecho de serlo**. El término latino *patriarca*, que a su vez viene del griego πατριάρχης, es un compuesto formado por dos palabras: *pater* o padre (πατήρ) y *arché* o gobierno y dominio (αρχή). La palabra *patriarca* se refiere tanto a la máxima autoridad familiar como a la máxima autoridad política que en este orden social recae siempre en un varón. El patriarcado es todo un sistema de dominio, un orden social de dominación que desde hace milenios ha existido de diversas formas, en distintos tipos de sociedades y culturas, y que ha promovido y mantenido la invisibilización, subordinación e incluso opresión de las mujeres, considerando a los varones y a lo "masculino" como superior a las mujeres y a lo "femenino", creando así una situación de desigualdad estructural. Hay ejemplos de sociedades en distintas partes del orbe donde la propiedad, la residencia, la familia, la política, la economía, la salud y la toma de decisiones han sido dominadas por los hombres, sobre todo heterosexuales, en detrimento de las mujeres. En ese sentido cabe aclarar, respecto a la sexualidad, que el orden patriarcal está fundamentado en la idea de la superioridad de la heterosexualidad sobre otras manifestaciones de la sexualidad y, por ende, se habla también de *heteropatriarcado.**

El **androcentrismo se refiere a la práctica social de otorgar a los varones y sus puntos de vista y necesidades una posición central en el mundo**, e incluso un carácter universal, como si ellos representaran realmente a toda la especie humana. Derivado de ello, **el cuerpo y las necesidades del *varón hegemónico*** (el hombre adulto, blanco, o incluso de diversos tonos de piel,

---

* El término *patriarcado* es reinterpretado en la teoría feminista por **Kate Millett**, quien lo definió en 1969 en su obra *Política sexual* como un "sistema de dominio masculino que utiliza un conjunto de estratagemas para mantener subordinadas a las mujeres". Millett enfatiza su universalidad como el rasgo más significativo "donde el control de los recursos económicos, políticos, culturales, de autoridad o de autonomía personal, entre otros, están en manos masculinas". Como lo expresa **Rosa Cobo** en *Aproximaciones a la teoría crítica feminista* (2014), es útil entender el patriarcado como una forma de organización y dominación política, económica, ideológica, social y religiosa basada en la idea de la superioridad de lo masculino sobre lo femenino, de los hombres sobre las mujeres, de los hombres heterosexuales sobre los demás hombres, que da lugar a una institucionalización del poder y dominio masculino, control de los recursos y las relaciones sociales, incluso por medio de la violencia, en prácticamente todos sus roles sociales: en la pareja, la reproducción, el aula, el trabajo y la política. Vemos cómo las leyes y las normas sociales les dan mucho más valor a los hombres y a lo masculino que a las mujeres o lo femenino. **Gerda Lerner (1986)** lo define como "la manifestación e institucionalización del dominio masculino sobre las mujeres y los niños/as de la familia, y la ampliación de ese dominio sobre las mujeres en la sociedad en general". Como apuntan **Osbrobe y Molina (2008)**, el concepto de patriarcado es muy útil, incluso más que el sistema sexo-género, ya que "identifica un sistema basado en la utilización del poder" y, por ende, refleja un orden político y una relación jerarquizada entre los hombres y las mujeres que es de dominio-sumisión.

pero generalmente más poderoso o más rico que otros hombres de su sociedad, es decir, el varón que tiene el privilegio de estar en la punta de la pirámide social), **han sido la base y medida del diseño de muchas sociedades**, lo cual ha hecho que las mujeres deban tener una existencia *periférica*, que dependa de ese eje androcéntrico bajo el cual se conduce la mayoría de los asuntos de importancia del mundo.

Dos formas derivadas del androcentrismo, según **Alda Facio**, son la *misoginia*, es decir, el odio o desprecio a lo femenino, y la *ginopía*, la imposibilidad de ver el punto de vista femenino.

De ahí que **erradicar el androcentrismo sea una agenda básica del feminismo.** Dos temas que lo reflejan de manera constante son el lenguaje y la comunicación. El primer derecho de cualquier persona es existir como ser humano, y eso implica el derecho a ser nombrada. **Lo que no se nombra, no existe,** decía George Steiner. Y a través del lenguaje nombramos. También por medio de él aprendemos todo, socializamos, convivimos; por ello decimos que el lenguaje es un producto social y sobre todo una herramienta de cambio social. El lenguaje androcéntrico, que toma al masculino como genérico, refuerza y favorece la normalización de la idea falsa que las mujeres son inferiores o deben estar subordinadas a las experiencias masculinas. Y esto está tan normalizado que es común escuchar a mujeres hablando de sus causas como "*nosotros* somos un grupo de mujeres que…", en lugar de referirse a ellas mismas como "*nosotras* somos un grupo de mujeres que…" o a chicas hablando de su propia experiencia diciendo "es que cuando *uno* es joven", en vez de decir "cuando *una* es joven", etcétera. Estas formas sutiles de desvalorización de la mujer, presentes en muchas lenguas, son las que en el inconsciente colectivo refuerzan la desigualdad y justifican la violencia ejercida hacia ellas. Las feministas procuramos usar el lenguaje incluyente y no sexista, pese al argumento de la Real Academia Española (RAE) respecto a que prevalezca como criterio la "economía del lenguaje" para preferir el masculino como genérico y neutro. Usar el género femenino en el lenguaje visibiliza la existencia, labor y condición de las mujeres. **El lenguaje incluyente y no sexista no es una reivindicación literaria ni mucho menos gramatical, sino de derechos humanos fundamentales, una reivindicación política y ética.** Tenemos derecho a ser nombradas y ocupar un lugar central en las lenguas, simplemente porque somos la mitad de la humanidad. Por ello, debemos deconstruir lo que generaciones completas han absorbido y normalizado. Reconocer y actuar conforme a la importancia de nombrar a las mujeres para que el mundo deje de ser androcéntrico y machista.*

Así pues, el ***machismo*** es una forma de sexismo que atenta contra la dignidad y derechos de las mujeres. Se basa en la creencia de la supuesta inferioridad y por ende subordinación que las mujeres deben tener, en lo público y lo privado, respecto a los hombres, en virtud de su sexo. Se manifiesta en actitudes, conductas y comportamientos que reproducen y roles y estereotipos sexistas, que promueven y refuerzan el desprecio, la discriminación e incluso las violencias hacia las mujeres, las niñas y todo lo asociado a lo femenino. Quienes han recibido su proceso de socialización bajo este orden de género patriarcal y

---

* Es odioso el argumento de la RAE que concibe las lenguas como "mecanismos asépticos" y privilegia "la economía del lenguaje" sobre la injusta invisibilización de las mujeres. No me extiendo más porque sus argumentos no resisten un análisis desde la ética y los derechos humanos. Aquí pueden consultar el "Informe de la Real Academia Española sobre el lenguaje inclusivo y cuestiones conexas" (RAE, 2020): <*https://www.rae.es/sites/default/files/Informe_lenguaje_inclusivo.pdf*>.

androcéntrico —la enorme mayoría de los seres humanos— consciente o inconscientemente reproducen actitudes, conductas, roles y estereotipos donde el varón es visto como quien debe tener el poder, mandar, ordenar, conquistar y tomar la iniciativa en las relaciones sexuales o afectivas, quien debe ganar más dinero en la familia, entre otras.

La **misoginia**, palabra formada por dos voces griegas: *miso* y *gyne*, significa etimológicamente "detestar a la mujer"; tiene que ver con el rechazo e incluso odio hacia las mujeres como **resultado de la creencia de que la mujer es un sexo inferior al hombre**. La misoginia se traduce en conductas discriminatorias y de odio específicamente hacia la mujer. Algunas personas equiparan los términos *machismo* y *misoginia*, pero no son lo mismo. Ciertamente ambos están relacionados con el sexismo y afectan negativamente a las mujeres. Lo relevante es que **la misoginia se basa en un odio activo y es un fenómeno individual; un hombre machista no necesariamente es misógino en el sentido de que odie a las mujeres, pero está reproduciendo creencias, conductas y comportamientos hacia las mujeres, normalizados en su contexto, que discriminan y se traducen en distintos tipos de violencia**; incluso algunas de estas conductas no desean el mal a una determinada mujer, pero son paternalistas, condescendientes o infantilizan a las mujeres, aun cuando el machista cree que su conducta o comportamiento obedece al propósito de cuidarla o "protegerla", como cuando el machista dice: "yo sé cómo son los hombres, por eso no quiero que vayas sola o te pongas esa ropa sexi"; el misógino, en cambio, dice: "todas las mujeres son unas interesadas, o *zorras*". Otra diferencia es que los misóginos suelen alejarse o mantener a raya a las mujeres, mientras que los machistas suelen disfrutar de convivir con mujeres, especialmente si son jóvenes y bonitas.

Lo que sí es común es que **tanto machismo como misoginia han sido fuente de discriminación, desigualdad y violencia hacia las mujeres y las niñas en todo el orbe**, a lo largo de la historia.

Las discusiones han salido de la academia; hoy el feminismo, o más precisamente la perspectiva de género feminista,* es no solo una premisa crítica indispensable para el desarrollo sostenible y el cambio social en el mundo, sino una postura de vida de muchas. No obstante, lo cierto es que también se ha desvirtuado, frivolizado y encendido la discusión ante las nuevas formas de violencia machista y misógina que abundan, por ejemplo, en las redes sociales, o ante los vidrios rotos o muros pintados por jóvenes feministas. De manera simplista se califican como "vandalismo", sin hacer una indagación crítica del contexto, ni del cansancio de siglos por violencias normali-

---

* El Consejo Económico y Social de las Naciones Unidas (ECOSOC) define la perspectiva de género como: "el proceso de evaluación de las consecuencias para las mujeres y los hombres de cualquier actividad planificada, inclusive las leyes, políticas o programas, en todos los sectores y a todos los niveles. Es una estrategia destinada a hacer que las preocupaciones y experiencias de las mujeres, así como de los hombres, sean un elemento integrante de la elaboración, la aplicación, la supervisión y la evaluación de las políticas y los programas en todas las esferas políticas, económicas y sociales, a fin de que las mujeres y los hombres se beneficien por igual y se impida que se perpetúe la desigualdad. El objetivo final es lograr la igualdad [sustantiva] entre los géneros". La perspectiva de género feminista es como tener una lámpara con lupa para ver la realidad y detectar las necesidades específicas de las mujeres en un orden social patriarcal y androcéntrico; por ejemplo, técnicamente mujeres y hombres tenemos derecho a la movilidad y al libre tránsito de igual manera; sin embargo, la movilidad de las mujeres se ve limitada por calles oscuras y solas, el acoso sexual callejero y en el transporte público. De ahí la importancia de acciones de política pública, con perspectiva de género feminista, para garantizar el derecho de las mujeres a vivir de manera libre y segura en todos los espacios.

zadas. Pero algo es evidente: muchas, millones de mujeres están enojadas, hartas, dolidas, y se están rebelando contra un mundo que las ha maltratado y las ha violentado por siglos, y hoy lo continúa haciendo tanto con las viejas como con las nuevas formas de violencia de género.

Luego de estudiar sobre las causas de la desigualdad y la historia de las mujeres, descubrí que hay pocos textos en materia de feminismo accesibles a públicos amplios, o dirigidos especialmente a mujeres que inician o desean fortalecer su conocimiento de esos temas, así que me di a la tarea de ordenar y priorizar algunas ideas sobre el feminismo: conceptos, historias de protagonistas y sus aportes, genealogías, así como algunos debates importantes, buscando exponerlos de una manera sencilla, porque los ensayos académicos pueden a veces resultar demasiado áridos. De modo que este libro no es para especialistas ni para quienes manejan con soltura la teoría feminista; más bien busca aportar algo de luz y herramientas a quienes se inician en su estudio o desean comprender mejor estos temas. También está dirigido a las mujeres enojadas, dolidas, hartas —porque claro que tienen razón en estarlo—, que quizá revisando las genealogías, ideas y acciones de otras feministas puedan contrastar mejor sus estrategias personales y colectivas, y evitar que les pase lo que nos cuenta la reconocida periodista **Alma Guillermoprieto** en su libro *¿Será que soy feminista?*: "era rebelde por naturaleza, pero no contaba con las armas para asumir la rebeldía".[3] Este libro también es para quienes quieren hacer un repaso accesible de la historia del feminismo; para dar contraargumentos a quienes creen que ya alcanzamos la igualdad plena, y "el feminismo ya no tiene razón de ser", o para quienes consideran que ya no hay necesidad de un movimiento donde el sujeto político seamos las mujeres.

Bueno. Vamos por partes. ¿Qué tan real es esa igualdad y pleno empoderamiento de las mujeres del que tanto se habla? La discriminación se sigue dando en muchas dimensiones y constituye un obstáculo para el desarrollo económico, personal y del goce efectivo de los derechos de las mujeres, que representan más de la mitad de la población mundial.* En México las mujeres ocupan solo 3 de cada 10 posiciones con los mejores ingresos, proporción que se ha mantenido casi intacta en el decenio reciente. ¡Diez años sin avanzar ni un ápice! Las mujeres, además, no representamos ni una cuarta parte del total de personas trabajadoras con empleo formal. Por cada 7 hombres en las plazas mejor pagadas, solo 3 son mujeres. Las mujeres poseen apenas 28% de las plazas con un sueldo mayor a 15 400 pesos al mes (unos 817 dólares), mientras que son mayoría en las ocupaciones que tienen como máximo un salario mínimo mensual (de 0 a 3 080 pesos, es decir, poco más de solo 163 dólares). Así, la rigidez y el carácter normativo de la división sexual del trabajo nos limitan como humanidad a desarrollar nuestras habilidades y pasiones si no corresponden a la "etiqueta" de nuestro sexo.[4]

Esta "división sexual del trabajo" se refiere a la manera en que cada sociedad organiza la distribución del trabajo entre las personas, según los roles de género establecidos que se consideran apropiados para cada sexo.[5] En *El segundo sexo,* **Simone de Beauvoir** explica muy bien cómo a lo largo de la historia se restringió a las mujeres al ámbito de lo privado (trabajo reproductivo), dejando a los hombres la conquista del espacio de lo público (trabajo productivo).[6] Y esta división sexual del trabajo

---

* Según datos de la ONU, había en 2021 50.5% de hombres y 49.5% de mujeres, de un total de 7 700 000 000 habitantes del planeta Tierra.

se ha traducido en relaciones jerárquicas de poder y, por ende, en desigualdad. Ello ha pasado y sigue pasando en muchas culturas del orbe, en muchos contextos, clases sociales y etnias, donde la diferencia se resuelve en una jerarquía, en la que las mujeres somos obligadas y orilladas a permanecer simbólicamente unos peldaños abajo, al ser quienes "servimos" y "cuidamos" a los varones adultos y a nuestras criaturas.

Esta división es reforzada desde los primeros años de vida cuando, por ejemplo, a las niñas se les regalan comúnmente muñecas o enseres de cocina o artículos de belleza para que jueguen y refuercen sus roles maternales y de seducción; a los niños no se les regalan muñecos con pañales o biberones ni baterías de cocina o pinturas de uñas para el mismo propósito, sino cochecitos, herramientas de juguetes o incluso armas. Este reforzamiento de roles y estereotipos sexistas continúa en la escuela: en los libros se reproducen cuentos e historias, o ahora videojuegos, que narran conquistas bélicas y triunfos basados en el uso de la fuerza, donde los protagonistas y los audaces son mayoritariamente varones, mientras que las mujeres tienen papeles secundarios, casi nunca como protagonistas y, si lo son, es sobre todo en su rol de madres, amantes, brujas o generadoras de conflictos para los "pobres hombres". Aun hoy se escatiman los aportes femeninos a la ciencia, las artes, los deportes. Sigue habiendo una brecha salarial y de reconocimiento muy grande, pese a las indudables aportaciones de mujeres a lo largo y ancho de la historia de la humanidad.

Recuerdo que cuando iba a la secundaria había talleres "para hombres" como electricidad y carpintería, y talleres "para mujeres" como mecanografía o corte y confección. No era una regla escrita, pero se veía como una división "natural". Afortunadamente, en mi escuela había una opción más "neutra" que era "dibujo arquitectónico"; fue el que escogí justo porque no me sentía cómoda con las opciones estereotipadas.

En el mercado laboral, fruto de una construcción sistémica basada en la división sexual del trabajo, son todavía notorias las brechas de desigualdad que enfrentamos en términos económicos, como la diferencia salarial entre mujeres y hombres —se calcula que es de 30%— y la mucha menor representatividad en puestos directivos y de toma de decisión en los ámbitos político, comunitario o empresarial.

El número de mujeres que son jefas o directoras de empresa en México es apenas poco más de 4%, pero se reduce a la mitad (2%) si se tienen en cuenta los tonos de piel más oscuros.[7] Esta múltiple discriminación puede ser analizada mediante la *interseccionalidad*, un enfoque que permite estudiar la dinámica, por ejemplo, de ser mujer en condición de pobreza, adolescente e indígena, con distintas formas de opresión en el sistema en que vivimos. Si nos vamos a escala global, y no solo en el ámbito mexicano, resulta revelador que la revista *Forbes*, publicación que hace un listado de las personas "billonarias" en el mundo, reflejó un *incremento* de 36% de mujeres. Y sí, de 2020 a 2021 pasaron de ser 241 a 328 mujeres billonarias; el "problema" es que somos 3 811 500 000 mujeres en total, así que ese porcentaje es ínfimo. ¿Otro "problemita"? La gran mayoría de ellas son estadounidenses, blancas, herederas de hombres —padres o esposos— y en industrias estereotipadamente dirigidas a público femenino, como las de "belleza", moda o compras relativas al cuidado de la familia. Por último, aunque fueran multidiversas, **ni todas las billonarias *juntas* llegan a tener la misma riqueza que el onceavo hombre más rico.**

Como explica la filósofa **Ana de Miguel, la desigualdad entre hombres y mujeres es la primera escuela de todas las otras**

22

desigualdades. Si queremos cambiarla, tenemos que entender sus raíces para desde allí luchar contra las causas y sus formas de reproducción. Entender que la desigualdad es una estructura, pero también un valor aprendido y normalizado, un sentimiento, un condicionamiento inculcado desde la más tierna infancia. Como dice **De Miguel:**

> Para aceptar la sociedad tan desigual en la que vivimos, tenemos que ser entrenadas, entrenados desde pequeños en asumir esa desigualdad como el aire que respiramos, que la desigualdad es normal; que unas sirvan y otros acepten ser servidos sin reciprocidad. Y que tú como varón asumas eso porque te enseñan que eres un ente superior [...] y las niñas y niños [...] aprenden por la vía afectiva desde sus casas lo que es la desigualdad humana a través de la relación entre dos personas [sus progenitores] que se les presentan como ontológicamente distintas: unos, los que son servidos y otras las que sirven: ¡eso es la relación básica de poder! Luego entonces el sexismo, el racismo, y cualquier otro sistema de dominación, se interioriza y reproduce a través de las relaciones de desigualdad entre hombres y mujeres. Por eso [...] en el feminismo, [...] luchando contra la desigualdad entre hombres y mujeres estamos en realidad, minando y socavando el resto de las desigualdades humanas.[8]

Ante la inmensidad de la tarea global que implica erradicar esta desigualdad, pongo mi granito de arena y escribo desde un profundo sentimiento de respeto, admiración y gratitud hacia tantas mujeres, de todas las edades, orígenes y contextos, que a lo largo de 300 años de lucha feminista, e incluso antes de que los conceptos tuvieran nombre, dedicaron su tiempo, su reputación y su vida a buscar un mundo más igualitario y libre para nosotras, recibiendo epítetos como "locas", "brujas", "amargadas", "provocadoras", "conflictivas", y otros más, porque se dieron cuenta de que las cosas no eran como les contaban; que su humanidad valía más que un orden establecido que les ponía el pie encima. También mi reconocimiento a los hombres aliados que han alzado la voz por y con nosotras. Mi respeto a las luchas de las personas de la divergencia y disidencia sexual, quienes, al igual que la mayoría de las mujeres en la historia, también han recibido maltrato, segregación, discriminación, explotación y opresión por este orden androcéntrico y patriarcal.

El tema merece la mayor seriedad y, por lo tanto, me es preciso sincerarme, pues no pretendo hablar desde lugares que no me corresponden. Yo no vengo de las luchas aguerridas de grupos feministas; tampoco soy teórica, aunque he sido profesora universitaria muchos años. Como muchas feministas, estoy en proceso de deconstrucción y despatriarcalización y, como tantas otras, de descolonización. Confieso que no nací feminista, la vida me hizo; es más, me tomó años reconocerlo y asumirlo con pleno orgullo y responsabilidad, más porque vengo de un entorno privilegiado en el contexto de mi país.

Quiero, al hablar de mi feminismo, situarlo, enunciar de dónde provengo, contar mi historia y compartir cómo ha contribuido a resignificar ideas muy asumidas y darle un sentido nuevo a mi vida. Mi historia quizá pueda conectar contigo en algunos puntos.

Por décadas no me gusté a mí misma. Toda mi juventud me sentí gorda, incluso en los momentos cuando no lo estaba. Ante mi insistencia de bajar de peso, mi mamá me llevó a un bariatra a los 11 años y ese doctor me puso mi primera dieta. Lo peor es que ni siquiera tenía un gran sobrepeso. Pero el orden patriarcal y un sistema económico y colonial, que decretaba la delgadez y rasgos europeos como indicadores de valor y belleza de las mujeres, declaraba la guerra a mi cuerpo de muchas maneras y yo me sentía gorda, chaparra, fea. El caso es que con ese médico bajé de peso, pero tras dejar la dieta volví a subir un poco más de como estaba antes. Después siguieron muchas dietas. Decenas. Y subibajas innumerables. Por décadas. Incluso fui a "clínicas de gordura". De joven no me gustaba verme desnuda ante el espejo y, en la intimidad, siempre quería la luz apagada. El no sentirme bien con ninguna ropa me llevó a quedarme en casa muchas veces, en vez de ir a fiestas, celebraciones, o a eventos deportivos escolares donde había que usar ropa ajustada o shorts y yo buscaba pretextos para no ir. Quizá te parezca frívolo, a ti que me lees, pero para mí fue doloroso. Me perdí momentos importantes de mi juventud. Mi lucha con la báscula, por ese parámetro de belleza impuesto, impactó en muchos aspectos de mi vida, incluso en mi salud física y emocional.

Yo ignoraba entonces que cargaba con un estereotipo de belleza que un orden de género ha implantado en las mujeres como una manera de someterlas y disciplinarlas, para que nos desgastemos tratando de llegar a esos parámetros imposibles en vez de ocuparnos de asuntos más profundos o de ver cuál es la verdadera opresión. El estereotipo puede cambiar de sociedad en sociedad, pero es una forma de controlarnos, e incluso mantener nuestra autoestima a raya; uno de sus elementos es el desprecio social a la gordura sobre todo de las mujeres, o *gordofobia*, pues a los hombres, al menos heterosexuales, no se les exigen los mismos estándares, ya que ellos justifican su presencia en el mundo patriarcal de otra forma, no siendo "bonitos" o "delgados".

Yo no era alta ni flaca, ni rubia o con piernas estilizadas y largas, como las chicas de la televisión y las revistas con las que crecí y, como a la mayoría, **la publicidad adiestró y disciplinó mis gustos hacia la belleza hegemónica, blanca, delgada.** Vivía en un país de mayoría de personas morenas, y yo era una chica mestiza, bajita, con piernas rollizas y chaparreras (con sangre indígena, española y negra, como muchas personas en este continente).

Las personas morenas en la televisión de mi infancia eran casi exclusivamente "paisaje humano", personal de servicio o víctimas. Los hombres morenos eran obreros, campesinos, policías, jardineros, empleados de bajo nivel; las mujeres morenas, amas de casa con delantales baratos, secretarias, meseras, trabajadoras del hogar o mujeres indígenas, todas siempre atendiendo a hombres y criaturas. Y había una casi total ausencia de personas afrodescendientes. Recuerdo en mi niñez escuchar comentarios racistas de conocidos o parientes que solían referirse con desdén a las personas "prietas", o con admiración a las personas "güeras" (rubias) o "de ojos azules", que me hacían sentir menos por haber heredado rasgos indígenas de mis dos abuelos y de mi papá, como los ojos almendrados y el cabello azabache, lacio y grueso, y ser una niña "rellenita". Y lo que me pasaba a mí en mi infancia y adolescencia continúa pasando. En 2007, 20.2% de la población mexicana de 18 años y más declaró haber sufrido discriminación en el año anterior por alguna característica o condición personal: tono de piel, manera de hablar, peso o estatura, forma de vestir o arreglo personal, clase social, lugar donde vive, creencias religiosas, sexo, edad y orientación sexual.[9]

Continúo mi historia. **No me gustaba ser tan bajita, tener los ojos tan negros o el cabello lacio, sin esos rizos tan desea-**

bles, o ser piernuda, así que en distintas etapas de mi vida sentí la urgencia de recurrir primero a "trucos inofensivos", como ropa oscura para estilizar las piernas, y luego otros cada vez más caros, incómodos e invasivos: "luces" en el cabello y tintes para aclarar mi tono natural, lentillas de contacto de color claro, fajas apretadísimas, tacones altos o tratamientos "cosméticos" dolorosos, con el ánimo de bajar la grasa, con la vana e ilusa aspiración de parecerme más a ese "ideal de belleza". Sin embargo, lo que más me dolía de mi aspecto era lo que reflejaba la báscula; fue una sombra que opacó momentos importantes en mi vida. Y dediqué demasiada energía, tiempo e ilusiones a tratamientos que prometían disolver los kilos, y mi inseguridad. Entonces **no me preguntaba por qué quería lucir de cierta manera; solo aspiraba a "encajar" en el modelo, sin cuestionarme si el modelo podría estar mal, si los tacones que me estilizaban las piernas eran los mismos que me impedirían correr para escapar de un atacante en la calle. Tampoco me cuestionaba mis privilegios de clase o de blanquitud** —a fin de cuentas soy morena clara— en un país de herencia colonial que, en la misma época en que el feminismo nacía en Europa, clasificaba aquí a las personas en "castas", de acuerdo con su proporción o ausencia de sangre española y color de piel.

Contradictoriamente, la seguridad que me faltaba en lo físico me sobraba en lo intelectual. Estudiar fue un privilegio posibilitado y alentado por mis padres, especialmente por mi mamá, una ávida lectora y una mente inquieta que siempre estaba aprendiendo algo nuevo, a la que le gustaba enseñarnos poemas y que en las comidas nos ponía a aprender el significado de una palabra nueva del diccionario cada día. Mi mamá logró ser la primera mujer profesionista de su familia, con muchos sacrificios y grandes esfuerzos, pues provenía de una comunidad donde el grado máximo de estudios era cuarto grado de primaria. Ella, pese a que debió abandonar el nido familiar para poder estudiar, tuvo buena estrella y una historia atípica, pues, por un lado, su gran impulsor fue su papá, mi abuelo indígena mixteco, y no solo su mamá, una mujer muy blanca de Jalisco, que se casó con él creo que como última opción al ser una joven algo "quedada", es decir, ya no tan jovencita, como solían casarse entonces. Mi mamá tuvo una tía viuda con la que se fue a vivir a la ciudad, quien la acogió como una hija y no la explotó, como a tantas otras chicas provincianas en su situación; tuvo el ejemplo y aprecio de muchas maestras de la preparatoria y maestros universitarios, y logró así culminar y conseguir un puntaje casi perfecto en su licenciatura y su maestría en Derecho. Y seguro algo saqué de ella, pues, como a mi madre, siempre me ha fascinado aprender y entender, y también he tenido grandes maestras y maestros a quienes les debo mucho, como mi adorada Paty Zárate que nos enseñó el amor por la literatura y la lengua castellana, o la maestra Mabel, que hacía de la química orgánica la materia más fascinante. Gracias a la confianza que paradójicamente sí tenía en mi capacidad intelectual, y con el apoyo de mi mamá y de mi papá, logré sueños, como concursar y ganar las prestigiosas becas Ford-MacArthur y Fulbright-García Robles, que me permitirían estudiar en la Universidad de Columbia en Nueva York; posteriormente pude desarrollarme como consultora política independiente, profesora universitaria, conferencista y comentarista en medios. Pero no era suficiente para sentirme plena y feliz.

¿Y esto qué tiene que ver con el sistema patriarcal y el feminismo? Pues mucho. Permíteme seguir un poco más con la historia.

Recuerdo la sensación de alegría, contaminada con vergüenza, que sentí el día de mi boda, ese vestido color perla que intentaba disimular un cuerpo que no se parecía al de mi fantasía; que contravenía los cánones de la belleza e imaginarios dominantes sobre el cuerpo que me imponían las revistas de novias. En el fondo me avergonzaba tanto cómo me veía, que nunca puse una foto de la boda en nuestra casa. También es cierto que amaba a mi esposo —al que había conocido tan solo un año antes por internet y cuya pluma, personalidad e inteligencia me habían cautivado— y estaba feliz de "finalmente" casarme (había empezado a sentir la presión social patriarcal desde los 25 años, cuando varias amigas ya estaban casadas mientras yo me iba a estudiar mis posgrados al extranjero), así que la boda había sido un cierto "triunfo" en mi "cuento de hadas" personal, una manera de ponerle "palomita verde" a la lista de cosas que el patriarcado nos dice que las mujeres debemos hacer dentro de los mitos del amor romántico.

Pero la realidad es que no me sentía bonita, no me valoraba lo suficiente y tampoco era buena para dirimir conflictos, para construir soluciones mediante el diálogo, pues fui una niña consentida, siempre algo inmadura. Todo esto pesó en mi matrimonio y en mi vida de varias maneras. Por si fuera poco, la opresión patriarcal, obvio, no solo marcaba su huella en mí: mi esposo, educado también en un sistema que le decía que él tenía la obligación de ser el proveedor y el exitoso, y yo "la señora de", quizá no supo en ese tiempo cómo lidiar de buen modo con mis éxitos profesionales y mi personalidad perfeccionista y controladora (estilo que seguramente se reforzó también con el hecho de que tuve que aprender a destacar en un mundo de hombres, con reglas elaboradas por hombres, en salas de trabajo donde con frecuencia yo era la única mujer). Obvio, estoy simplificando, pero en síntesis hubo agravios, hubo dolor. Ambos nos lastimamos, a pesar de lo enamorados que estábamos al casarnos. Así, **el día que me sentí más fea y desolada fue cuando él salió por la puerta, 10 años después, y me quedé en casa con nuestro niño de 6 años. Me sentía sola, desamparada, fracasada, avergonzada incluso.** Y eso que a mí me fue bien porque no tuve que salir corriendo de un hombre que me golpeaba, ni tuve que dejar mi casa, o bajar mi nivel de vida, como les pasa a tantas mujeres que se separan o divorcian. Al menos, **mi independencia económica, cultivada desde muy joven —cuando empecé a ganar dinero mientras seguía estudiando— y que nunca pensé abandonar, ni casada, me salvó de esa otra catástrofe postdivorcio que tantas viven: depender del hombre que ya no las ama para sostener su vida material.**

Me tomó mucho tiempo encontrar las herramientas que finalmente me ayudaron a "quitarme el peso de encima", tanto el real como el de mi cabeza: terapias psicológicas de distintos tipos, meditación, yoga, lecturas, sesiones de sanación, un camino espiritual, pero también apropiarme del feminismo como forma de vida para recuperarme y sentirme libre y feliz, sentirme más contenta con mi cuerpo, más sana, con la convicción de que no tenía que seguir rigiéndome por imposiciones diseñadas para el placer de otros. Había empezado antes, con pequeños actos cargados de simbolismo, como deshacerme de las "mechas decoloradas" del cabello y lentes de contacto verdes, regresando a mis colores naturales. Pero estar en un cuerpo tan "pesado" realmente me pesaba en varios niveles, no solo en el plano físico. A la larga, tomé una decisión radical: una cirugía bariátrica que me quitó un metro de intestino y me dejó un estómago 70% más pequeño. Tenía poco más de 40 años. Perdí casi 40 kilos en poco más de un año y medio y, conforme perdía peso, por otros caminos seguía quitándome de encima velos y creencias dañinas y falsas.*

Fue cada vez más claro que la causa de mi incomodidad y mi tristeza siempre había estado alojada en mi cabeza, en virtud de todo un sistema u orden de género que me había inyectado y reforzado ese miedo a no encajar, a no ser amada por no "cumplir" con el mandato de ser bonita, ser tierna y tener como aspiración suprema ser buena madre, un sistema *patriarcal, que es racista* y *androcéntrico,* **es decir, un sistema diseñado por el varón heterosexual no racializado,** "jefe" de familia, como eje y medida de todo, sus necesidades y puntos de vista al centro** de la lengua y de la cultura; **mientras que las mujeres,**

---

* Quiero aclarar que con las herramientas que hoy tengo, desde el feminismo, no creo que las personas gordas "deban" adelgazar, y mucho menos por un tema estético. Quizá hoy habría elegido un camino menos radical y con consecuencias serias sobre mi salud que la cirugía bariátrica (padecí anemia severa). Pero eso es tema para otro libro. Creo que desde el feminismo debe abordarse con más profundidad teórica y mayor activismo la lucha *antigordofobia,* como una postura ética feminista, que profundice en un problema que va mucho más allá de lo individual o personal. Como otras formas de violencia, tiene un componente político y está relacionado no solo con el patriarcado, sino con un modelo económico que impone un estilo de vida cada vez más consumista y antinatural, con una poderosa industria alimentaria que solo busca el lucro y no la salud de las personas.

** El término *racializado* suma a todos los colectivos no blancos y se usa para denunciar el racismo sistémico. Alude a una persona que, con base en una cierta categoría racial, que la sociedad le atribuye, recibe un trato menos favorable, discriminatorio y estereotipado. Así pues, racializado es una categoría, como puede ser el género, que evidencia la desigualdad. De modo que una persona "no racializada" es aquella que tiene el color o las características con las cuales se comparan las demás —la norma—, que pertenece a la categoría privilegiada y que en términos generales puede ser "blanca", pero no siempre; por ejemplo, en muchos países africanos, latinoamericanos o asiáticos suele privilegiarse a las personas de pieles menos morenas dándoles un estatus superior que a quienes tienen tonos más oscuros, aunque no lleguen a ser blancas.

su sexualidad y sus necesidades materiales o emocionales, y todo lo femenino, quedan en un plano secundario, periférico, y son percibidas como de menor valor; un sistema que mandata que los cuerpos de las mujeres existen para el disfrute y privilegio de la *otredad*, no para sí mismas, y para la reproducción. Un sistema que promueve una *masculinidad hegemónica*[10] que lleva a muchos varones a demostrar "hombría" mediante fuerza, agresión, protagonismo sexual y/o éxito económico, y que minusvalora otras maneras de ser hombre.

Debo decir que **la claridad feminista de por qué debía apropiarme de mi cuerpo para mí misma y para mi propio proyecto de vida me llegó ya de adulta, aunque creo que la "semilla" feminista estaba en mí desde adolescente.** Recuerdo que, más allá del tema de la gordura, siempre sentí un "malestar", una especie de sensación de estar pisando un suelo resbaladizo, algo que no sabía cómo nombrar, pero que intuía que tenía que ver con mi condición de mujer. Como sentir desde los 12 años la mirada *lasciva* de varones —no conocía yo esa palabra entonces, pero sentía el peso de sus ojos lujuriosos recorriendo mi torso, como queriendo desnudarme con su mirada insistente, incomodándome—; hombres de todas edades, clases sociales y colores: desde mis compañeros de sexto grado hasta el profesor de educación física; señores que visitaban mi casa; el señor que vendía elotes o el policía de la esquina, todos mirando con mayor o menos desparpajo mis senos que aparentaban ser de adulta, aunque solo eran de una niña que se había desarrollado mucho ese último año. Me producía malestar, pero no sabía articularlo. No me gustaba, pero no me atrevía a mencionarlo. Un año antes, tenía 11 años, mi mamá me había dicho que no quería que usara más "esa blusa". Yo me molesté y no entendía qué tenía de malo ese pedazo de tela elástica que dejaba descubiertos mis hombros y mi ombligo; ella dijo algo como: "Estás empezando a crecer; mejor así". No entendí, pero hoy sé que ella solo quería protegerme del mundo donde yo era un objeto de deseo sexual, pese a ser aún una nena.

Mi padre, debo decirlo, fue en muchos sentidos un patriarca bueno, un esposo y padre afectivo y generoso que jamás me puso una mano encima (a mis hermanos sí les llegó a pegar en alguna ocasión, y hoy lo veo claramente como resultado de su socialización de género que disciplinaba a los varones con la fuerza física), a mí, su "hijita amada", me dio cariño, apoyo y siempre sentí que procuró mi bien y mi felicidad, aunque a veces chocábamos, al parecer porque teníamos temperamentos similares. Mi madre, una mujer amorosa, brillante, con una gran relación de pareja y un proyecto de vida común con el esposo que ella siempre ha visto como elección y no como obligación, y al que amó profundamente. Eso fue un enorme privilegio en una sociedad donde tantas niñas viven en entornos poco amorosos o hasta violentos. Otro gran privilegio fue que nunca me dijeron que yo, por ser niña, no podría estudiar; jamás declararon, como a tantas niñas, que no valía para nada, que era un estorbo, o que solo serviría para tener hijos y cuidar un marido. Jamás me obligaron a servirles a mis hermanos o a ayudar en casa más de lo que les exigían a ellos. No. Me animaron a superarme, a pensar en grande. Tenían los medios y no los escatimaron en mí; alababan que fuera buena alumna y me apoyaron para estudiar. Eso sin hablar del privilegio de tener siempre comida en la mesa, medicinas, ropa, un techo estable y esparcimiento.

A pesar de tantos privilegios, siempre me sentí un poco en desventaja frente a mis hermanos, todos hombres y mayores que yo. Sentía que gozaban de más libertad. Por ejemplo, de niña cuando íbamos a visitas familiares, ellos usaban pantalones o

shorts, camisa o playera, zapatos negros y acaso gel en el cabello, mientras que yo llevaba un vestido abombado con un lazo
en la cintura, calcetitas y zapatos blancos, trenzas, moños, una
ropa mucho más incómoda para saltar y correr y más fácil de
ensuciarse; o en las comidas familiares, mi papá —sin propo-
nérselo— se dirigía y hablaba más con ellos que conmigo de
los temas que a él le interesaban; a mí se limitaba a hacerme un
cariño en la mejilla. Ya de mayores, su horario de llegada cuando salían era más laxo. En cierto momento, cuando se habían
graduado, formaron un negocio ellos juntos, en el cual mi papá
invirtió y a mí no me invitaron a participar. Sé que era una niña
muy privilegiada, pero, aunque parezcan insignificantes, esas
cosas me afectaban. Se daban porque yo era mujer, aunque nadie lo admitiera explícitamente.

En la universidad sufrí un intento de violación, y nunca me
atreví a decírselo a mis padres, pues en el fondo me sentía culpable de haber sido yo quien invitó al tipo a pasar a mi casa,
donde no había nadie más, a altas horas de la noche (él dijo que
solo quería pasar al sanitario). Pero si lo hice fue porque me
sentí algo "obligada", dado que él había "tenido la amabilidad"
de ir a dejarme a mi casa, a "altas horas de la noche", tras una
fiesta fallida, de la que salí enojada por una pelea con el chico
que originalmente me había invitado. Fueron nociones en defensa personal y escape —había tomado un curso reciente— las
que me ayudaron a escapar ilesa.

Por cierto, fue en la universidad cuando tuve mi único gran
conflicto con mis papás; por un chico, ese sí mi novio, del que
estuve muy enamorada. No solo les molestaba que usara un are-
te o que estudiara filosofía ("pues de qué van a vivir", dando por
hecho que la responsabilidad en caso de "formar una familia"
sería de él y no compartida por mí, pese a tantas alabanzas por

ser "la más inteligente"), lo que más les desagradaba, creo, era que tuviéramos relaciones sexuales sin casarnos.

Estamos hablando del México urbano de 1990. **En ese tiempo la virginidad era algo que socialmente todavía se veía como algo valioso (claro, ¡en las mujeres!) y en algunos círculos aún había un fuerte estigma de no serlo.** Durante mucho tiempo en mi adolescencia, por preceptos católicos en los que creía, quise llegar virgen al matrimonio y por eso me esperé y me esperé. La religión y la espiritualidad fueron muy importantes para mí en esos años, pese a vivir en una familia totalmente laica donde ninguno de mis hermanos hizo la primera comunión y nadie iba los domingos a misa. La religión fue un proyecto personal mío que descubrí a los 13 años. Incluso creo que fue una especie de afirmación identitaria respecto a mi familia y, como en todo lo que hago, me metí *hasta la cocina*: estuve en círculos bíblicos, grupos juveniles cristianos, incluso estudié algo de latín en la Universidad Pontificia (no sin sentir cierto resquemor al recordar el aforismo "mujer que sabe latín ni encuentra marido ni tiene buen fin"), y hubo épocas en que comulgaba a diario.

Pero vuelvo a la virginidad. Si yo no tuve sexo de adolescente no fue tanto por el "miedo" a la reacción de mis papás o al qué dirán; fue un acto profundamente reflexionado y elegido: quería "preservarme" para aquel hombre que yo amara y que me amara incondicionalmente, en una relación de ambos, profundamente conectada con Dios. Hasta que un día tuve una fuerte crisis de fe, y entre otras cosas que terminaron por desencantarme fue que casi todo en la religión católica estaba centrado en los hombres, que no había mujeres en el sacerdocio —si las hubiera habido quizá yo habría acudido a ese llamado; tan fuerte sentía un llamado espiritual—. Me parecía injusto que a la que siempre señalaban como "la culpable" del pecado original fuera la mujer, Eva, quien lo único que quería era acceder al conocimiento, que fuera castigada por ello y condenada a "parir con dolor", y que el glorioso papel asociado a su figura femenina más importante era solo y exclusivamente por ser "madre". Pero esos eran debates doctrinarios, abstractos; lo que no fue abstracto es un episodio que recuerdo con claridad. Sucedió un domingo, al final de un retiro espiritual. Yo tenía 16 o 17 años. Un sacerdote cincuentón, alguien a quien yo antes veía como un gran ser humano y de quien buscaba guía en mi camino espiritual, durante el sacramento de la confesión me pidió detalles de dónde me había puesto la mano el noviecito en turno; si me había metido la lengua al besarme; si había manoseado un seno; si él se había tocado y no sé cuántos detalles más. ¡Me dio asco! A partir de allí empezó mi crisis de fe, que duró varios años. Y conforme el fundamento de la religión institucional terminaba de venirse abajo, iba sintiendo un vivo deseo de experimentar el sexo. Por eso, un buen día le dije a mi mejor amigo, a quien me unía gran confianza y además era guapo y yo secretamente amaba, "que me ayudara a dejar de ser virgen" (no le dije —porque quizá no habría podido enunciarlo— que a mis 21 años la virginidad, antes tan valorada, se había vuelto una carga pesada, un lastre a mi libertad). Para mi sorpresa, él se mostró ofendido por mi petición. Quiero pensar que era porque en el fondo estaba un poco enamorado de mí también, y que mi moción le pareció demasiado "fría y calculada", muy poco "romántica". Desde la niñez nos han machacado tanto la idea del amor romántico, del enamoramiento, de que es el varón quien "conquista" y las mujeres debemos vernos bellas y portarnos lindas para "seducir", que mi manera de abordar el tema lo mortificó. Pero al paso del tiempo nos reconciliamos, empezamos a ser novios e hice por primera vez el amor de una manera libre, amorosa y segura, pues incluso nos dimos tiempo antes de ir al ginecólogo y comprar píldoras anticonceptivas para mí y condones para él (eran tiempos en los que la sombra del sida se proyectaba como una sentencia de muerte). Esa primera vez, para mi sorpresa, no fue de "luces y fuegos artificiales". Tampoco me dolió mucho físicamente, pero para nada representó ese episodio sublime y fundacional que siempre aparece en los mitos del amor romántico acerca de "tu primera vez". Incluso él me confesó algún tiempo después que se sintió desconcertado y un poco ofendido, porque en cierto momento de ese primer acto carnal le dije: "¿Ya terminaste? Porque ya me aburrí". Jaja. ¡La verdad no lo recuerdo! A la luz de este episodio creo que elegí bien a mi primer gran amor, porque un novio machista, con una autoestima baja, quizá se habría puesto violento ante ese comentario en pleno acto sexual.

Liberarme del peso de la virginidad fue fantástico para mí. Estaba feliz y fui afortunada por descubrir el maravilloso goce del sexo con amor. Empezamos a dormir juntos varias noches por semana, aprovechando que él vivía solo y que mis papás se habían mudado de país y yo vivía únicamente con el último hermano soltero en la casa familiar. Eso sí, sin hacer ostentación de ello, pues entendía que mis papás "eran de otra generación", así que "guardábamos las formas" diciendo que me iba a dormir a casa de mi mejor amiga, o que se había organizado una excursión de fin de semana con amistades de la universidad y cosas así. Hasta que un día se enteraron y "ardió Troya". Querían que terminara la relación, que dejara todo y me fuera a vivir con ellos a Guatemala, donde mi papá trabajaba en ese momento. Yo me sentí herida por su reacción. Me pareció injusta y desproporcionada; pensé que únicamente tenía que ver con el hecho de que era mujer. Yo no tenía aún los elementos feministas para denominarla una reacción patriarcal y sexista —a mis hermanos con toda probabilidad no les habrían intentado poner semejantes condiciones—, pero sentirme tratada injustamente por quienes siempre me habían dicho que yo era "superinteligente", que valía mucho, que podría ser lo que yo quisiera, vigorizó mi fuerza y manifesté mi negativa a ser disciplinada por el ejercicio responsable de mi sexualidad: ni terminaría con el novio, ni dejaría mi universidad para irme a vivir con ellos a otro país. Tampoco me casaría, y esto viene a cuento porque mi amoroso novio de 23 años, en cuanto se enteró, se presentó con un anillo de compromiso para tratar de resolver la situación. Pero no quería verme obligada a casarme, a los 21 años, incluso con el hombre que yo amaba, pues habría sido una imposición y no una elección mía. ¡Antes preferiría irme de la casa familiar! A la larga pudimos hablar, se calmaron los ánimos y mi papá me pidió que no me fuera, a cambio de que durmiera todas las noches en casa. Accedí a regañadientes, porque no quería romper con mi familia, así que ellos se hacían de la vista gorda cuando yo me iba el fin de semana, y no hacían muchas preguntas.

A los 21 todavía no era feminista declarada, pero tenía nociones. Mis primeros pasos hacia el feminismo los recuerdo a los 15 años, cuando mi madre me dio a leer *El segundo sexo* de **Simone de Beauvoir**, uno de los referentes más importantes del feminismo de la igualdad. Lo leí, y no entendí muchas cosas en aquella primera lectura, pero afianzó mi idea de que **el mundo, así organizado, con los hombres primero y nosotras en segundo plano definitivamente no solo no me gustaba, sino que, de alguna forma, no sabía cómo, iba a contribuir a cambiarlo.** Luego, ya siendo joven universitaria, leía la revista mexicana *fem* y años después, junto con varias mujeres, formamos una consultoría especializada en campañas políticas de mujeres, donde yo les hacía estudios de posicionamiento, les daba entrenamiento de medios y asesoraba en *branding* político. Pero era desde una perspectiva feminista políticamente bastante light, para ser franca. Hoy haría muchas cosas distintas. Posteriormente, gracias a la invitación de **Tere Hevia**, también formé parte del Consejo Ciudadano para Promover la Participación y los Derechos Políticos de las Mujeres en Inmujeres de México y más tarde del colectivo Mujeres en Plural.

De regreso a mi pasado, tras mi separación la vida me volvió a sonreír. Me divorcié amigablemente haciendo uso de mis herramientas de autocuidado y con una autoestima fortalecida. Un año y medio después me volví a enamorar de un hombre inteligente, culto y encantador, y por un tiempo todo fue perfecto (o casi, porque la convivencia de las familias reconfiguradas es todo un reto y, por un momento, pensé que una sorprendente hostilidad entre mi hijo de 8 años y mi novio de 45 sería insalvable. Afortunadamente no fue así y hoy mantienen una muy buena relación, pese a que él y yo ya no somos pareja).

Ahora bien, con la renovación de mi cuerpo vinieron las ganas de reinventarme. Busqué volver a la ciudad de mi infancia y adolescencia. Mi trayectoria, mis raíces y un candidato ganador a la gubernatura que creyó en mi trabajo, me abrieron esa oportunidad. También influyó que mi exesposo apoyó mi decisión, a pesar de que implicaba que nuestro hijo ya no viviría en la misma ciudad que él, lo cual me salvó felizmente de un litigio en materia familiar, como el que se enfrentan muchas mujeres en situaciones semejantes. Mi novio también me apoyó, pero su vida estaba en la Ciudad de México y aunque intentó venir a Oaxaca y empezar un proyecto aquí, las cosas no le resultaron favorables, y a la larga se regresó a la Ciudad de

México y terminamos la relación, lo que me causó una tristeza muy grande.

Recibí con emoción la invitación a ser secretaria (ministra) de las Culturas y Artes. Me extasiaba la posibilidad de apoyar la creación artística y cultural, y promover y salvaguardar la diversidad cultural de Oaxaca, mi tierra, estado mágico de México. Por un tiempo todo fluyó estupendamente, pero pronto vendrían nuevos retos.

A los 13 meses, el gobernador me pidió dejar la Secretaría de las Culturas y dirigir una institución creada por su gobierno, en cumplimiento a una demanda expuesta en un Foro de Mujeres: elevar el Instituto de la Mujer Oaxaqueña a categoría ministerial y crear la Secretaría de las Mujeres de Oaxaca. Como secretaria de las Culturas había creado e impulsado estrategias de política y acciones afirmativas en favor de los derechos culturales de las mujeres, pero era un gran reto encabezar la política de igualdad de un estado de más de cuatro millones de personas.

Consciente de la magnitud del desafío, acepté encabezar esa secretaría, sabiendo la enorme complejidad que implicaría trabajar para "promover la igualdad entre mujeres y hombres", mandato principal de la institución, en un contexto de tanta violencia contra las mujeres y donde se intersecta —en muchas— la discriminación por sexo y género, por ser indígenas, pobres, afrodescendientes, con discapacidad o por no haber tenido oportunidad de estudiar. Temerosa sí, pero también con la esperanzadora claridad de que trabajar por otras mujeres sería mi forma de retribuir, con amor, a mi tierra lo mucho que me ha dado. Fue la mejor decisión.

Tras casi cinco años, creo que mi equipo y yo contribuimos a elevar la perspectiva de género en la agenda gubernamental estatal. Y sí, resultamos incómodas dentro del gabinete por hablar del patriarcado y la misoginia o hasta por promover el lenguaje incluyente y no sexista. Hemos impulsado la prevención y elevado la calidad de la atención a mujeres en situación de violencia, logrando ayudar así a muchas a salir del círculo de la violencia familiar, de pareja, digital, política. Hemos incitado a chicas muy jóvenes a pensar en su propio proyecto de vida y retrasar una maternidad precoz, pese a que sean así los usos y costumbres en su comunidad, y a otras tantas mujeres a encontrar el camino de su propio empoderamiento mediante procesos formativos y vivenciales, microcréditos a la palabra, redes y círculos de mujeres. Hemos desmitificado la errónea idea de que son "medias naranjas" de alguien, seres incompletos, y les hemos ofrecido herramientas feministas y de derechos humanos para motivar sus propias reflexiones y encontrar rumbos más felices para sus vidas.

También pudimos tocar positivamente la vida de hombres de distintas edades y contextos, a partir de la creación de círculos y talleres donde descubrían masculinidades positivas y paternidades afectivas; en ellos han identificado los efectos dañinos del sexismo y el machismo también en ellos y no solo en las mujeres, o bien, buscar una justicia con enfoque restaurativo y no solo punitivo, como ha sido la tradición socio-jurídica aplicada desde el Estado mexicano. Con humildad, pero con orgullo, puedo decir que, gracias a ese grupo fantástico y comprometido de abogadas, psicólogas, trabajadoras, sociales, tanatólogas y todo el personal de la secretaría, incluidos hombres comprometidos, tocamos la vida de miles de mujeres y niñas que han tenido acceso a un Centro Integral de Atención y 40 Centros para el Desarrollo de las Mujeres en comunidades a lo largo y ancho de las ocho regiones del estado más biodiverso, plurilingüe y pluricultural de México. Desde luego, también nos hemos sentido impotentes ante las dificultades de que instituciones patriarcales se coordinen y cooperen, ante retos institucionales no alcanzados y compromisos no respetados o, peor, de saber de feminicidios de mujeres que nunca llegaron a nuestras puertas, quizá porque estaban aisladas por sus agresores, incapaces de pedir ayuda, o por la pobreza, la marginación, la falta de voluntad de sus propias autoridades locales (Oaxaca es un estado muy extenso, donde la mitad de la población vive en localidades de menos de 2500 habitantes). La pandemia de covid-19, lejos de parar nuestro trabajo, afianzó la urgencia de fortalecer las políticas y acciones hacia la igualdad. No fue solo un trabajo: se convirtió en vocación, en convicción.

Sin embargo, pese a lo logrado, aun cuando ninguna de las más de 11 000 mujeres atendidas que contaron con una evaluación de violencia de riesgo pasaron a formar parte de las estadísticas de feminicidio, no me puedo sentir satisfecha. Lamento no haber tenido suficientes "dientes institucionales", es decir, facultades, recursos, alcances, poder y una estructura estatal, pues, dentro del gabinete legal, la Secretaría de las Mujeres siguió siendo la más pequeña y la que contaba con menos recursos presupuestarios, materiales y humanos, lo cual también es un reflejo de los enormes retos que las feministas institucionales enfrentamos, a pesar de que México tiene congresos federal y estatales (que son los que aprueban los presupuestos) de conformación paritaria, o algunos hasta ligeramente mayoritarios de mujeres. Así, hacer política pública con perspectiva de género feminista en un estado heteropatriarcal, androcéntrico, clasista y racista representa un enorme desafío. No obstante las dificultades que implicó el trabajo, se robusteció mi deseo de ayudar a las mujeres a ser la mejor versión de sí mismas, desde el feminismo. He tejido redes con feministas y no feministas abiertas a hacer alianzas y he promovido la perspectiva feminista en foros y ambientes diversos. En 2019 celebré con el corazón el triunfo de la paridad total en la Constitución mexicana. Grité y canté como muchas; festejé la aprobación de las reformas constitucionales para eliminar la violencia política por razón de género, la Ley Olimpia y muchos otros logros de feministas en distintas latitudes y contextos.

En todos mis futuros, el feminismo será parte importante de mi misión y mi manera de ver el mundo. Así que lo digo con toda claridad: soy feminista, y con ello logré reconciliarme conmigo misma, sentirme cómoda en mi propia piel, más conectada con mi ser femenino y más hermanada con otras mujeres, más libre, independiente y feliz.

Quisiera compartir este camino, en este libro, revisando distintos aspectos del feminismo para **ver si tú, lectora, también piensas que el feminismo es para ti, y si tú lector, tienes la apertura de revisar tus privilegios y volverte aliado del feminismo,** porque muchas veces los privilegios de unos son las desventajas de otras y necesitamos hombres que asuman masculinidades alternativas a la hegemónica patriarcal, para lograr una sociedad más igualitaria, pacífica y feliz. Considero que ello no llevará tanto tiempo, ni será tan desgastante, si hiciéramos más accesibles los conceptos básicos y las herramientas de reflexión para todas las personas, incluso para quienes hoy no pueden escuchar la palabra *feminismo* sin sentir cierta irritación o desagrado, o para quienes no han oído hablar de masculinidades positivas. Este es justo mi punto de partida.

Me interesa compartir e iniciar un diálogo con quienes ven cómo cada vez más se habla en las noticias de temas como "violencia de género contra las mujeres", "marchas feministas", "acoso y hostigamiento sexual", "violencia política por razón de género", "feminicidio", "violencia digital", sin tener claro por qué son asuntos públicos de la mayor importancia, qué es lo que se defiende y qué no, así como el porqué y cómo canalizar la rabia y la exigencia... esto es, la necesidad de tener una agenda.

Este libro es para ti, a quien alguna vez te preguntaron ¿eres feminista? Y dudaste en responder ¡SÍ! También para las que han dicho: "Pues no sé, pero sí me interesa que haya igualdad"; para las que están furibundas y hartas de vivir acosos cotidianos en la calle, en sus aulas o en sus trabajos; para las que han sido celadas, controladas e incluso han sentido miedo ante el hombre que supuestamente las ama; para aquellas que no saben por qué a veces les es difícil llevarse bien con otras mujeres, incluso de su familia, o sienten celos cuando otras reciben reconocimiento. **Quizá puedan encontrar herramientas útiles para su proceso personal y colectivo.**

También este libro es para los varones curiosos y reflexivos, los que poco a poco toman conciencia de sus privilegios y de lo normalizadas que están las violencias machistas; que el mundo de hoy arrastra el diseño de un modelo agotado, donde para hacer la vida de los varones más fácil se asignaron las responsabilidades de los cuidados, quehaceres, los trabajos más pesados, menos valorados y remunerados a las mujeres. Y para aquellos que piensan que las mujeres "queremos ocupar su lugar". NO, la mayoría de nosotras lo que queremos es ocupar NUESTRO LUGAR, queremos un mundo donde quepamos toda la humanidad en nuestra diversidad, sin injusticias ni opresiones.

Celia Amorós, una gran filósofa española, ha dicho que a las mujeres nos empodera conocer la teoría y los mecanismos del poder que nos oprimen. Así, este libro examina teorías feministas, pero sin tanta rigidez académica, más bien como una especie de "guía de viaje" para hacerlas más accesibles y digeribles, con datos y anécdotas. Y aunque el objetivo no es datar hechos minuciosamente, sí intento transmitir detalles de temas, personajes y momentos históricos para comprender mejor las corrientes feministas de hoy; para reconocer y apreciar a algunas de las muchas mujeres que, en todo el mundo, han hecho posible que hoy la mayoría podamos ejercer derechos tan fundamentales como estudiar, votar, decidir ser madres o no, tener voz y voto en una asamblea, ganar dinero y decidir qué hacer con él, elegir proyectos de vida y desarrollarlos, sin que nos quemen en la hoguera (aunque persistan estigmas, discriminación y violencias).

¿Qué más encontrarás en este libro? **Intentaré develar algunos mitos y prejuicios en torno a la perspectiva de género feminista, que he escuchado en estos años, así como clarificar sus fundamentos y revisar algunos conceptos de distintas corrientes feministas de manera clara y accesible, para que quienes lo lean puedan usar unas "gafas violeta"** y tener a la mano una categoría de análisis para ver el mundo de manera distinta. Siempre bajo un enfoque de derechos humanos, que afirma no hay ninguna condición ni característica que diferencie a los seres humanos, que pueda utilizarse como motivo o razón de un trato discriminatorio, ya que todas las personas somos igualmente dignas y por eso tenemos los mismos derechos. La abogada feminista costarricense **Alda Facio** explica cómo aun los mecanismos establecidos para reconocer los derechos humanos se han diseñado desde una perspectiva masculina, de modo que las necesidades específicas de las mujeres han quedado de lado o invisibilizadas, y esto ha tenido un efecto discriminatorio, aun si no es explícito en las leyes o normas jurídicas. Veamos un ejemplo: persiste, en muchos códigos civiles, el derecho de abuelos paternos a reclamar a nietos y nietas sobre los abuelos maternos, en el caso de muerte de ambos padres. Este injustificable criterio patriarcal causa estragos en los casos de feminicidio, muchos de los cuales son cometidos por el padre de esas criaturas, que acaban viviendo con la familia del feminicida.

Otro ejemplo odioso es el Diccionario de la Real Academia de la Lengua (RAE) que define *huérfano* como "una persona menor de edad a quien se le han muerto el padre y la madre o uno de los dos, especialmente el padre". Así pues, en el sistema patriarcal en el que vivimos es más huérfano un niño o una niña a la que se le ha muerto su padre, que la niña o niño al se le ha muerto su madre. **El padre vale más que la madre. ¿Por? El diccionario ni siquiera se digna a dar una razón;** simplemente lo afirma. La definición de la RAE de femenino y masculino es otro ejemplo en el que la supremacía de lo masculino sobre lo femenino se expresa en diversas normas, costumbres e instituciones que regulan la vida de las personas en las sociedades organizadas bajo el esquema cultural del patriarcado.

De acuerdo con la RAE, lo femenino es "propio de la mujer; que posee rasgos propios de la feminidad; débil, endeble"; mientras que lo masculino es "perteneciente o relativo a este ser; varonil, enérgico".

También comparto algunos momentos de la genealogía del feminismo mexicano, en los que se conjugan diversas corrientes del feminismo contemporáneo en nuestro continente.

Finalmente, me importa decir que, **dentro del feminismo, hay una gran diversidad de contextos, corrientes, objetivos y luchas, en la que cabemos muchas, y si bien hay divergencias, a veces importantes, ello no excluye la posibilidad de contar y manifestar nuestra empatía y solidaridad mutua con hombres** igualitaristas y personas de la disidencia sexual también enfocadas en la búsqueda pacífica de la ampliación de sus derechos. Cada una de las corrientes feministas está haciendo en la actualidad valiosas aportaciones al debate respecto hacia dónde vamos como especie humana; cómo queremos relacionarnos desde nuestra humanidad, buscando el bien no solo de cada una, sino de todas y de nuestros entornos, revalorando dónde queremos estar las mujeres en nuestra diversidad, con respeto a las formas de lucha de otras personas que también combaten, pacíficamente, por un mundo más justo y feliz.

Este libro está dirigido sobre todo a las juventudes, para que comprendan lo histórico del momento que les ha tocado vivir y reconozcan la oportunidad de ser parte de "la generación igualdad", objetivo global planteado para 2030, que aún estamos lejos de alcanzar.

Creo firmemente que, si abrimos los ojos para hacernos conscientes, las resistencias cederán, porque como ya lo dijo la feminista nigeriana **Chimamanda Adichie,** en un mundo que se precie de ser justo, democrático y humanista, "todas, todos y todes* deberíamos ser feministas". Pero entiendo que para lograr este alto propósito hace falta conocer y distinguir lo que es y no es el feminismo; que en las aulas, las instituciones, los medios y las redes sociales se comience a hablar de feminismos sin sesgos, tabúes, desinformación u odio, y reconocer sus tres dimensiones prioritarias: por un lado, un marco teórico conceptual que puso en la mesa la noción de que las mujeres, desde nuestra diversidad, tenemos la misma dignidad, potencial y derechos que el resto de la humanidad, planteando las causas

---

* Ella usa en inglés el adjetivo *all*, que es neutro, y yo traduzco de la manera más inclusiva posible.

de la desigualdad estructural que se traducen en desventajas, discriminación e incluso opresión para las mujeres. Luego reconocer el feminismo como una lucha histórica, un movimiento social y, por último, considerarlo como una herramienta política muy proactiva que se ha manifestado en ciertas oleadas y que ha evolucionado cuestionando el orden social —sin rendirle culto a ninguna líder, porque **el feminismo es un movimiento descentralizado y no personalista**— y reivindicando los derechos de nosotras en todos los ámbitos de la vida: el propio cuerpo, la reflexión de nuestras mentes, las emociones, el amor, el lenguaje, la familia, la escuela, la comunidad, la empresa, el sindicato, la política, el arte, la ciencia, la cultura y un largo etcétera.

Así que este texto logrará su cometido si una mujer encuentra claridad en las definición y términos que se han vuelto más cotidianos, pero que a veces los oscuros textos académicos o simplemente la falta de tiempo le impide estudiar; si profesionales de la educación o el periodismo lo ven útil como material para discusión, pero sobre todo si una mujer, al leerlo, identifica episodios de su vida que la hicieron sentir fuera de lugar, menospreciada, silenciada, ignorada, o violentada; si confirma que la culpa no fue suya, que no hubo nada malo en ella, sino que esa circunstancia fue la cara de todo un sistema y estructuras que por siglos han perpetuado la discriminación y la desigualdad; y, sobre todo, si transforma esas experiencias dolorosas en punto de partida para que el feminismo se vuelva fundamento teórico y herramienta vivencial para revalorarse, para reconocerse a sí misma y otras mujeres y pueda siempre mirarlas como aliadas en vez de adversarias.

Este es **el objetivo principal de este libro: contribuir a transformar vidas y promover mujeres libres, fuertes y felices** que vivan su individualidad y su vida familiar y comunitaria en sociedades más igualitarias y pacíficas.

Después de todo, para saber quién eres vale la pena revisar quién no eres; así que, **si tú que me lees crees que no eres o no quieres ser feminista, rétate.** Lo menos que puedes ganar es enriquecer tus conocimientos en cultura general, con el riesgo de que ganes una convicción, un compromiso y una nueva forma de ver y vivir el mundo.

A ti, que buscas que el mundo en el que vives sea mejor y más justo, igualitario y feminista, ¡te mando un abrazo desde mi corazón!

Ana I. Vásquez Colmenares Guzmán
San Andrés Huayapam, Oaxaca,
2 de noviembre de 2022

Capítulo 1

¿QUÉ ES Y QUÉ **NO** ES EL FEMINISMO?

De acuerdo con ONU Mujeres, el feminismo "es una teoría
social que reconoce a las mujeres en todas sus capacidades y
derechos, hasta ahora reservados a los hombres", que busca
reivindicar los derechos de las mujeres. Asimismo, señala que
es un "movimiento social y político que surge a finales del siglo XVIII, momento en el cual las mujeres, como grupo colectivo
humano, toman conciencia de la dominación y explotación de
que han sido objeto en la sociedad patriarcal [...] y que lucha
por la igualdad entre mujeres y hombres".[1]

La verdad es que aun antes de que existiera el concepto, y
mucho antes de la Revolución francesa, momento histórico que
identificamos como Primera Ola, hubo mujeres *cuasifeministas*
o *protofeministas*,* para ser más exactas. **Casi 70 años antes de
la era cristiana,** en el Antiguo Egipto, vivió una joven llamada
Cleopatra, cuyo interés por el saber, su libertad sexual y su
pragmatismo para lograr sus objetivos la hicieron ganarse muchas enemistades tanto en la élite egipcia como en la romana,
empezando por la disputa que sostuvo con su propio hermano

---

* El prefijo *proto* en griego antiguo significa "primero", "principal", así
que el *protofeminismo* se refiere a tradiciones filosóficas o pensamiento que
se anticiparon a los modernos conceptos feministas, es decir, los anteriores
al siglo XVIII.

para ocupar el trono. Pese a todos los obstáculos de un orden social donde las mujeres casi no contaban y las violencias que padeció, hábil y tenaz logró ser faraona, la posición de máximo poder en ese territorio. Por otro lado, tenemos a la astrónoma, matemática, música, inventora y filósofa **Hipatia de Alejandría,** quien en el siglo IV llegó a ser una respetada erudita, a quien no pudieron doblegar para vestirse a la usanza femenina y quedarse en casa como toda mujer de su tiempo, e impartía cátedra en túnica, como el resto de los grandes maestros griegos, un gesto simbólico en favor de la defensa de la igualdad ante el conocimiento. Un siglo más tarde, tenemos a la emperatriz **Teodora**, la mujer más influyente del Imperio bizantino; polémica, como muchas mujeres poderosas, con una infancia muy dura, de adolescente empezó su trayectoria como actriz y bailarina y posiblemente también se vio forzada a la prostitución; ya de adulta conoció a Justiniano, futuro emperador y entonces guardia imperial, y pese a restricciones legales y otros obstáculos se casaron. Teodora no fue emperatriz consorte, sino soberana con derecho propio (el día de la coronación, ambos fueron coronados). Y bajo el reinado de ambos, Bizancio vivió una época de esplendor político, cultural y militar; incluso gracias a ella pudieron mantener unido su gran imperio en momentos críticos. Además, Teodora trabajó en favor de las mujeres, promoviendo derechos de custodia a madres, instituyendo la pena de muerte por violación y prohibiendo la prostitución forzada y el asesinato de mujeres señaladas como "adúlteras".

Mil años después, en nuestro continente, nace **Malinalli** o **Malintzin**, una gran intérprete y joven estratega mesoamericana, mal llamada la Malinche, conocida en México como la gran "traidora nacional", la "vendepatrias", por apoyar al conquistador Hernán Cortés, al punto de que el sustantivo *malinchismo* en México significa "apego a lo extranjero con menosprecio a lo propio". Pero esa es la versión oficial, tergiversada y falsa que se construyó en el siglo XIX, tres siglos después de que ella había muerto. Te cuento: en la época de Malinalli también en este continente había esclavitud y las familias se conformaban de manera distinta a la familia nuclear que existe hoy. Como dice la historiadora **Isabel Revuelta Poo:**

[...] las mujeres que no se consideraban principales en esos hogares —en su mayoría integrados por varias familias— eran las más propensas a la esclavitud. Quienes no eran esposas o hijas del matrimonio principal podían ser vendidas para el beneficio común de esos hogares comunitarios. Ese fue el destino de la joven **Malinalli**: la vendieron como esclava en dos ocasiones antes de que la entregaran a Cortés como tributo de guerra. Su verdadero nombre seguirá siendo un misterio. [...] Algunos sostienen que se llamaba **Malinalli** como la planta de la enredadera en náhuatl. Otros refieren que los españoles la bautizaron como **Marina**, sin embargo, la r en náhuatl no se podía pronunciar y se sustituyó por el sonido de la l, **Malina** y en diminutivo, **Malintzin**. Con ese nombre pasó a la historia.[2]

Nació en lo que hoy es Coatzacoalcos, Veracruz, región habitada por olmecas que hablaban la lengua popoluca. Su segunda lengua fue el náhuatl, que aprendió por vivir en una región dominada por el poderío mexica, y de hecho "creció con una desconfianza total hacia los mexicas, quienes constantemente asolaban a su pueblo en busca de tributos de toda índole, algunos que se pagaban con la vida". Bernal Díaz del Castillo en sus crónicas relató que a ella le correspondía heredar los dominios de su padre.[3] Al parecer, muerto este, siendo aún niña, su madre tuvo que volverse a casar y "para beneficiar a su hijo varón recién nacido y evitar que lo hicieran prisionero o lo designaran para sacrificios humanos, prefirió vender a Malintzin a traficantes de esclavos". Si esa no es una actitud derivada de la total sumisión de su madre a un sistema patriarcal y androcéntrico no sé qué es.

Y los infortunios de esta nena apenas empezaban:

> Entre aves, plumas, frutos, cestas, textiles [...] la [niña], con dominio del náhuatl, fue exhibida como un producto más, [esclavizada] y ofrecida al mejor postor [...] La compraron unos comerciantes mayas chontales [y la llevaron a] tierras muy lejanas. En ese lugar la sometieron a las labores de mujer y de servidumbre, propias de una esclava, y con ello a un destino que con seguridad debió de ser doloroso y traumático.

En esa tierra aprendió su tercera lengua. Pocos años más tarde, en 1519, a la llegada de Hernán Cortés a tierras mesoamericanas, el cacique la "entregó" como "ofrenda" de paz, entre otras esclavas, siendo aún adolescente. Para que estas mujeres esclavizadas pudieran ser "concubinas" de los conquistadores españoles, y estos lavar su conciencia, de acuerdo con el canon católico, a estas niñas y adolescentes esclavizadas, incluyendo a Malintzin, les fue impuesto un "nombre de pila", es decir, un bautizo forzado, una fe y una identidad ajenas, con rituales y lengua desconocidas para ellas, y con eso quedaba "formalizado" el poder violarlas. Cortés, sin conocerla aún, la asignó, tal vez por su buen aspecto, al hombre con más rango de su tropa, Alonso Hernández Portocarrero.

En el primer encuentro con emisarios de Moctezuma, a quienes los españoles no les entendieron ni una palabra, la figura de Malintzin se vuelve crucial. Como dice Revuelta:

54

Malintzin pudo haberse quedado callada. Ella sí entendió lo que decían los emisarios del gran tlatoani mexica […] ese gobernante que causaba tantos males a los suyos. Pero eligió no quedarse callada, decidió hablar con los mensajeros mexicas y hacerle ver a Cortés que dominaba el náhuatl. Se dirigió a Gerónimo de Aguilar, ahora en maya chontal para que él en castellano pronunciara lo que Cortés tanto deseaba escuchar: las palabras del mismísimo tlatoani. En ese instante, decidió hacerles ver a todos que era una mujer inteligente y entendía la magnitud y la importancia de esa primera traducción; que comprendía los alcances de lo que estaba pasando. […] **Al romper el silencio, Malintzin eligió ser la intérprete de Hernán Cortés, no al revés.** No como lo cuenta la historia maniquea que la condena a una absurda traición hacia quienes ella no tenía posibilidad de sentir lealtad o pertenencia alguna. Los mexicas y su férreo sistema tributario propiciaron su venta como esclava. Tampoco sentía deuda alguna con sus amos chontales: la regalaron, entre joyas y víveres… como parte de un botín de guerra a otros. Malintzin eligió volver a adaptarse. El mundo tal como lo conocía una vez más había desaparecido. No se conformó con preparar los alimentos de Hernández Portocarrero y ser su mujer, como el resto de sus compañeras indígenas. Convirtió la acción de traducir e interpretar en una excepcional herramienta y no solo en un medio de supervivencia, sino en una ventaja personal ante quienes dominaron la situación desde entonces: los españoles. […] **Malintzin no traicionó a nadie. No sentía a nadie como "suyo". Eligió esa compleja estrategia para reiniciar su vida una vez más.**

Según las crónicas, "Era de buen ver, entrometida y desenvuelta", cita con evidente mirada machista de López de Gómara, el biógrafo de Cortés. Este, al darse cuenta de que Malintzin dominaba el náhuatl y el maya chontal, y de su facilidad para aprender pronto el español, su cuarta lengua, la retuvo como intérprete. Ella llegó a ser consejera y amante del conquistador, por lo cual desde una estrecha mirada nacionalista mexicana se la ha juzgado y difamado.

Malintzin, ya como doña Marina, un título que en el nuevo orden le daba estatus, viviría varios años al lado de Cortés, de manera ininterrumpida desde que Hernández Portocarrero se regresó a España. Se convirtió en la amante "oficial"; fue su embajadora, su consejera, viajó con él a sus expediciones, vivió con él en sus aposentos; fue su confidente, su portavoz. Incluso tuvieron un hijo en común, Martín, uno de los primeros mestizos surgidos de la conquista de México, que Cortés reconoció y a quien puso su nombre, un gesto muy importante en un orden social *patrilineal*, es decir, donde el apellido y los bienes se transmiten por vía paterna, como el patriarcado. Hasta ahí, como ves, la historia es muy distinta de esta narrativa de una mujer malvada, interesada, traicionera, que construyó la *historiografía oficial*, es decir, el estudio e interpretación de la historia que nos cuentan los vencedores, la de los libros de texto gratuitos, por ejemplo. Ella no llegó a Cortés voluntariamente, fue una joven indígena violada, esclavizada y privada de su libertad, cuya inteligencia y sagacidad le permitieron sobrevivir y hasta adquirir poder y amar en un mundo masculinizado, un mundo de guerra y coloniaje. La historiografía oficial construida por los criollos del siglo XIX, pero continuada por los gobiernos revolucionarios, sigue calumniando y apuntando su dedo acusador contra Malinalli, a quien despectivamente asocian con traición y le asignan un papel desde una visión tan misógina como la que ha repetido que Eva condenó a la humanidad al pecado original por su desobediencia y lujuria.

Hablando de mujeres que vivieron en tiempos y sociedades lejanas, pero en un orden social patriarcal, en mis clases o conferencias me preguntan si el patriarcado ha existido siempre. La respuesta es no. Diversos estudios retratan que el patriarcado data de miles de años; existió en culturas antiguas como Mesopotamia, pero también tuvo un amplio desarrollo en otras culturas y civilizaciones como las antiguas china o egipcia o del Anáhuac.

Así pues, **la desigualdad entre mujeres y hombres, es decir, la jerarquía construida socialmente en torno a la diferencia sexual, se puede verificar en todo tipo de sociedades,** eso sí, en grados muy variados, en todos los momentos de la historia de la humanidad, al menos en los últimos 5 000 años.[4] En muchas sociedades por milenios las mujeres han estado excluidas del espacio público o donde se toman las decisiones vitales para su vida y su comunidad, sin acceso legal a las tierras, a heredar, ganar dinero, estudiar y confinadas principalmente a labores de reproducción y de cuidados; y hoy en día, a pesar de ser llamadas en algunos contextos "las reinas del hogar", están metidas en cuatro paredes donde su "reinado" es ser "soberanas" de los pesados quehaceres y tareas domésticas, de la crianza y del inacabable cuidado de todas las personas integrantes de "la familia": un espacio sin remuneración económica alguna, vacaciones, seguridad social, sin prestigio o reconocimiento social, donde permanecen mayormente invisibilizadas, donde se ha declarado que están para complacer el deseo sexual de un hombre y, si tienen suerte, ser la "esposa trofeo", pero sin que sus decisiones vitales —incluyendo las que inciden directamente en su cuerpo y su salud, como la maternidad o su economía— pudieran ser elegidas por ellas mismas en igualdad de oportunidades.

Aunque hay debate, puede en general concluirse que el patriarcado apareció una vez que las sociedades humanas se volvieron sedentarias (paradójicamente, gracias al invento aparentemente femenino de la agricultura), lo cual refuerza en definitiva la división sexual del trabajo entre actividades "reproductivas" (gestación, lactancia, crianza y cuidado, incluyendo cultivo y preparación de alimentos, acarreo de agua, crianza de animales, atender a personas enfermas, hilar y confeccionar ropa) y "productivas" (producción de medios materiales para satisfacer otras necesidades básicas como techo y alimentos). Así pues, la agricultura permite acumular alimentos y semillas más allá de la precaria subsistencia, y ello evolucionará también hacia la aparición por primera vez del concepto de propiedad privada.

En antiguas sociedades de subsistencia y politeístas (reconocían no a una sola deidad, sino a muchas), lo femenino no solo no era considerado inferior, sino que era valorado, honrado y apreciado, pues estaba asociado con uno de los grandes misterios: el dar vida. Tampoco implica que las sociedades prepatriarcales fueran, como a veces se afirmado, "matriarcados", es decir, dominadas por mujeres que oprimían a los hombres, pues ese modelo de explotación nunca se ha comprobado que haya existido. Más bien se trata de sociedades más igualitarias donde mujeres y hombres colaboraban para lograr su subsistencia en un entorno natural siempre imprevisto y donde las mujeres tenían un rol activo en la toma de decisiones comunitarias. Hay evidencia de que en épocas prepatriarcales sus deidades principales eran fundamentalmente femeninas y las mujeres tenían una participación muy destacada en estas religiones antiguas, ritualistas, y la descendencia y linaje se definían por línea materna, es decir, **eran sociedades matrísticas o incluso matrilineales, pero no matriarcados**.

¿Cómo surgió entonces el modelo patriarcal al menos en Occidente, el norte de África y Oriente Medio? Veamos un buen resumen hecho por **Julia Evelyn Martínez**. Les recomiendo leer su texto completo; pero aquí les pongo un extracto:

En el transcurso del tiempo y con el advenimiento de las sociedades excedentarias apareció también la necesidad de acumulación de riquezas y de transmisión de la herencia entre generaciones. Los varones, al haberse especializado en la producción de la riqueza material en la etapa anterior asumieron unilateralmente el control de la propiedad y de la distribución de esta. En este proceso, se utilizó la división sexual del trabajo preexistente como el nuevo marcador de la identidad y del poder de mujeres y hombres dentro de la sociedad. [...] La esfera del cuidado y de la reproducción pasó a ser "menos importante", y como un mundo "femenino por naturaleza". Como contrapartida, el ámbito de lo productivo no solo pasó a ser considerado "más importante", sino que se configuró socialmente como un espacio por excelencia masculino. Como resultado, se institucionalizó mediante la costumbre, la religión, la violencia, la ley y la superioridad de los hombres sobre las mujeres.

El proceso de institucionalización del patriarcado comenzó con las invasiones de comunidades de subsistencia y con las violaciones masivas de sus mujeres, como un ritual de humillación y de sometimiento simbólico de los pueblos a sus invasores. A continuación, se procedió a la imposición de dioses masculinos —con características bélicas y violentas— en sustitución de las deidades femeninas: Ishtar fue reemplazada por Marduk; Gaia fue derrocada por Zeus; Isis fue sustituida por Horus y Asherah lo fue por Yahvé. Las nuevas religiones incorporaron en sus mitos fundacionales la idea de la inferioridad de las mujeres y la justificación de la aplicación de la violencia sobre ellas. Tanto en la mitología griega como en las tradiciones judeocristianas, que van a tener una influencia enorme […] se insistió en los rasgos de superioridad del hombre, a la vez que se reforzó sistemáticamente la idea de inferioridad, maldad y dependencia de las mujeres. [Y una anotación mía: en religiones de nuestro continente también hay presunción de procesos de masculinización religiosa similares.] […] El patriarcado se afianzó posteriormente con la instauración de leyes y códigos inspirados en las ideas de la nueva mitología religiosa y con el objetivo de convertir en normas jurídicas estas ideas. Una de las primeras leyes de este sistema fue la Ley del Velo, instituida aproximadamente en el año 1500 a. de C., y que fue sancionada para legitimar el poder de los hombres sobre el cuerpo y la sexualidad de las mujeres. [*sic.*] De acuerdo con esta ley, estaban obligadas a usar velo todas aquellas mujeres que le servían sexualmente a un solo hombre con fines de procreación, a quienes en adelante se les denominó "mujeres respetables". Estas mujeres para mantener su estatus de respetabilidad (y no ser víctimas de violencia sexual de otros hombres) estaban forzadas a mantener la fidelidad al hombre al que servían sexualmente y a proporcionarle una descendencia legítima y numerosa. La institucionalización del patriarcado finalmente se operativizó mediante el establecimiento de la familia patriarcal (poligámica o monogámica) orientada al control de la sexualidad y de la función reproductora de las mujeres para asegurar hijos legítimos a los cuales traspasar el patrimonio familiar. La subordinación femenina quedó así consolidada.

¿Cómo se ha sostenido desde ese entonces a la fecha el patriarcado? Como cualquier sistema social, económico o político: su reproducción ha sido posible mediante el uso combinado de mecanismos coercitivos (uso de la violencia) y de mecanismos no coercitivos (proceso de socialización de género).[5]

Desde tiempos antiguos, el feminismo como idea, es decir, sin ser todavía un movimiento definido y articulado, fue tergiversado y mal entendido. La inglesa **Mary Beard** en *Mujeres y poder*, un pequeño gran libro, que te recomiendo por su profundidad, claridad e ironía, explica que en la época clásica griega, ante los "peligros" de la acción de la mujer sexualmente libre y poderosa, surge el arquetipo de **Medusa, una mujer-monstruo que simboliza la venganza, la mujer despreciada, incapaz de amar y ser amada (aunque en realidad es una mujer violada, una víctima revictimizada);** y por si no fuera poco ha servido para justificar la exclusión de las mujeres de las estructuras de poder y, yo agregaría, de la libertad de elegir sus placeres.[6]

Nos cuenta **Nuria Varela** que hay dos registros iniciales del concepto de *feminismo*, ambos peyorativos, ambos expresados por varones. Uno en 1871 en un libro de medicina donde Ferdinand-Valère Fanneau describe al "feminismo" y al "infantilismo" como características que "detienen el desarrollo" del varón enfermo de tuberculosis; luego en 1872, en plena lucha sufragista, Alexander Dumas hijo, escribió sarcásticamente: "Las feministas, perdón por el neologismo, dicen: todo lo malo viene del hecho de que no se quiere reconocer que la mujer es igual al varón, que hay que darle la misma educación y los mismos derechos que al varón".[7] La connotación negativa permaneció, hasta que en 1882 la sufragista y ensayista **Hubertine Auclert resignificó el término *feminista* y lo dotó de una fuerza reivindicativa, en favor de los derechos de las mujeres,** como en su momento indígenas en este continente reclamarían para sí el uso del término *indio*, al que los europeos habían otorgado un sentido negativo y discriminatorio. Por cierto, **Hubertine Auclert fue una de las primeras mujeres en defender el uso del femenino en sustantivos**, como una manera de visibilizar a las mujeres. También peleó por una mayor igualdad en el matrimonio, proponiendo la separación de bienes, que hoy es práctica común.[8]

Como hemos venido hablando de desigualdad entre hombres y mujeres, patriarcado y feminismo, vale aclarar la diferencia entre *sexo* y *género*, conceptos clave para la teoría feminista. **Para este enfoque, el sexo o la biología no son la causa de la desigualdad, sino las posiciones de género socialmente construidas.** El psicólogo Robert Stoller (1968) concluyó tras una extensa investigación que el *género* es un término que tiene más connotaciones psicológicas y culturales que biológicas. **Si los términos apropiados para sexo son *macho* y *hembra*, los términos correspondientes para género son *masculino* y *femenino*, que son totalmente independientes del sexo (biológico).**[9] Así, el *sexo biológico* se refiere a las diferencias físicas, anatómicas, genéticas, hormonales y fisiológicas de los seres humanos que permiten designarlos como hombres o mujeres (varón o hembra de la especie humana), aunque esta discusión es más compleja, pues, por un lado, sabemos que alrededor de 1.7% de las personas al nacer tiene una anatomía que no se ajusta al *dimorfismo sexual* de pene y testículos para los varones o vagina y vulva para las mujeres. Denominadas *intersexuales* son personas que han sido y siguen siendo objeto de una inaceptable y profunda discriminación, estigmatización y violencias.

Por otro parte, hay una confusión en el lenguaje, pues hay quienes usan el término *sexo* como *sexualidad* o práctica erótica.

Debe quedar claro que el *género*, desde la perspectiva feminista, es una construcción social respecto a los roles, comportamientos, actividades y atributos que una sociedad determinada, en una época determinada, considera "apropiados" para hombres y mujeres.

Marta Lamas explica que la palabra *género* en español originalmente se refería a *clase, tipo o especie de algo*, como género musical, género literario, género taxonómico, etcétera; en cambio, en inglés género y sexo eran ocupados indistintamente como sinónimos. Tomemos en consideración que en inglés las "cosas" usualmente no tienen género, los artículos o pronombres suelen ser neutros y esto representa una diferencia sustancial cuando se traduce del inglés al español. Por ejemplo, en inglés la *gender gap* es la brecha, en una variable, donde los hombres y las mujeres tienen distintas métricas, generalmente desfavorables para las mujeres. Se debería traducir **brecha de sexo,** pero se suele traducir como "brecha de género".

Es hasta la mitad del siglo XX que surge una acepción distinta de la palabra *género* en las ciencias sociales. Los antecedentes los encontramos en la afirmación de **Simone de Beauvoir,** quien en 1949 escribió que "la mujer no nace, se hace", refiriéndose al proceso de construcción social que atravesamos para asumir los roles impuestos a nuestro sexo, más allá de las características biológicas. Como categoría de análisis, el concepto de "género" es utilizado por primera vez en las ciencias sociales en 1955 por el psicólogo, pediatra y sexólogo, John Money, quien realizó importantes experimentos para probar que las características de género de una persona se aprenden y son determinadas culturalmente. Es decir, según esta postura, no hay una "esencia" en los seres humanos, sino determinaciones biológicas que son moldeadas por la historia, la cultura, el contexto, etcétera.

La antropóloga **Gayle Rubin** (1975) se refirió la categoría de "género" respecto a la existencia de prescripciones o normas, no escritas muchas veces, que tienen las mujeres en las sociedades patriarcales, tales como el hecho de que la maternidad, los cuidados, el trabajo doméstico, la heterosexualidad y la ausencia de poder sean vistos como características propias del "género" femenino; y, a su vez, que se haya asumido que el trabajo productivo, el poder y la apropiación del espacio público fueran características del género masculino. La aportación de **Rubin** explica que el orden social y político históricamente ha minimizado a las mujeres al grado de reducirlas a un objeto que, por definición, es *algo* que se intercambia. Esta característica es fundamental, pues el género desde la mirada feminista es una categoría opresiva para las mujeres, quienes no han tenido históricamente derechos para sí mismas; forman parte de alianzas o pactos masculinos, sin gozar de sus beneficios, en virtud del sistema que Rubin llama "sexo-género", mediante el cual la sociedad interpreta como realidades "biológicas" o "naturales" lo que en realidad son fruto de la actividad y construcción humanas, que se aprenden a través del *proceso de socialización*, son específicas al contexto o época y son cambiantes. El género, entonces, determina qué se espera, qué se permite y qué se valora en una mujer o en un hombre en un contexto determinado, las responsabilidades asignadas, las actividades realizadas, el acceso y el control de los recursos, así como las oportunidades de adopción de decisiones. Como explica Rosa Cobo (2014),[10] **el género constituye tanto una estructura de poder** (como la clase social o la raza) **como un *corpus* conceptual de carácter transdisciplinar** (o sea, un conjunto de conceptos que toca muchas disciplinas de conocimiento), cuyo objetivo ha sido poner de manifiesto los mecanismos y dispositivos que crean y reproducen los espacios de subordinación, discriminación y opresión hacia las mujeres en cada sociedad, tanto en lo público como en lo privado.

Así, el género se conforma de tres elementos: está en el **cuerpo**, pero también en la **psique** y se desarrolla en la interacción con la *otredad*, es decir, socialmente. Este modelo psicosocial tripartita aplicado a la categoría de género nos ilustra que, por una parte, está el sexo biológico, luego están los roles de género que son las determinantes sociales y, por último, los estereotipos de femineidad y masculinidad, con sus vivencias subjetivas y sus determinantes psíquicas.[11] De manera que, **bajo esta perspectiva, con el sexo biológico no viene la identidad de género *per se*, ni tampoco existe una única manera de vivir las femineidades y las masculinidades dentro de los cuerpos con los que nacemos.**

Ahora bien, el género es una categoría que se ha complejizado y problematizado, respecto a lo que significa y a las expectativas relativas al desenvolvimiento de ser hombres o mujeres, a lo masculino y lo femenino, despertando cuestionamientos y críticas. Por lo pronto, enfaticemos que es erróneo usar el concepto *género* como sinónimo relativo a "asuntos de mujeres", porque es un reduccionismo conceptual, ya que la afectación de dicha categoría concierne a todas las personas sexuadas. Digamos también que el concepto feminista de *género*, como construcción social, es radicalmente distinto a *identidad de género*, que se refiere a la vivencia interna e individual del género, que puede o no corresponder al sexo que se le asignó al nacer, y distinto a **orientación sexual** que alude a la atracción física, emocional, erótica, afectiva y espiritual que sentimos hacia una persona, puede ser de nuestro mismo sexo y género o no.*

---

* Veremos más adelante que el concepto *género* ha sufrido un *deslizamiento semántico*, y en algunos contextos ha venido a significar una identidad, pero esa no es la definición feminista del término *género*.

Revisados estos conceptos, volvamos al feminismo como marco conceptual y movimiento social y político, y analicemos algunos mitos y argumentos maniqueos y retrógradas **que he escuchado en diversas conversaciones sobre el feminismo:**

Mito 1: "El feminismo es lo contrario al machismo"
Falso. El machismo es un tipo de sexismo. Se basa en la creencia de la supuesta inferioridad y, por ende, de la subordinación de las mujeres, en lo público y lo privado, respecto a los hombres, en virtud de su sexo; también en la creencia de que es vergonzoso no ser "suficientemente macho". Se manifiesta en actitudes, conductas y comportamientos que reproducen roles y estereotipos sexistas, que promueven y refuerzan el desprecio, la discriminación e incluso la violencias hacia las mujeres, las niñas y todo lo asociado a lo femenino, para afirmar la virilidad de un macho frente a la otredad. Así pues, se basa en la creencia de supremacía del hombre sobre la mujer, premisa fundamental del sistema patriarcal.

La práctica machista se expresa en diversas formas de discriminación y violencia contra las mujeres por el simple hecho de serlo, como esa frase que oí de un compañero que "animaba" a otro a que se "defendiera", peleándose a golpes en un pleito escolar: "¡Pelea, que lo morado [moretón] se te va a quitar, pero lo niña no!". Pero no todo el machismo es tan elemental: a veces con objetivos aparentemente "nobles", "galantes" y "protectores", como no querer que escuchemos "malas palabras", salgamos a ciertas horas de la noche, o nos vistamos de cierta manera, infantilizándonos y reduciendo nuestros espacios de libertad.

El feminismo es la lucha por la igualdad, no por la supremacía de las mujeres sobre los hombres. Una razón por la que no lo llamamos simplemente "igualitarismo" es porque no sería tan específico respecto a la desigualdad entre mujeres y hombres, dado que hay otros tipos de desigualdad. La igualdad que queremos conseguir en el feminismo tiene que ver con la condición de subordinación y subalternidad que las mujeres han padecido bajo el sistema *patriarcal, androcéntrico* y *falocrático, racista, clasista* y *colonial.*

Hago aquí un paréntesis para abordar este término: *falocrático* proviene de dos vocablos griegos: *phallos* o pene y *kratos,* que significa "poder" o "gobierno". Así que, de manera resumida, significa que vivimos en un mundo donde el varón por tener pene adquiere primacía y domina el sistema social, al asociar el falo al "poder masculino"; incluso el diccionario de la RAE define *falocracia* como el "predominio del hombre sobre la mujer en la vida social". El falo, entonces, es una construcción simbólica, que va más allá del pene biológico. El *falocentrismo* término concebido por Ernest Jones y Karen Horney, para cuestionar a Freud en un debate sobre la etapa fálica en el desarrollo de los niños y en la conocida y errónea idea freudiana de que las mujeres tenemos "envidia del pene".

El falocentrismo es un orden simbólico que centra en el falo la diferencia sexual entre hombres y mujeres; que ensalza y glorifica el falo como símbolo inequívoco de masculinidad, otorgándole mayor carga simbólica de poder a los órganos sexuales masculinos que a los femeninos; es parte de la explicación de por qué persiste tanta desinformación, por ejemplo, respecto al clítoris. El feminismo desató la crítica respecto a que **el discurso sobre la sexualidad humana, en realidad, es el discurso de la sexualidad masculina: pone más énfasis en la penetración que en cualquier otra expresión,** y el simbolismo del pene abunda en la arquitectura o las artes, y por supuesto en buena parte de la pornografía. Esta es claramente *falocentrada*, pues la actividad del pene es la cumbre de las secuencias; enseña la sexualidad femenina como dependiente o sumisa y objetualiza el cuerpo femenino, que aparece mucho más en primer plano; y en el caso de los de hombres, sobre todo cuando son "penetrados", conquistados, vencidos simbólicamente.* Como dice **Mónica Alario**, el feminismo ha alzado la voz diciendo que la dominación masculina no es una característica del sexo *per se*, es un ejercicio del poder masculino patriarcal en el terreno de la sexualidad, un poder sexualizado, que no deja de ser un ejercicio del poder, y critica que **"cualquier cosa que excite sexualmente a los hombres pasa a ser denominada sexo, incluso aunque de hecho sea violencia"**. Y añade: "a las feministas que nos posicionamos en contra de la pornografía nos dicen que tenemos un problema con el sexo, cuando con lo que tenemos un problema es con que se llame sexo a la violencia, únicamente porque a los hombres los excita sexualmente".[12]

Volviendo al hilo: **el feminismo no busca oprimir, discriminar, subestimar, ni violentar en forma alguna a los hombres, ni a ningún ser humano, incluyendo a las mujeres que no son feministas;** simplemente reivindica la existencia, la libertad y los derechos igualitarios de las mujeres. **"Feminismo —diría**

---

* Feministas como Hélène Cixous (1995) o Luce Irigaray (2007) en vez de usar *falocentrismo* han preferido emplear el término más amplio de *falogocentrismo*, acuñado por Jacques Derrida, un filósofo argelino, quien combina los conceptos de *falo* y *logos* para apuntar que los varones (poseedores de un falo) han monopolizado el habla o el discurso humano (logos) a lo largo de la historia, y las mujeres han existido como un sujeto subalterno, subsidiario o complementario al sujeto masculino. En este abordaje falogocéntrico lo masculino representa el pensamiento racional y lo inteligible, mientras que lo femenino lo irracional, lo monstruoso o lo desconocido.

Amelia Valcárcel— es la teoría de las libertades mínimas que un ser humano tiene derecho a poseer sin que su sexo se lo impida".[13] Así, en el estricto marco de los derechos humanos podríamos resumir el feminismo en esta idea: "misma dignidad, mismos derechos". Por eso, irse al otro extremo y romantizar a las mujeres también es un error. **El fin no es retratarnos como seres superiores ni tampoco como eternas víctimas.** En síntesis, **el feminismo no es el reverso del machismo ni busca sustituir al patriarcado por el matriarcado.** Las corrientes feministas son la materialización teórica y conceptual de la reflexión, lucha y conciencia de mujeres en favor de una forma radicalmente distinta de estar en el mundo, emancipadora y libre de opresiones. Incluso la emancipación de las mujeres ha empezado a ser una liberación para muchos hombres por los muchos mitos y falacias del orden de género patriarcal que, a ellos, aunque en distintos grados, también los oprimen. Hablaremos de ello en el capítulo de masculinidades.

Mito 2: "Las feministas son mujeres que odian a los hombres"
Falso. El feminismo no odia a los hombres, sino que busca la reivindicación de los derechos de las mujeres, mas no "la revancha" por tantos siglos de sometimiento. **No queremos matriarcado en lugar de patriarcado.** Lo que sí es cierto es que las "feministas" no cabemos en un solo cajón. Somos muchas, diversas, cada una con una particular apropiación del concepto, ya sea desde la casa, la academia, el movimiento político o social; algunas más desde su propio autoconocimiento, desde su dolor, desde la reapropiación de sus cuerpos y territorios, y muchas otras haciendo labor desde lo comunitario o creando una manera de empoderarse desde lo femenino, muy distinta al

mandato del poder masculino. Por ello, a algunos hombres que juzgan superficialmente esta reapropiación de nuestra identidad como mujeres puede parecerles, a primera vista, excluyente, pero no lo es. Simplemente ya no queremos definirnos en función de ellos. Y más que odiar a los hombres, lo que la mayoría de las feministas desea es construir relaciones más sanas, primero con nosotras mismas y luego entre mujeres, sin que ello excluya buscar buenas relaciones con las demás personas, sea cual sea su sexo, orientación sexual o identidad de género. La mayoría de las feministas desean la construcción de entornos amorosos, ya sean familiares, laborales y comunitarios más igualitarios, y están a favor de un mundo sin sexismo, racismo, clasismo ni violencia de género. **Para muchas, el feminismo debe seguir centrando su trabajo en las mujeres y su crítica en el patriarcado, sin menoscabo del reconocimiento e incluso solidaridad con la lucha por los derechos de los demás seres humanos, especialmente con las personas de la diversidad y la disidencia sexo-genérica, o las personas racializadas que luchan contra la discriminación racial.**

Mito 3: "Las feministas quieren imponer su forma de pensar y de vivir"

Falso. Hablar de feminismos en nuestros días nos lleva al reconocimiento de la pluralidad de circunstancias, situaciones, opresiones, prerrogativas, sentires, pensares, búsquedas y objetivos de vida que habitan en cada mujer. De hecho, **hay una pluralización del feminismo, pues en nuestra diversidad las mujeres enfrentamos problemáticas muy distintas, pero, como mínimo, el común denominador es la reivindicación de los derechos de las mujeres por el solo hecho de serlo:** la apropiación de sus cuerpos y el rechazo rotundo a cualquier forma de discriminación, opresión y violencia de género contra cualquier mujer, por su edad, origen étnico o nacional, clase social, orientación sexual, identidad o expresión de género, condición, discapacidad, religión o estado civil en cualquier ámbito y en cualquier latitud. Aunque hay una base común, desde luego **no existe un pensamiento único, monolítico, feminista, sino al revés, una enorme diversidad de aproximaciones feministas a un sujeto común: las mujeres** (algunas corrientes feministas incluyen también como sujeto a las personas de la disidencia sexo-genérica, aunque este es justo uno de los puntos álgidos de debate entre feminismos). Lo que sí es claro es que cada vez hay más conciencia de que no existe una posición universal y única, sino una pluralización feminista. Entendamos que **hay mujeres sobre quienes se intersectan muchas más formas de discriminación y opresión que otras, pero que ni siquiera las más privilegiadas de las mujeres estamos exentas de discriminación, subordinación o violencias, por el simple hecho de tener cuerpos femeninos en un orden social patriarcal,** androcéntrico, falocrático, racista, clasista, colonial, etcétera.

Hay feministas lesbianas, heterosexuales, bisexuales y de otras orientaciones sexuales; las hay euronorteamericanas, asiáticas, africanas, negras, indígenas americanas; islámicas, católicas, judías y de otras religiones; ateas y agnósticas; luchadoras y activistas; en el campo y en las urbes; académicas, estudiantes, amas de casa, profesionistas, artistas, científicas, empresarias, políticas; casadas y solteras; cultas y analfabetas. Hay madres feministas que deciden por convicción hacer de la tarea de crianza y cuidados su objetivo principal, y hay otras que intentamos conciliar nuestros proyectos personales y familiares y salimos a trabajar, no solo porque lo necesitamos económicamente, sino porque nos gusta; hay quienes no desean ser madres, casarse ni

71

nada que tenga que ver con los mitos del amor romántico. Y está perfecto. Lo que queremos es que, en un marco de derechos humanos, cada una tenga la posibilidad de reflexionar y desarrollarse en el ámbito que mejor le parezca, con pleno respeto a los derechos de las demás personas, sin imposiciones ni limitaciones, dentro o fuera de sus familias, comunidades y países. Los feminismos de hoy siguen exigiendo maternidades libres y deseadas; derechos políticos, sociales, económicos, culturales y una vida libre de violencias; promueven mayor conciencia, reflexión y acción para que las mujeres seamos actoras de nuestra propia vida, plenas e independientes en nuestra diversidad.

Las feministas no estamos exentas de equivocarnos e incluso de caer en inconsistencias, porque ejercemos nuestro feminismo desde nuestra humanidad y nuestros contextos situados. Pero podemos, como dice **Marcela Lagarde** en su ensayo *Pacto entre mujeres: sororidad*,[14] apostar a construir una utopía feminista basada en el profundo respeto de la dignidad de las otras, con la poderosa herramienta de la *sororidad*, una palabra de uso más bien reciente, aunque de raíz antigua.

¿Qué significa *sororidad*? Su origen es el latín *soror, sororis*, "hermana", y el sufijo *idad*, "relativo a", "calidad de". Por lo tanto, se refiere a la hermandad entre mujeres. Si la sociedad patriarcal ha sometido a las mujeres, la sororidad emerge como una herramienta para la acción, que incentiva que las propias mujeres nos veamos con más confianza y reconocimiento unas a las otras, así como la formación de redes de apoyo de mujeres. Lagarde abunda:

La *sororidad* es una dimensión ética, política y práctica del feminismo contemporáneo. Es una experiencia de las mujeres que conduce a la búsqueda de relaciones positivas [...] para contribuir con acciones específicas a la eliminación social de todas las formas de opresión y al apoyo mutuo para lograr el poderío genérico de todas y el empoderamiento vital de cada mujer.

El pacto sororo y el ejercicio de la sororidad activa son herramientas útiles para construir una forma diferente de relacionarnos las mujeres y, en particular, para hacer política y actuar, dentro del movimiento feminista, que es heterogéneo, dinámico y horizontal, frente a la verticalidad y rigidez del poder creado por el orden patriarcal. La sororidad no significa tener que ser amigas, llevarnos bien o querernos, o nunca criticarnos. No. Las relaciones entre mujeres son complejas en cuanto somos humanas. La sororidad nos habla de crear pactos y vínculos entre nosotras a partir de coincidencias o coyunturas puntuales, de ir alcanzando metas comunes consensuadas, de "encorchetar" o poner de lado las diferencias y centrarnos en las coincidencias; "amistad política", la llama **Edda Gaviola**[15] y muchas veces la sororidad produce aprecio, amistad y relaciones de largo aliento entre mujeres. Mientras la sororidad es un concepto asociado más al feminismo de la igualdad, el de *affidamento* es fruto de la reflexión de las feministas italianas del feminismo de la diferencia, que no tiene traducción literal, pero que subsume conceptos como *confianza*, *apoyo*, consejo. Es concebido como **una herramienta de reconocimiento recíproco entre mujeres y respeto a las diferencias entre nosotras, para hacer surgir entre iguales un acto de confianza y voluntad de apoyarnos unas a las otras.**[16]

Mito 4: "Las feministas son poco 'femeninas'"

Es una crítica desde una mirada muy conservadora. **El feminismo abarca una gran variedad de personas y posiciones;** pero casi todas las feministas tenemos en común el querer romper con los roles y estereotipos sexistas asignados desde que nacemos. A muchas nos interesa en primer lugar la agenda de la igualdad, sin que releguemos la de la inclusión o la diversidad, conceptos que no están libre de controversia, pero que se basan en la idea de que tenemos la misma dignidad y, por ende, los mismos derechos humanos: **igualdad en la diferencia.** Por eso, en el feminismo podemos caber todas las mujeres que deseamos la igualdad sustantiva y la emancipación, no importa cómo luzcamos, dónde o cómo vivamos, si bien nuestro feminismo va a estar situado en nuestra circunstancia, en el orden patriarcal que nos tocó vivir. **Alicia Puleo, argumentando acerca de la vigencia del término** *patriarcado*, dado que el poder económico, político, religioso y social en el mundo aún se mantiene desproporcionadamente en manos masculinas, **ha distinguido el patriarcado de coerción frente al patriarcado de consentimiento.**[17] El primero, un patriarcado más antiguo, pero que persiste hasta nuestros días, tiene que ver con sistemas donde la rigidez de las leyes y normas legitimadas socialmente constriñen, limitan y marcan puntualmente lo que distingue y debe ser una mujer respecto a un hombre; por ejemplo, las relaciones sexuales fuera de matrimonio reciben sanciones mucho más severas para las mujeres que para los hombres (en algunos contextos la muerte), o las mujeres deben ocultar partes de sus cuerpos, mientras que los hombres, no; el segundo, un patriarcado más extendido en países supuestamente "desarrollados" o que persiguen serlo, es aquel donde las mujeres no son encarceladas o asesinadas por no cumplir las normas sociales exigidas, sino que ellas mismas, como "sujetos libres de elección", harán lo posible por complacer y cumplir con el mandato de "la feminidad normativa contemporánea" (juventud obligatoria, estrictos cánones de belleza, aspirar a ser una *superwoman*: la supermujer que es buena madre, buena en el trabajo y en la cama, que está siempre arreglada, guapa y nunca parece agotada pese a las múltiples cargas que lleva sobre sus hombros). Así, este *patriarcado de consentimiento* es como una mutación del sistema sexogénero tradicional que, en buena medida, gracias a la fuerza de los medios de comunicación, llega a todas las esferas de la vida social alentando una supuesta "libertad de las mujeres" para elegir reafirmar su feminidad, cuando en realidad esto le sirve sobre todo al modelo económico capitalista. Elegir gastar, por ejemplo, enfundada en tacones, aunque tengamos que caminar todo el día, o ropa ajustada hecha con procesos de fabricación muy contaminantes para el planeta, tangas o ropa interior de hilo G (pese a que hay evidencia de que incrementa infecciones vaginales), maquillaje, escotes, o hacernos cirugías dolorosas de agrandamiento de mamas o de nalgas, depilarse o usar duchas vaginales; todo como símbolos de feminidad, todo reforzado con campañas publicitarias y mercadológicas que apuntan a que se trata de "necesidades" de las mujeres y no de imposiciones patriarcales y consumistas, que lastiman nuestros cuerpos y expolian el medio ambiente.

Desde una perspectiva feminista, muchas hemos empezado a revisar cómo nos gusta presentarnos ante el mundo y elegir otra ropa, sin esa connotación "sexi", porque estamos en contra de la objetualización sexual; o reivindicar las canas, las arrugas —símbolos del envejecimiento que se han usado en contra de las mujeres, pues **el *edadismo* es otra forma de discriminación, mucho más notoria y fuerte para las mujeres que para los varones**—. Así, algunas han querido liberarse del yugo de usar tacones o sostén, hacerse tatuajes o raparse como una forma de comunicar una postura antisistema o simplemente porque así se sienten más felices en su propio cuerpo.

Desde el feminismo, algunas mujeres indígenas latinoamericanas, africanas o asiáticas han decidido reafirmar su identidad comunitaria, promoviendo y defendiendo el uso de su lengua, su indumentaria tradicional y sus instituciones frente al embate occidental y colonial, que impone un tipo de "femineidad" hegemónica, urbana, blanca, hiperconsumista. El quid aquí es entender que señalar a otras mujeres —feministas o no— que buscan su propio camino y proyecto de vida, en vez de apuntar la energía contra el patriarcado, es algo que solo favorece a este orden social androcéntrico y misógino, un sistema de dominación *metaestable*, como apunta **Celia Amorós**, ejercido por individuos que, al mismo tiempo, son troquelados por ellos y de ahí su enorme resistencia.[18]

El feminismo es más un camino que una meta. Dentro del feminismo **no debe haber imposición, moldes ni líderes feministas a quienes venerar;** el llamado es a vivir más libres, conscientes, asumiendo que los moldes y prejuicios patriarcales hemos de deconstruirlos para que ya no definan nuestra identidad.

Mito 5: "Las principales perjudicadas del feminismo serán las mujeres, cuando pierdan los privilegios que han tenido"

Para empezar, esta es también una visión muy conservadora y privilegiada, pues es claro que las mujeres pobres (la gran mayoría en el mundo) no tienen prácticamente privilegios.[19] Por otro lado, la cultura heteropatriarcal occidental y occidentalizada ha romantizado los roles de género sexistas en las relaciones de pareja, en los que se supone que tenemos el "privilegio" de ser cuidadas, protegidas y mantenidas por un hombre "que nos ama".

Hagamos un paréntesis para analizar este concepto de *roles* y *estereotipos* de género, términos de amplio uso en estudios feministas. En el feminismo clásico, los **roles** de género —que deberían llamarse, con más precisión, roles patriarcales o simplemente roles sexistas, para evitar confusiones— han sido descritos como "prescripciones, normas y expectativas de comportamiento de lo femenino y de lo masculino dictadas por la sociedad y la cultura en un momento histórico concreto".[20] Derivados de una división sexual del trabajo, estos "roles" se materializan en tareas y funciones asignadas a cada sexo; por ejemplo, las mujeres son las responsables "naturales" de los quehaceres domésticos y del cuidado de niñas y niños, personas ancianas o enfermas, mientras que a los hombres se les asignan la función y el deber de proveer económicamente a la familia. Se socializa la idea que las niñas juegan a las muñecas porque la maternidad es parte de su "esencia" y que los niños juegan con pistolas porque su "naturaleza" es proteger a su familia; a ellas se les anima u obliga a circunscribirse al ámbito privado, mientras que a ellos a expandirse en lo público; en algunas sociedades las hijas se ven forzadas a separarse de su familia de origen y sumarse obedientemente a la de su pareja, pierden su apellido o lo pueden transmitir solo en segundo lugar, mientras que los hijos saldrán de la casa de origen para formar sus propias familias o bien integrarán a "su" mujer a su entorno familiar, dependiendo del contexto, pero casi siempre heredando su apellido y su linaje de manera principal o única, con lo que el apellido y el linaje femeninos desaparecen en una o dos generaciones, como resultado de esta *patrilinealidad*. Otro rol asignado es el que indica que las niñas y jóvenes deben aprender a cocinar, limpiar, lavar, coser y planchar para prepararse para la vida familiar; mientras que a los niños se les permite jugar con herramientas, autos, armas de juguete, salir de la casa. Evidentemente estos roles varían según el tipo y la estructura del hogar, el contexto comunitario, la clase social, el acceso a recursos, el nivel de desarrollo del país y la región; pero cuando una casa está sucia, o alguien de la familia se enferma, se espera por lo común que sea "la mujer de la casa" la que se responsabilice. **Hay un gran castigo social hacia las mujeres que son consideradas "malas madres", nunca comparable con el castigo social a los "malos padres".**

Por su parte, los **estereotipos** de **género** se refieren a las creencias y atribuciones sociales sobre cómo debe ser y cómo debe comportarse cada persona según su sexo. Son "etiquetas" que la sociedad nos coloca desde que nacemos, son reforzadas por la socialización de género sexista, que influye en nuestra identidad, desarrollo y oportunidades futuras, reproduciendo situaciones que ponen las mujeres en desventaja y subordinación. La palabra *estereotipo* surge en el mundo tipográfico del Siglo de las Luces (mediados del siglo XVIII). Proviene de dos palabras de origen griego: *stereós*, que significa "algo tieso", "sólido", y *typos*, que se traduce como "golpe", "impresión", "molde" o "forma"; designa un grupo de tipos sólidos de las antiguas imprentas que se usaba en la técnica *estereotipia*, con la que antes se imprimían los libros, produciendo pliegos de papel impresos que quedaban todos iguales y que se doblaban y cortaban para formar libros *idénticos*. Así pues, **los estereotipos son ideas preconcebidas, simplistas, que están muy arraigadas y determinan las conductas, comportamientos y actitudes orientadas a producir una homogeneización de las personas en función del grupo de pertenencia.** En el sistema patriarcal androcéntrico, los roles y estereotipos se convierten en normatividad ya que, si no los cumplimos, el conjunto social ejerce violencia de género, sea simbólica, psicológica, física o de otros tipos, para obligarnos a cumplirlos y "poner a cada quien en su lugar". También con frecuencia **los estereotipos se usan para hacer aceptable la discriminación por sexo y género**, y son tan arraigados que a lo largo de la historia se han incorporado a marcos jurídicos y no solo a reglas sociales no escritas, lo que ha reforzado la idea de que las mujeres son "inferiores" en muchos sentidos y que está bien disciplinarlas si se salen de estos estereotipos impuestos, especialmente en los ámbitos de la pareja y la familia. Por lo tanto, si una mujer casada tiene una relación sexual con otra persona que no es su pareja legal o legitimada por la sociedad, muchas leyes en distintos países consideraban hasta hace poco como justo que se le despojara de sus criaturas y de medios de subsistencia, o incluso se le castigara con la muerte, ya que había sido una "mala esposa y una mala madre", según los estereotipos de género. Pero si el hombre era quien tenía relaciones sexuales con otra persona no solo no sufría estas espantosas consecuencias, sino que en algunos sistemas religiosos podían aun disfrutar de tener varias parejas sexuales y hasta casarse con varias mujeres.

Como dice la filósofa **Ana de Miguel**: "El amor nunca ha tenido el mismo significado para hombres y mujeres; para los primeros puede ser algo muy valioso, pero nunca el sentido de su vida".[21] Para disciplinar a las mujeres se inventó el mito del "amor romántico", la virginidad, la monogamia y el sexo para la reproducción. Por esta socialización de género patriarcal, muchas mujeres, a cambio de su "manutención y protección", subordinan TODO su proyecto de vida al de su pareja, convirtiéndose en una especie de "satélite" y asumen como "naturales" los "sacrificios" de la maternidad y las tareas de cuidado de todo el sistema familiar, incluyendo las cansadas tareas del hogar, la atención a las personas enfermas, así como la preservación *psicoemocional* de todos sus integrantes, de cuyo bienestar emocional y felicidad se las responsabiliza. Las mujeres tienen a su cargo 76.2% de todas las horas del trabajo de cuidado no remunerado (más del triple de los hombres).[22] De modo que no es mucho privilegio que a las madres trabajadoras formales se les den unas cuantas semanas para atender a su criatura recién nacida, y en la mayoría de los países a los varones se les otorgan muchos menos días, asumiendo que la carga es de ellas y no se comparte equitativamente con el padre. Además, las mujeres padecemos toda la "carga mental", que, de acuerdo con la autora **Emma Clit,** se refiere a que cuando una mujer vive con otras personas, el peso y carga de la responsabilidad de la vida familiar suele recaer en ella: "la carga mental significa que siempre tienes que estar en alerta y acordarte de todo".[23]

Esto no es justo ni deseable, pues un hombre adulto sano es tan perfectamente capaz de cuidarse a sí mismo y también a otras personas como una mujer adulta sana; pero el varón socializado en el orden de género patriarcal tiene el privilegio de no sentir que esa responsabilidad sea suya, y que, en todo caso su función es "ayudar" o "apoyar" a "su" mujer, que es la principal responsable de gestionar la vida familiar. Así pues, **ser mujer no es un privilegio, sino una doble y triple carga de trabajo y responsabilidad muy pesada para las adultas, e incluso las niñas,** pues a partir de los 12 años las cargas domésticas y de cuidados aumentan sustancialmente para las niñas, a diferencia de lo que pasa con los niños de la misma edad.

La promesa de la protección y seguridad económica, pese a ser una fantasía irrealizable en muchos casos y un mecanismo de control y dominio para las mujeres, lleva a muchas a aceptar "las letras chiquitas", sobre todo en la relación heterosexual, que a veces se traducirán en violencias —psicológica y económica y patrimonial— más normalizadas, al ser menos visibles y condenadas que la física o sexual.

Este modelo de relación de pareja, basado en el "mito del amor romántico" y masculinidad hegemónica, en un sistema económico que no genera suficientes empleos dignos ni acceso igualitario a los mismos para hombres y mujeres, pone a muchas en un rol de indefensión, o como seres simbólica y fácticamente dependientes de un varón, sin la posibilidad de desarrollar su propio proyecto de vida.

Otros ejemplos "micro" en un sentido, pero macrorreveladores:

1) La industria médico-cosmética, cuya mercadotecnia suele plantear como "privilegio" que las mujeres tengamos millones de "opciones" para vernos "más lindas", "más jóvenes", más "sexis". Si no tienes dinero, hasta puedas pagar "a crédito" tratamientos cosméticos, así sea una depilación genital —que por cierto la mayor parte de los varones no se sienten forzados a hacerse, salvo que trabajen en la industria pornográfica, y que es muy dolorosa— o blanqueamiento de piel (reflejo del persistente racismo) o intervenciones quirúrgicas inimaginables hace unos años... Así que si eres una chica precarizada económicamente parecería que tienes el supuesto "privilegio" de tener muchas opciones: trabajar en un empleo, que seguramente no satisfará todas tus necesidades materiales, o conseguirte un *sugar daddy* o un marido que te mantenga, pero a fin de cuentas necesitas gastar en tu belleza, pues en ese pacto perverso entre patriarcado de consentimiento y capitalismo te repiten de mil formas que "así como estás" no eres suficiente: tu nariz no es bonita y necesitas

la de la duquesa de Cambridge, el trasero de Jennifer
Lopez, los implantes de seno, de nalga, de pantorrilla...
la lista es casi infinita. Pero no olvidemos que todas son
"opciones" creadas con un estándar hegemónico de belleza patriarcal, racista y capitalista —que afecta a millones de mujeres, sin importar el impacto en nuestra salud,
enfocado en el placer masculino—, para que las empresas sean quienes ganen, muchas veces sin reparar en estos
costos humanos, éticos y medioambientales. Como dice
Alma Guillermoprieto: "el dolor y el control van siempre
de la mano" así que cuál privilegio.[24]

2) La cultura occidental patriarcal mandata a las mujeres
que luzcan sus cuerpos con ayuda de cierta indumentaria, aun en contra de su propia salud y dignidad: tener
que mostrar más piel que el varón en eventos sociales,
aunque haga frío, o tener que usar tacones altísimos para
verse sexis no es un privilegio, sino una imposición a la
que los varones heterosexuales no están sometidos; es
la promesa mercadológica de hacer que las piernas se "esti-
licen", o hasta de ostentar un supuesto "poder femenino",
sin considerar la incomodidad ni el dolor que ocasionan
después de varias horas, o el efecto de largo plazo de de-
formar la columna, las rodillas y caderas. Claro, **la opresión patriarcal no está en los tacones *per se*, sino en las
razones por las que nos sentimos obligadas a usarlos o
en las desventajas si no lo hacemos.**

3) El supuesto "privilegio" de las mujeres en bares "2 × 1" o
donde no pagan, en realidad es un "anzuelo" para que
los varones encuentren "carne joven", aumenten la posibilidad de "ligar", gasten más y consuman más alcohol.

Viéndolo así resulta claro que, en el orden de género patriarcal, muchos "privilegios" de las mujeres en realidad no lo son. ¿Tú qué opinas?

LA VIOLENCIA DE GÉNERO CONTRA LAS MUJERES

La violencia contra las mujeres por razón de género es una expresión clarísima de la subordinación de las mujeres y lo femenino frente a los hombres y lo masculino. Refleja una asimetría de poder y una desigualdad estructural en un orden patriarcal que reproduce diversas formas de violencia. A veces también se le denomina violencia machista y misógina. Pero para entender el *concepto de violencia de género contra las mujeres* dividamos sus partes.

La violencia en su definición más simple podría ser "uso de la fuerza para conseguir un fin, especialmente para dominar a alguien o imponer algo" (Diccionario Oxford). Ahora bien, la violencia contra las mujeres constituye una de las manifestaciones de relaciones de poder históricamente desiguales entre mujeres y hombres, pero la violencia contra las mujeres puede ser por razón de género, o no. Por ejemplo, supongamos que una mujer muere víctima de accidente automovilístico causado por un conductor que iba a exceso de velocidad o bajo los efectos del alcohol; ella, en efecto, tuvo una muerte violenta, pero no por razón de género, ya que no murió por el hecho de ser mujer. En cambio, si a una mujer se le mutila su clítoris como un mecanismo para controlar su sexualidad y coartar su placer, esto es violencia de género, al igual que si ella es asesinada por su pareja o expareja, quien además la violentaba desde hacía tiempo, por medio de amenazas y golpes. Ella vivió y murió a causa de esta violencia de género, que en este caso es además violencia feminicida.

Para los fines de este libro, lo importante es aclarar que **no toda la violencia de género es contra las mujeres y ni toda violencia contra las mujeres es por razón de género.** Si un chico homosexual o una persona trans reciben un ataque de un hombre que les grita frases de odio relativas a su sexualidad, esto también es violencia de género, según un enfoque compartido por las ONU y el Estatuto de Roma, un instrumento jurídico de la Corte Penal Internacional de La Haya.

Hay dos modelos teóricos que han sido muy recurridos en torno a la violencia de género:

1) *El de la violencia estructural.* Según Johan Galtung (1996), **la violencia es como un iceberg del cual se ve solo la punta**, es decir, restringe que sea vista en su totalidad y solo es aparente una parte del conflicto. Según este modelo, la violencia que se ejerce de manera individualizada, por ejemplo, en contra de mujeres, tiene una conexión directa con la estructura y la cultura; es decir, existe una estructura desigual que incluye y legitima la violencia y el abuso de poder en la cultura, la economía, la política, las leyes y la religión, los cuales impiden el desarrollo completo de las capacidades de las mujeres y permiten que se ejerza la violencia de manera impune.

2) *El modelo ecológico.* **Plantea que la violencia es un fenómeno complejo y multicausal** y que no hay un único factor que explique por sí solo la violencia, sino que está imbricada en diferentes estructuras sociales; por lo tanto, su tratamiento requiere enfoques multidisciplinarios e intervenciones en varios planos con la concurrencia

simultánea de diversos sectores de política pública (Heise, 1994, OPS, 2002; ONU, 2006).

En cualquiera de los dos modelos está claro que necesitamos generar acciones a nivel sistémico, no solo a escala individual; es decir, no es un problema "de las mujeres" o "de los hombres", tampoco es solo "de las familias", o de "las escuelas": es de toda la sociedad y en su solución deben, por fuerza, estar implicadas activamente las instituciones del Estado.

Con esta claridad, es importante poner énfasis en lo dicho sobre la lucha por la eliminación de la violencia de género contra las mujeres. Si bien antes de la pandemia de covid-19 ya registraba cifras alarmantes, ahora ha alcanzado proporciones de pandemia. De acuerdo con ONU Mujeres:

A escala mundial, el 35% de las mujeres ha experimentado alguna vez violencia física o sexual por parte de una pareja íntima, o violencia sexual perpetrada por una persona distinta a su pareja [...] El número de llamadas a las líneas telefónicas de asistencia se quintuplicó en algunos países como consecuencia del incremento de las tasas de violencia de pareja provocado por la pandemia del covid-19 [...] La restricción de movimiento, el aislamiento social y la inseguridad económica revelan la vulnerabilidad de las mujeres a la violencia en el ámbito privado [y público] en el mundo. Cada día 137 mujeres son asesinadas por miembros de su propia familia [...] Las mujeres adultas representan cerca de la mitad (49%) de las víctimas de la trata de seres humanos a nivel mundial [...] Quince millones de niñas adolescentes de 15 a 19 años han experimentado relaciones sexuales forzadas [...] Menos del 40% de las mujeres que padecen violencia buscan algún tipo de ayuda.[25]

La **Ley General de Acceso de las Mujeres a una Vida Libre de Violencia,** promulgada en México en 2007, en su artículo 5.º señala que se entenderá como violencia contra las mujeres: "cualquier acción u omisión, basada en su género, que les cause daño o sufrimiento psicológico, físico, patrimonial, económico, sexual o la muerte tanto en el ámbito privado como en el público".[26] El artículo 6.º establece seis tipos de violencia contra las mujeres:

I. **Violencia psicológica.** Es cualquier acto u omisión que dañe la estabilidad psicológica, que puede consistir en: negligencia, abandono, descuido reiterado, celotipia, insultos, humillaciones, devaluación, marginación, indiferencia, infidelidad, comparaciones destructivas, rechazo, restricción a la autodeterminación y amenazas, los cuales conllevan a la víctima a la depresión, al aislamiento, a la devaluación de su autoestima e incluso al suicidio;

II. **Violencia física.** Es cualquier acto que inflige daño no accidental, usando la fuerza física o algún tipo de arma u objeto que pueda provocar o no lesiones ya sean internas, externas, o ambas;

III. **Violencia patrimonial.** Es cualquier acto u omisión que afecta la supervivencia de la víctima. Se manifiesta en la transformación, sustracción, destrucción, retención o distracción de objetos, documentos personales, bienes y valores, derechos patrimoniales o recursos económicos destinados a satisfacer sus necesidades y puede abarcar los daños a los bienes comunes o propios de la víctima;

IV. **Violencia económica**: toda acción u omisión del agresor que afecta la supervivencia económica de la víctima.

86

Se manifiesta a través de limitaciones orientadas a controlar sus percepciones económicas, así como el ganar un salario menor por igual trabajo, dentro de un mismo centro laboral;

V. **La violencia sexual**: es cualquier acto que degrada o daña el cuerpo y/o la sexualidad de la víctima y que por tanto atenta contra su libertad, dignidad e integridad física. Es una expresión de abuso de poder que implica la supremacía masculina sobre la mujer, al denigrarla y concebirla como objeto.

VI. **Cualesquiera otras formas análogas** que lesionen o sean susceptibles de dañar la dignidad, integridad o libertad de las mujeres.

Ahora bien, se definen como **modalidades de violencia** los ámbitos en los que estas se efectúan: violencia familiar; violencia laboral y/o docente; violencia comunitaria; violencia institucional; violencia política; violencia digital o mediática, y violencia feminicida.

Mientras siga existiendo cualquier forma de violencia de género contra las niñas, las adolescentes, las adultas, las ancianas, el feminismo seguirá siendo más necesario que nunca.

REFLEXIONES EN TORNO AL FEMINISMO,
DE LA PLUMA DE FEMINISTAS RELEVANTES

El feminismo es un movimiento político y social con un gran potencial transformador; es *interseccional* porque se interrelaciona con otras categorías de dominio, como la cultura, la etnicidad, la condición de clase, de género, de raza, etcétera; y es *revolucionario* porque ha resistido durante más de tres siglos, pero además porque, sin duda, va más allá de los principios de la Revolución francesa, de los cuales abrevó: libertad, igualdad y fraternidad, preceptos que les fueron negados a las mujeres y que costaron la vida de muchas.

Insisto, por la diversidad de corrientes del feminismo, me parece enriquecedor compartir diferentes visiones en torno a él, en voz de algunas de sus interesantes pensadoras y activistas, por orden alfabético, desde la mitad del siglo XX a la fecha:

Chimamanda Adichie

"Feminista es todo aquel hombre o mujer que dice: sí, hay un problema de género hoy en día, y tenemos que solucionarlo, tenemos que mejorar las cosas, y tenemos que mejorarlas entre todos, hombres y mujeres".

"El movimiento feminista todavía no es comprendido por todos y muchas personas creen que se refiere a la superioridad de las mujeres, lo que no podría estar más lejos de la verdad".

Celia Amorós

"Entendemos por feminismo, de acuerdo con una tradición de tres siglos, un tipo de pensamiento antropológico, moral y político que tiene como su referente la idea racionalista e ilustrada de igualdad entre los sexos".

"El feminismo es una revolución".

Simone de Beauvoir

"El feminismo es una forma de vivir individualmente y de luchar colectivamente".

"Ser una mujer no es un derecho natural, es el resultado de una historia. No hay destino ni biológico ni psicología que defina a la mujer tal como es".

"Que nada nos defina. Que nada nos sujete. Que sea la libertad nuestra propia sustancia".

Rosa Cobo

"El feminismo es un pensamiento y un movimiento social profundamente crítico que remueve los cimientos del capitalismo neoliberal y del patriarcado. Por eso intentan someterlo a procesos de despolitización, para quitarle su dimensión fuertemente transformadora y subversiva".

"El feminismo está viviendo un momento de éxito político que no tiene precedentes desde el feminismo radical de los años setenta [del siglo XX]. Creo que este éxito se debe a que hemos sabido señalar políticamente los lugares de mayor desigualdad y discriminación. Tiene un sujeto político clarísimo y difícilmente discutible. Somos las mujeres".

Alda Facio

"El feminismo es mucho más que una doctrina social; es un movimiento social y político, una teoría y una epistemología que parte de la toma de conciencia de que las mujeres, entendidas como colectivo humano, estamos subordinadas, discriminadas y/o oprimidas por el colectivo de hombres en el patriarcado; sistema que es anterior a todas las formas de explotación y que por lo tanto es necesario erradicar para lograr una justicia social duradera".

"No se puede hablar de 'feminismo' en singular, ya que existen distintas vertientes. Es precisamente su pluralidad ideológica y de prácticas la que permite comprender cómo y cuán profundamente la ideología patriarcal permea todas las cosmovisiones y hasta nuestros sentimientos más íntimos".

Silvia Federici
"El feminismo no es solamente mejorar la situación de las mujeres; es crear un mundo sin desigualdad, sin la explotación del trabajo humano que, en el caso de las mujeres, se convierte en una doble explotación".

Alaíde Foppa
"El feminismo se justifica si tiende a disminuir una desigualdad, pero sería pedirle demasiado que acabara con todas".

María Galindo
"Entendemos el feminismo como el conjunto de luchas y rebeldías de las mujeres, tanto individuales como colectivas, para enfrentar y desobedecer los mandatos patriarcales, luchas acontecidas en todas las culturas, sociedades, regiones y tiempos".

bell hooks
"El feminismo es un movimiento para terminar con el sexismo, la explotación sexista y la opresión [...] La toma de conciencia feminista por parte de los hombres es tan esencial para el movimiento revolucionario como los grupos de mujeres".

Claudia Korol
"Hay un feminismo autónomo. Hay un feminismo institucional. Hay un feminismo académico. Hay un feminismo decolonial. Hay un feminismo del Sur; hay un feminismo comunitario. Hay un feminismo negro. Hay un feminismo campesino. Hay

un feminismo popular. Hay muchos modos de feminismos y hay feminismos que son de muchos modos. Modos y no modas".

"Los feminismos no son el reverso del machismo. En cualesquiera de sus versiones están promoviendo emancipaciones y no opresiones [...] proyectándose [...] revolucionándose, cuestionándose, haciendo nuevas prácticas que a su vez saltan las tranqueras ideológicas dogmatizadas y burlan las burocracias que administran las teorías".

Marcela Lagarde

"El feminismo es la noción de que las mujeres son personas".

"Las causas feministas son colectivas y no pueden lograrse individualmente. Si una mujer cambia, cambia ella, pero si cambiamos todas, cambia el género".

"El feminismo es patrimonio de la humanidad, y así merece ser reconocido por su lucha, por mejorar la vida de las personas, pero sobre todo la de las mujeres".

Kate Millett

"Muchas mujeres no reconocen que están siendo discriminadas; no hay mejor prueba de su condicionamiento total [por el patriarcado]. [...] Una revolución sexual comienza con la emancipación de las mujeres —quienes son las principales víctimas del patriarcado— y también con el fin de la opresión homosexual [...] La destrucción completa del matrimonio tradicional y la familia nuclear es la meta revolucionaria o utópica del feminismo."

Julieta Paredes

"El feminismo comunitario entiende el feminismo como la lucha y la propuesta política de vida de cualquier mujer en cualquier lugar del mundo, en cualquier etapa de la historia que se haya rebelado ante el patriarcado que la oprime. Así, el objetivo del feminismo comunitario es buscar una alternativa al feminismo tradicional, es decir, parte de lo que se denomina feminismo contrahegemónico".

Gayle Rubin

"El sistema sexo-género es un conjunto de disposiciones por el que una sociedad transforma la sexualidad biológica en productos de la actividad humana y en las cuales estas necesidades sexuales transformadas son satisfechas [...] Existe una normatividad femenina edificada sobre el sexo como hecho anatómico, que alude a las prescripciones que tienen las mujeres en las sociedades patriarcales, como el hecho de que la maternidad, los cuidados, el trabajo doméstico, la heterosexualidad y la ausencia de poder sean vistos como características constitutivas del género femenino".

Rita Segato

"El feminismo busca un mundo vincular, donde la reciprocidad es uno de los valores centrales. [...] El feminismo surge de prácticas muy prolongadas, tradiciones de colaboración y horizontalidad, y pluralidad absoluta".

"Nuestros enemigos no son los hombres, sino el orden político patriarcal. Hay mujeres que están tan obsesionadas por adquirir poder como cualquier hombre, y esa obsesión es patriarcal".

Amelia Valcárcel

"El feminismo es un conjunto de ideas, teorías, agenda y prácticas políticas que han guiado y guían la defensa de la igualdad y de la ciudadanía de las mujeres".

QUÉ ES Y QUÉ NO ES EL FEMINISMO?

"Es una de las filosofías políticas ilustradas que más ha contribuido a cambiar la entera faz del mundo que habitamos. Lo viene haciendo durante los tres últimos siglos. Pero le queda mucho por andar".

"El feminismo es el aliado fundamental de la democracia y es parte de ella".

Nuria Varela

"El feminismo es un movimiento político crítico con la desigualdad y las barbaridades que sufren las mujeres; que cuestiona el orden establecido y que desenmascara las mentiras por las que se pretende que las mujeres continuemos sometidas".

"El feminismo es como una linterna, que ilumina esos rincones oscuros de intolerancia, de prejuicios, de injusticia, sobre los que se ha construido el mundo".

Para finalizar este capítulo, y luego de exponer algunas ideas de mentes feministas brillantes y, **sin ánimo de dogmatizar, pienso que ser feminista tiene que ver ante todo con:**

1) **Ser consciente de la discriminación, la desigualdad estructural, sistémica y sistemática que las mujeres enfrentan por el simple hecho de serlo.** Mientras siga habiendo mujeres y niñas discriminadas, subordinadas, sometidas, violentadas, oprimidas o explotadas, por su sexo y por los mandatos de género, ser feminista seguirá siendo una lucha válida, urgente y valiosa.

2) **Ser consciente de que el orden de género patriarcal atraviesa también las relaciones entre las propias mujeres.** De allí la urgencia de deconstruir este pensamiento y este orden de dominación; para ello hace falta

93

decidirnos a **ser activamente solidarias** entre nosotras, como proclamaron las feministas de la diferencia: *affidarnos* (brindarnos la confianza y el reconocimiento mutuo) como las feministas de la igualdad han sostenido: ser *sororas*, hermanas de alianza, compañeras, unirnos, aliarnos como mujeres, pues nosotras no somos la enemiga de las otras.

3) **Comprometerse con un cambio sociocultural para cambiar el orden social patriarcal androcéntrico y falocrático, y coproducir la igualdad** en la diferencia, en un proceso profundamente emancipador y libertario. No pretendemos negar que todas las personas en nuestras diversidades étnico-raciales y de clase, sexo-genéricas, entre otras, somos distintas, pero a muchas nos une que **no queremos que esta diferencia produzca jerarquía y discriminación, desigualdad y violencia.** Así, una perspectiva feminista implica, entre otras cosas, deconstruir discursos y mandatos patriarcales, *despatriarcalizarnos* y *descolonizarnos* también. Tenemos que reeducarnos como humanidad y educar a las infancias de otra manera. Que las niñas no crean más que su misión de vida es complacer egos masculinos, que las adolescentes y adultas no compitan con otras mujeres por la presión de ser bellas, delgadas, tiernas, sexis o complacientes, ni sientan culpa de sus éxitos o de si no desean ser madres; que tengan plena libertad sobre sus cuerpos, su sexualidad y sus proyectos de vida y el acceso a la plena autonomía económica, a todos los recursos y al poder; que los niños no crean que deben ser duros, sexualmente hiperactivos o tener dinero para ser valiosos; que no le teman a la vulnerabilidad y puedan construir una masculinidad positiva

que vea como algo vital compartir las tareas de cuidado y crianza de las criaturas que procreen; que la comunicación no violenta sea herramienta privilegiada para transitar y solucionar conflictos entre parejas, familias y comunidades; que los varones se den cuenta de los privilegios que han gozado por tener cuerpos masculinos y que hay muchas formas de expresar la masculinidad positivamente. Y, por supuesto, reconocer los derechos y abrir espacios de inclusión a quienes se determinan dentro de la divergencia o disidencia sexual y para quienes no se definen de manera binaria, grupos humanos que han sufrido brutalmente la discriminación y el odio patriarcal.

4) **Reconocer la pluralización del feminismo,** y poner énfasis en nuestros procesos individuales y como parte de colectivas y comunidades.

5) **Tejer redes y puentes interseccionales con quienes están en la lucha por los derechos humanos, en la sociedad civil, en la academia, en los medios, en las empresas, en los gobiernos y las empresas.** Desde todos los lados tenemos que trabajar en estas tareas.

Capítulo 2

BREVIARIO DE LAS OLAS EN
EL MAR FEMINISTA

La mujer nace libre y permanece igual
que el hombre en derechos.
OLYMPE DE GOUGES

ANTECEDENTES

Representa una gran responsabilidad intentar resumir o sintetizar la historia feminista que, a fines de los años sesenta del siglo XX, empezó a ser categorizada por etapas a las que la periodista estadounidense **Martha Weinman** llamó por primera vez
"olas del feminismo",[1] para distinguir los momentos cumbre
del movimiento que, como el mar, también ha tenido periodos de calma.[2] Sin embargo, trataré de que este breviario, aunque modesto, sea lo más sustancioso e interesante.

Hay voces que desde la Antigüedad pugnaron por la injusticia de un mundo donde las mujeres eran oprimidas, consideradas solo como objetos de placer y simples reproductoras de
otros seres humanos, sin ser ellas mismas reconocidas en su humanidad plena e igualitaria respecto a la otra mitad humana del
planeta. A estas mujeres podríamos llamarlas "protofeministas",
y una de ellas fue la filósofa, poeta y humanista **Christine de
Pizan**, quien en 1405 publicó un libro alegórico, *La ciudad de
las damas*, en el que, a través del recuento de la vida de mujeres
ilustres, rebate argumentos misóginos expuestos por numerosos

97

"hombres de letras". Pese a ello, a Pizan todavía no se le puede llamar "feminista", dado que no reivindica una plena igualdad entre mujeres y hombres.[3]

De regreso a la historia del feminismo, aunque no es unánime el criterio sobre el su origen, sigue siendo imprescindible visibilizar su genealogía, el pensamiento de sus teóricas, la lucha de sus insurgentes, sus acontecimientos clave y las demandas que en muchos casos persisten. Resulta impostergable integrar estos elementos a la historia que durante siglos se ha impuesto, que ha invisibilizado e incluso ocultado los aportes de la mitad de la humanidad, privilegiando mostrar como "universal" la historia de hombres blancos, europeos, o de conquistadores de distintos tonos de piel, pero al fin guerreros, líderes poderosos y muchas veces tiránicos al frente de instituciones políticas, militares o religiosas, que representan la masculinidad hegemónica, y solo de manera eventual, anecdótica, simplista, androcéntrica y misógina la de las mujeres y de la de los hombres pacifistas o las personas disidentes.

Es una convención académica extendida, sobre todo en países de influencia occidental, tomar como referencia la Ilustración, o la era del Racionalismo, como el inicio de los cerca de 300 años de lucha del movimiento feminista, aunque en realidad ya había reflexiones sobre la posición desigual de las mujeres en la sociedad y, más que eso, ejemplos valiosos de mujeres que se atrevieron a romper roles y estereotipos impuestos, pese a la incomprensión y ataques de personas contemporáneas, incluso de otras mujeres, las llamadas "guardianas del patriarcado".

Amelia Valcárcel, filósofa y feminista de la igualdad, señala que **"el feminismo pertenece de lleno a la modernidad; es hijo no querido de la Ilustración, pero no por ello menos hijo"**.[4]

Muchas mujeres que se adhirieron a la Revolución francesa también lucharon por la libertad, igualdad y fraternidad, pensando así que obtendrían libertades y derechos. Pero el ideario revolucionario era completamente *androcéntrico* y *eurocéntrico*, es decir, buscaba la libertad, igualdad y fraternidad, pero para los varones blancos europeos, propietarios, heterosexuales (aunque su discurso no estaba explícitamente en esos términos). Por eso al triunfo de la Revolución, la condición de sometimiento de las mujeres no cambió, incluso empeoró después de la llegada de Napoleón y su misógino Código Civil que ha influido, hasta la fecha, no solo en Francia sino en muchas regiones, incluida Iberoamérica.

¿Por qué *El contrato social* de Jean-Jacques Rousseau, su obra más conocida, no incluyó a las mujeres, y a pesar de ello ha sido reconocido como uno de los filósofos más emblemáticos? Para ilustrar el papel de las mujeres en el pensamiento de Rousseau, basta recordar su propuesta respecto a la educación femenina que, en sus palabras, "debe ser relativa a los hombres, para convertir su misión de vida en hacerles la vida agradable y dulce".

¿Por qué en la educación media solemos estudiar acerca del "Siglo de las Luces" y el pensamiento ilustrado de Diderot, Rousseau o de Voltaire, pero no nos dan a leer los *Cuadernos de quejas*, ni nos enseñan el pensamiento de **Louise Michel y Nathalie Lemel,** o acaso mencionan de paso que **Olympe de Gouges** murió en la guillotina por defender su Declaración de los Derechos de la Mujer y de la Ciudadana?

¿Por qué no nos enseñan las ideas emancipadoras de **Mary Wollstonecraft**, o de **Harriet Taylor Mill** e incluso de hombres igualitaristas como el inglés **John Stuart Mill**, el francés **Nicolás de Condorcet,**[5] quien en 1790 escribió un ensayo llamado

Sobre la admisión de las mujeres al derecho a la ciudadanía, donde expone que al excluir a las mujeres de los derechos políticos y privarlas de su derecho a participar en la esfera pública se violaban los principios de la Revolución de 1789. Sin embargo, fue desestimada su petición de educar a las mujeres y a los varones en igualdad de circunstancias en la recién creada República francesa posrevolucionaria.

¿Por qué la mayoría no aprendimos en la escuela sobre el alemán **Theodor Gottlieb von Hippel**,[6] que afirmaba que "el talento de la mujer es igual al del hombre y que no es simplemente descuidado sino deliberadamente reprimido [...] a las mujeres se les educa para ser ignorantes". Von Hippel era contemporáneo de **Wollstonecraft** y del "celebérrimo" filósofo Immanuel Kant, a quien sí nos dan a leer en los temarios académicos, y quien por cierto justificaba privar a la mujer de derechos equiparándola con el niño. ¿Por qué no nos exigieron conocer al igualitarista **Poullain de La Barre**, contemporáneo y compatriota del otro francés, él sí muy famoso, René Descartes?

¿Por qué, si ya hay pocas referencias a mujeres autoras en los planes educativos, hay mayor ausencia de aquellas cuyo origen no es europeo o estadounidense? ¿Por qué si vas a cualquiera de los llamados "grandes" museos del mundo, las mujeres están representadas copiosamente, pero muchas veces desnudas o enseñando más el cuerpo y la piel, y mayormente en roles de "madres", "musas" o "víctimas", y no de líderes, o en situaciones de poder?*

---

* Mujeres artistas que mantenían su anonimato usando máscaras de gorilas, formaron un colectivo llamado Guerrilla Girls a fines de la década de 1980, que se manifestó en una de las mecas del arte, Nueva York, para protestar contra la discriminación contra mujeres artistas y creadores racializados en el mundo del arte. Una de sus famosas campañas desplegaba

Esta enorme laguna en la historia, la ciencia o el arte, no es casual. La historiadora contemporánea **Joan Scott** dice:

> Puesto que, según las apariencias, la guerra, la diplomacia y la alta política no han tenido que ver explícitamente con estas relaciones, las de género, esta categoría continúa siendo irrelevante para el pensamiento de historiadores interesados en temas de política y poder.[7]

Por eso sabemos tan poco de las mujeres del pasado y sus producciones y aportes. Sabemos mucho de Alejandro Magno, pero casi nada de sus hermanas; mucho de Aristóteles, pero muy poco de su primera esposa, **Pitias de Aso**, solo que era *sobrina de* un político importante de la época, amigo de Aristóteles, quien murió joven siendo *madre de* su hija del mismo nombre; lo mismo que de su segunda *esposa*, **Herpilis**, de quien solo se señala que fue *madre de* Nicómaco. Invisibilizar y minusvalorar las aportaciones de las mujeres o señalarlas como apéndices de hombres famosos, así como menospreciar el feminismo

---

la frase: "¿Las mujeres necesitan estar desnudas para entrar en el Museo Metropolitano?". (Para contextualizar, este museo, conocido como "el Met", es uno de los más importantes del mundo por su acervo; reúne más de dos millones de obras que reflejan expresiones de arte y cultura de hasta 5 000 años de antigüedad, de diversas partes del mundo; tiene renombre mundial. Lograr que una obra de arte sea exhibida allí implica estar en las "grandes ligas"). La frase va acompañada de una famosa imagen de una mujer desnuda y reclinada, tomada de un cuadro del pintor francés Ingres, titulado *Gran odalisca*, con la máscara de gorila sobre un fondo amarillo brillante y con los siguientes datos: 5% de artistas en la sección de arte moderno son mujeres, pero 85% de los desnudos son femeninos. Así, este cartel de 1989 refleja la falta de igualdad, inclusión y diversidad en un museo donde los tomadores de decisiones históricamente han sido hombres. Lamentablemente esta tendencia persiste en el ámbito artístico y cultural en el mundo. El feminismo en el arte sigue siendo más pertinente que nunca.

como movimiento y categoría de análisis es una manera del orden social patriarcal para proteger su dominio. Muchos hombres en el poder o la academia se han esmerado en ello, por lo que **pese a tener más de 300 años de existencia, ¡no es raro encontrar personas que se atrevan a decir que "el feminismo es una moda" o, peor aún, "que ya pasó de moda"!**

Una reconocida académica mexicana, **Ana Lau Jaiven,** en un artículo que te recomiendo, profetiza que "reescribir y reinterpretar la historia, donde se tome en cuenta no solo al sujeto masculino, sino también al femenino, va a ser la demanda radical cuyo alcance se va generalizar".[8] En eso confiamos muchas feministas, pues una de las grandes asignaturas pendientes es **incorporar la perspectiva feminista o lentes violeta para hacer evidente que las relaciones entre los sexos han sido y siguen siendo jerárquicamente desiguales, no solo en la historia o en la academia, sino en todos los campos del pensar y el actuar de la humanidad,** de las aulas a las empresas, los sindicatos, los gobiernos, los medios y las organizaciones de la sociedad civil. **Es un gran reto y desafío,** porque, como han señalado algunas teóricas, adoptarlo masivamente también implica el riesgo de la despolitización, de que pierda su poder en cuanto teoría crítica.

Con esta cautela, iniciemos ahora un recorrido por la cautivadora historia de los ciclos de acción colectiva u olas del feminismo, de esos impulsos revolucionarios del movimiento por los derechos de las mujeres,[9] reconociendo que hay un debate en torno a seguir esta categorización que pertenece al feminismo occidental, por ser imprecisa, artificialmente homogeneizadora y simplista. Como lo he mencionado en otras partes del libro reconocemos múltiples feminismos con sus variados cauces y etapas, que buscan entender la situación de las mujeres en nuestra diversidad. Además, además hay un debate respecto a si la primera ola comienza con el sufragismo o con la Ilustración y si hemos arribado o no a la cuarta ola; sin embargo, para acercar el pensamiento feminista a un público que se adentra en el tema, **la categoría de "las olas" cumple con el efecto didáctico de desmitificar y analizar "la historia universal" como nos la enseñan, incorporando lo no contado, la historia de nosotras,** pese a que aclaro que tampoco es la historia en la que están presente todas, dado que el propio sistema patriarcal, aunado a los sistemas religiosos, económicos y étnico-raciales hegemónicos, ha sido exitoso en invisibilizar la voz y presencia de muchas, las indígenas, las africanas, las asiáticas, las lesbianas, las curanderas, las insumisas, las migrantes, las artistas, las científicas, las mujeres con discapacidad, las mujeres esclavizadas y prostituidas, las mujeres que viven en pobreza y en general a las mujeres que han querido alzar la voz contra un mundo injusto, así como la voz de las personas de la diversidad y la divergencia sexual.

Sonia Reverter nos habla de **cuatro olas** que, por momentos, se traslapan, que pasan por momentos de latencia y a partir de lo cual yo propongo: *1)* la del **feminismo ilustrado**; *2)* la del **feminismo sufragista** que **coexiste con el feminismo socialista**; *3)* la del **feminismo que va de la segunda mitad del siglo XX —dependiendo de dónde nos ubiquemos hay indicios de esta ola desde los años sesenta, aunque es más clara en los finales de los ochenta—** hasta los inicios del siglo XXI; y *4)* la cuarta ola, la actual, una época que evidencia más claramente lo que ya surgía en la tercera ola: que no hay una única experiencia de vivir en el cuerpo de mujer, o de ser mujer, pues las relaciones de poder y dominación se complican por las condiciones de clase, raza, etnicidad, identidad, etcétera. **Las mujeres y todas las personas, entonces, estamos atravesadas por contextos situados.**[10]

LA PRIMERA OLA: LA VINDICACIÓN DE LA IGUALDAD

Ubicamos la primera ola del feminismo en el siglo XVII y hasta mediados del siglo XIX cuando —gracias a las ideas ilustradas de manera directa, pero de manera indirecta, a los legados más antiguos, como **Christine de Pizan** y **Poullain de la Barre**— surgen ideas en el debate intelectual respecto a "la naturaleza de la mujer" y la "jerarquía de los sexos", y cuando, más tarde, durante la Revolución francesa, muchas mujeres lucharon por sus derechos, evidenciando los obstáculos legales, sociales y culturales que obstruían la *igualdad* para ellas, entendida esta como el acceso a las mismas posibilidades y oportunidades al uso, control y beneficio de bienes y servicios o recursos de la sociedad, así como a la toma de decisiones en todos los ámbitos de la vida individual, familiar, comunitaria y social.

Cuánta valentía y convicción tuvo que abrigar la fascinante veneciana **Christine Pizan** —obligada a casarse y mudarse de ciudad a los 15 años, viuda a los 25— para convertirse en la primera escritora profesional conocida. En plena Edad Media europea, época en muchos sentidos oscurantista y conservadora, se atrevió a escribir *La ciudad de las damas* (1405), donde plasmó ideas que hoy ubicamos cercanas al feminismo sobre temas en ese momento considerados tabú, como la educación de las mujeres y la violación, y reflexiones sobre cuán diferente sería la sociedad sin el dominio del hombre sobre la mujer.

Más de 250 años después, más de un siglo antes de la Revolución francesa, el joven clérigo **Poullain de La Barre**, discípulo del racionalista René Descartes, fue una voz crítica de la desigualdad entre las mujeres y hombres. Entre sus obras destaca *La igualdad de los sexos* (1673), en la que hizo una afirmación tan osada como revolucionaria:

"La mente no tiene sexo".

Con esta poderosa idea develó los prejuicios sobre la inferioridad de la mujer, machacados por todos los eruditos de su tiempo y de siglos atrás, e incluso defendió que hombres y mujeres debían tener el mismo derecho a acceder al conocimiento para el progreso de la sociedad. "La igualdad será para Poullain de La Barre el rasgo más característico del llamado 'estado de naturaleza'".[11] También podemos considerarlo **precursor de lo que hoy conocemos como "acciones afirmativas",** ya que propuso leyes que daban ventaja a las mujeres en materia educativa, con el fin de garantizar su igualdad de acceso y oportunidades.[12] Las otras dos obras de la productiva tríada que escribió son: *La educación de las damas* (1674) y *De la excelencia de los hombres* (1675) que, pese a lo que nos haría pensar el título, continúa en la defensa de la igualdad entre los sexos, anulando argumentos en favor de la pretendida superioridad masculina.[13]

Así, **a lo largo de la historia ha habido hombres aliados** de las mujeres y de la construcción de la igualdad como principio ético, jurídico y político. Hoy, la igualdad entre mujeres y hombres es un principio universal de derechos humanos plasmado en tratados internacionales y diversas constituciones del mundo, que empujaron las mujeres, pero que quizá habría tardado mucho más sin esos varones aliados.

Merece la pena mencionar que cuando hablamos de *igualdad sustantiva* nos referimos a que se haga realidad, con plena garantía, el principio de igualdad establecido en los más altos marcos jurídicos. Es decir, trascender de la igualdad *de iure* a la *de facto*; pasar de la igualdad *de derecho* a la igualdad *de hecho*.

Me detengo aquí para viajar de Europa a la entonces llamada Nueva España. Contemporánea de Poullain de La Barre, en

1690, **sor Juana Inés de la Cruz,** cuyo nombre civil fue **Juana Inés de Asbaje Ramírez de Santillana**, publica su *Carta atenagórica* en la que discurre acerca de la naturaleza de la mujer y su relación con el conocimiento;[14] luego, en 1692, escribe "Primero sueño", un manifiesto libertario pensado para las mujeres, y la *Respuesta a sor Filotea de la Cruz*, donde defiende el derecho de nosotras a la educación, a tener ideas y vida propias, por mencionar solo algunas ideas que atestiguan la inclinación *protofeminista* de esta filósofa y escritora, quien tuvo que volverse monja para poder seguir estudiando y evitar tener que someterse a un esposo, dadas las restricciones del orden social y jurídico patriarcal y colonial en el que vivió. Por su legado literario y de historia de vida, Juana Inés bien puede considerarse pionera del feminismo de nuestro continente.[15]

De regreso a la época del racionalismo europeo, aunque los postulados de "grandes" intelectuales ilustrados (varones) excluyeran, por lo general, a las mujeres, y aquellas ilustradas recibieran poquísimo crédito por sus grandes aportaciones, podemos decir que el pensamiento ilustrado sí contribuyó a que muchas abrazaran las "nuevas" ideas de libertad e igualdad y se sumaran en contra de la monarquía absolutista y en favor de la República, demandando sus derechos a la ciudadanía. **Muchas hijas, nietas y bisnietas de la Ilustración lucharían, por más de 150 años, por el voto y por una mejor educación y trabajo para las mujeres en diversos contextos.**[16]

En su más conocida obra, *Feminismo para principiantes*, **Nuria Varela** cuestiona cómo los varones de la Ilustración hablaban de igualdad universal y, al mismo tiempo, consideraban a las mujeres como inferiores y explica que ellas, al entender esta contradicción, dieron origen al feminismo,[17] teniendo dos principales canales para la expresión y desarrollo de sus ideas: los salones literarios y políticos, y los llamados "Cuadernos de quejas", escritos recabados de las asambleas de cada circunscripción francesa, en donde las mujeres —a quienes se les impedía entrar a dichas asambleas por el hecho de ser mujeres— escribían sus peticiones y reclamos, los cuales ganaron importancia en el contexto de la Revolución de 1789, con la aprobación de la Asamblea Constituyente francesa de la Declaración de los Derechos del Hombre y del Ciudadano (así, en masculino).

Poco después surgen dos documentos que sustentan esta primera ola y las bases de este feminismo: en 1791, Olympe de Gouges escribe ***La Declaración de los Derechos de la Mujer y de la Ciudadana*** postulando en el primer artículo una idea fundamental:

> "La mujer nace libre y permanece igual que el hombre en derechos".

Un año más tarde, la inglesa **Mary Wollstonecraft** escribe en tiempo récord y en tono muy apasionado la ***Vindicación de los derechos de la mujer,*** donde cuestionó a varios reconocidos intelectuales, pero misóginos personajes, entre ellos al filósofo ilustrado ginebrino Jean-Jacques Rousseau, a quien critica, entre otras cosas, por la artificialidad de Sofía, el personaje que se supone representa y encarna a la mujer "natural" en su libro *Emilio.*

La genialidad de Wollstonecraft es que, con las mismas nociones y paradigmas del pensamiento rousseauniano desbarata, uno a uno, los argumentos y evidencia las contradicciones de este filósofo hasta probar que son en realidad prejuicios que legitiman prerrogativas injustas en favor de los hombres e impiden la emancipación de las mujeres, pues él cree que las características que él ve como "femeninas" en las mujeres son "innatas", cuando nuestros gustos están socialmente dirigidos. Y esta *socialización* —como bien lo resume **Rosa Cobo**— conduce a las niñas a asumir valores y pautas de sometimiento respecto a los varones. Igualmente desmonta el supuesto "elogio" de Rousseau respecto a la ignorancia de las mujeres ya que, según él, quien es responsable de transmitir "la virtud" a los futuros ciudadanos es una mujer (la madre). Si esto es así, entonces se pregunta Wollstonecraft, ¿cómo puede hacer esta relevante función la madre si el propio filósofo afirma que la mujer no posee esa clase de virtud, al ser inferior al hombre?[18]

También critica al obispo y diplomático francés Charles Maurice de Talleyrand, respecto a la educación de las mujeres, edificada sobre los cimientos de un "ideal de feminidad", construido por hombres poderosos que les asignaban estándares que las hacían parecer —y lograban que se les tratara— como inferiores, infantilizándolas para mantenerlas subordinadas y sometidas. Por ello, **una propuesta de Wollstonecraft era que el Estado debía garantizar un sistema nacional de enseñanza primaria gratuita universal para ambos sexos,** cosa que hoy vemos como normal, pero que en su tiempo era impensable. Mary planeó escribir un segundo volumen de su libro, pero la muerte la alcanzó con solo 38 años. Murió por infección, a días de dar a luz a su segunda hija, quien también sería una famosa escritora, Mary Shelley, autora de *Frankenstein.* Pese a su brevedad, *Vindicación de los derechos de la mujer* es una obra cumbre del feminismo, pues siembra una verdad nunca dicha con tanta claridad: que **la opresión de ese poder absoluto que aquejaba al pueblo, en el caso de las mujeres, era ejercida también en el hogar, pero por parte los hombres,** los aún llamados "jefes" de familia. Y este tema le tocaba íntimamente, pues en su infancia atestiguó la violencia física de su padre contra su madre, un hombre alcohólico e inestable, y defendiéndola fue que empezó a tomar conciencia de la desigualdad en el orden familiar. Wollstonecraft fue una niña con pocas oportunidades, pero vivos deseos de aprender, cuya opción de juventud, como dice Rosa Cobo, "no fue el matrimonio, como era habitual en aquella época, sino el trabajo".[19] Trabajó desde muy joven, pues quería la independencia económica. Fue autodidacta y logró ser dama de compañía, maestra, institutriz y hasta pudo vivir de lo que más le apasionaba: escribir, cuando entró a trabajar en una revista de ideas radicales, *The Analytical Review*, donde —cosa inusual para una mujer— le pagaban por sus escritos y allí pudo tener acceso a textos de los grandes ilustrados e incluso conocer a escritores considerados radicales o independientes y también a **Anna Barbauld**, abogada y "defensora de los derechos de los inconformistas", según relata **Ema Charo**.[20] En 1787 escribió *Reflexiones sobre la educación de las hijas*, donde cuestionó cómo se impartía la educación de su tiempo, orientando solo a las mujeres al matrimonio, y cómo las leyes afectaban a las mujeres. Mary amó apasionadamente y vivió también difíciles rupturas amorosas, una de ellas con Gilbert Imlay, a quien conoció en una estancia en París de 1792 a 1793 —viaje en el que vio de cerca la situación posrevolucionaria y que le permitiría escribir un libro del tema— y con quien tendría una relación complicada, que terminaría dolorosamente tiempo después cuando retorna a Londres con la hija fruto de esa relación, en 1795.

La reforma a la ley del matrimonio también era una de sus causas. En su novela *María, o las injusticias que sufre la mujer* (1797), Wollstonecraft habla abiertamente de lo que hoy denominamos "violencia de género en el ámbito familiar", que lleva a la protagonista a solicitar su divorcio. Por cierto, su contemporánea **Olympe de Gouges**, para entonces asesinada por la guillotina revolucionaria francesa, también había defendido el derecho de las mujeres al divorcio (los hombres por siglos habían tenido el derecho de repudiar a su esposa con su sola palabra), la unión libre y la "resistencia a la opresión". Wollstonecraft, por sus ideas progresistas en favor de una sociedad más justa, gozó de un alto reconocimiento y fama, sobre todo hacia el final de su vida. Pero su imagen pública sufriría un duro golpe porque su esposo, el escritor William Godwin, con quien había contraído matrimonio a raíz de su embarazo, tras la muerte repentina de Wollstonecraft decidió, como homenaje póstumo, publicar unas *Memorias de la autora de* la Vindicación de los derechos de la mujer (tan famosa, en efecto, que no tuvo que mencionar su nombre en el título). El problema es que el texto de Godwin, un filósofo anarquista y radical, era demasiado explícito y franco. Habló de detalles personalísimos de la vida de Mary que, a la luz de la moral de la época, resultaban desfavorables a su memoria, como que tuvo una hija "ilegítima", amores con otra mujer, intentos de suicidio, etcétera.

En parte por esta aproximación a Mary, no elegida por ella, pero que alcanzó mucho eco debido a su fama previa y a la veracidad de que fuera su propio viudo quien la escribiera, muchos conservadores tuvieron un argumento más para ver con malos ojos el feminismo, atacando a sus representantes como "mujeres sin moral", socavadoras del orden social tradicional que tan conveniente le resultaba a la mayoría de los hombres. **En la actualidad sigue habiendo argumentos que dicen que las feministas sirven a una supuesta "ideología de género" que trastoca el orden social y atenta contra la familia.**

Más de 200 años después, la filósofa feminista española **Rosa Cobo** de igual forma subrayó la importancia de Wollstonecraft en *Aproximaciones a la teoría crítica feminista*, pues con sus contundentes argumentos puso de relieve la terrible incoherencia existente entre la exclusión de las mujeres del ámbito de la razón y de los derechos civiles y políticos. Dos exclusiones inseparables que tienen una causa: la tiranía patriarcal.[21]

Gracias a la "ilustrada y revolucionaria" idea de la Igualdad universal, es decir, considerar iguales en derechos a mujeres y hombres, es que, por primera vez, algunas de ellas comienzan a organizarse, a proponer y ejecutar planes para conseguir la independencia de todas. Gracias a mujeres valientes como **Olympe de Gouges**, quien dio su vida proclamando que **"la mujer que tiene el derecho a subir al cadalso también debe tener el derecho a subir a la tribuna"**, es que hemos avanzado grandes tramos. Así, a través de la lucha feminista, cuyas demandas en esa primera ola se focalizaron en el acceso de las mujeres a la educación, al reconocimiento de la igualdad y de sus derechos civiles, comienza la larga batalla en pro de la ciudadanía de las mujeres, una idea impensable en el mundo antiguo.

Para Amelia Valcárcel, este primer feminismo consiguió develar la parcialidad del concepto de *ciudadanía*, establecido por los varones para los varones, sobre el cual se edificó una paradójica democracia androcéntrica y, por lo tanto, excluyente de la mitad del "pueblo" (recordemos que democracia significa, literalmente, "gobierno del pueblo").

En pleno auge del pensamiento racionalista y liberal, **las feministas europeas de la primera ola apostaron a alcanzar el reconocimiento formal de la igualdad entre mujeres y hombres, a través de reformas jurídicas** que incluyeran su participación en todos los ámbitos de la esfera pública, como parte de la reconfiguración del poder político.[22]

La reacción contra la lucha feminista fue brutal, aunque esta brutalidad no se refleja usualmente en recuentos históricos y menos en libros escolares. Por ello debe recordarse que, entre 1793 y 1795, muchas de estas mujeres revolucionarias fueron perseguidas, encarceladas, guillotinadas, exiliadas y asesinadas por el simple hecho de exigir los derechos por los que ellas y otras habían peleado durante la Revolución. Este tipo de violencias contribuye a explicar los tramos de relativa "inacción" en nuestra historia feminista y las olas espaciadas en largos periodos, que tienen en sí mismas también un reflujo, o reacción, como lo describe la filósofa **Alicia Miyares**.[23] Es el orden patriarcal androcéntrico que ha segado y silenciado la lucha de las mujeres a lo largo de los siglos.

Debo enfatizar que el feminismo ilustrado de la primera ola y el sufragismo de la segunda ola han sido criticados por los feminismos decoloniales y otros feminismos, como el feminismo negro o chicano,[24] por asumir que sus ideas representaban la realidad de *todas* las mujeres. Por ejemplo, hay evidencia de que en algunas sociedades africanas tradicionales y algunas mesoamericanas, como la zapoteca de la zona de Juchitán, tenían y siguen teniendo formas de organización intersexuales que no corresponden a las de la cristiandad europea; o que en comunidades indígenas las rígidas líneas divisorias entre el espacio público (para los hombres) y el espacio privado (para las mujeres), que postula el feminismo ilustrado, no admiten una comprensión adecuada sobre la participación de las mujeres indígenas y mestizas en su vida comunitaria.[25] Incluso para algunas teóricas, como **Breny Mendoza**, "tanto el género como el patriarcado son categorías sociales que solo tienen sentido en las epistemologías occidentales".[26]

Abordaré algunas críticas más adelante, pero la invitación es a insistir en que no hay un único saber y que, dado que

112

Occidente ha impuesto de muchas maneras su visión —el feminismo occidental no se escapa a ello—, hay una pluralización de feminismos que con propuestas distintas, dinámicas y multifacéticas, evolucionan y se transforman para dar respuesta a las problemáticas, viejas y nuevas, que enfrentamos las mujeres en nuestra diversidad. Por eso, es crucial establecer un diálogo *interepistémico* entre las distintas corrientes del feminismo, procesos de reflexión e intercambio en los que reconozcamos esta diversidad epistémica y existencial y, por ende, la diversidad de saberes.

Coincido con **Celia Amorós**, quien aboga por un "canon feminista multicultural" con el objeto de "evitar que las mujeres occidentales caigan en una posición etnocéntrica considerando que feminismo es solo aquello hecho en Occidente". No son las mismas desigualdades para una europea blanca de clase media que para las mujeres campesinas de Nueva Guinea, ni para las mujeres indígenas de Costa Chica de Guerrero.

LA SEGUNDA OLA: LAS SUFRAGISTAS

> *DECIDIMOS: Que la igualdad de los derechos humanos es consecuencia del hecho de que toda la raza humana es idéntica en cuanto a capacidad y responsabilidad.*
> DECLARACIÓN DE SENECA FALLS

Si bien autoras norteamericanas —como la historiadora **Mary Nash, Kate Millett** y la propia **Martha Weinman**, a quien se le atribuye la analogía de las olas— ubican la segunda ola, de manera más tardía y breve, entre 1950 y 1970, para efectos de este libro, y porque me parece más didáctica, seguiré la línea del tiempo de las pensadoras europeas, como **Rosa Cobo, Celia**

Amorós, Ana de Miguel y **Amelia Valcárcel**, quienes proponen que la segunda ola feminista —que va de la mitad del siglo XIX a mediados del siglo XX, con **Simone de Beauvoir** a la cabeza— se dio en un periodo en el que, como erupciones de un géiser, millones de mujeres organizadas trabajaron unidas, de forma frontal y a veces clandestina, hasta lograr irrumpir en la arena pública, un espacio masculinizado al que la enorme mayoría de mujeres no habían tenido acceso, y lograr las reformas que les dieran el derecho a la educación, al voto y otros derechos civiles.

Como indica su nombre, **el motor de su lucha fue el sufragio, pero reivindicaban su derecho a la plena ciudadanía; por ello también lucharon por el derecho a la educación, a trabajar, a poseer bienes y a hacer vida sin la tutela de un hombre.** El sufragismo fue, sin duda, una ola más activista que teórica, basada en ideas de igualdad y ciudadanía: mujeres organizadas salen a las calles, transgrediendo ese orden social patriarcal que, pese al cambio de régimen y a las revoluciones, las quería mantener dentro de casa, sin voz ni derechos; irrumpieron primero tímidamente y luego con cada vez más pujanza en espacios hasta entonces masculinizados y llenos de misoginia.

Los países con mayor actividad registrada durante esta etapa fueron Reino Unido y Estados Unidos, aunque dos antiguas colonias británicas —Nueva Zelanda y Australia— fueron los primeros países en otorgar a las mujeres el sufragio. Participaron en esta lucha sobre todo mujeres de la burguesía, que abrieron brecha con su activismo; si bien no para todas, porque estaban pensando desde su contexto y situación de mujeres privilegiadas respecto a otras. Pero en muchos casos se suman mujeres trabajadoras y socialistas, de distintas clases, orígenes y colores, en favor de su derecho a ser ciudadanas y a no ser excluidas, solo por ser mujeres. En Latinoamérica el movimiento se manifestó posteriormente y fue menos masivo.

Antecedentes de la segunda ola son las revoluciones sociales de 1830 en Europa y los movimientos antiesclavistas estadounidenses de esa época, que contaron con la participación de mujeres blancas, como las **hermanas Sarah y Angelina Grimké**, quienes atestiguaron la esclavitud de cerca, debido a la posición de su familia; la rechazaron y dedicaron su vida a combatirla. Basaron su lucha en las ideas ilustradas de libertad y del derecho a la propiedad no solo para los hombres primogénitos, como era la costumbre y continúa siendo aún en contextos donde familias heredan sus bienes al hijo varón mayor, rara vez a una mujer, aunque ella sea la mayor, debido a las tradiciones patriarcales institucionalizadas que desfavorecen a las mujeres, como la *primogenitura*, el *mayorazgo* y el *linaje patrilineal*. También tuvieron influencias cuáqueras y se pronunciaron en defensa de los derechos de las mujeres, incluyendo el derecho a hablar en público y de votar.[27]

Ahora hablemos de una mujer increíble que se llamó **Isabella Baumfree**, de ascendencia africana, que nació y continuó esclavizada hasta que tenía 28 años; fue vendida en varias ocasiones, ¡la primera vez a los 9 años!, y sufrió muchas vejaciones y violencia, entre ellas fue forzada a procrear con un hombre, también esclavizado, para que sus descendientes se convirtieran en propiedad del dueño de ambos. No recibió ningún tipo de educación formal ni aprendió a leer; sin embargo, tenía una inteligencia prodigiosa y llegó a ser una activista formidable y una oradora extraordinaria, pese a que el inglés no era su lengua materna. Coincidió que en su juventud se diera el proceso de abolición de la esclavitud en su estado natal (Nueva York), pero su esclavizador mintió respecto a concederle la libertad, así que en 1826 escapó con su hijita, recibió ayuda de una pareja de origen holandés, que eran vecinos y antiesclavistas, pero no pudo llevarse a su hijo varón. Pronto supo que su dueño, en represalia, lo vendió a un esclavista de Alabama, pero como ya era ilegal en Nueva York vender "esclavos" fuera del estado, recurrió a tribunales para recuperar a su hijo y ¡Baumfree fue la primera mujer negra en ganar un juicio contra un hombre blanco! Y dedicó el resto de su vida a la lucha para abolir la esclavitud y en pro de los derechos de las mujeres. Con una mística religiosa, a los 46 años adoptó el seudónimo **Sojourner Truth**, que podría traducirse como "Viajera de la verdad"; en 1851, en un discurso que se conoce como "¿Acaso no soy yo una mujer?" hablaba de la inmoralidad de la esclavitud y la doble discriminación que implicaba ser mujer y ser negra, abordando lo que hoy llamaríamos interseccionalidad. Apasionada, sus discursos increpaban a quienes veían a las mujeres y a las personas negras como inferiores; recibía descalificaciones e insultos también por partida doble: de machistas y de racistas. Pero ella continuó, apoyó a las sufragistas y, en su momento, contribuyó a la guerra civil reclutando soldados negros en favor de la Unión (estados en contra la esclavitud).

Sojourner vivió una larga vida y, tras su muerte en 1883, el famoso periódico *The New York Globe* publicó una esquela fúnebre en la que decía que "Truth se erige magníficamente como la única mujer de color que ganó prestigio nacional por sus discursos en los días previos a la [Guerra] Civil", algo que para su memoria puede ser un halago, pero que evidencia **esa artimaña patriarcal de exponer a las mujeres brillantes como casos excepcionales (implicando que el resto son mediocres) cuando do en la realidad ha habido millones de mujeres brillantes y valientes,** atrapadas en esa rígida red de roles, estereotipos y mandatos sexistas y de una discriminación sistémica que les impidió florecer.

También fueron importantes en esta segunda ola del feminismo, la creación de la Sociedad Reformista Femenina Neoyorquina (1834) y el Primer Congreso Antiesclavista Femenino (1837), encabezados por **Elizabeth Cady Stanton (1815-1902) y Lucretia Mott (1793-1880)**, quienes, por separado, hicieron un larguísimo viaje, como delegadas, desde Estados Unidos hasta Londres, para participar en la Convención Internacional Antiesclavista. Los organizadores británicos no les permitieron la entrada y tuvieron que resignarse a estar literalmente tras cortinillas, bajo el argumento de que la presencia femenina no era "apta" para reuniones públicas. Eran mujeres luchadoras de los derechos humanos, que cruzaron el Atlántico, no como acompañantes, sino por haber sido electas como delegadas, pero igual les cerraron la puerta en las narices, mientras que a sus esposos los dejaron entrar sin problema alguno.

Este hecho fue "la gota que derramó el vaso" para ellas, que hasta entonces eran más activas antiesclavistas que feministas. En ese viaje idearon lo que sería la primera Convención de los Derechos de las Mujeres, que tendría lugar pocos años después.

Adentrémonos a una escena clave en el viaje por la segunda ola feminista, una etapa más activista que teórica, cuyo eje central es el *sufragismo*.* Acompáñame hasta una capilla de la iglesia metodista de un pequeño pueblo del estado de Nueva

---

* Sufragismo es el nombre con el que se conoce a un movimiento social y político feminista que surgió en el siglo XIX; reivindicaba el derecho a votar y ser votadas de las mujeres, a la ciudadanía plena, que incluía, además, el derecho a la educación y los derechos económicos, de los cuales estuvieron excluidas en la mayoría de los países hasta el siglo XX.

York, en el noreste de Estados Unidos, llamado Seneca Falls, en una calurosa tarde de 19 de julio de 1848, donde se reunieron cerca de 300 personas, la mayoría mujeres, para un hecho inédito e insólito.

La Convención de Seneca Falls, originalmente llamada la Convención de los Derechos de las Mujeres, es reconocida como el primer evento público que discute de manera exclusiva y exige más derechos para la mujer, entre ellos el voto; es el acto simbólico que da origen a la segunda ola y marca el inicio del sufragismo, primer movimiento social netamente feminista. El primer día solo admitirían mujeres, pero desde el inicio asistieron hombres y las organizadoras les permitieron quedarse, a diferencia de las reuniones políticas de los hombres, donde a las mujeres les prohibían entrar. Ese año de 1848 había sido en Europa uno de grandes revueltas obreras, y en el que se publica el *Manifiesto comunista* de Marx, pero esto influyó menos en Seneca Falls —alejada del ruido de las grandes metrópolis europeas y sin grandes industrias— que el hecho de tener liderazgos femeninos gestados en un cierto tipo de comunidades protestantes, donde algunas mujeres gozaron de la posibilidad de hablar y predicar desde la mitad del siglo XVII. No es de extrañar que el sufragismo prendiera su mecha más fuertemente en países de influencia protestante que católica. En un nación como Estados Unidos —fundada bajo la búsqueda de la libertad religiosa, a diferencia del culto católico—, donde la Biblia es glosada por el sacerdote como representante de la Iglesia, el protestantismo cristiano otorga a la propia persona el derecho a conocer e interpretar los textos bíblicos y, por ende —en muchas comunidades protestantes, pertenecientes a la Sociedad de Amigos, conocidos como cuáqueros—, a las mujeres se les alentó a aprender a leer y escribir, así como a construir argumentos a partir de sus lecturas bíblicas e incluso a viajar para predicar la palabra de Dios (eso sí en reuniones solo de mujeres). Esta experiencia habría de ser muy útil a las sufragistas, pues las prepararía para organizar y expresar sus ideas públicamente y empezar a resquebrajar esa división patriarcal entre el espacio público y el espacio privado doméstico.

Al tomar como base la Declaración de Independencia de 1776 y abrevando del igualitarismo cuáquero, la Declaración de Seneca Falls, o Declaración de Sentimientos, como fue conocido el documento redactado por 68 mujeres y 32 hombres, liderados por **Elizabeth Cady Stanton** y **Lucretia Mott**, fue aprobada el jueves 19 de julio de 1848.

El documento comienza con una frase tomada de la propia Constitución de Estados Unidos, pero con una redacción que incluye por primera vez a las mujeres:

Mantenemos que estas verdades son evidentes: que todos los hombres y **mujeres** son creados iguales; que están dotados por el Creador de derechos inalienables, entre los que figuran la vida, la libertad y el empeño de la felicidad...

Para luego continuar:

La historia de la humanidad es la historia de las repetidas vejaciones y usurpaciones perpetradas por el hombre contra la mujer, con el objetivo directo de establecer una tiranía absoluta sobre ella.[28]

El texto menciona 19 "vejaciones o usurpaciones" incurridas por los varones que, bajo la perspectiva feminista, hoy diríamos que reflejan las opresiones del sistema patriarcal, que lamentablemente en muchos contextos siguen vigentes. Aquí algunas de ellas:

Nunca le ha permitido que la mujer disfrute del derecho inalienable del voto.

La ha obligado a acatar leyes en cuya elaboración no ha tenido participación alguna.

Le ha negado derechos reconocidos a los hombres más ignorantes e inmorales, tanto americanos como extranjeros.

Habiéndola privado de este primer derecho como ciudadano, el del sufragio, y habiéndola dejado, por tanto, sin representación en las asambleas legislativas, la ha oprimido por todas partes.

Si está casada, la ha convertido civilmente muerta, ante los ojos de la ley.

La ha despojado de todo derecho de propiedad, incluso a los jornales que ella misma gana.

[...] En el contrato de matrimonio se le exige obediencia al marido, convirtiéndose este, a todos los efectos, en su amo, ya que la ley le reconoce el derecho de privarle de libertad y someterla a castigos.

Él ha dispuesto las leyes del divorcio, de tal manera que no se tiene en cuenta la felicidad de la mujer, ni sus razones verdaderas y, en caso de separación, respecto a la designación de quién debe ejercer la custodia de los hijos, como en que la ley supone, en todos los casos, la supremacía [es] del hombre y deja el poder en sus manos.

Ha monopolizado casi todos los empleos lucrativos y en aquellos en los que se les permite acceder, las mujeres no reciben más que una remuneración misérrima. Le ha cerrado todos los caminos que conducen a la fortuna y a la distinción, porque los considera más honrosos para sí mismo...

Le ha negado la oportunidad de recibir una educación completa, cerrándole el acceso a todas las universidades.

Ha creado un equivocado sentimiento público ofreciendo al mundo un código moral diferenciado para hombres y mujeres, según el cual los mismos delitos morales que excluyen a la mujer de la sociedad no solo son tolerados en el hombre, sino que además en ellos se consideran poco graves.

Ha tratado por todos los medios posibles de destruir la confianza de la mujer en sus propias capacidades, reduciendo su autoestima y conduciéndola a una vida dependiente y miserable.

La Declaración de Seneca Falls fue estructurada en 11 "decisiones", votadas por unanimidad, salvo en caso de la decisión número 9, que demandaba el derecho al voto femenino, que fue aprobada solo por una ligera mayoría. Recordemos que ningún estado, salvo Kentucky en 1838, les había otorgado a las mujeres estadounidenses el derecho a votar, y en este caso solo si eran ellas las jefas de familia y únicamente para elecciones locales. Seneca Falls tuvo sueños más grandes: proclamó el derecho a la **plena ciudadanía por parte de las mujeres *y de las personas de cualquier raza*** (nótese el compromiso de estas sufragistas por no pelear solo por las mujeres blancas como ellas, sino también por los derechos de personas étnicamente diversas y esclavizadas). Así la Declaración de Seneca decretó, en un mundo profundamente desigual e injusto, su derecho al trabajo, a tener un negocio o propiedades, a la educación, a la toma de decisiones y al voto, en aras del reconocimiento de su plena ciudadanía.[29]

Seneca Falls fue el punto de partida de tres generaciones de mujeres estadounidenses, para ver materializado el derecho al voto en 1920, y la reacción del patriarcado no fue tersa ni conciliadora. Ellas tuvieron que reunirse clandestinamente para tomar acuerdos y salir a las calles a marchar para exigir, gritar y luchar, de modos distintos, por sus derechos laborales y políticos, y pagaron caro su osadía, de manera directa con cárcel y torturas, pero de manera indirecta con destierros familiares, divorcios no deseados, desprestigio, pobreza, entre otras consecuencias. Así de valerosas y decididas fueron estas feministas sufragistas.

Además de Elizabeth Cady Stanton y Lucretia Mott, fueron líderes **Mary McClintock**, **Martha Coffin Wright** y **Jane Hunt**, cuya lucha por la abolición de la esclavitud, así como por la educación y el voto para las mujeres, transcurrió a la par de la búsqueda de romper estructuras de opresión que suprimían tanto los derechos humanos de las mujeres como de las personas afroamericanas. **En su lucha se presentaron disyuntivas: sufragio femenino o antiesclavismo, pero la gran mayoría fueron tan fieles a sus convicciones y no renunciaron a una causa en aras de la otra,** a tal grado que, en su momento, rechazaron firmar las enmiendas de la Constitución que reconocían derechos políticos a la población afroamericana mientras se siguiera negando a mujeres blancas y "de color" esos derechos.[30]

Aquí vale un apunte relevante: la crítica que se ha hecho a este feminismo de mujeres blancas, que suponían que sus reivindicaciones de alguna manera representaban las de todas. **Angela Davis** ha explicado cómo las experiencias de las mujeres negras en el sistema esclavista estadounidense difieren diametralmente de las mujeres blancas, sujetas a este régimen patriarcal que las acota a ser madres, compañeras, cuidadoras y amas de casa. Pero el sistema esclavista volvía a las mujeres negras, al igual que a los hombres esclavizados, en fuerza de trabajo, sujetas a una relación de explotación y dominación tan brutal e incluso peor que la de los hombres negros, en cuanto que ellas son los cuerpos que los esclavistas usan para gestar más personas a esclavizar, con la consecuente violencia sexual que ello acarreaba.[31]

Pero que no representasen en su amplitud a todas las mujeres no vuelve irrelevante el sufragismo de las mujeres blancas de clase media. Sin su tesón y arrojo, conseguir el voto femenino nos habría costado otros 100 años. Abolida la esclavitud, en 1868 y 1869 se fundan las dos grandes organizaciones estadounidenses del sufragismo femenino. Ha transcurrido una Guerra Civil, a cuatro millones de personas negras esclavizadas de los estados del sur se les otorgó su libertad y ya van 20 años de la Declaración de Seneca Falls. Los hombres negros lograrían su derecho al voto, con la Decimoquinta Enmienda, pero no las mujeres, sin importar su color. Ante esta realidad, en Nueva York, **Elizabeth Cady Stanton** y **Susan B. Anthony** fundaron la Asociación Nacional pro Sufragio de la Mujer (NAWSA, por sus siglas en inglés), oponiéndose a apoyar la Decimoquinta Enmienda a la Constitución de Estados Unidos, a menos que se incluyera el voto femenino, más otros derechos, no solo políticos. La NAWSA era radical: derechos para todas las mujeres, incluidas las trabajadoras y no solo el voto.

Lucy Stone pensaba que el *radicalismo* generaba mucha desconfianza y prefirió el *gradualismo*, así que abandonó la NAWSA y, en 1869, creó en Boston la Asociación Americana pro Sufragio de la Mujer (AWSA, también por sus siglas en inglés), para buscar el derecho al voto, a través de campañas graduales, estado por estado. **Wyoming y Utah fueron el segundo y tercer estados en reconocer el derecho al voto local a las mujeres en 1869 y 1870,** 30 años después que Kentucky y **más de 50 años antes que el resto del país.** En muchos estados, aunque se discutió el tema, las sufragistas y sus aliados solían perder; acaso alcanzaron que les permitieran votar para elegir autoridades escolares, es decir, temas estereotípicamente asociados a su labor de madres.

Como estrategia alterna a solicitar el voto en congresos estatales, que avanzaba muy lento, las más radicales usan la táctica de presentarse a votar. Así, en 1872, en Rochester, **Susan B. Anthony** y otras intentaron sufragar para la elección presidencial, pero un empresario local denunció a Anthony; fue arrestada y llevada a juicio por el cargo de votación ilegal y fue declarada culpable. En su juicio, en el que no le permitieron hablar, pronunció, pese a la orden del juez, uno de los más famosos discursos sufragistas, protestando por la injusticia de que no se les permitiera votar por el solo hecho de ser mujeres.

Las líderes flexibilizaron sus posturas con tal de unir fuerzas y en 1890 ambas asociaciones se fusionaron y formaron la Asociación Nacional Americana pro Sufragio de la Mujer (NAWSA), demostrando una sororidad urgente, tras más de 40 años desde Seneca Falls y aun sin lograr el voto. **Ni Susan B. Anthony ni Elizabeth Cady, quienes le dedicaron más de 40 años, pudieron ver hecho realidad su sueño sufragista del voto universal femenino.**

En 1890 la NAWSA tenía 7 000 afiliadas, pero fue atrayendo a cada vez más mujeres. En 1900, tras 10 años, ¡ya eran dos millones de afiliadas! La NAWSA conservó la idea de **Lucy Stone** de cabildear estado por estado, pero solo cuatro estados lo habían aprobado hacia el cambio de siglo. Tal lentitud exigió nuevas tácticas; surgió un activismo más desafiante en las calles, aunque siempre pacífico, nunca contra otros seres humanos.

En Estados Unidos apareció una nueva generación de activistas, entre ellas dos mujeres educadas y formidables. **Lucy Burns (1879-1966),** neoyorquina, experta lingüista, gran oradora, quien tuvo la oportunidad de enseñar en la prestigiosa Universidad de Oxford, desde donde se acercó a las sufragistas británicas y aprendió sus tácticas de lucha. Lucy decidió regresar a su país en 1912 junto con **Alice Paul (1885-1977)**, otra estadounidense a quien había conocido en tierras británicas, para luchar por esta causa. **Paul** era una mujer de familia rica cuáquera, la más igualitarista de las denominaciones cristianas, cuya madre era sufragista y la inspiró en su lucha, además de que ambos padres la apoyaron para tener una educación privilegiada: estudió biología y después una maestría en sociología en la Universidad de Columbia en Nueva York. A su regreso se integró a la NAWSA, con Paul liderando el capítulo de Washington, publicando gacetas, haciendo peticiones al Congreso federal o discursos en plazas públicas y, posteriormente, con estrategias más aguerridas como marchas masivas, mítines y huelgas de hambre, en manifiesto desafío a la Casa Blanca, encabezada por el segregacionista presidente Woodrow Wilson.* Esto les costó sufrir persecuciones, golpes, cárcel y tortura, pese a su estrategia de lucha no violenta.

Merece recordarse la marcha de marzo de 1913, un día antes de la toma presidencial de Woodrow Wilson. Ese año los estados donde las mujeres podían votar eran solo nueve. Paul se cansó del *gradualismo* de NAWSA y convenció a las líderes decanas, discípulas de **Susan B. Anthony**, como **Carrie Chapman Catt**,

---

* El presidente Woodrow Wilson, pese a considerarse un "presidente moral", fue el creador de la segregación institucionalizada por el gobierno; por ejemplo, empleados blancos y negros no podían comer en la misma mesa en un edificio gubernamental. Wilson fue misógino y racista. Fue profesor de una famosa universidad solo para mujeres llamada Bryn Mawr College, pero sostenía que era "ridículo" tener que enseñar a las mujeres, que ese trabajo estaba por debajo de su nivel y que el sufragio era la raíz de muchos males.

de hacer un despliegue de fuerza para demandar la enmienda constitucional que les otorgara el voto. En esa manifestación nada fue casual. Estuvo planeada al detalle: desde quién iba a la cabeza, el orden de las participantes y la convocatoria. Fue una manifestación cargada de simbolismos: a la cabeza de las 30 000 personas iba una mujer, con capa blanca y tiara dorada (como la de la Mujer Maravilla de los cómics), montada en un caballo blanco. Era **Inez Milholland**, abogada feminista cuyo atuendo fue ideado para contrarrestar las críticas antisufragistas que caracterizaban a las mujeres como personas que querían acabar con la feminidad. Así, eligieron que apareciera como una semidiosa a caballo, seguida por carruajes, autos (que en ese tiempo eran aun escasos) y pancartas diversas apoyando el sufragio; niñas y mujeres lucieron los colores de la lucha: blanco dorado y morado. Algo muy impresionante. Lamentablemente la manifestación acabó en disturbios provocados por grupos de hombres permitidos e incluso alentados por la policía, a pesar de que ellas no estaban haciendo nada ilegal. El lado positivo es que tuvieron impacto y ocuparon las portadas de diarios, lo que visibilizó el movimiento, pero causó a la larga una ruptura generacional, pues las jóvenes **Paul** y **Burns** dejaron la NAWSA y fundaron el Partido Nacional de la Mujer (NWP) en 1916, en Washington, con acciones de resistencia más radicales, aunque siempre pacíficas, en vez de seguir buscando el voto estado por estado. Una de las más notables fue la de las Centinelas del Silencio, piquetes o grupos de activistas que se manifestaban —así estuviera lloviendo, nevando o bajo el rayo del sol— con pancartas a la entrada de la Casa Blanca con mensajes como: "Señor presidente, ¿cuánto tiempo debemos las mujeres esperar para tener la libertad?". Esta estrategia duró año y medio. Decenas de estas sufragistas fueron detenidas. En la cárcel, Paul organizó la huelga de hambre a la que se sumaron muchas y **sufrieron secuelas de salud de por vida, debido a la alimentación forzada mediante un tubo que les insertaban, en la cárcel, por la boca o por vía rectal: una auténtica tortura.***

El voto femenino para las mujeres de pueblos originarios de Estados Unidos merece una mención aparte, pues pese a haber estado presentes en la lucha de las primeras sufragistas, lo obtuvieron casi 90 años después. Por ejemplo, las naciones iroquois (cinco naciones originarias del norte de Estados Unidos), que tenían una sociedad más igualitaria, fueron admiradas y visitadas por sufragistas de Seneca Falls, como Lucretia Mott y Elizabeth Cady Stanton, para aprender de las compañeras indígenas acerca de sus formas matrísticas de organización social, en las cuales las mujeres originarias sí tenían amplia participación en las asambleas, en las decisiones sobre sus tierras y derechos de custodia sobre sus criaturas, así como un mayor estatus social que las mujeres blancas de ese tiempo. Se detonó a partir de entonces un cierto intercambio y una mayor presencia de líderes indígenas, aunque con periodos de pausa y desconfianza. Hay que entender que, a diferencia de las mujeres que provenían de África, esclavizadas, las indias americanas no eran esclavas, pero tampoco eran ciudadanas; estaban *de facto* excluidas también de la participación política del gobierno estadounidense, que impulsó una terrible política de "asimilación", a partir de la cual desmanteló comunidades enteras, privatizando sus tierras y arrancando a niños y niñas de sus comunidades indígenas para mantenerlos en internados donde les imponían el inglés y les prohibían hablar sus lenguas. Estas

---

* Te recomiendo ver una película llamada *Iron Jawed Angels* [Ángeles de mandíbulas de hierro], que retrata esta parte de la lucha sufragista, dirigida en 2004 por Katja von Garnier, con un gran elenco.

políticas de Estado crearon una enorme pérdida de sus territorios, empobrecimiento y menoscabo de su patrimonio cultural material e inmaterial.

Al inicio del siglo XX, cuando el sufragismo en Estados Unidos se renovó intergeneracionalmente, algunas quisieron buscar inspiración en las mujeres indígenas americanas, bajo el argumento de que eran quienes verdaderamente gobernaban en sus comunidades originarias. Hubo una destacada participante indígena, **Marie Louise Bottineau**, de la etnia chippewa, quien en 1912 sería una de las primeras indígenas americanas en graduarse como abogada. Las organizadoras de la marcha de marzo de 1913 le pidieron que llevara un carruaje representando a las mujeres indígenas del pasado, pero ella optó por marchar con sus colegas universitarias, con ropa occidental, bajo la idea de que era mejor presentarse como una "mujer moderna", en vez de como un símbolo de "la mujer indígena", dilema que muchas mujeres racializadas enfrentaron en los países colonizados.[32]

Cuando Estados Unidos aceleró su rol en la Primera Guerra, el movimiento sufragista estadounidense estaba de nuevo dividido, pero la combinación de ambas estrategias —el gradualismo de la NAWSA y el radicalismo del NWP— logró materializar el voto femenino en la inmediata posguerra. Sin el conflicto bélico quizá el sufragio femenino se habría tardado más, pero el peso numérico y social de tantas mujeres en el mercado laboral en virtud de la guerra, así como una corriente de simpatía hacia las que "aportaban" a la lucha armada a sus hijos y esposos, y su trabajo en las fábricas, sin posibilidad de votar, fueron factores contribuyentes a las estratégicas protestas sufragistas e hicieron posible que el poder de Washington finalmente cediera a la prerrogativa de las mujeres y, en 1918, pese a sus reticencias de apoyar la causa política del voto femenino, Wilson declaró: "Hemos hecho socias en esta guerra a las mujeres. ¿Debemos admitirlas solo a una asociación de sufrimiento, sacrificio y trabajo, y no a una asociación de derecho?"[33]

El presidente blanco misógino, pero pragmático, comprendió finalmente que le era políticamente más costoso no apoyar el voto femenino, así que todos estos factores desembocaron en que desde la Casa Blanca se impulsara la Decimonovena Enmienda a la Constitución estadounidense el 26 de agosto de 1920. Así se logró el sufragio femenino tan solo dos años después del Reino Unido, aunque restringido a las mujeres blancas y mayores de 30 años, a diferencia del de Nueva Zelanda, por ejemplo, que desde el inicio incluyó el voto para las mujeres indígenas maoríes y las mayores de 21 años.

Alice Paul, quien originalmente había invitado a mujeres negras y de otros orígenes étnicos a manifestarse en la toma de posesión del nuevo presidente Wilson en 1913, debió echarse atrás por presión de mujeres sureñas racistas y de las líderes conservadoras y racistas de la NAWSA. Así, cuando el voto femenino finalmente se logró en 1920, no lo fue para las mujeres negras excluidas también por presiones del Ku Klux Klan.[34]

La periodista afroamericana **Ida B. Wells (1862-1931)** nació esclava y fue una feminista sumamente importante tanto para el sufragismo como para el movimiento en contra de la discriminación racial, empezando por la segregación en las manifestaciones y marchas de las propias sufragistas. Un gesto simbólico, por el que se la recuerda, es por negarse a levantarse de un asiento en una zona reservada para personas blancas en un tren, décadas antes que **Rosa Parks** repitiera el gesto en su lucha por los derechos civiles. También **Mary Church Terrell (1863-1954)**, hija de antiguos esclavos, tuvo la suerte de acceder a la educación y fue una de las primeras afroamericanas en obtener un título universitario. Ambas, junto con mujeres como **Harriet Tubman (1820-1913),** conductora del tren clandestino que ayudó a liberar personas esclavizadas del sur —transportarlos después al norte— fueron figuras claves del movimiento en favor de las mujeres negras, víctimas de una doble discriminación. Se habían empezado a organizar en clubes desde finales del siglo XIX, con objeto de resistir el racismo y los linchamientos sociales. Excluidas de los sectores obreros blancos, su lucha se centró no tanto en el derecho al voto, sino en la solución de sus terribles condiciones laborales. Comenzaron a hacer huelgas y con el tiempo volvieron a considerar el voto como una herramienta estratégica parar exigir mejores salarios, y condiciones de trabajo.

Por su parte, la gran activista de la nación sioux, **Zitkala-Sa,** cuyo nombre inglés era **Gertrude Simmons Bonnin,** pidió el apoyo de las sufragistas blancas, sin mucho eco. Pese a ello, persiguió el voto indígena, cabildeó en el Congreso y fue fundamental para lograr el sufragio de indígenas americanos en 1924, incluidas las mujeres, con la Indian Citizenship Act. Había un antecedente en Alaska, donde a los indios americanos les permitían votar en elecciones locales, ¡pero solo si renunciaban a sus costumbres y tradiciones ancestrales! ¿Ves el tamaño de la injusticia y la estrategia hegemónica detrás de desaparecer su cultura para que se "integraran" a una cultura ajena, que llegó a invadir y conquistar sus tierras? Por la misma razón, el voto no fue otorgado a quienes vivían en las llamadas *reservas,** quienes

---

* Así se llaman los territorios, cada vez más pequeños, de pueblos originarios masacrados y desplazados a los que el gobierno estadounidense les "permitió" mantener un cierto grado de autogobierno. En la actualidad hay 310 reservas, que representan, juntas, solo 2.3% del territorio, y 573 naciones originarias reconocidas por el gobierno federal estadounidense.

no pudieron votar sino hasta fines de la década de 1940 y algunas naciones hasta 1965.

Volviendo a las iniciadoras del sufragismo estadounidense, **Susan B. Anthony, Alice Paul,** así como otras sufragistas, decidieron permanecer solteras toda su vida, y no es de extrañar, ya que no tenían derechos a la propiedad, a firmar ningún contrato, potestad sobre sus criaturas, y ellas querían dedicar su tiempo y atención a su causa. Mujeres que hicieron una revolución social de gran envergadura, sin violencia contra otros seres humanos, pero que pagaron un alto precio. Ambas, líderes de distintas generaciones, forjaron una sólida amistad con las dirigentes del sufragismo inglés, y esa conexión transatlántica retroalimentó ambos movimientos.

Antes que en Estados Unidos y Reino Unido, solo después de Nueva Zelanda y Australia, el sufragismo se formalizó en Finlandia (1907), Noruega (1913), Dinamarca (1915) y Canadá (1917), sociedades relativamente más igualitarias.

Noruega, por ejemplo, no tenía aristocracia y las distinciones de clase era menores que en las potencias colonialistas. Había una prensa más libre y el feminismo de fines del siglo XIX encontró menos resistencias. En 1898, a instancias del Partido Liberal, se logró el voto universal para varones, y la feminista **Gina Krog** demandó de inmediato el femenino, pero no encontró eco en las mujeres moderadas. Unos cuantos años después, cuando fue claro que el voto universal masculino había movido el espectro político a la izquierda, el partido conservador buscó paradójicamente el voto de las mujeres burguesas, pensando que su mayor conservadurismo sería un contrapeso. Y su apuesta le rindió frutos, pero no a las feministas. El sufragio en Noruega, como en otros países, no conllevó un cambio en las relaciones sexo-genéricas; el modelo de ama de casa y padre proveedor se mantuvo como el "ideal".[35]

131

Continuemos la historia del sufragismo, con miras en lo que pasó en el Reino Unido. Los primeros grupos sufragistas aparecieron en las primeras décadas del siglo XIX. **En 1832, surgió la inaugural petición del voto femenino ante en el Parlamento Británico, la cual fue negada.**[36] El segundo intento se pudo articular casi tres décadas después, en 1866, con el apoyo de **John Stuart Mill,** quien, como diputado de 1865 a 1868, presentó la segunda solicitud firmada por 1 500 mujeres y se convirtió en el hazmerreír de ese grupo de misóginos legisladores británicos y de la prensa; pero él persistió y lo planteó varias veces. Tras la reforma de 1867 se amplió el voto masculino ya no solo a los dueños de tierras rurales, sino también a "jefes" de familia que tuvieran una casa, por lo que una parte de los obreros calificados pudieron votar (se calcula que en la época victoriana 42% de los varones británicos tenían derecho de sufragio).[37] Aunque dicha reforma volvió a negar el voto a las mujeres, desató la formación de numerosas sociedades para el sufragio de las mujeres, que 30 años más tarde, en 1897, conformarían la Unión Nacional de Sociedades para el Sufragio de la Mujer (NUWSS), bajo el liderazgo de **Millicent Garrett Fawcett**, quien se concentró en lanzar campañas propagandísticas y de difusión de corte más bien moderado, y fundó una de las primeras universidades para mujeres.[38]

De regreso a 1832, la poco convencional pareja formada por **John Stuart Mill (1806-1873) y Harriet Taylor (1807-1858)** escribieron *Los ensayos sobre el matrimonio y el divorcio*, en donde, en plena época del conservadurismo victoriano, plantearon una nueva manera de entender y vivir las relaciones de pareja que no supusieran la esclavitud de la mujer, basados en la propia experiencia de su relación que, durante años, no pudo concretarse al estar de por medio el matrimonio que Harriet había contraído desde muy joven, bajo los estándares del convencionalismo social de su época. **Cuando Harriet y John contrajeron nupcias, en 1851, renunciaron formalmente al abuso de poder que la institución del matrimonio otorgaba al esposo.** Esta pareja consideraba una gran injusticia que las mujeres fueran excluidas de las profesiones lucrativas y que no pudieran gestionar su patrimonio, **¡pues cualquier dinero que una mujer ganara pertenecía, por ley, a su esposo!** Años después, influido por **Taylor**, **Stuart Mill** escribió *El sometimiento de las mujeres*, un alegato contra la sociedad patriarcal tradicional que se convertiría en la biblia de muchas feministas;[39] texto valiosísimo que, por cierto, tampoco estaba incluido en los temarios de historia de las ideas políticas y sociales que en mi universidad era una materia de "tronco común", es decir, obligatoria para todo el estudiantado, donde sí nos exigían leer otras obras suyas. Tampoco leímos en esas clases a **Harriet Taylor Mill**. A él lo circunscribían como parte de la escuela clásica de economía, pero de haber sabido la relevancia de este filósofo, político y aliado del sufragismo, lo habría leído con mucho mayor entusiasmo. Stuart Mill pensaba que "las mujeres habían quedado injustamente relegadas a los discursos de la inferioridad o de la excelencia, ambos legitimadores de su opresión y desigualdad".[40]

Volviendo al hilo de la historia, **en la reforma de 1884-1885 los campesinos ingleses (varones) obtuvieron el derecho al voto, pero no las mujeres, salvo dos excepciones: en dos de sus colonias.** Alejadas de Europa, con una reducida población y donde las mujeres blancas tenían un alto impacto en la vida social y económica, Nueva Zelanda, bajo el impulso de la sufragista y feminista **Kate Sheppard**, su aliado **John Hall** y la firma de 32 000 personas, les concedió el sufragio en 1893 a las mujeres mayores de 21 años, incluyendo a las originarias, las maoríes, aunque fue solo el derecho a votar, no a ser votadas.* Hoy Nueva Zelanda sigue siendo un país progresista, que eligió a **Jacinda Ardern,** quien a sus 37 años se convirtió en la jefa de Estado electa más joven del mundo y en un icono feminista de la política, con un liderazgo muy distinto del de sus antecesores; ha llamado la atención con poderosos actos simbólicos, como amamantar a su bebé mientras participaba en una Asamblea de la ONU; bajarse el salario para cerrar la brecha entre ella y las personas afectadas por covid-19 en su país; declarar la gratuidad de las toallas menstruales para las estudiantes y marchar en un desfile por el orgullo LGBTTTIQ+.

En 1894 en Australia las mujeres consiguieron su derecho al voto e incluso a ser votadas y en 1893 se estableció en Nueva Zelanda, otro país de Oceanía.[41] A estas naciones "periféricas" respecto a Europa, las seguirían en cascada los demás. En México lo logramos mucho más tarde, hasta el 17 de octubre de 1953. Hablaremos de ello en el siguiente capítulo.

Otro antecedente que impulsaría el movimiento sufragista anglosajón fue el contexto económico de la época en los países industrializados, como Inglaterra, donde la Revolución industrial tuvo un gran impacto. Entre fines del siglo XVIII y principios del siglo XIX surgieron en Europa nuevas formas de organización del trabajo, basadas en innovaciones tecnológicas, que fueron apareciendo con rapidez y cambiaron radicalmente algunos procesos industriales, como lo fue la máquina de vapor. Más adelante, las interminables guerras demandarían hombres en sus filas, por lo que **las fábricas** en Europa y poco después en Estados Unidos y otros países **tuvieron que emplear a mujeres, pese a que los roles y estereotipos patriarcales las preferían**

* Para ocupar cargos de elección pasarían todavía 26 años más.

134

en sus casas, pariendo y cuidando hijos. Lamentablemente, la división sexual del trabajo no solo se mantendría en los modelos fabriles, sino "incluso en algunos casos se intensificará, llegando a la definición de ocupaciones eminentemente femeninas o masculinas".[42] Así pues, las primeras obreras que se integraban a la fuerza de trabajo lo hacían con un menor sueldo y sin derechos laborales. Muchas obreras británicas eran mujeres blancas, generalmente solteras o viudas, porque a las casadas solían impedirles seguir trabajando; en cambio, en Estados Unidos la mayor parte de las mujeres negras recién "emancipadas" tenían que trabajar y lo hacían en el "servicio doméstico" o en el campo, en los estados del sur, en condiciones generalmente de discriminación y explotación. En el norte sí entraron en las fábricas, también bajo terribles condiciones laborales. Las primeras obreras sufrieron injusticias y vejaciones debido a su sexo, género, color de piel o religión; situación que con el tiempo las convirtió en activistas por sus derechos, pero en una línea distinta de las feministas liberales, y con divisiones debidas al racismo que prevalecía, incluso entre mujeres, particularmente en estados sureños.[43]

El ala más radical del movimiento sufragista, tanto en Inglaterra como en Estados Unidos, se acercó al pensamiento socialista, intentando abarcar a un sector que no estaba en la agenda central de las feministas liberales: las mujeres obreras, quienes alzaban la voz para buscar reformas legales en su favor, dado que ya los hombres obreros habían conseguido para sí la posibilidad de entrar en el parlamento. En ese momento sobresalió **Flora Tristán (1803-1844)**, escritora y activista francesa-peruana. A los 16 años se vio forzada a entrar de obrera, y al año siguiente, ante extenuantes jornadas y viendo sus nulas opciones de vida, se casó con el dueño del taller. ¡Vaya que lo padeció! Tras varios años de ser víctima de violencia familiar extrema huye, llevándose a su hija e hijo; viaja a Perú buscando recuperar su herencia, luego a Inglaterra. De regreso a Francia, su exesposo intentó matarla y violar a su hija; afortunadamente, al final fue sentenciado, aunque solo a 20 años de cárcel. En 1840 Tristán publicó un manifiesto socialista llamado *La Unión Obrera*, un pequeño libro donde abogó, entre otras cosas, por los derechos de las mujeres obreras y donde señaló que la falta de acceso a la educación de las niñas era en realidad una forma de explotación económica. En 1845 es publicada póstumamente su obra *La emancipación de la mujer*, en la que **expresó que las mujeres estaban en franca desventaja en la institución del matrimonio y criticó el ambiente conservador que las reprimía. Flora Tristán siempre se mantuvo preocupada y ocupada activamente por las mujeres del proletariado, contribuyendo a crear el feminismo socialista.**

Su pensamiento revolucionario y agudo tuvo gran influencia en el desarrollo de la teoría marxista, fundamentalmente en su afán de que la clase obrera se constituyera como un sujeto político, para lo cual lo primero era lograr su unidad. **Tristán** y Karl Marx coincidieron en París por un breve tiempo, y los dos eran amigos de Arnold Rüge, quien se presume dio a leer a Marx *Unión obrera*, donde **Flora Tristán** afirmó: "Obreros, sois débiles y desgraciados porque estáis divididos. Uníos. La unión hace la fuerza".[44] El *Manifiesto comunista* de Marx y Engels sería publicado años más tarde, donde se retoma esta idea con la famosa consigna "¡Proletarios del mundo, uníos!", claro, sin darle el crédito a Flora Tristán.[45]

Otra gran figura del feminismo socialista fue **Clara Zetkin,** quien nació en 1857 y desempeñó un rol muy importante en las organizaciones socialistas y comunistas de la Europa de los siglos XIX y XX. Fue una de las primeras alemanas en ir a la universidad; llegó a ser editora de un periódico llamado *Igualdad*. Su lucha por los derechos políticos y laborales de las mujeres hizo eco en países industrializados. En 1889 participó en la Primera Reunión Mundial de Mujeres Socialistas, siendo una de las cinco mujeres presentes en una reunión de 400 asistentes. Años más tarde, con gran experiencia como dirigente revolucionaria, en la Segunda Conferencia Internacional de Mujeres Socialista (Copenhague, 1910), propuso que se conmemorara el Día Internacional de la Mujer Trabajadora, moción aprobada por más de 100 delegadas de 17 países que debatieron, además, sobre los derechos laborales —ante todo "igual salario a igual trabajo"— y el derecho a la educación. Recordemos que el 8 de marzo de 1857, un grupo de obreras textiles de Nueva York salió a la calle a protestar por sus condiciones laborales y fueron brutalmente reprimidas. En honor a ellas se eligió la fecha. Y por eso no es un día para regalar flores o chocolates por "el hecho de ser mujer". Quizá hace falta también una fecha distinta que no sea de lucha sino de celebración, como lo hace la comunidad LGBT+, por "el orgullo" de ser mujeres.

No fue hasta 1918, **casi 90 años después de su primera petición, que las mujeres de Gran Bretaña obtuvieron su derecho al voto,** y les favoreció también la Primera Guerra Mundial, pero de forma más directa, dado que Reino Unido estuvo en el centro del conflicto. Por la guerra, muchas mujeres británicas ocuparon los empleos de los hombres que habían ido a las trincheras y también contribuyeron de otras maneras al esfuerzo bélico.[46] Ese factor sería crucial para conseguir el sufragio femenino tras casi un siglo de luchas pacíficas.

La dirigente más destacada de esta última etapa del sufragismo británico fue **Emmeline Pankhurst (1858-1928),** una mujer extraordinaria, educada en una escuela vanguardista en Francia, donde estudió contaduría, química y otras disciplinas. Ella se casaría con un abogado socialista, 24 años mayor, quien creía también en los derechos de las mujeres y con quien compartió una parte de su lucha, y más tarde con sus hijas. Afiliada al Partido Laborista, perteneciente a la burguesía de la ciudad Industrial de Manchester, en 1903 fundó la Unión Social y Política Femenina (WSPU). **Pankhurst, a lo largo de su vida, fue perseguida y encarcelada en numerosas ocasiones; sus hijas la suplían y llegaron a ser importantes figuras del movimiento**.[47] Ella recibió el apoyo de mujeres de distintas partes del mundo, como la escocesa **Flora Drummond (1878-1949),** la neozelandesa **Frances Parker (1875-1924),** participante en las huelgas de hambre, y la hija de **Elizabeth Cady Stanton, Harriet**, así como sus compatriotas estadounidenses **Alice Paul y Lucy Burns.**

Comenzó el siglo XX y la nueva generación de sufragistas, cansadas de no ser escuchadas, se volverían más activistas. La carismática **Emmeline Pankhurst,** desde la WSPU, promovió un sufragismo más radical y militante que, a diferencia de las moderadas o "constitucionalistas" integrantes de la NUWSS, intentó cambiar la conciencia de la sociedad a través de su activismo en las calles, con acciones beligerantes y subversivas, como irrumpir en mítines de partidos políticos para cuestionar su negativa al voto femenino, lo cual solía terminar en detenciones y cárcel. En sus propias palabras:

> Interrumpimos un gran número de reuniones y fuimos violentamente expulsadas e insultadas [...] dolorosamente heridas y magulladas. La condición de nuestro sexo es tan deplorable que es nuestro deber violar la ley con el fin de llamar la atención sobre los motivos por lo que lo hacemos.[48]

En 1906, un diario buscó ridiculizarlas e insultarlas, caricaturizándolas como feas y solteronas, llamándolas "suffragettes", no "sufragistas"; ellas, en vez de aceptar esa ridiculización, se apropiaron del término y se autodenominaron así. En 1907 se encadenaron a la reja de la residencia del primer ministro. Organizaron marchas y mítines, la más emblemática fue en Hyde Park, en 1908, donde se calculó que acudió medio millón de personas. **El feminismo por primera vez tuvo eco masivo.**

Entre 1908 y 1914 más de 1 000 sufragistas, incluidas **Emmeline y Christabel Pankhurst,** fueron perseguidas y encarceladas.[49] Muchas hicieron huelga de hambre y sufrieron torturas con la alimentación forzada. Así, el camino para conquistar el sufragio no fue suave ni terso; pese a ello jamás recurrieron a la violencia física contra las personas, solo contra objetos.[50] En todo caso, el sufragismo británico fue muy heterogéneo tanto en sus métodos como en la condición de clase de las simpatizantes.

Leí alguna vez que Gandhi, padre de la independencia de la India —que siguió el principio de "no a la violencia" como eje articulador de su lucha—, atestiguó una de las protestas pacíficas de las sufragistas, en Inglaterra, y se inspiró en estas valientes mujeres precursoras de la desobediencia civil. Quizás es leyenda, pero me pareció inspirador.

En 1913 la profesora **Emily Wilding Davison (1872-1913),** integrante de la WSPU, marcaría la lucha sufragista británica, que ya llevaba más de 80 años. Ella, que había estado nueve veces en la cárcel, sufrido vejaciones y abusos, optó por un acto que los patriarcas no pudieron ignorar: en una famosa carrera veraniega de caballos, a la que acudían políticos y aristócratas ingleses, el Derby de Epsom, Emily irrumpió en medio de la pista cuando pasaba justamente el caballo del rey Jorge V. No se sabe bien si porque quería poner una banda o una bandera sufragista en el caballo, pero hay indicios de que su intención no era suicida; no obstante, el caballo, corriendo a gran velocidad, la atropelló, lo que le produjo heridas graves. Este evento, que condujo a la muerte de la que llamaron "la primera mártir de sufragismo", intensificó las tensiones entre el gobierno y las sufragistas, pero también fueron tomadas mucho más en serio al demostrar que estaban dispuestas a todo por su causa. **El funeral de Wilding fue multitudinario y en su lápida fue inscrita la frase: "Hechos, no palabras".***

Al iniciar la Primera Guerra Mundial, **Pankhurst** aceptó la tregua con el gobierno ante el enemigo común: Alemania. Esta actitud desconcertó y enojó a algunas sufragistas, pero el patriotismo de **Pankhurst** resultó ser una estrategia acertada para el movimiento. Y es que, con cientos de miles de hombres en las trincheras, la demanda de fuerza laboral del sector industrial se volvió crítica. Tal situación motivó al rey Jorge V a pedir a **Emmeline Pankhurst** —para entonces ya referente del patriotismo británico y sus valores democráticos frente al peligro alemán— organizar a las mujeres para ocupar los puestos de trabajo de los soldados en guerra. Su pacto implicó que el monarca ordenara la liberación de las sufragistas y, posteriormente, el 28 de mayo de 1917, la aprobación del derecho al voto para mujeres mayores de 30 años en Inglaterra. No podemos dejar de reflexionar en torno al hecho de que haber apoyado a su país en una guerra fue una de las razones que aceleraron el acceso al voto de las inglesas. Es decir, **un fin ampliamente justificado y de largo plazo, como es la participación política plena de las mujeres, supuso un pragmatismo político de cor-**

---

* Un filme que retrata esta época del sufragismo británico es *Sufragistas* (2015), dirigida por Sarah Gavron.

to plazo, que fue apoyar el nacionalismo británico y la maquinaria de la guerra.

Cerramos este breve recuento de la segunda ola feminista con los países que aprobaron el voto femenino, si bien la historia del sufragismo en cada país merece un libro en sí por el aporte de todas y cada una de las mujeres y hombres aliados que lo posibilitaron.

País	Año	País	Año	País	Año	País	Año
Nueva Zelanda	1893	Suecia	1921	Rep. Dominicana	1942		
Australia	1902	Uruguay	1927	Venezuela	1946	Colombia	1954
Finlandia	1907	Ecuador	1929	Italia	1946	Belice	1954
Noruega	1913	Grecia	1930	Japón	1947	Nicaragua	1957
Dinamarca	1915	España	1931	Israel	1948	Honduras	1955
Canadá	1917	Brasil	1932	Costa Rica	1949	Perú	1956
Reino Unido	1918	Cuba	1934	Chile	1949	Paraguay	1961
Zimbabue	1919	Bolivia	1938	El Salvador	1950	Guatemala	1965
Kenia	1919	Panamá	1941	Argentina	1951		
Estados Unidos	1920	Francia	1944	México	1953		

LA TERCERA OLA: LA CATEGORÍA DE GÉNERO, EL FEMINISMO DE LA IGUALDAD Y DE LA DIFERENCIA

La tercera ola comprende el último tercio del siglo XX, cuando los efectos de la Segunda Guerra Mundial tuvieron repercusiones más amplias que en la Gran Guerra.

141

De las víctimas de estas guerras quienes más sufrieron fueron mujeres, niñas y niños. La gran mayoría pasó hambre, terror y muchas familias padecieron los graves efectos de la guerra.

En la Segunda Guerra Mundial hubo mujeres que combatieron y murieron en batalla, abriendo la posibilidad de la siguiente generación para ser reconocida como parte permanente de las fuerzas armadas; otras se unieron valientemente a las milicias de defensa de sus hogares o a los movimientos de resistencia en sus países; por ejemplo, en Francia, Italia o Polonia.

Otras mujeres también se integraron a la guerra, como campesinas, obreras, enfermeras, espías y desempeñando otras ocupaciones, tanto entre el bando de los Aliados como en las Fuerzas del Eje. Quizá recuerdes el famoso cartel de "Rosie la Remachadora": una mujer fuerte, con un pañuelo rojo de lunares blancos en la cabeza, camisa azul arremangada, que ostenta sus bíceps y aspecto de mujer ruda, pero con maquillaje y uñas pintadas, y con la alentadora frase "¡Podemos hacerlo!". Encarnaba la propaganda para que las mujeres norteamericanas se unieran a los esfuerzos de la guerra haciendo "labores de hombres".

De hecho, cinco millones de ellas saldrían del ámbito doméstico por primera vez y se sumaron a otros 14 millones que ya habían empezado a trabajar por razones económicas, sobre todo tras la Gran Depresión de 1929, cuando la economía norteamericana colapsó y muchas familias pasaron hambre, así que las mujeres salieron a buscar trabajo. **Cuando le conviene, el sistema patriarcal rompe moldes y flexibiliza los roles de género, pero solo si le sirve a su propia perpetuación.** Por cierto, estas valerosas mujeres que habían alimentado, vestido y cuidado a los soldados, cuando ellos regresaban del frente las trataban con resentimiento y acoso, en vez del reconocimiento con el que ellas los recibían.

Muchas sufrieron vejaciones impensables, como convertirse en víctimas de esclavitud sexual, vendidas o forzadas para dar los llamados engañosamente "servicios" sexuales a combatientes de ejércitos vencedores, generalmente desplazadas de su familia y lugar de origen. Desde que se han documentado los conflictos bélicos, hay ejemplos de que la violencia sexual contra las mujeres y la guerra van de la mano, al ser comúnmente violadas por soldados invasores que irrumpen en sus comunidades. Otro de los episodios más condenables de entre las miles de cosas condenables de la Segunda Guerra Mundial fueron las "estaciones de confort" creadas por Japón, potencia aliada de Hitler y Mussolini, cuyo nombre no solo denota la mirada androcéntrica y misógina al diseñar una maquinaria institucional sexual al servicio del placer masculino, como parte del ejército, que obligó a mujeres a convertirse en esclavas sexuales, sino que pretendió encubrir su gravedad al llamarlas "mujeres de confort", cuando la mayoría eran adolescentes o incluso niñas, pues el ejército las prefería vírgenes y hablantes de lenguas extranjeras, con un doble fin: dificultar que escaparan y que fuera menos probable el contagio de infecciones de transmisión sexual a sus soldados. Una manera de proveerse de estas niñas y jovencitas en territorios ocupados era arrestarlas por supuestamente "cooperar con el enemigo", o aprovecharse de su precariedad económica, provocada por la misma guerra, "enganchándolas" con tácticas que hoy día siguen usando los tratantes: prometiéndoles empleos como enfermeras, meseras, empleadas de limpieza, engañándolas totalmente respecto al tipo de "servicios" que requerirían de ellas.[51]

Al final de la guerra, el orden de género patriarcal, como siempre, intentó que "todo volviera a la normalidad". Y básicamente lo consiguió. Con el regreso de los soldados y sin anticonceptivos de uso masivo, proliferaron los embarazos y nacería la generación de los *baby boomers*. **Faltaban unos 15 años para el despertar de la tercera ola feminista y la mayoría de las mujeres trabajadoras, menos las viudas, simplemente retornaron al trabajo doméstico no remunerado.** Las viudas, dependiendo de cada país, en general carecieron de suficiente apoyo y tuvieron que buscar trabajo, esta vez en peores condiciones, dado que los hombres que regresaron del frente demandaban sus puestos y no querían a mujeres "compitiendo".

Ahora bien, un elemento eje de la tercera ola fue la conceptualización de la categoría de género, fundamentada, aun sin nombrarla, por la filósofa francesa del existencialismo, autodeclarada feminista, **Simone de Beauvoir,** autora de *El segundo sexo.* La categoría de género sería formalmente definida hacia los años sesenta en estudios científicos de las escuelas de Psicología de Harvard y de California, que develarían las características socialmente atribuidas al género de las personas, a partir de su sexo, como fuente de desigualdad.

Celia Amorós refiere que "podemos asumir la obra de Beauvoir como la dilucidación [...] de la tradición del feminismo ilustrado".[52] Uno de los grandes legados de *El segundo sexo* es la claridad con la que Simone de Beauvoir, pionera del feminismo filosófico, explica la condición de desigualdad de la mujer a partir de las disímiles atribuciones que la sociedad occidental ha otorgado a las personas en función de su sexo, en perjuicio de nosotras, y su alegato para abolir lo que ella llamó el mito del "eterno femenino".

De Beauvoir pensaba que las mujeres deberíamos ser más libres, y se pregunta por qué no lo somos. La respuesta tiene que ver con el hecho de que somos consideradas "la alteridad", lo "otro", lo *inesencial* respecto a lo *esencial*, es decir,

respecto al varón. Las mujeres hemos existido históricamente solo en función de este, como "complemento" de él, nos dice la autora. Hombres y mujeres no representamos dos existencias independientes, sino que a nosotras se nos ha definido en relación con el macho de la especie humana, que ocupa el centro de todo; de modo que históricamente nos han impuesto que el concepto *hombre* sea incluso la designación de todos los seres humanos, invisibilizando de tajo a las mujeres y sus cuerpos, poniendo en la sombra a la mitad de la humanidad. Asimismo, **esta filósofa identificó que en la sociedad occidental las mujeres han sido definidas como "naturaleza" y los varones como "cultura".** Este orden social *androcéntrico* ha reducido a las mujeres como *objeto* de uso, de contemplación, de placer, de reproducción y de trabajo para el varón, no como *sujetas*, constriñéndolas al ámbito privado, subordinadas al varón y "domesticadas" para la función de madres y cuidadoras, una función que según la época ha sido considerada más o menos "elevada", pero siempre inferior al aporte del varón desde el poder político, económico y social. **A los hombres el orden patriarcal les ha otorgado cualidades de creación, trascendencia y vida pública, es decir, todas las tareas sociales con mayor importancia, estatus, poder y dinero.** Desde esta mirada androcéntrica se concibe erróneamente a las mujeres como seres *esencialmente* pasivos y emotivos y a los hombres *esencialmente* como sujetos activos y racionales, con capacidad de dominio sobre todos los bienes de la naturaleza, incluida la mujer, vista como objeto, no sujeto.

En este orden social androcéntrico la mujer es un "misterio", pero solo porque es un misterio desde la perspectiva masculina. De modo que siempre que han tratado de describirnos "objetivamente" a las mujeres, en realidad no hay tal objetividad, sino una afirmación del privilegio masculino de nombrar el mundo, incluyéndonos a nosotras. En todas las épocas de la historia, filósofos, sacerdotes, científicos y varones considerados "sabios", algunos conocidos homosexuales o bisexuales, no solo heterosexuales, han dicho lo que es y lo que no debe ser una mujer, apelando a argumentos que intentan demostrar que "la condición natural de la mujer" es de un ser "frágil", "emotivo", "sensible", por ende, dependiente, e incluso servil, cuya condición la subordina "al hombre" en general y a un hombre en particular, sea su padre cuando es soltera o su cónyuge cuando se la une a él. **Simone de Beauvoir** revela con gran claridad la falta de voz específica de la mujer, pues incluso la propia experiencia sexual femenina se define como complemento de la sexualidad y deseo masculinos. Ella es para el placer de él, no para sí.

Así pues, una tarea urgente de las mujeres es reapropiarse de su identidad, en sus propios términos, cuestionando qué realmente desean, sin castigarse por no ser lo que otros quieren que sea, de ahí la frase nodal de su libro:

> "No se nace mujer: se llega a serlo".[53]

Además, **De Beauvoir analiza la maternidad, o mejor dicho la maternidad impuesta, como una trampa que ha servido para la subordinación de las mujeres.** Hace consideraciones sobre el valor del trabajo de casa, como oportunidad para la emancipación de las mujeres.

Ya revisamos someramente el pensamiento de De Beauvoir, ahora hablemos de ella como persona y como personaje. Su nombre era Simone Lucie Ernestine Marie Bertrand de Beauvoir. Siempre destacaba por su gran inteligencia, de ella su padre decía orgulloso: "¡Simone piensa como hombre!", pues en el patriarcado tradicional la inteligencia siempre ha sido asociada a la masculinidad, mientras que la ternura y emotividad a la feminidad.

Educada en colegios católicos, de niña pensó en ser monja, pero a los 14 años tuvo una crisis de fe, se convirtió al ateísmo y optó por una vida independiente y poco tradicional. Se graduó de la universidad a los 21 años, logrando ser la persona más joven en aprobar satisfactoriamente el concurso de oposición del sistema educativo francés llamado *Agrégation*, lo que le permitió llegar a ser profesora de filosofía en la afamada universidad de La Sorbona, en París, una de las más antiguas de Occidente.

Ella abordó una enorme cantidad de temas y distintos géneros literarios: novela, ensayo, autobiografía. Fue profesora, editora de la famosa revista *Tiempos Modernos* y fue activista política. Tuvo una larga y poco convencional relación de pareja, para su tiempo, con otro renombrado filósofo francés, Jean-Paul Sartre, una relación que hoy quizá podríamos denominar *poliamorosa* o abierta, en la que había amor, sí, pero no matrimonio, monogamia, descendencia ni una casa común; se trataron de usted durante más de 50 años, y su relación recibió mucho escrutinio durante e incluso después de sus muertes, al punto de llegar a afirmarse que el más beneficiado de la relación abierta fue Sartre.

De Beauvoir abordó temas hasta ese momento marginales en las discusiones de la reflexión social y filosófica, incluyendo la condición de las mujeres, el existencialismo, la sexualidad, la libertad, la moralidad, el envejecimiento, la crítica literaria, la teoría social y política. Publicó 20 libros y numerosos artículos a lo largo de su vida en tiempos donde las mujeres estaban mayormente en sus casas cocinando y cuidando a sus familias, sin voz pública ni incidencia política. Ella fue una figura central y controversial en la vida intelectual de Francia y de muchos países. Cuando murió, en 1986, varios periódicos franceses publicaron encabezados como: "¡Mujeres, (a ella) le deben todo!".[54]

Amelia Valcárcel apunta que, en el contexto de las democracias post-Segunda Guerra Mundial, conquistado ya el sufragio universal y el derecho a la educación en Occidente, y con el cimiento teórico de De Beauvoir, comienza una nueva era, un abanico de posibilidades para las mujeres; pero ni el voto ni el acceso a la educación superior había traído ni la igualdad ni la paridad a las mujeres.[55] Las mujeres occidentales y de clases sociales medias y altas tenían mejores condiciones materiales; las obreras, campesinas, indígenas, negras, migrantes, pobres, todas siguieron con vidas opresivas, precarizadas, discriminadas.

Tras el fin de la guerra y el retorno masivo de los hombres a las fábricas y empresas, caracterizado por una gran violencia institucional contra las mujeres que habían sostenido con su trabajo la economía de la guerra, fue forzado el regreso de ellas a las casas, y dado al entorno político propio del escalamiento de la Guerra Fría en los años cincuenta, el gobierno estadounidense cultivó de manera masiva la idealización de la "familia nuclear", con la ayuda de los medios: una familia cuya responsable de mantenerla unida era una mujer, la madre "hacendosa", con su casa suburbana, enjardinada, con un padre que sale todos los días a trabajar y regresa a cenar en familia, a ese "hogar" donde es amo y señor. Este romantizado espacio doméstico, atendido "perfectamente" por una señora blanca, joven, servicial y sonriente, fue una construcción ideológicamente muy conveniente para la lógica del orden político estadounidense de la posguerra contra el comunismo soviético. Así, a las mujeres blancas, de clase media, las volvieron el símbolo de "feminidad ideal", que también servía para mover los engranes de una economía basada en el *hiperconsumismo* (aparecen electrodomésticos para supuestamente hacerles la vida más placentera a las mujeres, y manuales de la "buena esposa", donde le dicen que debe estar siempre hermosa, "hacerlo sentir en el paraíso", con la casa "impecable" y "una deliciosa cena lista"). Esta representación *estereotipada* y *heteronormada** de la familia tradicional fue reproducida masivamente por un nuevo y cada vez más poderoso medio de comunicación de masas: la televisión, así como por la industria editorial, por Hollywood y sus superproducciones. Por ello hasta hace pocas décadas, en ningún programa de televisión, revista femenina o protagónico de películas, veías personas que no fueran delgadas y de rasgos europeos; es decir, representantes del modelo de belleza impuesto por el patriarcado occidental, y las mujeres siempre realizando labores de cuidados o de complacencia hacia los varones, lo que ha contribuido a normalizar relaciones profundamente desiguales.[56]

Tras casi 20 años después de la guerra, en 1963 aparece *La mística de la feminidad*, una obra insigne para el feminismo de la igualdad que en su momento fue bestseller. Escrita por **Betty Friedan**, psicóloga educada en la Universidad de Berkeley en California, quien, como su madre, también psicóloga convertida en ama de casa, intentó hacer suyo el "ideal" patriarcal de la mujer: ser únicamente madre y esposa, pese a sufrir violencia de pareja. Su libro, fruto de una investigación de años, describe "el malestar que no tiene nombre", esa gran insatisfacción de mujeres de clase media en la sociedad estadounidense tras la Segunda Guerra Mundial, obligadas a dejar las fábricas y

---

* Este término se dio a conocer a partir de la obra de Michael Warner, y alude a que en el imaginario social lo "normal" o "natural" es la relación heterosexual entre un hombre y una mujer.

empresas que habían solicitado su auxilio durante el conflicto bélico y retornar a sus "labores femeninas": a estar física, emocional y sexualmente siempre disponibles para sus esposos, en un rol exclusivo de esposas, cuidadoras, cocineras, limpiadoras, madres. Las revistas femeninas, editadas por hombres, les decían que ellas no eran como sus abuelas, "caducas e ignorantes"; les enseñaban, por un lado, cómo mantener a sus maridos "contentos", cómo evitar berrinches de sus hijos, qué máquina lavaplatos o licuadora es mejor, cómo ser femeninas, qué ropa está de moda y qué maquillaje usar, cómo preparar una cena "romántica" en su aniversario. Pero ya en los años sesenta era evidente que muchas amas de casa, pese a que se suponía que tenían "vidas perfectas", no podían dejar de preguntarse al hacer la cama, la compra, cuando llevaban al cine a sus criaturas o aun descansando por las noches junto a sus esposos: "¿Esto es todo?". Claramente muchas eran infelices con ese rol de "reinas del hogar" que las dejaba insatisfechas y deprimidas, con años de terapias psicológicas, tomando tranquilizantes o abusando del alcohol para mitigar su ansiedad o llenar el vacío, incapaces de encontrar felicidad y sentido de trascendencia en esa "mística femenina" impuesta, donde prejuicios y estereotipos, las limitaban y obstaculizaban su desarrollo intelectual y su participación activa en la sociedad. Una frase nodal del libro:

Una mujer debe poder decir, y no sentirse culpable al hacerlo, ¿quién soy? y ¿qué quiero hacer en mi vida? No debe sentirse egoísta y neurótica si quiere alcanzar metas propias, que no estén relacionadas con su esposo e hijos.

De hecho, Friedan asegura que cuando una madre carece de autonomía, a menudo trata de vivir a través de sus criaturas, dificultándoles a estas encontrar su propio sentido de sí mismas y sus rumbos.

Friedan usó estadísticas para reforzar sus argumentos; por ejemplo, mostró que el número de mujeres universitarias descendió de 47% en 1920, a 35% en 1958; y que durante los años cincuenta, 60% de las estudiantes abandonaba sus estudios universitarios para casarse, porque encontrar esposo era una tarea más ardua cuantos más estudios tuvieras, desalentando a generaciones enteras a recibir una educación superior.

Su crítica a Freud y al psicoanálisis demuestra que maliciosamente se había usado su concepto no probado de "la envidia del pene" para calificar de "neuróticas" a mujeres que intentan la autonomía y el éxito, o que no son madres. Y es que para Freud las mujeres existen en función del amor de un hombre y, según él, ¡desean tanto el pene de su marido —deseo insatisfecho al no tener ellas pene— que no es hasta que logran dar a luz que encuentran satisfacción! Un pensamiento androcéntrico que además que refuerza conservadoramente el ámbito reproductivo como espacio femenino por excelencia.

La solución propuesta por Betty Friedan para este dilema reivindica la herencia liberal del feminismo ilustrado, retomando conceptos como *la razón*, para trastocar el orden proyectado por los hombres para reducir la vida de las mujeres a sus funciones reproductivas. Así, Friedan propone: rechazar la estereotipada "mística de la feminidad", no ver el trabajo doméstico como una "carrera", ni glorificar el matrimonio; al contrario: estudiar y dar el salto de la aficionada a la profesional para escalar la famosa "pirámide de Maslow",* dado que las mujeres, dice

---

* La pirámide de Maslow, creada por el psicólogo Abraham Maslow, es una teoría de motivación, que trata de explicar qué impulsa la conducta humana. Consta de cinco niveles ordenados jerárquicamente según las

Friedan, se han quedado atrapadas en el nivel más bajo, por lo que es necesario que cada una desarrolle su propio "plan de vida", pues, al igual que los hombres, necesitan un trabajo significativo para lograr la autorrealización. **Cabe aclarar que Friedan no estaba en contra de ser madre o ama de casa** —un rol que, desde el feminismo, sabemos que es un trabajo sostenedor de la vida— **solo en contra de que fuera un trabajo no remunerado y minusvalorado.** Hay mujeres a quien puede gustarles este trabajo, pero Friedan cuestiona que no se trataba de una decisión, sino de una imposición.

Una de las grandes críticas al libro de Betty Friedan fue que se enfocaba solo en mujeres blancas heterosexuales y de clase media, con vidas ajenas a las de mujeres negras, asiáticas, latinas, obreras, campesinas, migrantes, etcétera. Otra gran feminista, **bell hooks** (escrito así en minúsculas por razones políticas), argumentó que el texto de Friedan era racista y clasista, no aplicable a las mujeres afroamericanas o de clase trabajadora quienes siempre fueron excluidas del *american dream*. También

---

necesidades cuya satisfacción acarrea bienestar. Su idea es que conforme se satisfacen las necesidades más básicas (parte inferior de la pirámide) se desarrollan necesidades y deseos más elevados (parte superior). En el nivel más bajo están las **necesidades *fisiológicas***, como alimentarse, dormir o respirar; *de seguridad o protección*, como asegurar la integridad física y la salud, vivienda, dinero, empleo, etcétera; *sociales o de afiliación*, es decir, sentirse parte de círculos significativos: amistades, familia, pareja, colegas; *de estima o reconocimiento*: la *baja estima* concierne al respeto y aprecio que se requiere de las demás personas, así como estatus, fama o gloria; la *alta estima* concierne a la necesidad del respeto a sí mismo o a sí misma, e incluye sentimientos como confianza logros, independencia y libertad; por último, la *de autorrealización*, situada en la cima de la pirámide, a través de cuya satisfacción se encuentra un sentido válido a la vida y puede incluir la libertad, los proyectos vitales y el éxito personal. A. Maslow, "A Theory of Human Motivation", *Psychological Review*, vol. 50, núm. 4, 1943, pp. 370-396.

recibió críticas del *lesbofeminismo,* una corriente crítica del feminismo de la igualdad, que señala que dentro del sistema patriarcal las lesbianas han experimentado la imposición del mandato de la heterosexualidad, castigándolas por tener relaciones afectivas y sexuales con otras mujeres. Otra crítica tiene que ver con su mirada individualista y liberal, pues no aborda la responsabilidad del Estado en desmitificar la femineidad y en la corresponsabilidad de las tareas de cuidados, es decir, asumir su parte y crear un sistema de cuidados que facilite un cambio estructural del modelo patriarcal de familia basado en la división sexual del trabajo.

Pero a Betty Friedan no hay que negarle sus méritos. Si bien no explicó todas las formas de opresión de las mujeres, ciertamente abrió y dio pie a una serie de reflexiones y estudios que darían luz a los mismos. Además de escritora fue fundadora en 1966 de NOW (National Organization for Women), desde donde impulsó el movimiento de liberación femenina, la cual se convirtió en una de las organizaciones feministas más representativas de esta ola, con banderas como prohibir la discriminación sexual y fomentar la igualdad salarial en el trabajo, defender derechos sexuales y reproductivos de las mujeres, entre ellos el acceso al aborto seguro.[57] Friedan intentó entrar a la política sin éxito, continuó su lucha en NOW y en 1993 publicó otra obra feminista importante *La fuente de la edad,* que toca la obsesión por la juventud y los prejuicios y estigmas del envejecimiento femenino.

La mística de la feminidad de **Friedan** junto con el de *Política sexual* de **Kate Millett,** y *La dialéctica del sexo* de **Shulamith Firestone** serían nodos de arranque del feminismo de los años setenta, aunque Friedan desde el feminismo liberal, y Millett y Firestone desde el radical.

En la tercera ola se afianzó el acercamiento del feminismo a las ideas socialistas, particularmente al marxismo. Pese a que el teórico del materialismo histórico Friedrich Engels, en su famosa obra *El origen de la familia, la propiedad privada y el Estado*, reconocía la opresión de las mujeres y planteaba que la fuente de la sujeción de estas no estaba en causas biológicas, sino sociales; y pese a que Flora Tristán se refiere a las mujeres como "las últimas esclavas" e interpela a los obreros señalando que no es posible sostener un proyecto de emancipación humana sin tener en cuenta a las mujeres";[58] no obstante, como apunta, **Nuria Varela**: "el marxismo no puede explicar por qué los hombres dominan a las mujeres. Y el feminismo sí tiene una explicación: por el patriarcado".[59]

Con los cimientos de las teóricas europeas y norteamericanas, a fines de la década de 1960, emerge como punto de partida de posteriores corrientes del feminismo, el apellidado por las feministas de la diferencia "feminismo de la igualdad", cuyo fundamento central es alcanzar la igualdad entre mujeres y hombres en todas las esferas.

Este **feminismo** en Occidente se fue acercando hacia el **feminismo liberal,** un feminismo que no plantea necesariamente la necesidad de abolir el patriarcado, sino de revisar el pacto social para poder arribar a la igualdad sustantiva. Por su parte, enfatiza la crítica a la universalidad de lo masculino, denunciando que ello ha provocado una profunda deformación de la autoconciencia humana, que solo reconoce como sujeto humano a los "hombres", anulando a las mujeres, como sujeto histórico, social y político, por lo que sus exponentes plantean la urgencia de redefinir los discursos hegemónicos, donde el varón heterosexual y lo masculino dejen de ser considerados la medida de la humanidad.

Sin embargo, **para algunas feministas, el discurso de la igualdad no fue suficiente, pues implicaba una aspiración de que las mujeres fuésemos incluidas, sí, de manera igualitaria en la esfera pública, incluidas en el mundo, pero tal y como está, en un mundo androcéntrico, sin contemplar la posibilidad de cambiarlo.**

Así, en los años setenta emergieron corrientes como el **feminismo radical** que proviene de la voz latina que significa "raíz", con el que las feministas radicales quieren un cambio de fondo hasta abolir las causas de la desigualdad. Su bandera es la lucha por erradicar la opresión patriarcal.

Una de las máximas exponentes de feminismo radical, **Katherine Murray Millett**, mejor conocida como **Kate Millett**, estudió Literatura Inglesa en la Universidad de Oxford, se doctoró de la Universidad de Columbia en Nueva York (¡orgullosamente también mi alma máter!) y fue escultora y fotógrafa también; escribió una tesis en 1969 que se convertiría al año siguiente en *bestseller* y libro de cabecera para muchas feministas: *Política sexual* (1970), un texto donde acuñará el término *patriarcado*: **"sistema de dominio masculino que utiliza un conjunto de estratagemas para mantener subordinadas a las mujeres"**. El patriarcado es concebido por Millett como una antigua y longeva construcción social, cuyo rasgo más significativo es su universalidad, ya que ha logrado trascender religiones, condiciones geográficas, socioeconómicas, lenguas y culturas; donde el control de los recursos económicos, políticos, culturales, de autoridad o de autonomía personal, entre otros, están en manos masculinas.[60] Son justo la universalidad y ahistoricidad del concepto de patriarcado unas de las fuentes de crítica del pensamiento de Millett.

Millett también caminó en las filas de NOW, desde donde criticó las universidades solo para mujeres e identificó las causas de por qué muchas jóvenes abandonaban sus estudios. Conforme fue profundizando en las opresiones de las mujeres, Millet abandonó NOW, pues sentía que la organización de Betty Friedan no había abrazado con suficiente compromiso la causa del aborto ni la liberación sexual, y se unió al colectivo New York Radical Women (NYRW). Seguiría escribiendo obras como *Los papeles de la prostitución* (1973) y *La política de la crueldad* (1994), así como textos autobiográficos sobre su internamiento en una institución mental o la reacción de su familia ante su bisexualidad.

Su obra más conocida, *Política sexual*, dedicada a su esposo el escultor japonés Fumio Yoshimura, analiza el poder ubicuo del patriarcado. Una de las frases más famosas atribuida a Millett y retomada como bandera del feminismo radical es:

"Lo personal es político".

Esta idea conecta la experiencia cotidiana de ser mujer, normalmente circunscrita al ámbito doméstico, a la pareja, a la familia, con la opresión sistemática y sistémica que viven las mujeres en el orden patriarcal, donde les son atribuidas supuestas "virtudes" en función de su biología, es decir, de sus cuerpos y su capacidad reproductiva. Las relaciones de poder (lo político) se dan no solo en el ámbito público, en otras palabras, en el gobierno o en los conflictos bélicos, sino en el ámbito privado, personal, en las relaciones de pareja y de familia. Así, **Millett redefine el patriarcado como un sistema social y político de dominación, que tiene un carácter universal, cuyo núcleo de subordinación para las mujeres se da en el terreno de lo privado (la familia, la reproducción, la sexualidad, así como la violencia contra los cuerpos femeninos) que se identifica por dos ejes: el dominio del macho sobre la hembra y el dominio del**

varón adulto sobre el joven.[61] Millett afirma que el sexo y la afectividad, así como las relaciones en el seno familiar, tienen un cariz político que no se había reconocido. Otra de sus famosas frases es:

> El amor ha sido el opio de las mujeres como la religión de las masas. Mientras nosotras amábamos, ellos gobernaban. Tal vez no se trate de que el amor en sí sea malo, sino de la manera en que se empleó para engatusar a la mujer y hacerla dependiente, en todos los sentidos. Entre seres libres es otra cosa.[62]

Mediante el análisis de literatura producida por escritores famosos, revela con claridad cómo, en esta cultura patriarcal androcéntrica, aspectos como el poder y el sexo están interconectados. Millett explora cómo **estas relaciones de poder inscritas en el sistema de dominación patriarcal se mantienen y reproducen con la complicidad e incluso la venia de las dominadas.** Como bien sintetiza **Rosalía Romero** respecto al pensamiento de Millett: "el patriarcado se ocupa de socializar a las mujeres de manera que asuman y consientan el papel que les ha sido asignado". Y solo para subrayar, agregaría que también socializa a los varones, particularmente a los heterosexuales y no racializados, pero a fin de cuentas a todos los varones en su privilegio, y lo hace ver como el orden "normal", "natural".

Millett expone por primera vez que "la política sexual tiene su aprobación en la socialización de ambos sexos, según las normas del patriarcado, fundamentadas en tres aspectos distintos: el temperamento o aspecto psicológico, el rol o aspecto sociológico y el estatus o dimensión política". Este descubrimiento de Millett es fundamental para **descargar a las mujeres de culpas reproducidas a lo largo de la historia en los relatos mitológicos**

y religiosos donde la mujer es la fuente del mal: por "culpa" de una mujer Adán peca, las deidades griegas se desbocan y hacen locuras y las otras mujeres se vuelven seres envidiosos y maléficos. Asimismo, desmonta argumentos pseudocientíficos por los que supuestamente las mujeres son por *naturaleza* masoquistas o proclives a la histeria, ideas de Freud y otros reconocidos "hombres sabios", cuyos supuestos no resisten el análisis sistémico de Millett.[63] Y como activista que fue toda su vida, el prestigiado diario *The New York Times* la incluyó entre las 10 personas que más influyeron en el siglo XX.

Las críticas a Millett han sido de diversa índole y, como el caso de Friedan, se le reprocha con razón que no aborde los temas de raza, etnicidad, el pacto patriarcal interclasista de los hombres o la orientación e identidad sexual, como interseccionalidades donde confluye la opresión de las mujeres, pero sin duda sus aportaciones fueron definitivas para todo el feminismo.

En la tercera ola comienza la visibilización de las diferentes realidades y contextos que viven las mujeres, no "la mujer" y, por tanto, de los diversos enfoques y perspectivas teóricas. Se empieza a hablar no de un "feminismo" sino de "feminismos", aunque no hay consenso al respecto, pues algunas teóricas afirman que son corrientes feministas, más que feminismos. Lo que tienen en común es poner énfasis en develar diferentes mecanismos de opresión y explotación sobre las mujeres que impiden materializar la igualdad, y que va más allá de un asunto de derechos.[64]

Coincido con muchas académicas contemporáneas que **el feminismo no es solo un movimiento social; es también un cuerpo teórico** con diversos feminismos situados en sus respectivos contextos, que surge de la filosofía y las ciencias sociales, pero que se ha ido expandiendo a otras disciplinas. Por ejemplo, ahora hay médicas, juezas, ingenieras o críticas de arte feministas que inciden con sus lentes violetas en sus respectivos ámbitos de acción. **El feminismo es también una epistemología* que sirve para la comprensión de la realidad;** nos da elementos para la acción, para cambiar esa realidad que no nos gusta. Así pues, **el feminismo es una teoría liberadora y emancipadora y no solo reflexiva.**

Fue este feminismo norteamericano de los años setenta el que hasta ese momento más visibilidad logró y consiguió organizar a muchas mujeres. El lema "lo personal es político" fue en parte resultado de círculos de reflexión y autoconciencia de mujeres, quienes, durante las sesiones semanales, descubrieron que los problemas de cada una no eran solo problemas personales, sino que la interpretación de estos tenía que hacerse en un contexto social de relaciones de poder entre los sexos.[65]

A partir de aquella primavera revolucionaria del 68, comienzan a emerger nuevos movimientos feministas a distintos ritmos en Europa, Estados Unidos y América Latina.[66] Por segunda vez en la historia, el feminismo en Occidente se convierte en un movimiento de masas por las movilizaciones de las feministas radicales.[67]

Además de esta pluralidad de ideas y corrientes, otro factor de la tercera ola fue el auge de los **anticonceptivos,** cuya investigación fue impulsada principalmente por una tenaz pero muy controversial activista de formación enfermera, **Margaret Sanger,** quien consiguió fondos para que los científicos John Rock y

---

* En su definición más simple, la *epistemología*, del griego ἐπιστήμη —*epistémē* (conocimiento)— y λόγος —*lógos* (estudio)—, es la rama de la filosofía que estudia el conocimiento científico, su naturaleza, posibilidad, alcance y fundamento. También se usa el término como sinónimo de "teoría del conocimiento", sobre todo en las escuelas de pensamiento anglosajón.

Gregory Pincus lograran sintetizar la primera fórmula comercialmente viable de la píldora anticonceptiva, llamada Enovid. Culminaban así casi 50 años de labor dedicada al tema, desde que abrió en 1916 la primera clínica conocida de "planeación familiar", en un barrio pobre de Nueva York, donde hablaba a las mujeres y distribuía los métodos conocidos hasta entonces.

Una historia poco célebre y que refleja los designios de la ciencia hegemónica, blanca y androcéntrica se refiere a que los estudios clínicos que se realizaron a gran escala para probar los efectos de la píldora anticonceptiva fue tanto en mujeres enfermas mentales como en mujeres puertorriqueñas y haitianas pobres quienes, sin haber sido informadas, ni haber recibido ningún pago o compensación posterior, padecieron los graves efectos de las altas dosis de hormonas de la primera generación de píldoras, y ni siquiera recibieron la píldora que habían ayudado a crear, mientras que Pincus y Rock pasaron a la historia como dos de los hombres que más contribuyeron a la liberación sexual de las mujeres.

La píldora, mejorada con las investigaciones realizadas en México por los doctores George Rosenkranz y Luis Miramontes, sobre la progesterona sintética, capaz de bloquear la ovulación, otorgó a mujeres privilegiadas —porque tuvieron el acceso o los recursos para obtenerlas— la liberación del goce sexual, no atado a la reproducción. A los cinco años de su lanzamiento en Estados Unidos ya unos 6.5 millones de mujeres la usaban.

Por otro lado, la socialización de la sexualidad humana sigue muy subordinada a la construcción heteropatriarcal y a su culto al falo, pero la píldora dotaba a las mujeres de nuevos recursos para decidir sobre su fertilidad al menos. Además, gracias a luchas de innumerables mujeres y colectivas, y algunos hombres aliados, el divorcio se hizo ley, poco a poco, en muchos países.[68]

Algunos anticonceptivos se generalizaron como opción para prevenir embarazos, al menos para las mujeres de clase media y alta, y en países con sistemas de seguridad social.

En lo político, desde la posguerra algunas mujeres (pocas todavía) comenzaron a ocupar puestos de poder importantes, como **Golda Meir,** impulsora de la independencia de Israel, quien fue electa como su primera ministra en 1969.

El avance conseguido con el feminismo liberal de los años sesenta y setenta se vio contenido por la reacción conservadora del patriarcado en los años ochenta, bajo los mandatos de la británica Margaret Thatcher, electa en 1979, y Ronald Reagan, vencedor de los comicios estadounidenses de 1980. La sociedad exigía a las mujeres trabajadoras "no descuidar sus obligaciones", es decir, tareas domésticas y de cuidado, cumpliendo además con los cánones de belleza y feminidad impuestos por el patriarcado y reproducidos *ad nauseam* en una sociedad neoliberal y consumista. Así, la llamada Dama de Hierro, la primera ministra Thatcher, cocinaba y les servía recetas caseras, preparadas por ella, a los integrantes de su gabinete (todos varones), en su propio comedor, en una modalidad de reuniones confidenciales de trabajo dentro la residencia oficial en el número 10 de Downing Street, donde estaba su departamento y una pequeña cocina.

El caso es que hasta los años sesenta del siglo XX casi no hay mujeres presentes en ninguna rama del conocimiento, por ejemplo, en historia o en medicina, debido a un sistema hegemónico androcéntrico, es decir, *los* historiadores, *los* médicos. Quienes han diseñado los sistemas públicos de salud o de transporte han sido hombres, generalmente hombres blancos y heterosexuales, u homosexuales "de clóset", educados bajo los cánones occidentales y heteropatriarcales, desde su visión y experiencia privilegiada de ser hombres; asumen que lo que es bueno para ellos es bueno para todo el mundo, incluidas las mujeres, las niñas, los niños, las personas en situación de pobreza, las personas racializadas, etcétera.[69]

Ante esta realidad, surgieron en las últimas décadas del siglo XX e inicios del XXI corrientes y propuestas teóricas y activismos convergentes y divergentes, según sea el caso, de feminismos situados como son: feminismo de la igualdad, el feminismo radical y el feminismo de la diferencia, el feminismo socialista o materialista; el lesbofeminismo, el feminismo comunitario, el feminismo institucional, el ecofeminismo, el ciberfeminismo, los feminismos descoloniales, negros, indígenas, islámicos, entre otros.[70]

La tipología más extendida pone una oposición entre el feminismo de la igualdad y el de la diferencia, pero confrontar ambos feminismos puede reflejar una falsa disyuntiva y ocultar que su coexistencia ha sido de suma utilidad para la reflexión crítica feminista. En esto coincido con varias teóricas como **Victoria Sendón**, quien afirma que ambas corrientes tienen puntos válidos y aportes, solo que unas eligieron lo urgente y otras lo importante, y lejos de plantear oposición entre igualdad y libertad, se complementan[71] y, quizá como han afirmado varias estudiosas, entre ellas **Elena Nájera:** "el recorrido de la contraposición entre estas dos modalidades tradicionales de feminismo está agotado […] se hace necesario explorar un camino alternativo que se aleje de esencialismos, y que ha de desbordar categorizaciones poco flexibles".[72] Pero como este es un libro introductorio, creo que vale la pena mencionar algunos aspectos de las distintas corrientes, antes que comentar algunos aspectos de la compleja discusión y debate sobre las teorías de la identidad, el feminismo y el llamado posfeminismo.

Feminismo de la igualdad

Es una de las más robustas corrientes teóricas feministas, y también una de las más enraizadas en la acción política y social. Lo que busca este feminismo es alcanzar la igualdad sustantiva entre mujeres y hombres, y para ello no es suficiente la igualdad formal o legal, sino que hay que renegociar y establecer un nuevo pacto social donde no solo podamos ejercer con libertad todos los derechos, sino acceder a las mismas oportunidades en plena igualdad. Es como el feminismo "cuna", que abarca desde los feminismos materialistas y de izquierda hasta el **feminismo liberal** y el **feminismo radical** de influencia estadounidense. Pone el acento en el derecho de las mujeres a una ciudadanía plena, lo cual ha implicado una larga lucha para cambiar el marco jurídico y político heredado por un diseño androcéntrico, hasta el logro de los tratados internacionales y cambios constitucionales igualitaristas que hoy gozamos gracias al arduo trabajo de las feministas, líderes visionarias, abogadas y también por supuesto de hombres aliados. En virtud de este trabajo existe un amplio marco jurídico internacional en materia de derechos para las mujeres cuyos principales referentes en Latinoamérica son:

CEDAW. Son las siglas en inglés de Convención sobre la Eliminación de Todas las Formas de Discriminación contra la Mujer, adoptada en 1979 por la Asamblea General de la ONU. Define la discriminación como:

Toda distinción, exclusión o restricción basada en el sexo que tenga por objeto o resultado menoscabar o anular el reconocimiento, disfrute o ejercicio de la mujer, independientemente de su estado civil, sobre la base de la igualdad del hombre y la mujer, de los derechos humanos y las libertades fundamentales en las esferas política, económica, social y cultural, civil o en cualquier otra esfera.[73]

Así, lo que la CEDAW busca al perseguir eliminar las causas y condiciones de discriminación es arribar a la igualdad sustantiva entre mujeres y hombres y contribuir a que se erradique la violencia.

Conferencia Mundial de Derechos Humanos. Celebrada en Viena en 1993, por primera vez incluye de manera explícita que las mujeres y las niñas tenemos derecho al disfrute pleno de los derechos humanos universales.

Plataforma de Acción de Beijing. En septiembre de 1995 se llevó a cabo la Cuarta Conferencia Mundial sobre la Mujer (la primera fue en México en 1975), ocurrida en la capital de China, donde 17 000 asistentes de 189 gobiernos y alrededor de 30 000 activistas de muy diversos orígenes participaron para promover la igualdad de género y el empoderamiento de las mujeres. Cuando terminó la conferencia, luego de dos semanas de debates, se había producido la **Declaración y Plataforma de Acción de Beijing**, "el plan más progresista que jamás había existido para promover los derechos de la mujer", que a la luz de los avances teóricos hoy denominaríamos seguramente "de las mujeres".[74]

Convención Belém Do Pará. Es denominada comúnmente así por ser esta ciudad brasileña la sede de un momento crucial en junio de 1994, que estableció explícitamente por primera vez el derecho de las mujeres a vivir libres de violencia: la Convención Interamericana para Prevenir,

Sancionar y Erradicar la Violencia contra la Mujer, ratificada por 32 de 34 países miembros de la Organización de Estados Americanos, que establece que:

> Los Estados Partes condenan todas las formas de violencia contra la mujer y convienen en adoptar, por todos los medios apropiados y sin dilaciones políticas orientadas a prevenir, sancionar y erradicar dicha violencia [...] [dado que ella] constituye una violación de los derechos humanos y las libertades fundamentales y limita [...] a la mujer el reconocimiento, goce y ejercicio de tales derechos y libertades [...] es una ofensa a la dignidad humana y una manifestación de las relaciones de poder históricamente desiguales entre mujeres y hombres".[75]

Así, esta Convención, como dice **Marcela Lagarde**, sintetiza una mirada política sobre una problemática de la violencia contra las mujeres y niñas desde una perspectiva feminista. Tiene por objeto erradicar la violencia, no disminuirla; eso implica que la violencia debe ser enfrentada estructuralmente, no solo formal o nominalmente; enfrentar la violencia como el ejercicio extremo de poder contra mujeres y niñas en sociedades patriarcales.

Objetivo 5 de la Agenda 2030 para el Desarrollo Sostenible. La Agenda 2030 es una hoja de ruta y un llamado a la acción mundial en favor de las personas, erradicar la pobreza, proteger el planeta y asegurar la prosperidad, así como la igualdad de género, que fue establecida en 2015 para guiar por los siguientes 15 años las políticas públicas de los países y alcanzar estos objetivos de desarrollo. Consiste en

17 Objetivos de Desarrollo Sostenible (ODS), con metas específicas, que constituyen un agenda integral y sectorial.[76] El ODS número 5 fue denominado "Lograr la igualdad de género y empoderar a todas las mujeres y las niñas"; y para su cumplimiento se han establecido objetivos transversales a nivel global, nacional, regional y municipal o comunitario.[77]

A este importante conjunto de planteamientos, aunados a otros que omito por razones de espacio, se le ha llamado de manera general **"Agenda de Género Internacional"**, y ha contribuido a promover una propia en cada país. Fruto de ello, en México se ha fortalecido el marco jurídico garante de los derechos de las mujeres con instrumentos como la Ley General de Acceso de las Mujeres a una Vida Libre de Violencia, la Ley General de Igualdad entre Mujeres y Hombres y recientemente el establecimiento constitucional de la paridad en todos los cargos públicos, electos o no.*

Poco a poco en esta agenda se han visibilizado las dife-

---

* La paridad se refiere a un "principio que, consciente de la desigualdad existente entre mujeres y hombres, permite el acceso con justicia e igualdad de condiciones al uso, control, aprovechamiento y beneficio de los bienes, servicios, oportunidades y recompensas de la sociedad; lo anterior con el fin de lograr la participación de las mujeres en la toma de decisiones en todos los ámbitos de la vida social, económica, política, cultural y familiar". L. Corona, "La paridad de género: un derecho fundamental", Guadalajara, Instituto de Investigación y Capacitación de Derechos Humanos, 2016. El Tribunal Electoral del Poder Judicial de la Federación (TEPJF) de México ha contribuido a que el principio de paridad de género sea entendido de una manera más amplia. Así, ha distinguido entre la paridad cuantitativa y la paridad cualitativa. Mientras que la primera "se refiere a equiparar el número de candidaturas de hombres y mujeres para los cargos de elección popular, la segunda garantiza que en la postulación que haga cada partido político, se postulen de manera equitativa hombres y mujeres tanto en aquellas circunscripciones perdedoras como en las ganadoras, según la fuerza política de cada partido".

rentes realidades y contextos que vivimos las mujeres, no "la mujer", como se decía en los años setenta, con sus diversos enfoques y perspectivas.

El feminismo de la igualdad ha sido analizado, cuestionado, criticado y han surgido otras corrientes de feminismo que ponen énfasis en mostrar diversos mecanismos de opresión que, a decir de algunas, imposibilitan materializar la igualdad.[78] Veamos algunas de estas posiciones.

Feminismo radical

A fines de los sesenta emerge el **feminismo radical,** que puso nombre a muchas formas de dominio que estaban normalizadas y cuyo lema más representativo es "lo personal es político". La palabra *radical* proviene de la voz latina que significa "raíz", así las feministas radicales quieren un cambio de fondo, ir y abolir las causas de la desigualdad. Su bandera no es la lucha por los derechos, sino la lucha por abolir la opresión patriarcal. **El feminismo radical quiere desmontar estructuralmente el orden patriarcal.** Las obras *Política sexual* (1970) de **Kate Millett**, y *La dialéctica del sexo* (1971) de **Shulamith Firestone** representan el arranque del feminismo radical; también hay otras autoras como **T. G. Atkinson** y **Juliet Mitchell**.

El feminismo radical puso en el centro de su análisis el concepto de patriarcado y confirma que el feminismo tiene un sujeto político clarísimo: las mujeres, y existen distintas formas de opresión patriarcal. Para esta corriente es el sistema patriarcal —y no los hombres de carne y hueso— quien se constituiría como "adversario" del feminismo. El feminismo radical se acerca a la "nueva izquierda", a los vibrantes movimientos estudiantiles y anticolonialistas de la época, así como al emergente *blackpower.*[79]

Feminismo de la diferencia

Surge de las filas de las teóricas francesas, como **Luce Irigaray, Hèléne Cixous** y **Annie Leclerc** —que se plantan frente a las ideas de "igualdad" de De Beauvoir— y de la reflexión de algunas italianas, como **Carla Lonzi**, y españolas como **Victoria Sendón de León**. Este feminismo se distingue por reconocer que las mujeres vivimos y percibimos el mundo de manera diferente a los hombres y que, por ende, **en vez de gastar tanta energía en buscar la igualdad, ya que este término implica comparación, lo pertinente es mantener y defender nuestro derecho a la diferencia sexual, a nuestra especificidad,** reconociendo nuestras aportaciones a la sociedad y a la cultura, desde lo femenino. Así, **el feminismo de la diferencia postula que las mujeres, en tanto sujetas biológicas, tenemos características, habilidades y aptitudes, así como una manera muy nuestra de percibir el mundo y, por ello, hay que reivindicar la naturaleza de "lo femenino".** Los saberes, arte y aportaciones de las mujeres deben ser respetados y visibilizados.[80] Su lema: "Ser mujer es hermoso".

Para el feminismo de la diferencia es básico que las mujeres confiemos unas en otras para liberarnos del yugo patriarcal, de la dependencia material y emocional respecto a nuestras parejas e hijos, mediante "grupos de autoconciencia" donde las propias mujeres nos reconocemos, validamos, diseñamos nuestros proyectos de vida y nos hacemos más fuertes en unidad. Este tipo de feminismo, más que promover la sororidad, apunta al *affidamento,* concepto acuñado por feministas italianas que implica el reconocimiento de las características de otras mujeres y el respeto a las diferencias que construyen una relación de confianza entre iguales, a partir de una reivindicación de la naturaleza de "lo femenino"; por ejemplo, el hecho de que las mujeres somos "naturalmente" cuidadoras.

Las feministas de la diferencia coinciden en que los derechos para las mujeres deben ser iguales, pero desde el reconocimiento de la importancia que lo femenino ocupa en el mundo. Así pues, **es una corriente crítica con las aspiraciones del feminismo ilustrado de alcanzar la igualdad en un mundo androcéntrico. No ponen el énfasis en la desigualdad, sino en la diferencia sexual.** Plantean la igualdad *entre* mujeres y hombres, *nunca* de las mujeres *con* los hombres, "porque eso significaría aceptar el modelo masculino. Claro que queremos la igualdad ante la ley, igual salario a igual trabajo [...] pero no es suficiente, ni siquiera deseable [...] [por ejemplo] nunca hemos querido tener una sexualidad semejante a la masculina [...] ni la promiscuidad que ellos reclaman simplemente para ser iguales, porque en la libertad sexual nos interesa más el cómo que la cosa en sí", reflexiona **Victoria Sendón**. Asimismo, aclara que **más que "emancipadas", como las feministas de la igualdad, las del feminismo de la diferencia lo que buscan es ser mujeres libres.**[81]

Feminismo liberal institucional

Buena parte del feminismo de la igualdad ha derivado en la actualidad en esta categoría, que es la que ha predominado en la agenda pública de muchos países con influencia anglosajona y europea. Actúa más desde los gobiernos, parlamentos y organismos multilaterales, a través de la implementación de políticas públicas institucionales que buscan visibilizar, medir y corregir las "brechas de desigualdad". Tiene representantes en pensadoras euronorteamericanas, latinoamericanas y de otras latitudes. Ha incidido fuertemente en marcos legales y normativos de muchos países, que han hecho suyas las demandas de las colectivas feministas y han logrado avances jurídicos

169

importantes en materia de igualdad, como acciones afirmativas y el establecimiento de la paridad política.

Como el feminismo de la igualdad, busca la renegociación del pacto social y un orden político, social y económico auténticamente democrático e igualitario basado en un enfoque universal de derechos humanos. Ciertamente, es un feminismo que ha recibido su dosis de cuestionamiento, entre otros, que muchas de quienes son funcionarias o legisladoras no vienen de la lucha en las calles y están dentro de las mismas estructuras que hay que cambiar; estos argumentos no consideran los embates misóginos que dentro de las mismas instituciones tienen que padecer las feministas institucionales, para construir puentes de confianza y alianzas con otras mujeres, con las manos atadas a veces por bajos presupuestos y leyes inadecuadas. Es un feminismo en evolución, que se está profesionalizando, pero no lo suficientemente rápido, y que ha contribuido, a veces inadvertidamente, a la confusión actual de la agenda de la igualdad con la agenda de la inclusión y la diversidad.

El feminismo materialista y el feminismo socialista
Tomando como elemento central la categoría de clase social, algunas teóricas feministas hicieron su propia aproximación desde las ideas del materialismo histórico y el socialismo, poniendo énfasis en el análisis de la relación capitalismo-patriarcado, como sistemas de dominio que se apoyan mutuamente, perpetuando la desigualdad.

Las feministas socialistas argumentan que el sistema capitalista, como modelo de desarrollo económico, y el patriarcado, como modelo de organización sociocultural, tienen como base la explotación del trabajo no remunerado que realizan las mujeres para todas las personas integrantes de su familia, desde bebés hasta personas ancianas o enfermas, y visibiliza los efectos de la división sexual del trabajo, que históricamente se han traducido en explotación, desigualdad laboral, salarial, dobles y triples jornadas, feminización de la pobreza, es decir, una mayor prevalencia de condición de pobreza para mujeres y niñas. Enfatizan que el sistema capitalista ha usufructuado la explotación sistémica y sistemática del trabajo doméstico no remunerado que llevamos a cabo las mujeres; un trabajo que es social y económicamente minusvalorado, pero del cual el sistema capitalista extrae la plusvalía, generando acumulación de riqueza en manos masculinas. **El feminismo socialista hace una fuerte crítica al capitalismo actual o neoliberalismo económico donde todo se puede comprar o vender, desde las ideas hasta los cuerpos.**

Los liderazgos masculinos tradicionales marxistas y socialistas no se ocuparon, por lo general, de reivindicar las desigualdades que vivían las mujeres de su tiempo, pero en sus filas militaron mujeres destacadas como **Rosa Luxemburgo, Flora Tristán, Aleksandra Kollontai, Clara Zetkin** o **Emma Goldman,** quienes tuvieron la convicción de que la opresión de las mujeres era distinta, pero complementaria, a la opresión de clase.[82] Las contribuciones teóricas de pensadoras socialistas que criticaron la disparidad radical de la condición de mujeres y hombres en el sistema capitalista sirvieron como base a la lucha de las mujeres trabajadoras; entre ellas encontramos a grandes mujeres como la política, periodista y teórica **Rosa Luxemburgo,** quien a principios del siglo XX visualizó una íntima relación entre la lucha por los derechos políticos de las mujeres y la lucha del proletariado. En *La mujer proletaria* escribió:

[la mujer] necesita derechos políticos porque ejerce la misma función económica, esclavizada por el capital de la misma manera, sostiene el Estado de la misma manera, y es desangrada y reprimida por él de la misma manera que el proletario masculino.[83]

A partir de este común denominador, surgen debates sobre los tipos de opresión que sufren las mujeres, en función de sus condiciones materiales de vida y su papel dentro de sus sociedades y las familias, y además se profundiza en determinados grupos de mujeres, poniendo énfasis en su diversidad de perfiles y, por tanto, sus contextos. En esta corriente **son muy severas las críticas al matrimonio como institución y a la familia patriarcal, así como a las posiciones conservadoras que, frente al incremento de las violencias contra las mujeres, defienden simplemente que hay que retomar los "valores" de familia, como si el modelo tradicional de familia no implicara, *per se*, la sujeción por las relaciones jerárquicas, la dependencia económica y la idea de que las mujeres son, en muchos sentidos, "propiedad" de sus esposos y "cuidadoras sin descanso de toda la familia, por amor".** Por eso, este feminismo pregona que se requiere acabar tanto con las clases sociales como con las diferencias sexo-genéricas, para ultimar la desigualdad.

Lesbofeminismo
Si bien muchas precursoras y representantes del feminismo han sido mujeres lesbianas o bisexuales (por ejemplo **Safo, sor Juana Inés de la Cruz, Flora Tristán, Susan B. Anthony, Simone de Beauvoir o Kate Millett**) no fue sino hasta los años sesenta y setenta que se desprende esta corriente de pensamiento feminista, para representar la voz de las mujeres que se nombran a sí mismas como lesbianas, invisibilizadas, inferiorizadas, negadas y "corregidas" por siglos, que veían cómo

iban avanzando algunos derechos para las mujeres, pero que se sentían discriminadas por la heteronorma, y no bien representadas por las mujeres heterosexuales, que incluso en momentos las discriminaban por no ser "femeninas" o les exigían que ocultaran su orientación sexual para no "afectar" al movimiento sufragista. Algunas de estas mujeres canalizaron sus esfuerzos en fortalecer a todo el movimiento de liberación homosexual de esa época, incluyendo el lesbianismo, pero muchas veces sus demandas y puntos de vista fueron minorizados o menos tomados en consideración que los de los hombres homosexuales (gays), lo que eventualmente catapultó al lesbofeminismo como una corriente del feminismo radical y como una organización teórica y política en favor de los derechos particulares de las lesbianas. Los aportes del lesbofeminismo han profundizado en la reflexión, sobre la diferencia sexual, el matrimonio, el heteropatriarcado que, como dice **Adrienne Rich,** "es una medida para asegurarse el derecho masculino de acceso físico, económico y emocional de las mujeres".[84] Desde fines de los setenta, el lesbofeminismo euronorteamericano ha vivido procesos de crítica por no incluir la voz de mujeres racializadas, negras, migrantes, indígenas, trabajadoras, marginadas o prostituidas, con el efecto que, desde los noventa, se ha incorporado un discurso más interseccional y descolonial. Algunas lesbofeministas han optado por el separatismo radical, a fin de que las lesbianas no puedan seguir siendo obligadas por el orden patriarcal a mantener relaciones sexuales, sociales, económicas o políticas con varones; otras se han apartado tanto del heterofeminismo como de grupos que impulsan la teoría queer y la imposición de las identidades de género, así como el "borrado" de las lesbianas como sujetas políticas. Muchas han apostado por el surgimiento de grupos autónomos; otras escogieron una vía de mayor colaboración con el heterofeminismo e incluso con instituciones gubernamentales con el objeto de avanzar su agenda en las políticas públicas y las leyes.[85] Algunas autoras importantes que han hecho aportes en nuestro continente son **Norma Mogrovejo, Yan María Yaoyólotl, Yuderkys Espinosa, Ochy Curiel** y **Karina Vergara Sánchez**.

Feminismos descoloniales y comunitarios

A inicios de los noventa, en Abya Yala* emergen grupos de mujeres latinoamericanas que deciden romper con el feminismo de la igualdad al no sentirse identificadas con el modelo de mujer blanca, urbana, de clase media y occidentalizada; han abordado la reflexión y búsqueda de la ciudadanía plena, pero desde la situación y contextos particulares de mujeres no racializadas, indígenas, campesinas, afrodescendientes, entre otras.

Surge un análisis feminista que parte, por ejemplo, del contexto cultural e histórico de países amerindios que fuimos colonizados por europeos, y que ponen sobre la mesa el colonialismo y el racismo como uno de los ejes de la modernidad, buscando la descolonización también del feminismo y la restitución de genealogías y de la historia de los pueblos originarios, explotados, expoliados, esclavizados.

---

* Abya Yala es el nombre dado a lo que hoy conocemos como *América*, antes de la conquista española. Esta voz, de origen kuno (pueblo originario que habitaba Panamá y Colombia), significa "tierra en plena madurez o tierra en florecimiento o sangre vital". Fue sugerido por el líder aymara Takir Mamani, quien propuso que todos los pueblos indígenas lo utilicen en sus documentos y declaraciones orales, a fin de ya no someter su identidad a la voluntad de los invasores y sus herederos. Antes de la invasión europea había entre 57 y 90 millones de habitantes en Abya Yala. El continente ya existía, pero los conquistadores no preguntaron su nombre; le impusieron el de América, derivado del nombre de Américo Vespucio, quien navegó la parte sur del continente.

Desde esta perspectiva feminista, que tampoco forma un bloque monolítico e integrado, se critican postulados del feminismo como la existencia de un "patriarcado" en todas las sociedades o del propio concepto de género en sí, y no hay un consenso al respecto entre estas feministas, aunque todas critican las huellas que dejó la invasión colonial en términos de estructuras políticas y económicas, persistentes al punto de seguir reproduciendo privilegios de ciertos grupos sociales desde la época colonial hasta nuestros días, dejando sociedades profundamente desiguales y racistas, no solo sexistas. Para muchos feminismos descoloniales, indígenas y negros es crucial la **crítica a que persista la estructura colonial heredada de la sociedad hegemónica castellanizada, lo que conlleva que se siga marginando o poniendo en segundo lugar a comunidades y pueblos indígenas o negros y, dentro de estas comunidades, al final de la cola, a las mujeres y las niñas. También critican la postura "ahistoricista", "universalista" y "salvacionista" del feminismo blanco.** Pero, como diría **Karina Ochoa:**

> [Buscan] abrir las grietas para reconocer la diversidad de voces que configuran las apuestas que se inscriben en la intersección entre feminismos y descolonialidad o anticolonialismo, y a partir de allí tender puentes hacia otras miradas alternativas al orden moderno-colonial que no necesariamente se anuncian como feministas ni como descoloniales.[86]

Entre sus exponentes se encuentran **María Lugones** de Argentina; **Adriana Guzmán** y **Julieta Paredes** de Bolivia; **Aura Cumes** y **Gladys Tzul Tzul** de Guatemala; **Teresa Garzón** de Colombia; **Márgara Millán, Aída Hernández, Verónica López, Mariana Mora, Mariana Favela, Carmen Cariño** y **Karina**

Ochoa de México; **Shirley Barr**, de Costa Rica; **Lélia González, Luiza Bairros, Sueli Carnero y Jurema Werneck** de Brasil, y las dominicanas **Bienvenida Mendoza, Ochy Curiel o Yuderkys Espinosa,** quien con agudeza critica ciertos:

> "triunfos" del movimiento feminista [...] que representan un avance dentro del orden de las democracias moderno-liberales y que desde la mirada feminista descolonial profundizan la colonialidad asegurando bienestar para unas —las mujeres de privilegios blanco burgueses— en detrimento de la gran mayoría racializada.[87]

Asimismo, la académica mestiza **Silvia Marcos**, integrante de la Red de Feminismos Descoloniales en México, quien, desde su vinculación con el acompañamiento a mujeres indígenas del movimiento zapatista y las reflexiones vinculadas con activismos políticos de mujeres indígenas en otros países latinoamericanos, apostó por la vinculación teórico-práctica como una forma de fortalecer tanto el activismo como la teoría en un ir y venir entre la lucha en el territorio y la reflexión desde la academia.

Los *feminismos descoloniales* a veces son considerados feminismos "periféricos", lo cual puede ser una postura eurocentrada, o bien reivindicadora, dependiendo de quién lo diga. No deben confundirse con el *feminismo poscolonial* surgido en la academia norteamericana o europea. En todo caso, justamente le dan voz a las "mujeres periféricas" de Latinoamérica. Creo que podríamos agruparlos como posturas feministas que desde el Sur Global se presentan como autónomas, contrahegemónicas y de valor altamente estratégico.

Respecto al feminismo comunitario, también surgido en nuestro continente, como diría su exponente **Adriana Guzmán,** se trata más de una práctica que de una teoría; emerge de las mujeres aymaras en Bolivia con la lucha de años de la colectiva Mujeres Creando Comunidad, que enfatiza el papel de las mujeres indígenas que han incorporado el feminismo a su visión comunitaria. Al feminismo comunitario le preocupa la globalización, el neoliberalismo y la acumulación de capital trasnacional, así como la privatización de recursos naturales como el agua. Este feminismo asume más explícitamente que otras corrientes el papel de los varones para que la comunidad pueda "reactualizarse" y permitir una transformación colectiva que beneficie a toda la comunidad y no solo a las mujeres.

Julieta Paredes, otra gran representante, lo define como un movimiento social "orgánico", porque es un compromiso práctico más allá de la teoría, y "organizado", porque tiene tareas muy específicas que cumplir. Si bien **propone la existencia de patriarcados originarios, que hacen un *entronque con el patriarcado occidental*, desde la invasión europea,** generando una suerte de complicidad entre varones occidentales e indígenas para garantizar el sometimiento de las mujeres, **Karina Ochoa** apunta que ese planteamiento ha sido criticado, pues:

> No da cuenta de la diversidad de las experiencias históricas en el mundo previo a la intrusión española, es decir, universaliza la condición de sometimiento de las mujeres indígenas en todas las civilizaciones llamadas prehispánicas, sin considerar la particularidad de las experiencias de los pueblos originarios de Abya Yala.[88]

Otra reconocida líder del feminismo comunitario es la indígena **Lorena Cabnal,** quien fuera expulsada de su comunidad maya xinca, en Guatemala, tras denunciar la violencia sexual y feminicida. Ella habla de la recuperación consciente y en defensa del nuestro primer "territorio-cuerpo" y del "territorio-tierra", como un acto político en coherencia con el postulado feminista en que todo lo personal es político; ella dice que "desde la pluralidad de los cuerpos han sido construidas las múltiples opresiones del sistema patriarcal, del colonialismo, del racismo, la misoginia, y entonces es sobre los cuerpos donde habitan todos los efectos de estos sistemas".[89]

Feminismo popular

Es también un feminismo sumamente activista y contrahegemónico, que centra su lucha no solo contra el orden patriarcal, sino contra el capitalismo y el colonialismo. En la voz de una de sus principales representantes, **Claudia Korol**, surge de grupos de mujeres dentro de los movimientos[90] populares, insurgentes, disidentes y organizaciones sociales de izquierda en América Latina principalmente, que demandan el espacio que merecen los derechos de las mujeres, a fin de que ellas tengan un lugar en la mesa de negociaciones, y han logrado incluso que algunas de estas organizaciones se declararan feministas y antipatriarcales. **El feminismo popular identifica otras problemáticas a agregar a la agenda feminista, problemas y dinámicas en los territorios, como barrios y colonias de grandes urbes, fenómenos como la corrupción, la migración, el narcomenudeo o la trata de personas.** Presuponen que, para hacer caer el sistema de dominación patriarcal, se requiere fortalecer la articulación de la lucha concreta, desde lo colectivo y lo masivo. **Asumen activamente en su agenda feminista la descolonialización y la despatriarcalización.**

Ecofeminismo

Una de sus vertientes más amplias emana del feminismo de la diferencia, que reconoce a las mujeres como cuidadoras del medio ambiente por tener una conexión más íntima con la naturaleza. Las mujeres históricamente han cultivado las tierras, cuidado plantas y animales, no solo hijas e hijos; han acarreado el agua y la leña. Es lógico que se sientan muy conectadas con la tierra y se hayan implicado históricamente más en la defensa de los territorios que en otras luchas políticas.

Alicia Puleo, una de sus principales exponentes, promulga que el ecofeminismo hace viable que las mujeres puedan marcar la diferencia en metas como la protección de ecosistemas frágiles, la capacidad de las familias para sobrevivir a los desastres naturales, así como la gestión justa, eficiente y sostenible de los recursos naturales.

En su libro *Ecofeminismo para un futuro posible* (2011), **Puleo** sostiene que actualmente no es posible pensar en estrategias ecologistas exitosas, sin perspectiva feminista, y plantea una crítica contundente al neoliberalismo, su responsabilidad en la destrucción del planeta y la feminización de la pobreza.[91]

El ecofeminismo se ha vinculado no solo al hecho de amar el planeta, sino a una especie de espiritualidad feminista, un movimiento que reivindica la conexión de las mujeres con una espiritualidad basada en la Tierra, una visión holística que reclama el derecho de las mujeres "como productoras, amantes de nuestros pueblos y entornos naturales [luchamos] por ser visibles y que se reconozca nuestro trabajo (como agricultoras, cuidadoras de la salud, transformadoras), estar en contra de los transgénicos [...] y acceder a los puestos organizativos".[92] Algunas de sus representantes son la física y filósofa india **Vandana Shiva,** ganadora del llamado Premio Nobel Alternativo, o la teóloga feminista brasileña **Ivone Gebara.**

179

Ya en 1962 la bióloga marina y zoóloga **Rachel Carson** alertaba a la gente sobre el abuso de los pesticidas químicos y anticipaba una crisis ecológica y degradación ambiental debido al "desarrollo" de las agroindustrias.[93] **Françoise d'Eaubonne** adopta por primera vez el término *ecofeminismo*, con lo que nace una mirada y un discurso que vislumbra el enorme potencial de las mujeres para encabezar esta causa que busca una mejor relación entre mujeres y hombres, y entre los seres humanos y la naturaleza.[94] Además, esta autora correlacionó la preocupación ecologista por la sobrepoblación con la lucha feminista por el derecho a decidir sobre sus cuerpos y la maternidad libre y deseada.[95]

Quizás has visto imágenes de las mujeres del estado indio de Uttar Pradesh, quienes uniendo sus manos abrazaban a los árboles para evitar que fueran cortados. Fueron parte de un movimiento de más de cuarenta años, llamado Chipko, en favor de la conservación de bosques y en contra del monocultivo de árboles para fines comerciales. En Latinoamérica también hay muchos ejemplos de mujeres que han levantado la voz y actuado contra la deforestación y degradación de los suelos o la contaminación de sus territorios, criticando modelos económicos y de producción generadores de pobreza.

La activista india e hindú **Vandana Shiva** ha sido una de las voces más influyentes del ecofeminismo en todo el mundo. Su pensamiento, basado en la religión y la filosofía hindú, integra *lo femenino* como fuente de vida y base de un desarrollo sustentable, y defiende el sistema económico indio tradicional, cuyo objetivo es la producción de subsistencia local con insumos propios, por encima del modelo económico neoliberal.[96]

Por su parte, **Ariel Salleh** propone que un materialismo histórico ecofeminista explore la conexión entre las diferencias biológicas de hombres y mujeres y la construcción social que gira en torno de ellas.[97]

Shiva y **Salleh** coinciden en que la dominación patriarcal se sustenta en las relaciones socioeconómicas de la sociedad industrial que ha llevado a la crisis ecológica, convirtiendo a las mujeres en víctimas de la degradación ambiental, pero también en agentes de cambio que, desde su femineidad, hacen posible restaurar una relación armoniosa entre ambiente y sociedad.[98]

Para este tipo de feminismo la mentalidad patriarcal que permite las violaciones de la naturaleza es la misma que permite la violación de las mujeres; en cambio, la espiritualidad y la energía femenina son herramientas para lograr la sanación sistémica. Es una visión que pone en el centro la capacidad de las mujeres para generar nuevos paradigmas y formas de habitar el planeta y la comunidad.[99] De hecho, desde esta corriente se han desarrollado abordajes alternativos a la ginecología occidental, alópata y medicalizada, que es la corriente hegemónica de la ginecología en el mundo industrializado, y quienes lo han hecho se han dedicado a pensar de una manera distinta acerca de la salud de las mujeres, su sexualidad y en general sobre el control de sus cuerpos.

Una rama del ecofeminismo es el *feminismo antiespecista*, cuya precursora **Carol J. Adams,** autora de *La política sexual de la carne* (1990) y *La pornografía de la carne* (2004), reflexiona sobre las formas de opresión patriarcales que no solo lastiman a las mujeres, sino también a animales no humanos. Ella acuñó el concepto de *absent referent*, que se traduce como "referente ausente", que evoca la idea de que detrás de cada plato de carne hay una ausencia: un animal asesinado, un "alguien" y no un "algo". Así, desde esta corriente crítica feminista se han fortalecido la defensa de los animales y la conciencia de disminuir el consumo de carne, liberándoles del dolor y la explotación, y ha contribuido a la sostenibilidad ambiental del planeta. No es fortuito que se trate de tendencias predominantemente femeninas, pues se calcula que 70% de las personas vegetarianas/veganas son mujeres; igualmente son mayoría en la defensa de los animales.

Se inscriben en esta corriente muchos movimientos internacionales de jóvenes por el clima, como Fridays for Future, liderado por la ganadora del Kids Rights 2019, **Greta Thunberg,** que asume la urgencia medioambiental de una generación que ve amenazado su propio porvenir y el de las siguientes. En América Latina tenemos los ejemplos de la hondureña **Bertha Cáceres,** asesinada en 2016 por oponerse a un cuestionado proyecto hidroeléctrico, campaña que incluso le había valido la obtención del Premio Goldman; y de **Estelina López Gómez,** defensora del derecho a la tierra en Chiapas, asesinada por paramilitares en 2019. Sí, es una alarmante realidad que las mujeres ecofeministas se enfrentan a grandes intereses económico-patriarcales que ponen en riesgo su integridad y su vida.

Sin duda, el ecofeminismo es una voz potente de la cuarta ola del feminismo, como diría la feminista alemana **Petra Kelly,** quien ve en el ecofeminismo un espacio de colaboración del feminismo, el pacifismo y el ecologismo.

El ciberfeminismo

El origen del ciberfeminismo puede rastrearse al *Manifiesto Cyborg,* publicado en 1983 por **Donna Haraway,** quien fue una curiosa e inteligente chica estadounidense que nació cuando terminaba la Segunda Guerra Mundial y estudió zoología, filosofía y biología. En esa obra critica nociones tradicionales del feminismo e invita a imaginar "un mundo sin géneros, sin génesis y quizá sin fin", donde los límites entre lo físico y lo no físico son borrosos y la tecnología permite lograr lo antes inimaginable. Usando el concepto de *cyborg*, un ente que está entre lo humano y lo animal, o lo humano y la máquina, Haraway, con un tono satírico, dice: "prefiero ser una *cyborg* que una diosa". Otra referente es **Sadie Plant,** quien define el ciberfeminismo como una alianza entre mujeres, máquinas y nuevas tecnologías, así como una posibilidad para debilitar al orden patriarcal.

La primera vez que se usó la palabra *ciberfeminismo* fue en 1991, en Australia, asociado a la palabra *cibernética* y al arte, por un colectivo llamado VNS Matrix, y el trabajo en los noventa de la artista **Cornelia Sollfrank**. Pero es en el tercer milenio que ha cobrado mayor fuerza con la popularización y uso masivo del internet y la llegada de los teléfonos inteligentes, que hacen que la conectividad sea continua. Esto ha permitido que las historias de las mujeres empiecen a ser contadas por ellas mismas y sin el filtro de los medios de comunicación; que se compartan fuentes documentales alternativas o "periféricas", que representan a las mujeres de otra manera, ya no con el maniqueísmo patriarcal de mostrarnos como *madresposas* (término acuñado por Marcela Lagarde), abnegadas y sumisas, o mujeres hipersexualizadas, complacientes, cosificadas, con cuerpos *genitalizados*, utilizados para vender todo tipo de publicidad, y objetos de consumo. Además, la tecnología ha facilitado la organización de pequeños colectivos y organizaciones civiles, potencializando su convocatoria, alcance e impacto. **Ciertas corrientes del ciberfeminismo se han centrado en el desarrollo del software libre, como una alternativa al control corporativo y patriarcal, que promueva el trabajo colaborativo y mayor visibilidad de mujeres en la tecnología.** Además, permite el intercambio de experiencias entre grupos feministas alrededor del mundo. Ana de Miguel y **Monserrat Boix** fueron quienes **empezaron a llamar *ciberactivismo social* y *hacktivismo feminista* a reivindicaciones concretas hechas desde la red, así como conquistas y cambios legales en favor de las mujeres.**[100]

Algunas ciberfeministas son menos optimistas al reflexionar que el internet es un espacio creado por la industria militar y la mayor parte de programadores y dueños de los grandes consorcios de empresas digitales son varones. Así, no extraña que la violencia machista se reproduzca y crezca también en el ciberespacio, con una enorme cantidad de sitios web de pornografía, nuevas formas de acoso sexual por vías digitales y el uso de estas plataformas para delitos de trata de personas, donde la mayoría de las víctimas son mujeres, niñas y niños. Ante ello, hay muchos tipos de activismo feminista. Unas apuestan por un marco jurídico más protector, estrategias para el cuidado digital, asistentes virtuales contra la violencia, pero en el trasfondo está "la urgencia […] de una reapropiación del internet y el aseguramiento de la participación en la producción y uso de tecnologías digitales para las mujeres".[101] Una manifestación más radical del ciberfeminismo se ha llamado "cybergrrl-ism", movimiento auspiciado inicialmente por artistas, que alude a que las chicas (*girls*) que usan el ciberespacio están enojadas (*grrl*), y en actitud desafiante.

Teoría queer
Queer es una palabra en inglés, originalmente usada como insulto asociado a la homofobia y a lo raro, pero con una connotación distinta del término *gay*, que desde los setenta hasta los noventa se refiere más a los varones homosexuales, blancos y de clase media o alta, que sí desean la integración al sistema social,

económico y político predominante. Pero gracias a muchas personas disidentes sexuales que, desde el margen se apropian del insulto y se distancian de lo gay, hoy queer —o cuir, en español— se asocia más a la autodesignación de personas no heterosexuales o binarias. **Teresa De Lauretis,** en *Tecnologías de género,* fue quien introdujo el término *teoría queer,* que no clasifica la sexualidad de las personas de manera tradicional: varones y mujeres con orientación sexual heterosexual, homosexual, bisexual, transexual, etcétera; más bien afirma: "todas son categorías ficticias y mutables", en la medida en que **para esta corriente el sexo y no solo el género es algo construido socialmente,** es decir que la sociedad "modela" no solo los roles, las conductas y comportamientos, sino las formas en que se presenta el propio cuerpo. Esta teórica concibe las sexualidades disidentes como formas de resistencia a la homogenización cultural. Paradójicamente, años después renuncia a usar el término *queer,* porque considera que la mercadotecnia lo ha vaciado de su contenido político.[102]

La teoría queer se enfoca en el análisis de las implicaciones de sexualidad y género en términos de identidad y además hace de la marginalidad y la disidencia sus herramientas políticas. **Judith Butler** habla de los *cuerpos abyectos,* aquellos que no se sienten cómodos en la definición dicotómica y binaria hombre/mujer. Su innovación es defender que no solo el género es un constructo cultural, al dibujarse las nociones de feminidad y masculinidad, sino que el sexo también lo es. **Butler describe el género como "performativo", ya que, según ella, el género, al igual que la sexualidad, es lo que haces, no lo que eres.**[103] La deconstrucción y resignificación de las categorías "hombre", "mujer", "femenino" y "masculino" que propone **Butler** no es solo un juego de palabras, sino una

185

propuesta que, según su análisis, permitirá la liberación de los cuerpos del peso excesivo de la predominancia de la heterosexualidad.[104]

Nuria Varela, en *Feminismo 4.0. La cuarta ola,* hace, desde el feminismo, algunas críticas a la teoría queer:

1) Además de criticar su lenguaje confuso, **Varela interpela a la teoría queer por insistir**

> **colocarse dentro del feminismo cuando es una teoría de la identidad,** mientras que el feminismo es una teoría política y un movimiento social [...] como dice **bell hooks,** "una no se vuelve defensora de la política feminista simplemente por tener el privilegio de haber nacido mujer. Como en todos los posicionamientos políticos, una se vuelve partidaria de la política feminista por elección y acción" [no por tu identidad].

2) **Cuestiona a la teoría queer por negar al sujeto político del feminismo: las mujeres.**

3) Argumenta:

> **que los actos sexuales sean transgresores de la heteronorma, no quiere decir que sean transformadores y emancipadores [...] El feminismo, como hemos visto, ha querido 'liberarse de la biología como destino' [...] lo opresivo para la teoría queer es que el mundo esté concebido de manera binaria macho/hembra y no que se haya construido una jerarquía sobre esa diferencia.** Desde buena parte del feminismo [...] la solución para acabar con la opresión es abolir el género, no reconocer un

número infinito de categorías. Como diría **Celia Amorós**, el orden social patriarcal es sinónimo del sistema sexo/género, porque una sociedad igualitaria, una sociedad no patriarcal, no produciría la marca género".[105]

Varela, siguiendo a **Rosa María Rodríguez Magda,** hace un resumen interesante respecto al concepto de género y las tres grandes familias del feminismo: *a)* **el feminismo de la igualdad es un feminismo "posgénero",** en el sentido de que quiere ir más allá del género; **pretende liberarse de él,** que no sea una categoría que importe ya más (por eso, por ejemplo, su insistencia en hacer ropa infantil o juguetes neutros al género, o en la coeducación); *b)* **el feminismo de la diferencia tiende a rechazarlo pues le parece menos relevante que el concepto de** *diferencia sexual; c)* **el posfeminismo, la teoría queer y el** *transfeminismo* **quieren "fluir" entre los géneros, que pueden ser muchos, y no solo el modelo binario masculino y femenino.** Y esto, explica la filósofa, tiene que ver con **un "deslizamiento semántico",** es decir, donde antes se decía "mujer" o "feminismo" se empezó a usar "género" como la forma académica de referirse a ello. Y por otra parte, **el "género", que desde una perspectiva feminista clásica implica el ejercicio abusivo de poder y desigualdad de un sexo (hombres) frente a otro (mujeres) ahora es interpretado en muchos contextos como la inclusión de la diversidad sexual. ¿Y por qué es problemático esto para las mujeres? Porque al privilegiarse el género frente al sexo las mujeres entones quedamos acotadas en este** *neolenguaje* **a ser una más de las categorías de la diversidad sexual.** Es muy elocuente esta cita de Rodríguez Magda:[106]

El movimiento LGBTIQ tiene un grupo real hegemónico que es el gay; un colectivo minimizado que es el de las lesbianas; otro invisible, el de las personas bisexuales; uno ambiguo, el de las intersexuales; y dos acepciones, aunque minoritarias, simbólicamente vanguardistas: trans y queer. Si dentro de las siglas no hay una M de mujeres, está claro que nuestras reivindicaciones como mujeres deben, aun cuando se coincida en algunos puntos, gestionarse con una estrategia propia, y no ser incluidas como una más de la diversidad sexual.[107]

Feminismo del autocuidado

Se atribuye el origen de esta teoría del autocuidado feminista a **Dorothea Orem,** quien lo definió como "Una conducta que aparece en situaciones concretas de la vida, y que el individuo dirige hacia sí mismo o hacia el entorno para regular los factores que afectan a su propio desarrollo y actividad en beneficio de la vida, salud y bienestar".[108]

Pareciera algo tan evidente como simple, pero vivimos en un mundo donde las políticas laborales y el consecuente ritmo acelerado de la vida contemporánea, sumados a los roles heredados de la sociedad patriarcal, hacen sonar banal la necesidad de que las mujeres se atiendan y procuren a sí mismas. El feminismo del autocuidado es una invitación, hasta cierto punto subversiva, a reconstruir y sanar esquemas mentales, a reapropiarnos de nuestro cuerpo y de nuestra sexualidad, a hacernos cargo de nuestro presente y de nuestras emociones, para conectarnos desde dentro, y sin miedo, con los cambios positivos que queremos ver en el mundo. El autocuidado, desde la perspectiva de género feminista, introduce conceptos como *autoestima* y *reapropiación del cuerpo*, al convertirse en un acto consciente de amor propio hacia la construcción de las mujeres como protagonistas de su propia vida, dueñas de su cuerpo y de su sexualidad en todas las etapas de su vida.[109]

Sobre la necesidad de entender políticamente el cuerpo y el bienestar, la escritora afroestadounidense **Audre Lorde (1934-1992)** dijo lo siguiente: **"cuidar de mí misma no es un acto de autoindulgencia, es autopreservación";**[110] un postulado muy en la línea de la máxima feminista radical: "lo personal es político". Así, en medio de un mundo tan violento para las mujeres, el autocuidado es una manera de desafiar la desigualdad, la injusticia, la inseguridad y la violencia. Explica la antropóloga colombiana **Vivian Martínez Díaz**: "Es una herramienta de lucha, defensa y resistencia ante los tres sistemas de opresión que reinan el mundo, y que se traducen en injusticias sociales, económicas y epistémicas: el capitalismo, el colonialismo y el patriarcado".[111]

Lo cierto es que el estrés y el cansancio cobran facturas importantes en el cuerpo y en la salud física y emocional de las mujeres. No hay empoderamiento, ni siquiera autonomía, sí esta no conlleva el pleno desarrollo y bienestar integral de cada persona. Es aquí donde importa resignificar nuestro papel de "cuidadoras", haciéndolo propio, empezando por cada una, aprendiendo a escuchar las propias necesidades, atenderlas amorosamente y priorizarlas; esto es el *autocuidado*. En culturas de hondas raíces como las mesoamericanas, el autocuidado siempre ha estado presente en la sabiduría de las abuelas, en la herbolaria sanadora, en el reconocimiento de la naturaleza como fuente de vida y bienestar, en la importancia de la alimentación, en la conexión con la tierra y muchos más saberes que nos viene bien retomar en el mundo actual.

El autocuidado, entonces, es la posibilidad de sanación, de esperanza, de restauración, en sus distintas dimensiones: material, mental, psicoemocional, espiritual y energética.

Aprender a poner límites, priorizar tu salud física y emocional, saber decir que no, identificar y dar tiempo prioritario a tus proyectos y relaciones interpersonales psicoafectivas y eróticas, descansar, aprender a relacionarte desde el *buentrato*, proporcionarte placeres en sentido amplio (cualquier sensación, vivencia o situación que te genere bienestar), nutrirte en distintos sentidos son partes de esta propuesta de autocuidado feminista.

El autocuidado emocional no se puede reducir a una clase, a un libro o incluso a alguna terapia. Es un camino de introspección que nos invita a conocernos y a trabajar nuestras emociones, para aceptarnos, valorarnos y amarnos incondicionalmente, algo necesario para establecer relaciones sanas y armoniosas con otras personas y el entorno. También implica mayor conciencia social y ambiental, ambos importantes postulados del feminismo.

El autocuidado no es una apuesta exclusiva para las mujeres; es una aportación feminista a la integralidad, conciencia y bienestar de quienes integramos la humanidad, hacia la conformación de sociedades más sanas. Por ello es tan urgente lograr la corresponsabilidad en las tareas de cuidados, como el romper con el modelo de masculinidad hegemónico, porque necesitamos que mujeres y hombres tengan el tiempo de asumir la responsabilidad sobre su salud y bienestar.

Cabe decir que esta corriente también ha recibido su dosis de crítica entre quienes consideran que es un enfoque burgués o de privilegio, dada la precariedad en que viven muchas mujeres y niñas, y las distintas formas de opresión y explotación que confluyen en tantas, especialmente en los países del Sur Global. Yo pienso que ningún feminismo es incompatible con el autocuidado; al revés, es un componente *sine qua non* del quehacer feminista. Por favor, no dejes de leer el libro de Marcela Lagarde *Claves feministas para la autoestima de las mujeres*, para mí una de las mejores obras de esta gran antropóloga feminista que tiene que ver con el tema del autocuidado.[112]

Si bien los Estados deben promover y garantizar el desarrollo humano, a cada persona le corresponde tomar acción en el ejercicio de sus derechos. Por ello, las teóricas insisten en la importancia de cada acción orientada al autocuidado, como actos de resistencia impregnados de dignidad humana, ante un sistema económico que exprime e imposiciones patriarcales que oprimen.[113]

CUARTA OLA: FEMINISMO GLOBAL

En los años sesenta, la aparición del sujeto joven y la idea del cambio generacional empiezan a tener presencia. Desde los setenta cobran importancia las diversidades femeninas, el multiculturalismo, la solidaridad femenina, los derechos sexuales y reproductivos, las brechas de desigualdad. **La tercera ola continuaba la lucha por la igualdad, al tiempo que reivindicaba la diversidad entre las mujeres e iniciaba la discusión acerca de si el sujeto político del movimiento son únicamente las mujeres, o también las personas de la diversidad y disidencia sexual y genérica, lo que abría paso a nuevos debates.***

---

* El sistema patriarcal es tan "hábil" para reproducirse que incluso ha logrado meter "cizaña" entre quienes, desde distintas trincheras, buscamos el respeto de nuestros derechos humanos; por ejemplo, entre mujeres hetero y mujeres trans. En una conversación en redes sociales vi que una chica trans "presumía" que las trans eran superiores a las mujeres "biológicas"

Con el cambio al siglo XXI, las nuevas tecnologías y la rapidez del mundo digital son elementos definitivos del paso de la tercera a la cuarta ola, que tomaron fuerza en el nuevo milenio, y más aún en su segunda década, con la viralización, especialmente a partir de 2012, de campañas y movilizaciones que llevaron consignas de las marchas a la virtualidad, con hashtags como **#NiUnaMás #NiUnaMenos** y **#VivasNosQueremos** o **#AbortoLegalYa;** además de otras pensadas y reproducidas desde su origen en plataformas virtuales como **#MeToo, #HeForShe,** y muchas otras que han contribuido a afianzar, como nunca, una conciencia feminista global.[114] El hashtag es usado como reivindicación, resumen, protesta y canto. Es una herramienta digital que refuerza el sentido de colectividad más allá de la virtualidad, y que permite que el activismo rebase las pantallas y estalle también en las calles. Un libro interesante para analizar este fenómeno es el de **Sonia Reverter** y **María Medina**, *Feminismo en 35 hashtags.*

La cuarta ola y la interseccionalidad

El concepto de *interseccionalidad* es clave en el entendimiento del movimiento feminista contemporáneo.[115] Es un feminismo que lucha por los derechos de todas las mujeres, pero sin olvidar que una mujer no racializada, heterosexual, con poder económico y acceso a la educación tiene muchos más privilegios sobre las demás. **Kimberlé Crenshaw** es la creadora de este concepto tan útil en un mundo donde abunda la diversidad.[116]

El enfoque interseccional reconoce y defiende que existen múltiples ejes de discriminación entrecruzados. **Este enfoque**

---

porque ellas no menstruaban y no "olían a pescado". Hasta parecería de risa loca, de no ser tan preocupante el trasfondo del discurso.

feminista rompe con la idea de universalidad de la experiencia de ser mujer y es construido por la diversidad de mujeres y sus experiencias y luchas. Por lo tanto, el feminismo interseccional no se basa en la premisa de unificar la identidad y buscar los intereses compartidos por todas las mujeres, sino que surge a raíz de **reconocer las distintas necesidades y experiencias** de todas, y defiende las alianzas como base de la organización colectiva del movimiento.[117]

Retomo para cerrar este capítulo una reflexión de **Márgara Millán,** que me parece muy pertinente una vez que hemos abordado algunas de las principales de corrientes del feminismo y sus retos compartidos para despatriarcalizar el mundo:

El reto que los feminismos contemporáneos enfrentan hoy día para conseguir tejerse, articularse políticamente [...] es el de hablar la lengua de la otra, sin renunciar a la voz propia. Comprender el sentido de las emancipaciones en contextos situados y contradictorios. Comprender las tensiones y las diferencias dentro de un feminismo que se disemina en la lucha por mantenernos vivas al tiempo que dar otro sentido al mundo [...] No hay en ese sentido una agenda feminista universal que se imponga a todas las mujeres. Hay agenda feminista situada.[118]

La cuarta es una ola intergeneracional y megadiversa, donde confluyen las feministas de la tercera ola, muchas de ellas veteranas académicas o activistas pioneras de organizaciones civiles, con un feminismo joven, hiperactivista y horizontal, que rechaza las estructuras de poder vigente, es incluyente de la diversidad y las disidencias, trabaja con nexos internacionales y ha retomado lenguaje y acciones más radicales para, al estilo de las sufragistas, hacerse ver y escuchar, como se hicieron sentir por todo el orbe las cuatro integrantes de la colectiva feminista chilena **Las Tesis**, con su performance coreado y coreografiado del poema "Un violador en tu camino", a partir de un acto callejero de repudio al orden social patriarcal, para romper los mitos sobre la violación sexual y denunciar la impunidad, con una frase que creo que todas las feministas del mundo gritamos a coro desde 2019:

> "Y la culpa no era mía, ni donde estaba ni cómo vestía.
> El violador eres tú".[119]

Los abordajes feministas de la cuarta ola ponen énfasis en el repudio a la violencia contra las mujeres y las niñas, por el hecho de ser mujeres, en todas sus expresiones y ámbitos. No solo no tienen miedo de denunciar cada caso y cada omisión o fracaso institucional, sino reiteran que "si atacan a una nos atacan a todas", "que no tendrán ya la comodidad de nuestro silencio". En muchas feministas está muy presente la sororidad, la hermandad entre mujeres para alzar la voz ante las injusticias con el **#YoSíTeCreo** y para unirse por las causas comunes con el **#AgarrameLaMano,** impulsando la procuración de mutua seguridad o el aborto legal, seguro y gratuito.

A partir del 8 de marzo de 2018, muchas mujeres, sobre todo jóvenes, resignificaron y recuperaron la voz para poner sobre la mesa la agenda feminista. Desde el llamado a la **#HuelgaFeminista**, que desde 2018 ha pintado ciudades de violeta con marchas de mayor envergadura en número y cobertura mediática que nunca —salvo el año que la pandemia de covid-19 nos tuvo en confinamiento—, feministas del mundo han tomado las calles consiguiendo mover más conciencias a nivel global.

No hay que olvidar tampoco el llamado global feminista denominado "**Un día sin nosotras**" o **#9M**, días antes que el mundo se detuviera por el covid-19. El también llamado de **#El-9NingunaSeMueve** impactó las economías de muchas ciudades y países[120] y movió a la opinión pública, evidenciando que ya no más un mundo sin nosotras.

Otro eje de esta ola es el inicio de la transversalización de las políticas públicas con enfoque de género, una batalla que se ha dado a partir del surgimiento de los llamados "**Mecanismos para el Avance de las Mujeres**", que en el caso de México datan apenas de fines del siglo xx. En 2001 se creó el Instituto Nacional de las Mujeres. Los resultados de estos mecanismos son desiguales y hay que decir que no siempre han actuado con enfoque de género feminista. Sin embargo, la agenda feminista está tomando más relevancia en el discurso público, en propuestas, la participación política de las mujeres, políticas para el desarrollo sostenible o la erradicación de la violencia, aunque no se ha terminado la lucha en cuanto a derechos básicos, donde persisten fuertes brechas de desigualdad, como salud, derechos sexuales y reproductivos, alimentación, educación, trabajo.

Además, la desnaturalización de las violencias, tema en que, por años, las mujeres guardaban silencio, como el acoso sexual, ha salido a la luz trastocando la reputación de hombres poderosos, con el mensaje contundente de que ya no hay tolerancia para estos actos misóginos denigrantes.

Gracias a este impulso, el actuar institucional también se encuentra bajo un mayor escrutinio público, como es el caso de controversiales procedimientos judiciales como en los casos de #LaManada en España y #LosPorkies en México.

Rosa Cobo afirma que, en la cuarta ola, el feminismo ha asumido la diversidad de las mujeres, de manera que **ya es posible**

desplazar el foco del interior del feminismo hacia fuera para luchar contra los fenómenos sociales patriarcales más opresivos.[121]

La cuarta ola no se calla, grita y exige, cuestiona y no titubea en manifestar su ira contra la opresión y el dolor de las víctimas de la violencia machista. Pero también es una ola que le habla a las mujeres, considérense feministas o no, para recuperarse a sí mismas, para escuchar su cuerpo y sus emociones, y hacer del autocuidado una forma más amorosa de vivir consigo mismas. Asimismo, es una ola consciente de las violencias contra el planeta y la insostenibilidad de un modelo económico extractivista, depredador, expoliador de la naturaleza. Es una ola que nos recuerda que la competencia no es entre nosotras, que nos invita a reconocernos como parte de la misma lucha y apoyarnos, y que está en contra de la cultura de la cancelación y del silencio o del llamado "borrado de las mujeres", al querer suprimir la categoría de sexo y dejar solo la de género en diversos marcos jurídicos, o al enfrentar serios retrocesos de los derechos ya alcanzados, como ocurrió con las mujeres afganas, imposibilitadas de hacer una vida libre, de estudiar, trabajar o de mostrar su rostro ante el regreso de los talibanes, o el retroceso impuesto para la conservadora Suprema Corte de Justicia en Estados Unidos frente al derecho al aborto.

En este sentido, como bien lo expresa **Nuria Varela**, esta ola se caracteriza por un despertar, una toma de conciencia mayoritaria, una lucha global contra las múltiples formas de opresión que viven las mujeres,[122] y a su vez toma partido ante problemáticas globales contemporáneas, abonando a los debates sobre calentamiento global, racismo y clasismo, la colonialidad, el mundo pospandemia, la crisis del neoliberalismo, la pornografía, la prostitución forzada, los vientres de alquiler, entre otros.

México, Argentina, Brasil, Bolivia, Chile, Colombia y Guatemala, entre otros países, van a la vanguardia en la cuarta ola del feminismo en América Latina, donde las manifestaciones masivas han logrado sumar a cada vez más mujeres de distintas generaciones, clases sociales y grados académicos, e incluso la empatía de muchos hombres. El gran eje de articulación es erradicar todas las formas de violencia contra las mujeres.[123]

Somos muchas, somos diversas, únicas, con diferentes niveles de opresión, contextos distintos, y por ello los feminismos siguen siendo más necesarios que nunca.

Esta es parte de su historia inacabada, hasta no alcanzar la verdadera igualdad, la auténtica liberación y la autonomía. Mientras haya mujeres y niñas que vivan subordinación, opresiones y violencias, debido a su sexo y género, el feminismo, los feminismos seguirán teniendo vigencia, articulándose, entretejiéndose hasta conseguir un mundo realmente libre, próspero y pacífico para todas. Esa es la apuesta. La mitad de la humanidad no merece menos.

Capítulo 3

HECHOS Y PROTAGONISTAS
DEL FEMINISMO EN MÉXICO

El hombre ha querido ciega a su compañera para que no le viese caminar
por sendas cubiertas de fango; la ha querido sin criterio para que no le
pidiera cuenta de su conducta ligera, y para subyugarla sin razonamiento
de ninguna especie ante despóticas leyes de su caprichosa fantasía; [...] al
doblegar a su compañera, sometiéndola a un ominoso yugo, ha mutilado
sus facultades intelectuales..., sumiéndola en la más oscura ignorancia
[...] Es absurdo que deseéis débil a la mujer; vuestra tenaz obcecación os
hace conspirar contra vuestros propios intereses. Decidnos: si tan débil es,
si todas lo son, ¿por qué le entregáis vuestro nombre? ¿Por qué le fiais el
cuidado de guardar vuestra honra? Si no hay mujeres dignas, os estimáis
en muy poco al unirnos con ellas en eternos lazos.
Las Hijas del Anáhuac, 1883

El origen del feminismo en México se puede ubicar en el siglo XIX, con las mujeres independentistas que se sumaron a la lucha por la emancipación de la Nueva España, y las que comenzarían una lucha de más de un siglo por el sufragio de las mexicanas, pasando por una revolución social que, al igual que la francesa, tampoco les reconocería su participación ni ciudadanía. **Estas mexicanas decimonónicas no se definían aún como feministas —el término no había sido acuñado—, pero feministas eran muchos de sus ideales.**

Ahora bien, en México también hubo precursoras del feminismo antes de que el movimiento cobrara forma; un gran ejemplo, que ya mencioné, lo encontramos en el siglo XVII con **Juana Inés de Asbaje Ramírez de Santillana**, autorreinventada

199

como **sor Juana**, religiosa jerónima y escritora del Siglo de Oro de la literatura en español, de ahí sus sobrenombres de Décima Musa, Fénix de los Ingenios o Sibila Americana, de quien el premio Nobel Octavio Paz escribió un conocido ensayo donde ya la declara "feminista".[1]

Juana Inés con su vida y obra defendió el derecho a la educación de las mujeres, un elemento central de la agenda feminista, como principal recurso para alcanzar la plenitud de la vida, rompiendo con el rol tradicional de las féminas de su época, de nacer para ser esposas y madres o convertirse en monjas. Ella, una chica criolla inteligentísima, sin dote, logró estar en el centro del poder político de la Nueva España, pero ante un posible matrimonio arreglado y mediocre, la imposibilidad de amar libremente y de ser la dueña de su vida en el mundo civil, prefirió elegir la condición religiosa y tomar los hábitos y la celda del convento, "como único modo de dedicarse a su pasión intelectual",[2] la búsqueda del conocimiento, al punto de afirmar: "podría conmigo más el deseo de saber que el de comer".[3] Sor Juana estudió astronomía, biología, teología, historia, gramática y todo el conocimiento de su tiempo al que tuvo acceso.

Las renuncias de sor Juana en un orden patriarcal colonial, que casi no daba opciones a las mujeres, tuvieron un alto costo en su vida. De niña, por ejemplo, solicitó a su madre que la vistiera con ropas de varón para poder ir a la escuela, dado que a las mujeres no les estaba permitido. El acceso le fue negado, pero tuvo la fortuna de poseer la curiosidad y la osadía de leer los libros de su abuelo, que contaba con una considerable biblioteca para su tiempo, acción que según se ha escrito le representaba castigos y reprimendas. A los 8 años, tras la muerte de su abuelo materno, en cuya casa vivía, la mandan a casa de un tío comerciante a la Ciudad de México. Qué impresión habrá significado para una niña tan pequeña llegar sin nada a vivir en ese entorno que conocía poco, pero la cercanía de su tío con figuras de la corte virreinal, la inteligencia, sagacidad y personalidad de la niña permitirán que en pocos años llegue a ser dama de la virreina y brille en los más altos niveles políticos e intelectuales. Sixto Moya en un ensayo sobre Juana Inés narra:

> Está marcada. Es una advenediza. No puede inventarse historias sobre su origen, ni riquezas para estar en la cúspide del entorno social inmediato. Recurre a unas dotes intelectuales en gestación a falta de dote material y entra consciente al juego que el poder le obliga a jugar.[4]

En su vida adulta enfrentó la enemistad de figuras importantes de la época como el arzobispo Francisco de Aguiar y Seijas, y pese a ser una ilustre religiosa y contar con algunos personajes importantes que la apoyaban y defendían su trabajo, hacia el final de su vida fue obligada a renunciar a su actividad intelectual y deshacerse de sus más de 4 000 libros. Por su inteligencia, su capacidad para expresarse, su erudición y ante todo por ser mujer, era un personaje que a los hombres que dirigían la Iglesia católica les resultaba muy incómodo.[5]

Más allá de haber sido la primera gran poeta y ensayista latinoamericana, de tener una mente matemática y de pensamiento agudo y una capacidad analítica envidiables, también encontramos en ella a la mujer valiente que desafió a su época. Sor Juana, que pasó casi toda su vida estudiando, escribió:

**Yo no estudio para escribir, ni menos para enseñar [...]
lo que solo he deseado es estudiar para ignorar menos.[6]**

Aunque pasó 27 años en un convento, logró convertirse, con su trabajo desde su celda, en una de las escritoras más brillantes y representativas del barroco, y abrió un horizonte posible para generaciones de mujeres: el del conocimiento y la reflexión crítica.[7] Fue, como muchas mujeres ávidas de aprender, incomprendida por el orden patriarcal, juzgada y, por ende, orillada a una vida difícil, solitaria y contradictoria; una mujer avanzada para su tiempo que causaba sorpresa, incomodidad y enojo en muchos de sus contemporáneos y contemporáneas, por su actuar y pensar. Cuán difícil debe de haber sido en esa época, entender a una mujer con una mente sedienta, no solo de conocer el mundo, sino de reconfigurarlo. **Cuán difícil sigue siendo para el orden de género patriarcal de nuestra época, reconocer que las mujeres nos sentimos forzadas a tener que seguir "ganándonos" el derecho a pensar por nosotras mismas y a expresar que queremos un orden social distinto, una manera de estar en el mundo más libre y diversa, sin ser llamadas locas.**

Su lucha por ser ella misma no fue fácil en un mundo machista y androcéntrico, en el que a las mujeres no les estaba permitido explorar intereses propios, mucho menos gustos que no estuvieran relacionados con los mandatos de género tradicionales, en una sociedad colonial con un catolicismo asfixiante en casi todas las esferas de la vida. Desde sus primeros años sobresalió por ser una mente curiosa, pragmática y anhelante, y en algunos de sus textos describe las penas que le contrajo su "vicio" por las letras, pero en muchos otros se percibe el éxtasis de un ser realizado, y este es para mí **el legado feminista de Juana Inés: la gran determinación de respetar su propia inclinación y pasiones, la valentía de atreverse a pensar, a ser diferente y a desarrollar sus talentos, aunque nadie más lo entendiera.**

DE LAS HEROÍNAS DE LA INDEPENDENCIA
A LAS PRIMERAS SUFRAGISTAS

Casi 300 años después de la invasión de México por los españoles emergieron nuevas protagonistas que tenían el sueño de un país libre y soberano, de quienes poco nos cuentan los libros de historia de educación básica y media.

La historiadora **Cristina Mata Montes de Oca** ha escrito que, gracias a los trabajos de investigación confiables, se conocen los nombres de un poco más de 100 mujeres que participaron en la gesta de Independencia. Retomaré de ella algunas reflexiones que me parecen muy pertinentes para la perspectiva feminista, dada la invisibilización sistemática a la que el orden patriarcal ha sometido a las mujeres:

> Se conoce la actuación de mujeres criollas [...] aristócratas, ricas, educadas, [...] que conocían bien la situación por la que pasaba España en el Viejo Mundo y su repercusión directa en la Nueva España [...] no pocas salieron del cómodo y usual estilo de vida que les proporcionaba su lugar social, para luchar no solo con las armas [y] apoyaron las ideas libertarias [...]. Eran decididas, de férrea voluntad, valientes. Sus acciones cimentaron el triunfo del movimiento independentista pues muchas formaron ejércitos de voluntarias que pusieron a las órdenes de los caudillos. Algunas fueron afectadas directamente en su familia o su persona, pues aportaron su fortuna y su trabajo a la causa [...] También las mujeres del pueblo ofrendaron su vida y combatieron [...] Muchas fueron encarceladas, torturadas o fusiladas. Convencieron a sus hombres, padres, hermanos, esposos e hijos de luchar [...] por la libertad. Es difícil separar completamente su historia de la de sus compañeros protagonistas [...] Recibieron

nombres y grados militares. Se dieron cuenta de la importancia de la educación, aunque para la mayoría estaba vetada. Es urgente […] darlas a conocer, enterarnos adecuadamente, saber quiénes fueron, darles el tributo que se merecen.[8]

En este periodo de la Independencia de México resalta la llamada Corregidora de Querétaro (aunque quien tenía el cargo oficial de corregidor, representante del rey en la provincia, era su esposo, Miguel Domínguez). **Josefa Ortiz Téllez Girón** fue una niña moreliana, huérfana a corta edad, quien, aunque en los libros escolares es mostrada generalmente como un personaje secundario, fue clave en la conspiración, mejor conocida como conjura, de Querétaro, que diera como fruto el simbólico grito de la Independencia de México en el pueblo de Dolores, Hidalgo, por el cual ella y su esposo fueron arrestados. Paradójicamente siendo él quien era funcionario público y también activo militante de la Independencia, fue ella la que resultó acusada de traición y estuvo encarcelada siete años. Y es que en realidad, como afirma una editorial feminista:

> [ni] su matrimonio ni el puesto de su esposo cimentaron su identidad, pues doña Josefa, como se la empezó a llamar, era criolla y se identificaban con el abuso que sufría esa parte de la sociedad a manos de los españoles […] los criollos eran considerados ciudadanos de segunda clase y eran relegados a puestos de segundo nivel en el virreinato.[9]

Josefa Ortiz fue una mujer con una vida muy interesante, pese a aparentar un rol relativamente "tradicional" al casarse con un viudo, ¡con quien tuvo nada menos que 12 hijas e hijos! Y aun así logró hacer realidad su sueño de promover el pensamiento ilustrado e independentista, disimulado en numerosas "tertulias literarias", a las que invitaba a personajes de su época para discutir ideas políticas y manifestar su descontento con las condiciones de la Nueva España y fraguar un plan de acción.[10]

También destacó **Gertrudis Bocanegra,** otra michoacana, otra inconformista, que a contracorriente no solo aprendió a "leer, escribir y hacer cuentas", sino que se adentró en el pensamiento ilustrado y se sumó junto con su esposo a las fuerzas insurgentes. Conspiradora también en sus propias "tertulias", fue agente de los insurgentes, y se dedicó a construir una red de telecomunicación y abastecimiento para su causa. Su esposo y su hijo perdieron la vida en la lucha armada, pero ella no decayó y prosiguió. Se convirtió en espía del ejército insurgente y más adelante fue apresada y torturada. **Es recordada por su valentía e inquebrantable lealtad al morir sin delatar a sus compañeros,** aprovechando incluso ese momento, ya en el paredón, para arengar a los soldados realistas que iban a dispararle con el fin de que se integraran a la Guerra de Independencia. Murió fusilada el 11 de octubre de 1817.[11]

Apenas en nuestros días, la historia comienza a hacerle justicia a **Leona Vicario,** hija de un acaudalado español y una mujer criolla que murió pronto; una joven "de alta sociedad" de esos tiempos, huérfana y rebelde a las imposiciones de su conservador y monárquico tío. Leona gozó de cierta independencia de soltera al aprovechar el dinero que sus padres le habían heredado, lo que le permitió tener una especie de "apartamento" propio, junto a la casa del tío, donde disponía de personal de servicio, ajuar, una buena colección de libros de autores ilustrados y clases particulares. Cuando la Guerra de Independencia estalló, Vicario se unió al movimiento como informante; se convirtió en una especie de *infiltrada* en círculos cercanos al gobierno del virreinato español y fue periodista, además de insurgente. Se le reconoce haber ideado un sistema encriptado de correo para transmitir a los jefes rebeldes información sobre los movimientos y tácticas del gobierno virreinal y del ejército realista, además de ayudar con muchas de sus posesiones para enviar armas, ropa y medicinas y apoyar así la causa libertaria. Incluso "llevó una imprenta desarmada, con las letras escondidas entre coles y platillos preparados, a un día de campo a San Ángel, con el fin de sacarla de la Ciudad de México y enviarla al campo insurgente de Tlalpujahua. Sin duda entendió la importancia de la palabra impresa".[12]

Leona Vicario se casó, al parecer muy enamorada (cosa poco común en esos días de matrimonios arreglados), con Andrés Quintana Roo, un prominente abogado yucateco también independentista, bastante mayor que ella, y ambos lucharon y padecieron estar separados mucho tiempo a causa de la guerra e innumerables vicisitudes.* Al ser capturada, le fueron retenidos sus bienes, fue prisionera y logró escapar, pero jamás traicionó al movimiento. Años después tanto ella como su esposo fueron indultados y recuperó sus posesiones.

Ya instaurado el México independiente, desde el periodismo, Vicario tuvo ocasión de defender sus convicciones frente a un poderoso adversario, el prominente político conservador Lucas Alamán, cuya familia había sido afectada por la insurgencia, quien desplegando su misoginia quiso restarle méritos al trabajo de Leona Vicario, repitiendo la mentira de que sus servicios en favor de la causa independentista de México tuvieron

---

* Para adentrarse en este fascinante personaje, una novela histórica, muy bien documentada es la de la historiadora Celia del Palacio: *Leona*, México, editorial Planeta, 2010.

el carácter de "heroísmo romanesco" y fueron "efecto del amor"; argumentos cuya malicia, misoginia y tontería ella desmontó, con su pluma ágil y certera, en una carta publicada en un diario importante de su tiempo. No me resisto a reproducir aquí algunos párrafos:[13]

> Muy Sr. mío de toda mi atención:
> [...] Contestando Vd. a los Federalistas, [...] tacha mis servicios a la patria de heroísmo romanesco, dando a entender muy claramente, que mi decisión por ella solo fue efecto del amor. Esta impostura la he desmentido ya otra vez, y la persona que la inventó, se desdijo públicamente de ella... mas por si se le hubiese olvidado, remito a Vd. un ejemplar de mi vindicación que en aquel tiempo se imprimió, en donde se hallan reunidos varios documentos que son intachables y que desmienten dicha impostura [...].
> Mi objeto en querer desmentir la impostura de que mi patriotismo tuvo por origen el amor no es otro que el justo deseo que mi memoria no pase a mis nietos con la fea nota de haber yo sido una atronada que abandoné mi casa por seguir a un amante. Me parece inútil detenerme en probar a Vd. lo contrario, pues además de que en mi vindicación hay suficientes pruebas, todo México supo que mi fuga fue de una prisión, y que esta no la originó el amor, sino el haberme apresado a un correo que mandaba yo a los antiguos patriotas.

Como ves, Leona tuvo que defenderse de una acusación que ningún "héroe de la Patria" enfrentó: la arraigada reproducción de roles y estereotipos de género sexistas, donde las mujeres si hacen actos heroicos es solo "por amor", no por tener convicciones políticas.

A unos días de morir, por causas naturales, en 1842, el Congreso mexicano la nombró "Benemérita y Dulcísima Madre de la Patria". Nota cómo junto al título de "benemérita", similar al otorgado a Benito Juárez décadas más tarde, le agregan el epíteto de "madre dulcísima", expresión usada en la religión católica para referirse a la virgen María, madre de Jesús. Entonces aun cuando a las mujeres se les reconozca algún mérito en la historia nacional, el orden patriarcal insiste en que ninguno sea más importante que el de la maternidad.

Otra heroica insurgente, cuya participación independentista es menos conocida, es una mujer mestiza, **Mariana Rodríguez del Toro de Lazarín,** cuya imagen hasta hace unos años aparecía en las portadas de los libros de texto gratuitos. Fue la principal organizadora de la conspiración de abril de 1811, en la Ciudad de México, cuando al enterarse de la detención de Miguel Hidalgo y otros líderes independentistas por las autoridades virreinales, en vez de pensar que el movimiento había sido aniquilado y correr a esconderse, como lo hicieron varios independentistas, Mariana incitó a la liberar a los prisioneros y a aprehender al virrey. Su plan fue traicionado por José María Gallardo, quien la delató con un cura, el padre Camargo. Este personaje violó el secreto de confesión y avisó al virrey de los planes del grupo conspirador. Por esta deserción traidora Mariana fue detenida, torturada y encarcelada. Pese a esto ella nunca traicionó su causa ni delató a nadie. Pasó en la cárcel casi 10 años al igual que su esposo, el acaudalado Manuel Lazarín, con un fuerte impacto en su salud y sus bienes. Para cuando fue liberada en 1820 su fortuna había sido confiscada y vivió en la pobreza hasta que murió en 1821, sin poder ver la culminación de la independencia de México que sucedió pocos meses después.[14]

Abro un paréntesis para recomendar el libro de la doctora Celia del Palacio, *Adictas a la Insurgencia* que, si bien no es un libro feminista como tal, sí tiene una sólida investigación histórica, y además es ligero y ameno. En él, la autora cuenta la historia de las mujeres que lucharon por la libertad de México y sus contextos, sus diferencias y grado de involucramiento, mostrando que las penas recibidas e incluso el nivel de información que tenemos de ellas, reproducían privilegios de clase del orden colonial, y por ende, como sostiene la autora no es de sorprender, pero sí de lamentar, que las mujeres más recordadas de la gesta independentista sean las de la élite criolla, como la corregidora, la propia Leona Vicario o la **Güera Rodríguez**.[15]

No debemos olvidar a otras heroínas, mujeres indígenas y mestizas, menos conocidas, como son **María Petra Teruel**, esposa de un regidor realista que poseía haciendas azucareras y al que convenció de apoyar al movimiento insurgente, especialmente para liberar a insurgentes arrestados y a los excombatientes que habían perdido la salud en el frente de batalla; o **Antonia Nava, la Generala**, quien peleó valientemente en el sitio de Jaleaca, al mando del general Nicolás Bravo. También merecen honores **Manuela Medina, la Capitana** o **María Fermina Rivera; Josefa Navarrete** o **Josefa Huerta**. Hay muchas otras cuyos nombres no pasaron a las crónicas de la historia escrita por varones. Transcribo unos breves párrafos de la hábil pluma de **Celia del Palacio,** para ilustrar las muestras de valor de algunas:

No teniendo ya nada que comer, Bravo se disponía a sacrificar a alguno de sus hombres para que comieran los demás y no desertaran. Las dos mujeres se ofrecieron en sacrificio gustoso para que comieran todos. Ante tales muestras de valor y entereza, ninguno de los soldados desertó. Durante la batalla del día siguiente, las mujeres pelearon con machetes y garrotes, como los demás soldados. La misma **Antonia Nava,** cuando mataron a uno de sus familiares, se presentó ante Morelos y le dijo: "No vengo a lamentar la muerte de este hombre; sé que cumplió con su deber. Vengo a traer cuatro hijos, tres pueden servir como soldados y el otro que está chico, servirá de tambor y reemplazará al muerto". […]

Otra mujer de gran valor es **Manuela Medina,** la Capitana, quien levantó una compañía de soldados en Texcoco y peleó en siete acciones de guerra. Solo por conocer a Morelos viajó cien leguas y cuando lo logró, le dijo: "Ya moriré con gusto, aunque me despedace una bomba de Acapulco". Murió, en efecto, en 1822, a consecuencia de dos heridas de combate que la postraron un año y medio. […]

María Josefa Martínez, viuda del jefe insurgente Manuel Montiel, comandaba tropas vestida de hombre en la zona de Orizaba e infundía terror entre los rancheros de la región a quienes cobraba tributo para la causa insurgente. Solo usaba su traje de mujer para entrar a Córdoba, Orizaba y Puebla a fin de averiguar los movimientos de las tropas realistas. […]

Josefa Navarrete y Josefa Huerta, las dos de Morelia, fueron acusadas y condenadas a ocho años de prisión por seducir a un oficial realista y pedirle llevar una carta a su superior para convencerlo de la causa insurgente. Este último las delató. Otras mujeres fueron acusadas de espías, como fue el caso de **Francisca Altamirano,** de Querétaro, quien por ese cargo pasó tres años en prisión.[16]

Hay muchas más mujeres valiosas en la Independencia, pero por razones de espacio no puedo nombrarlas a todas. **Mujeres** que, pese a las cortapisas y limitaciones impuestas por los mandatos patriarcales, contra todo pronóstico, y pese a los atavismos de la época, lo arriesgaron todo por la liberación de la nación naciente y libre con la que soñaban. Así que lo justo es recordarlas y honrarlas no solo cada 16 de septiembre, sino ampliar el estudio de su vida y obra, dándola a conocer desde la infancia a estudiantes, resignificando su participación y sus aportes, en el duro contexto misógino que vivieron. ¡Vivan las mujeres que nos dieron país y libertad! ¡Qué vivan las hijas y madres de la Matria!

Vivan también las mujeres que durante las guerras y conflictos armados del siglo XIX empuñaron las plumas, las armas, los utensilios para curar y dar de comer a las tropas, lucharon por sus convicciones políticas como soldaderas, vivanderas, espías, improvisadas médicas y enfermeras, periodistas, recaudadoras de fondos, y en todas las funciones que requirió mantener la independencia del país, desde hacer las tortillas para que comieran las tropas o hacer los uniformes hasta llevar mensajes cifrados o dirigir batallones. Por cierto, en 1828, tan solo siete años después de consumada la Independencia, se fundó en Zacatecas *El Abanico*, considerada la primera revista "feminista", en realidad *protofeminista*.

Una mujer destacada en las guerras fue la jalisciense **Ignacia Riechy o Riesch**, conocida como la Barragana, en honor de Juana Barragán, quien luchó junto con Morelos en el sitio de Cuautla. Ignacia, tras haber sido corresponsal y espía durante la Guerra de los Tres Años, colaboró después con Santos Degollado durante su breve gobierno, y fue la primera mujer en solicitar formar un batallón de mujeres para combatir al invasor francés. Pese la negativa que recibió, se unió ella sola, siempre portando un uniforme de hombre y cabello corto. Luchó contra los franceses al lado del general Ignacio Zaragoza, en Puebla, donde fue hecha prisionera; pudo escapar tras un año y regresó a la lucha, donde se distinguió en la batalla y llegó a obtener el grado de capitana.

Su fin fue trágico, pues su condición de mujer y su aspecto lésbico, que rompió estereotipos de género en una época aún más machista que ahora, le hicieron ser víctima de muchas violencias, incluso por parte de sus propios compañeros de armas, quienes se burlaban de ella llamándola "marimacha". Tras la derrota en la batalla de Jiquilpan de noviembre de 1864, donde ella había dado muestras de increíble audacia, inteligencia estratégica y valentía, Ignacia cayó en depresión. Probablemente también había sido torturada por los franceses y su experiencia de años en guerra le habría dejado con lo que hoy diagnosticaríamos como síndrome de estrés postraumático. Luego siguieron dos batallas victoriosas, una en Toluca el 17 de diciembre de 1864, en la que destacó combatiendo bajo las órdenes de Nicolás Romero, y otra el 14 de enero de 1865; Ignacia, entonces comandanta de los Lanceros de Jalisco, participó de la celebración en la que, al calor del alcohol, afloró el machismo de sus compañeros, quienes se desataron en ofensas y burlas misóginas hacia ella. Ignacia, pese a ser una guerrera, una mujer tremendamente valiente en el campo de batalla, simplemente ya no pudo soportar más la violencia psicológica de quienes eran sus compañeros de lucha, en quienes depositaba su confianza y su vida ante el enemigo. Le quedó claro que no era parte de ese "club" y se sintió más deprimida y sola. Se retiró a su habitación, escribió tres cartas para despedirse y arreglar sus asuntos; se colocó la carabina en el corazón y se dio un balazo. Con las lentes violeta podemos comprender muy bien lo que vivió, una mujer extraordinaria que ya no pudo atestiguar la entrada triunfal de Benito Juárez a la capital el 15 de julio de 1867, con la que se coronó la victoria contra el entonces ejército más poderoso del mundo. Injusto que pese a la lucha y sacrificio de mexicanas como la comandanta **Ignacia Riechy, *la Barragana,*** casi nadie se acuerda de su nombre. Ojalá tú sí la recuerdes.[17]

Otra mujer fascinante del siglo xix es **Juana Catalina Romero,** conocida como Juana Cata, oaxaqueña oriunda de Tehuantepec, a quien la visión misógina de la historia ha reducido a "amante" de Porfirio Díaz (algo que ni siquiera se ha comprobado, pues solo se sabe que se conocieron durante la Guerra de Reforma, cuando él era un joven militar y que ella lo ayudó en momentos decisivos, por lo cual él le guardó aprecio y posteriormente la ayudó cuando fue presidente de la República). Juana hizo grandes aportaciones a su siglo. Pese a no haber tenido la oportunidad de recibir una educación formal, fue una promotora incansable de la educación igualitarista. Fundó colegios tanto de chicos como de chicas; "becó a jóvenes de Tehuantepec para que fueran a estudiar a Puebla y Ciudad de México, adelantándose a la política educativa de José Vasconcelos, quien empezó su cruzada alfabetizadora seis años después de la muerte de Juana Cata", nos cuenta Elena Poniatowska.[18] Para 1890 había hecho una gran fortuna con la caña de azúcar, y tuvo la visión de fomentar la agricultura comercial a gran escala y la salud pública en épocas de pandemias. Además, tuvo una intervención valiosa en el desarrollo de la vestimenta tehuana que tan orgullosamente lucen hoy muchas mujeres del istmo de Tehuantepec. Vale la pena leer más acerca de la biografía de esta interesante mujer, empresaria azucarera con gran visión y empuje internacional, cuyo legado ha sido relegado o invisibilizado. Un libro profundo y completo es el de la historiadora Francie

Chassen-López, *Mujer y poder en el siglo XIX. La vida extraordinaria de Juana Catalina Romero, cacica de Tehuantepec.*[19]

Como hemos visto, el fin de la Independencia en 1821 no implicó el fin de la lucha, ni trajo consigo una paz duradera, ni tampoco implicó una mejoría significativa en la vida de las mujeres. El país viviría muchas décadas de conflictos entre liberales y conservadores, invasiones extranjeras y pérdida del territorio, un país con una acrecentada desigualdad social, económica y política; eventos que, en todos los casos, afectaron la vida de las mujeres y en donde muchas participaron a contracorriente y casi siempre sin ser reconocidas ni valoradas.

En el México del siglo XIX, el catolicismo heredado por la colonización española tenía un gran peso en la vida cotidiana, y los temas relativos a la religión católica ocupaban buena parte de las actividades de las mujeres de todas las clases sociales. Aunque en las primeras décadas del México independiente se habían otorgado ciertos "derechos civiles", como el poder heredar, hacer contratos, tener propiedades o ejercer el comercio, las mujeres casadas requerían para casi todo del permiso expreso de sus esposos. Las opciones para una vida independiente eran casi inexistentes, al negarles *de facto* lo más importante: el derecho a la educación. Así que solo un puñado de mujeres, generalmente de clase alta o media, eran quienes podían tener la suerte de recibir instrucción privada, y cuando la obtenían casi siempre era con un claro sesgo religioso y estereotipado.

En relación con el tema de la educación de las mujeres, el famoso abogado e ideólogo del liberalismo mexicano Ignacio Ramírez, conocido como el Nigromante, escribió:

Las mujeres deben cuidar de su persona y de sus intereses lo mismo que los hombres, y para eso es necesario instruirlas, e instruirlas profundamente y en toda clase de negocios prácticos. El romanticismo es un lujo y se aviene mal con la pobreza y la ignorancia.[20]

Evidentemente, desde una óptica feminista actual, sabemos que el comentario, aunque fuera bien intencionado, no está exento de condescendencia machista al afirmar que a las mujeres deben *instruirnos* y salvarnos. Sin embargo, es justo reconocer que es muy progresista respecto a las creencias de los hombres de aquella época, e incluso de esta, que repetían aforismos del tipo: "las mujeres como las escopetas, cargadas y en la esquina". O de celebrados filósofos de la Ilustración francesa, muy leídos por los liberales mexicanos del siglo XIX, como su contemporáneo François Marie Arouet, conocido como Voltaire, artífice de esta "perla" misógina:

"Una mujer amablemente estúpida es una bendición de mujer".*

Entonces, algunos personajes importantes del liberalismo mexicano del siglo XIX, como Ignacio Ramírez, Valentín Gómez Farías y el mismo presidente Benito Juárez, comprendieron la importancia de la educación de las mujeres. De hecho, Juárez planteó en su programa de gobierno de 1861 que las mujeres tuvieran la oportunidad de estudiar: "Secularizando los establecimientos de utilidad pública, se atenderá también a la edu-

---

* Estas y otras frases misóginas las puedes encontrar en un breve artículo del imperdible blog de una reconocida feminista española, Coral Herrera Gómez (27 de enero de 2009), quien se dedica a investigar sobre feminismo y la construcción sociocultural del amor romántico. El artículo se llama: "Citas misóginas", <*https://haikita.blogspot.com/2008/01/citas-misginas.html*>.

cación de las mujeres, dándoles la importancia que merecen por la influencia que ejercen en la sociedad".

En 1869 Juárez estableció la Escuela Secundaria para Señoritas y en 1871 inauguró la Escuela de Artes y Oficios para Señoritas (EAOS), financiada con fondos que provenían de la Lotería Mexicana, con el objetivo de "educar y mejorar la condición de la mujer para que pudiera ejercer una ocupación honorable y lucrativa, dotándola de una cultura general que, ampliando sus horizontes, despertara en ella aspiraciones de perfeccionamiento moral, social y económico". Estas escuelas fueron creciendo su oferta de cursos, entre los cuales había: escritura y lectura en general, aritmética, física, matemáticas, historia, sistema legal de pesos y medidas, teneduría de libros, geografía, química, idiomas (francés, inglés o italiano), costura, bordado y tejido de mantillas, dibujo, grabado en madera, canto, declamación, elaboración de flores artificiales, doraduría, filigrana y pelo, taller de modas, jardinería, encuadernación, composición de imprenta, tapicería, pasamanería, zapatería, relojería o telegrafía; es decir, una mezcla de materiales y oficios tradicionalmente femeninos y otros que hoy diríamos que rompían roles y estereotipos de género. Hasta ahí, pues, parece una iniciativa "avanzada", dados los estándares de la época. Sin embargo, para poder inscribirse no solo requerías ser mayor de 12 años, leer y escribir y tener nociones de aritmética y gramática, sino "acreditar su moralidad a juicio del director".[21]

Entonces, aunque no precisaban que para ser admitida tuvieras que tener estado civil de "soltera", es decir, ser "señorita", el que tuvieras que "acreditar tu moralidad ante un director" (sin que estuviera estipulado de qué manera) y el nombre en sí de "Escuela para Señoritas" presupone ya una exclusión y discriminación para aquellas mujeres casadas o viudas, y sobre todo, como lo señalaría cualquier feminista descolonial, para la enorme mayoría de las mujeres mestizas e indígenas o afromexicanas de entonces, mujeres pobres que no solo no habrían podido a los 12 años tener acceso a "nociones de aritmética o gramática", sino incluso a quienes, en una sociedad poscolonial, profundamente clasista y misógina, no se les habría llamado "señoritas", término con una carga sexual y de clase que implicaba la virginidad de una mujer, y también un comportamiento adecuado a ciertas normas sociales patriarcales relativas al refinamiento de clase y las buenas costumbres. Por ello, el ser "señorito" tenía una connotación totalmente distinta y de clase, pues significaba algo así como "joven acomodado", hijo de un "señor", pero también alguien *ocioso*, que no hacía nada de *provecho*. Sobra decir que no se pedía requisito equivalente en las escuelas para hombres. La EAOS para 1873 había recibido a 510 alumnas.

Posteriormente en 1875, por iniciativa del presidente Sebastián Lerdo de Tejada, se introdujo la enseñanza de pedagogía en la Escuela Nacional Secundaria para Señoritas. En 1888, el presidente Porfirio Díaz fundaría la Escuela Normal de Profesoras.[22]

En aquella época, algunas mujeres de clase media y alta que tuvieron acceso a la educación, y otras alumnas de la EAOS que escogieron el taller de imprenta, tuvieron ocasión de crear una publicación propia para ejercitar las tareas de impresión. Así, bajo la dirección de la poeta y periodista guerrerense **Laureana Wright González**, hija de un rico minero estadounidense y madre mexicana, nace en 1884 la revista *Las Hijas del Anáhuac*, que surge con el propósito de que "la mujer pudiera dar a conocer públicamente sus ideas, sin temor a la crítica o rechazo" y aunque con textos tímidos de inicio, poco a poco comenzó a publicar sobre el papel de las mujeres y a expresar posturas sobre la lucha sufragista en Europa y Estados Unidos, demandando la igualdad de derechos para los dos sexos y la emancipación de las mujeres en México.[23]

A partir del número 9, el semanario cambió de nombre a *Violetas del Anáhuac*,[24] y fue conocido como la "tribuna de la mujer mexicana interesada en formar parte del mundo periodístico; abrió una amplia brecha por la que las escritoras mexicanas empezaron invadir la prensa nacional en todos sus géneros".[25] Publicaban semblanzas de mujeres del pasado y de su tiempo, "que mostraban que las mujeres son capaces de realizar cosas extraordinarias", entre ellas la primera médica mexicana, **Matilde Montoya**. Había artículos de corte científico y educativo, algunos pocos de denuncia en torno a injusticias cometidas contra mujeres y relatos cortos donde las protagonistas eran mujeres tenaces y valientes. Aunque claro, para poder expresar ideas libertarias en la sociedad porfirista, el "periódico literario redactado por señoras", también hablaba sobre cómo debían comportarse las mujeres y cómo tener un "buen matrimonio", aunque animándolas a continuar su educación y a cuestionarse su realidad.

En 1887 la jalisciense **Mateana Murguía**, educadora de profesión, se convierte en la segunda directora, tras la enfermedad de Laureana. Pese a tener una visión más tradicional sobre las mujeres, de cuya situación escribió en abundancia, denunció la brecha salarial entre "el profesorado en México" (nótese el uso de lenguaje incluyente 120 años antes de que se volviera una exigencia feminista), y logró tras su publicación que los sueldos se nivelaran para las maestras.[26] Las *Violetas del Anáhuac* dejó de publicarse en 1889, y sería hasta 1904 que la revista *La Mujer Mexicana* ocuparía parte del vacío, aunque solo por tres años, bajo la dirección de la tabasqueña **Dolores Correa Zapata**, excolaboradora de *Violetas del Anáhuac*. Ya en el primer número se declaró "feminista", pero lo cierto es que seguía ofreciendo una visión que reproducía roles y estereotipos sexistas y de clase, con temáticas como "los conocimientos necesarios para llegar al matrimonio, el valor del hogar como centro de sus operaciones, cómo ser la mejor madre, la conveniencia de cumplir con eventos sociales y vestir de acuerdo con la ocasión...".[27] En aquella época era difícil imaginar que una publicación auténticamente feminista sobreviviera la embestida patriarcal. Pero que las semillas del espíritu *feminista* están allí es claro, porque parafraseando a **Rosa Cobo,** nada en el lenguaje es inocente ni banal; y no lo es, por el estrecho vínculo entre lenguaje y poder, de modo que si estas mujeres mexicanas de fines del siglo XIX se permitieron usar el lenguaje desde un periódico para hablar de sus derechos ya es en sí mismo una acción emancipadora y políticamente relevante para los fines del feminismo.

Es poco conocido que dos mujeres muy cercanas al presidente Porfirio Díaz, si bien no eran feministas, promovieron una agenda en favor de las mujeres, nada menos que su esposa **Carmelita Romero Rubio** y su cuñada **Rafaela Varela,** comadre del presidente y viuda de su hermano Félix. Por ejemplo, Carmelita Romero Rubio fue sustancial para que el presidente Díaz emitiera el decreto que permitió a **Matilde Montoya Lafragua** convertirse en la **primera médica cirujana mexicana en 1887,** y tras ella se abrieron las puertas de la ciencia a miles de mexicanas, tras años de lucha para que les permitieran estudiar.[28] **El *affidamento* y la sororidad, aunque en ese tiempo no los llamaran con esos nombres, han logrado avances importantes en el movimiento de las mujeres.**

México era entonces un país de 11 millones de personas, y finalmente, pese a millones de horrendos actos de misoginia y machismo, con Matilde Montoya tenía a su primera médica cirujana partera. Un año antes, **en 1886, Margarita Chorné Salazar se había graduado como odontóloga cirujana,** evento anunciado en el periódico en tono jocoso, sin saber que se estaba hablando de la precursora de la independencia profesional de la mujer en Latinoamérica.[29] **En 1898 se gradúa la primera abogada, María Sandoval de Sarco.** Hoy en México 53% de personas matriculadas en medicina son mujeres, pero solo 38% de estudiantes que se gradúan de la carrera de Derecho son mujeres.

Asimismo, **Carmelita Romero Rubio,** quien daba clases de inglés a su esposo, el presidente Díaz, y actuaba como consejera informal, promovió la publicación de textos de algunas escritoras "para demostrar el desarrollo de la mujer mexicana". Entre otras de sus acciones, sobresale la importante Exposición Mundial de 1893 en Chicago, así como la creación de planteles para educar a las mujeres a nivel secundaria.

Por su parte, muy probablemente sin la autorización de su poderoso cuñado, que era a la sazón el presidente de la República, Rafaela Varela impulsó la participación de mujeres en campañas políticas y el sufragismo:

> [...] Hasta ahora la mujer se ha tenido como un ser secundario a quien se supone que nada afectan ni importan los acontecimientos públicos del país en el que vive [...] La mujer participa de las penas de la sociedad, justo, muy justo es, que tome la parte que debe, en buscar el bien de la sociedad [...] Sabemos que la Ley civil priva a la mujer de tomar parte en los comicios electorales; por desgracia esto es un hecho hasta hoy sancionado, el cual, la mujer lamenta en su corazón.[30]

Las mujeres de clase alta no fueron las únicas políticamente activas. A fines de la dictadura, algunas mujeres empezaron a participar en iniciativas antirreeleccionistas como el Club Liberal Ponciano Arriaga, donde destacaron tres mujeres notables: **Juana B. Gutiérrez Mendoza, María del Refugio Vélez** y sobre todo la hidalguense **Elisa Acuña,** quien se apersonó un día en las oficinas del periódico antiporfirista *El Hijo del Ahuizote*, dejando impresionados a los hermanos Ricardo y Enrique Flores Magón con su compromiso político y sus ideas liberales. Elisa Acuña también formó parte del Club Antirreeleccionista Redención, y del grupo directivo del Partido Liberal Mexicano (PLM).

Antes de cerrar el siglo XIX mexicano, vale la pena hablar de las dificultades particulares del sufragismo político. Si bien en la educación, componente básico de la lucha sufragista, hubo avances, la participación política encontró más resistencias. Y no porque fuera "imposible" asociar el concepto de *mujer* con el de *poder*: se sabía que a lo largo de la historia mujeres habían gobernado imperios y monarquías: en países "no cristianos" como Egipto (**Cleopatra**) y no católicos como Rusia (**Catalina la Grande**); e incluso en la propia "Madre Patria" (**Isabel de Castilla**), el referente europeo más cercano. En nuestra propia tradición mesoamericana indígena, varias reinas o princesas habían tenido papeles políticamente destacados en sus contextos, tales como **Ilancueitl**, quien gobernó a los mexicas hacia 1299; **Atotoztli II,** hija de Moctezuma Ilhuicamina, primera mujer en llevar el cargo de tlatoani; reinas mayas, como la **Señora Yohl Ik'nal** y la **Señora Sac Kuc,** ambas de Palenque; **Eréndira,** princesa purépecha, que luchó por su pueblo contra el yugo español; o la princesa zapoteca **Donají** o Alma Grande, cuya leyenda se caracteriza por la tensión entre el amor a su pueblo y el amor a un hombre, el príncipe mixteco Nucano, que pertenecía al pueblo antes aliado y después enemigo, aunque en realidad se trata de un feminicidio ocurrido en medio de la lucha de estos dos pueblos originarios del valle de Oaxaca, pero la leyenda lo ha desdibujado y folclorizado bajo los elementos de trágicas historias de amor romántico.[31]

Por si el ejemplo de mujeres gobernantes en la historia fuera poco convincente, en la época de la Reforma (mediados del siglo XIX) había al menos dos jefas de Estado en países que eran referente para México: la reina Victoria en Gran Bretaña y la reina Isabel II en España. O sea, representantes femeninas vivas y en el poder existían. Había pues pruebas contundentes de que las mujeres eran capaces de gobernar. Hasta el propio Nigromante ironizó:

> "¡Cosa rara!, la mujer que no puede ser elector ni alcalde, puede ser reina".

Como dice González Lezama en su análisis de este periodo:

A los varones les correspondió el mundo político, plagado de pasiones y desengaños, y el ámbito moral a las mujeres, sin exponerlas a la destrucción de su "natural candidez y sencillez". Desde esta óptica social, otorgar derechos políticos a las mujeres era subvertir la sociedad, atacar y destruir la familia, base de toda sociedad civilizada. […] Cuando estos derechos eran presentados, la prensa mexicana publicaba como una extravagancia los intentos "socialistas" por el reconocimiento de los derechos de la mujer, incluidos el de votar y ocupar cargos públicos, como se hizo ante la legislatura de Luisiana en 1851. Además de los socialistas, los diarios destacaban que existía otro tipo de personas que propugnaban por los derechos de las mujeres, los protestantes [a los que el conservadurismo católico imperante veía como peligrosos].

Véase como ejemplo la crónica de la Convención de los Derechos de la Mujer, realizada en Siracusa en 1852. Se describe esa asamblea como un "aquelarre" en el que incluso "una judía, Ernestina Rose, maltrató a la Biblia de una manera escandalosa".[32]

Así, **la razón de por qué negar a las mujeres mexicanas la posibilidad de participar en el ámbito político, en el que conservadores y liberales coincidían, tenía menos que ver con una supuesta "incapacidad intelectual" de las mujeres** (creencia sostenida por algunos filósofos que la ciencia acabaría desmontando), **y más con la misoginia patriarcal,** pues para la mayoría de los varones mexicanos de aquellos tiempos habría sido impensable y hasta humillante ser gobernados por mujeres. El fondo de tales resistencias era perpetuar la subordinación de ellas en el mandato del orden patriarcal, a través de sus roles tradicionales: ser buenas y "decentes" para servir a los hombres y procrear a "sus" hijos. Bajo dicho esquema, la política las volvería "desalmadas y calculadoras".

Recordemos que **hay dos discursos de la misoginia: *1)* el de la inferioridad, es decir, que las mujeres tienen una naturaleza u ontología inferior al del varón, *2)* el de la excelencia moral de las mujeres, pues supuestamente son "seres más puros", de "naturaleza" cuidadora y amorosa.** Ambas han sido un gran obstáculo de la libertad de las mujeres, pero esta última ha justificado la desmovilización e incluso el encierro de las mujeres aparentemente para "su propia protección" y para que no disminuyan o palidezcan nuestras virtudes supuestamente "naturales", como la ternura, la dulzura, etcétera. Desde este enfoque, quienes, como las feministas, luchan por los derechos políticos de las mujeres, trastocan y transgreden el orden de género patriarcal. Así como en el sistema esclavista los dueños se oponían a la liberación de personas esclavizadas, ya que el esclavismo les concedía beneficios y privilegios, igual en el sistema patriarcal los hombres —y también las mujeres guardianas del patriarcado— se han resistido por siglos a la emancipación y libertad de las mujeres.

De allí que no resulte extraño que el Congreso Constituyente de 1857, pese a que produjo una Constitución liberal, no reconociera los derechos políticos de las mujeres.

LAS REVOLUCIONARIAS

Los últimos años del siglo XIX generaron gran expectativa en torno a los cambios que traería el nuevo siglo. En buena parte de Occidente y las élites de los países colonizados florecían ideas positivistas del "progreso". Fue una época llena de inventos, como la máquina de escribir, la máquina de coser, aviones, submarinos, motocicletas, lámparas eléctricas, que se exponían en exposiciones y congresos organizados casi siempre por unos cuantos países industrializados. Pese a estos "avances" tecnológicos, una de las realidades más brutales era la desigualdad entre hombres y mujeres, la desigualdad social entre el centro las periferias, y la desigualdad de clases y en esa crítica, tanto el feminismo, el socialismo y el liberalismo democrático, desde sus respectivas perspectivas, fueron punta de lanza.

En México tuvieron un papel importante las mujeres en la lucha obrera, como **Lucrecia Toriz Ordaz** en la huelga de Río Blanco de 1907, cuando trabajadoras y trabajadores de la fábrica de hilados y tejidos de esa comunidad de Veracruz se rebelaron para exigir mejores condiciones laborales, logrando impactar a la opinión pública del país y evidenciar la inminencia de la lucha social.

A principios del siglo XX destaca también la agrupación Admiradoras de Juárez, con sufragistas emblemáticas como **Eulalia Guzmán, Hermila Galindo** y **Luz Vera.**[33]

Ya en los albores de la Revolución mexicana, el antirreeleccionismo de Francisco I. Madero adhirió a clubes femeniles sufragistas como Las Hijas de Cuauhtémoc,[34] fundado por **Elisa Acuña** y **Dolores Jiménez y Muro,** quienes se conocieron en la cárcel porfirista. Elisa también fue compañera de militancia de Ricardo Flores Magón en el Partido Liberal Mexicano. Ellas promovían la igualdad y el respeto a los derechos laborales de las mujeres obreras y cambios políticos.

La historia de la hidalguense **Elisa Acuña** y de sus compañeras es la de mujeres valientes que desafiaron al poder político a través de sus letras libres y contestatarias, convirtiéndose en *propagandistas* de la Revolución, como se les conoció popularmente, aunque ello les significó la prisión. **Acuña** y sus compañeras fundaron el periódico *Fiat Lux*, de tendencias socialistas y fueron perseguidas por el régimen de Díaz, por lo que huyeron a Estados Unidos, donde apoyaron la fundación de un nuevo diario, el *Vésper*. **Acuña** apoyó la candidatura de Francisco I. Madero a la presidencia y tras su asesinato atacó con su pluma al usurpador Huerta, quien la mandó perseguir, sin lograr aprehenderla. Acuña se volvió agente del zapatismo y luego colaboró con Carranza.[35]

De acuerdo con la tipología de **Martha Eva Rocha Islas,** otras actoras relevantes en la Revolución, además de las *soldaderas* fueron las *propagandistas* (maestras o estudiantes, normalistas, periodistas y escritoras), las *enfermeras* y las *feministas*. Dentro de las propagandistas destacan, además de las ya mencionadas **Elisa Acuña y Dolores Jiménez y Muro: Carmen Serdán, Juana Belén Gutiérrez de Mendoza, Sara Estela Ramírez, Guadalupe**

Rojo, Josefa Arjona, Crescencia Garza, Mercedes Arvide, María de los Ángeles Méndez, entre decenas de otras, menos conocidas y miles de activistas anónimas, quienes desde diversos estados de la República "empezaron a participar en los círculos de oposición y escribieron en la prensa denunciando los excesos cometidos por la dictadura porfirista contra los trabajadores [y] participaron políticamente y también padecieron cateos, detenciones y encarcelamientos".[36]

Gran precursora del feminismo, vale la pena recordar a **Juana Belén Gutiérrez,** duranguense, de sangre indígena, de familia pobre, autodidacta, quien se empleó como trabajadora doméstica y, más tarde, se casó con un minero al que enseñó a leer y escribir y con quien tuvo tres hijos. Era obrera, estudiaba, era madre, comerciante y periodista. Pronto usaría su talento para escribir textos políticos, a la par que cosía uniformes de mezclilla para los mineros y vendía leche. Colaboró en los periódicos *El Diario del Hogar* y *El Hijo del Ahuizote* y más tarde fundó, con sus ahorros y la venta de sus cabras, el semanario *Vésper*, que era a la vez de y para mujeres y profundamente político. Esa mezcla periodística era una rareza en esos días donde las escasas publicaciones femeninas eran para dar consejos de belleza o de cocina; en cambio, el lema de *Vésper* era "Justicia y Libertad", y alcanzó el reconocimiento de figuras ilustres como Camilo Arriaga y Ricardo Flores Magón, en cuyo famoso periódico *Regeneración* también colaboró. Coeditó además *Fiat Lux* con **Elisa Acuña.** Escribió primero en contra de la dictadura porfirista, desde una posición liberal, anticlerical. Fue pieza central de varios de los clubes femeninos más importantes, como Las Hijas de Anáhuac, que exigían mejores condiciones laborales para las mujeres, o Las Hijas de Cuauhtémoc, quienes ya en la campaña de Madero le pidieron interviniera para lograr el voto femenino. Al triunfar el maderismo Juana Belén se acercó a los zapatistas y a la lucha campesina, donde luchó y llegó a ser coronela a la cabeza del regimiento Victoria. Por sus ideas y acciones revolucionarias y feministas padeció varios encarcelamientos e incluso el destierro. Fue colaboradora de Vicente Lombardo Toledano durante su gestión como gobernador de Puebla. Fue una luchadora comprometida toda su vida y lograría sostener el semanario *Vésper*, con vaivenes y saltos, por casi cuatro décadas.[37]

El objetivo de estas mujeres era derrocar a Díaz e instituir la democracia, en la que esperaban obtener la ciudadanía y participar activamente. Algunas enfilaron sus esfuerzos al sufragismo, mientras que otras lo hicieron hacia la lucha social. Unas asumieron tareas clandestinas y otras, más moderadas, impulsaron el voto y vigilaron casillas en las elecciones donde finalmente ganó democráticamente Francisco I. Madero.

Ocurridos los asesinatos del presidente Madero y del vicepresidente Pino Suárez, comenzó la etapa que llamamos constitucionalista, cuando Venustiano Carranza proclamó el Plan de Guadalupe para urgir a la población a derrocar al "usurpador" Huerta. En este periodo, en el que los constitucionalistas comprendieron que no solo las armas, sino las ideas contribuirían a lograr el triunfo, las mujeres propagandistas tuvieron un papel relevante. Se fundan más clubes y círculos políticos, ahora también en ciudades medianas y pequeñas.

Estos clubes eran como una bisagra entre quienes estaban en la lucha armada y la población civil, y allí conseguían voluntarios que sirvieran para reforzar y engrosar las filas del brazo armado del constitucionalismo, aunque también del villismo y del zapatismo. Muchos de estos círculos, donde se imprimían carteles y folletos, que diseminaban las ideas libertarias contra el huertismo, fueron fundados por hombres, a los cuales se adhirieron algunas mujeres, pero otros fueron creados por mujeres, como el Círculo Josefa Ortiz de Domínguez en Guadalajara, dirigido por **Atala Apodaca,** u otro del mismo nombre en Juchitán, Oaxaca, encabezado por **Mercedes Olvera;** el Club Plan de Guadalupe de Veracruz, organizado por **Mercedes Rodríguez Malpica** o el Club Democrático Feminista en la Ciudad de México. Era común en ellos que organizaran conferencias y mítines improvisados en plazas públicas, así como un uso estratégico de la prensa como arma de lucha política, y que algunas mujeres levantaran la voz para incitar a sus compatriotas a participar en la lucha libertaria.

Además de las *propagandistas*, hubo otras heroínas de este periodo a quienes se les conocía popularmente como las *soldaderas*, es decir, las mujeres soldado, una actividad típicamente asociada a roles y estereotipos masculinos. Fueron muchas quienes apoyaron activamente la causa revolucionaria; sin embargo, su registro en la historia fue reducido a meras acompañantes de los hombres y "arranca suspiros", cuando en realidad líderes como **Adela Velarde** y **Valentina Gatica** coordinaban grupos de mujeres que curaban a los heridos, conocidas como Adelitas, pero además fueron aguerridas combatientes y estrategas, aunque solo hayan trascendido en la historia por ser "bellas e inconquistables".[38]

Los ejércitos rebeldes liderados por Pancho Villa o Emiliano Zapata reclutaron mujeres, en su mayoría pobres e indígenas, quienes llevaban consigo a sus hijas e hijos; incluso había familias completas dentro del ejército. Algunas mujeres combatían y otras ayudaban a los heridos en las batallas, preparaban la comida y asistían a sus hombres en la trinchera.[39]

Con la institucionalización de la Revolución, emergieron protagonistas en la nueva escena política, y la participación de mujeres fue totalmente opacada, pese a que, en este proceso histórico, ellas rompieron con el esquema de la guerra como espacio de la masculinidad hegemónica por excelencia.[40] Aquí, un breve recuento de algunas de las *mujeres-soldado revolucionarias* más relevantes:

- **María de la Luz Espinoza Barrera,** combatiente en el Ejército Libertador del Sur, alcanzó el grado de teniente coronel, pero se ostentó como coronela del ejército zapatista.
- **Carmen Vélez,** conocida como la Generala, comandó cerca de 300 hombres que lucharon en Hidalgo y Tlaxcala. Propició cambios de autoridades y propuso la abolición de impuestos. Aun perseguida, siempre combatió por la causa maderista.[41]
- **María Quinteras de Meras,** coronela del ejército villista, participó en 10 enfrentamientos. Su esposo sirvió como capitán bajo su mando y ella nunca le pagó; tampoco ella recibió pago alguno de Pancho Villa, lo que le valió el respeto del famoso general.[42]
- **Petra Herrera.** Para poder ascender pretendió ser un hombre, Pedro Herrera. Voló puentes y fue reconocida por villistas como "excelente soldado". Para sorpresa de muchos, un día salió con trenzas y gritó: "Soy mujer y voy a seguir sirviendo como soldada con mi nombre verdadero". Formó su propio pelotón de mujeres, autonombrándose Generala. Peleó con maderistas en el asalto a Torreón, Coahuila.[43]

El corrido de la "güera" y coronela guerrerense zapatista **Amelia Robles** ilustra la tensión que implica la transgresión de mandatos de género sexistas, pero también la satisfacción de participar con convicción en una causa en que las propias soldaderas creen:

Aunque mi sexo no es propio
para ejercitar las armas,
cambié por este uniforme
desde hace tiempo mis faldas;
y me he jugado con gusto
la existencia en las campañas.

Sin embargo, vendría un gran golpe para estas combatientes: el 18 de marzo de 1916 **la Secretaría de Guerra y Marina declara "nulos todos los nombramientos militares expedidos en favor de señoras y señoritas, cualesquiera que hayan sido los servicios que estas hayan prestado"** y el 31 de mayo de 1917, bajo el gobierno de Venustiano Carranza, se ordenó el cese colectivo de las mujeres militares, quienes fueron dadas de baja. Botón de muestra del rechazo patriarcal a reconocer a las mujeres fuera del ámbito de las cuatro paredes domésticas, aun cuando sus acciones hubieran sido tan heroicas bajos los mismos estándares de los hombres. **¡Qué gran injusticia con las combatientes mexicanas que dieron su vida a la lucha revolucionaria!**

Por último, abordemos también la historia de las *enfermeras* en la tipología de **Martha Rocha.** Son las que ayudaron a sostener buena parte de la sanidad en los ejércitos, dado el bajo número de médicos y el escasísimo número de médicas tituladas. Algunas se incorporaron a las brigadas sanitarias como enfermeras militares, recibiendo por sus servicios cuatro pesos si eran tituladas o tres, si no lo eran. No solo sufrían discriminación salarial; tampoco podían acceder a los mismos grados militares que los hombres. Las más numerosas eran enfermeras civiles, que formaban parte de las llamadas asociaciones de beneficencia o simplemente *beneficencias* que personas altruistas iban formando donde pasaban tropas en combate, pues las brigadas sanitarias de los ejércitos siempre eran insuficientes.

En 1911 la enfermera **Elena Arizmendi Mejía** formó la Cruz Blanca Neutral en Chihuahua, porque la Cruz Roja Mexicana, presidida por **Luz González Cosío,** hija del ministro de Guerra y Marina, que inició en febrero de 1910 por decreto presidencial, no dio atención a los heridos no "oficiales", bajo el pretexto de que carecían del equipo y de que los "sediciosos" no contaban con el favor de la población. La Cruz Blanca logró establecer 30 brigadas en diferentes estados del país bajo el lema "Por la humanidad". En marzo de 1913 surgió la Cruz Blanca Constitucionalista, presidida por la profesora **Leonor Villegas** de Nuevo Laredo, Tamaulipas, que eventualmente Carranza apoyaría para que se volviera nacional, mientras que los villistas contaron con la Brigada Sanitaria de la División del Norte (BSDN), que operaba eficientemente en líneas de ferrocarril villistas convertidas en carros-hospitales y fue apoyada por la Cruz Azul Mexicana (CAM), fundada por **Carmen Baca**.

Como nos recuerda Martha Rocha, las enfermeras de las organizaciones de socorro no solo colaboraban de forma voluntaria sin percibir un salario, sino que cooperaban para comprar material de curación, alimentos y medicinas.[44] Dedicaban su dinero, tiempo, talento y experticia no solo a curar heridos de guerra, sino a personas enfermas de la pobreza, desnutrición, malaria y "enfermedades de los cuarteles", así como a auxiliar a la población civil víctima de catástrofes naturales y epidemias que sucedieron durante la Revolución. De nuevo, queda manifiesto que el orden de género patriarcal ha encasillado férreamente a las mujeres en roles de cuidado, por lo que tanto en la Revolución como hoy día, se ve "natural" que ellas carguen sobre sus hombros las pesadas tareas de cuidar a personas heridas y enfermas, sin los méritos o reconocimientos que recibían los médicos varones.

Los procesos revolucionarios evidencian que el sistema patriarcal ha sido un aliado eficaz del poder político de distintas épocas de la historia **para el establecimiento del *statu quo* androcéntrico y de la estructura que sostiene y perpetúa no solo los privilegios de los hombres sobre las mujeres, sino los de quienes más tienen sobre quienes menos tienen, de quienes someten y subordinan sobre quienes se encuentran en distintos grados de subalternidad, sometimiento y opresión.** Justamente el hecho de que haya habido siempre mujeres más oprimidas que otras, y mujeres con más privilegios que las demás, es una de las causas que permiten entender el éxito del pacto patriarcal y por qué la mayoría de las mujeres no fueron revolucionarias ni participaron en estas luchas, antes bien contribuyeron al bando conservador, o se aliaron con los hombres de su clase social, en vez de hacerlo con otras mujeres oprimidas. De allí la importancia que tantas veces se ha repetido de la autoconciencia, la sororidad y el *affidamento* entre mujeres como herramientas para desmontar el orden social patriarcal.

LAS FEMINISTAS, ACTIVISTAS Y SUFRAGISTAS MEXICANAS DEL SIGLO XX

En mayo de 1911 cientos de mujeres suscribieron una carta al presidente interino, León de la Barra, reclamando el derecho

232

al sufragio femenino y señalando que la Constitución de 1857 no las excluía de dicho derecho, pues no hacía mención del sexo de los votantes.[45]

La duranguense, avecindada en Chihuahua, **Hermila Galindo Acosta, maestra, feminista liberal de la época posrevolucionaria jugó un papel muy relevante en el sufragismo mexicano.** Quedó huérfana de madre al nacer y fue criada por su tía y su padre, con una "buena" educación para una niña de su época, que incluyó aprender inglés, mecanografía y taquigrafía. Siendo adolescente, tras truncarse los planes de estudiar química en Estados Unidos, por problemas financieros familiares a la muerte de su papá, su vida dio un giro. Saber mecanografía y taquigrafía le dio de comer a ella y su familia y la acercó a un abogado que la expuso a ideas políticas liberales y contrarias a la dictadura de Porfirio Díaz. Empezó a simpatizar con el movimiento social encabezado por el general Bernardo Reyes, conocido como reyismo. Fue su gran talento como oradora lo que la catapultó de lleno a la política. Se había mudado a la Ciudad de México y con apenas 15 años, en 1901, se unió al Club Liberal Abraham González y se fue acercando políticamente al maderismo y su posición antirreeleccionista. En 1914, en plena Revolución, en el cumpleaños 55 de Venustiano Carranza, Galindo pronunció, a nombre de ese Club Liberal, un discurso memorable y él, que era el primer jefe del Ejército Constitucionalista, la invitó a ser su secretaria particular, un puesto de gran confianza, que otorgaba el "poder del picaporte", pues estaba a cargo de la agenda y decidía quién podía entrar o no a ver al jefe, un cargo con mucho poder, hasta entonces siempre ocupado por hombres. Ella aceptó. **A partir de entonces Hermila viajó por el país y promovió en paralelo el carrancismo, pero también el feminismo.** En 1915 **fundó el semanario *Mujer Moderna*, la**

233

primera revista propiamente feminista de México. Desde el inicio la revista sirvió para difundir temas como la educación para las mujeres, las escuelas mixtas, la educación en sexualidad y el sufragio femenino, entre otros. Impulsó la creación de un Consejo Nacional Feminista. A partir de esa época, Hermila, que había leído textos del feminismo sufragista en inglés, estableció contacto con feministas europeas, latinoamericanas y hasta asiáticas. En ese tiempo organizó, además, clubes revolucionarios para difundir la ideología constitucionalista de Carranza.[46]

Fiel a la convicción de que la igualdad entre mujeres y hombres debía ser un aspecto importante de la Revolución mexicana, como constitucionalista en ciernes, se esforzó por señalar discriminaciones legales, como las del Código Civil de 1884 que definía a las mujeres casadas como *imbecillitas sexus* (imbéciles por razón de su sexo), como justificación a la restricción de sus derechos,[47] pues, como ella misma lo resumió, una esposa no tenía ningún derecho en su hogar, carecía de personalidad jurídica para realizar cualquier contrato, no podía disponer de sus pertenencias personales, ni siquiera era la tutora legal de sus hijas e hijos, por lo que no tenía autoridad en asuntos vitales como dónde vivirían sus criaturas o su educación. Nada. El esposo podía quitárselos a discreción, mandarlos a vivir con la suegra o a un internado y que ella no les volviera ver. Y si ella ganaba algún dinero, por ejemplo, vendiendo algo, el dinero era legalmente del marido.[48] **Estar casada en ese orden jurídico y social patriarcal coercitivo era una condición de dependencia total, donde la mujer era minorizada, infantilizada y despojada de cualquier derecho a decidir su proyecto de vida.** ¡No es raro que tantas feministas famosas prefirieran permanecer solteras o se divorciasen, pese al estigma que te marcaba el no estar casada!

Hermila Galindo fue parte de la redacción de importantes iniciativas como la Ley del Divorcio y **propuso** muchas veces al Congreso Constituyente **el derecho al voto universal**:

> Es de estricta justicia que la mujer tenga el voto en las elecciones de las autoridades, porque si ella tiene obligaciones con el grupo social, razonable es, que no carezca de derechos. Las leyes se aplican por igual a hombres y mujeres: la mujer paga contribuciones, la mujer, especialmente la independiente, ayuda a los gastos de la comunidad, obedece las disposiciones gubernativas y, por si acaso delinque, sufre las mismas penas que el hombre culpado.[49]

En 1918, desafiando la ley electoral vigente, Hermila se presentó como candidata al Congreso de la Unión por el Quinto Distrito Electoral de la Ciudad de México. Hay dos versiones. La más conocida dice que, pese a que obtuvo la mayoría de los votos, el Colegio Electoral no le reconoció el triunfo, pero **Rosa María Ruiz Valles** sostiene que la misma **Hermila Galindo** publicó en el número 72 de su revista que no ganó. En cualquier caso, no resta un ápice el mérito a su lucha feminista por el sufragismo y los derechos de las mujeres.[50]

En 1919 **Hermila Galindo** publicó *La doctrina Carranza y el acercamiento indolatino*.[51] Además de sostener los principios fundamentales del Estado mexicano como la no intervención y el respeto a la autodeterminación de los pueblos, en el apartado "La mujer latinoamericana" de dicho documento pugnó por que las mujeres ocupen el "lugar que en justicia le corresponde en el concierto social".[52] Siempre luchó por los derechos políticos, laborales, sociales y educativos de las mujeres en México y en América Latina. Como dice Rosa María Ruiz Valles, el credo de Hermila se resume en esta idea:

La esfera de la mujer está en todas partes, porque la mujer representa más de la mitad del género humano. Su vida está íntimamente ligada a la de la otra mitad. Los intereses de las mujeres y de los hombres no pueden separarse. La esfera de la mujer está por lo tanto dondequiera que esté la del hombre, es decir, en el mundo entero.[53]

Carranza la tenía en tan alta consideración, que la envió a Cuba en misión diplomática. **Patricia Galeana** ha dicho que, pese a no tener nombramiento formal, **Hermila Galindo** fue la primera diplomática mexicana. Allí hace, además, contacto con feministas cubanas.

El 21 de mayo de 1920 fue asesinado Carranza. Su muerte significó un fuerte golpe, no solo emocional, sino político para Hermila. Como dice Ruiz Valles, los enemigos de él eran sus enemigos; pero no todos los amigos de Carranza se comportaron como amigos de ella una vez caído el gran jefe constitucionalista. La gran influencia que ella había logrado como consejera presidencial fue bloqueada. Tuvo que hacer un alto y reencauzar su vida. Decidió dedicarse más a su vida personal, ya que hasta ese momento había priorizado su trabajo, un dilema que muchas mujeres lamentablemente tienen todavía que enfrentar: trabajo o familia, mientras que los hombres casi nunca (privilegios del orden de género patriarcal). Galindo con el tiempo se enamoró y se casó en 1923, a los 37 años, cosa inusual en esa época, dado los mandatos sexistas que orillaban a las mujeres a casarse siendo apenas adolescentes. Tuvo dos hijas, una de ellas murió, pero la otra sobrevivió la infancia y Hermila Galindo se dedicó con devoción a ella, al igual que a las artes plásticas.

DE LOS CONGRESOS FEMINISTAS EN YUCATÁN
AL DECRETO DE 1953

Volvamos unos años atrás. A fines de octubre de 1915, el gobernador y general progresista **Salvador Alvarado,** bajo la iniciativa de varias mujeres, entre ellas **Elvia Carrillo Puerto,** emite la emblemática Convocatoria para el Primer Congreso Feminista de Yucatán, a verificarse del 13 al 16 de enero de 1916. Fue una histórica ocasión en la que, por primera vez en México, se propusieron públicamente reformas en materias educativas, laborales y políticas, que propiciarían la igualdad entre los sexos.

Hermila Galindo, aunque no asistió, envió su ponencia titulada "La mujer en el porvenir", que fue leída en tribuna. Fue una participación destacada, y muy polémica, al proclamar la memorable frase:

"Las mujeres tienen instinto sexual".

Y en esa ocasión propugnó, entre otras, por la educación sexual para las mujeres y una única moral sexual para ambos sexos, lo cual causó que varias asistentes, entre ellas la propia presidenta del congreso, quisieran interrumpir la lectura de su discurso acusándola de "inmoral". El caso es que el fragor constitucionalista y la creciente demanda por los derechos de las mujeres hicieron vibrar el Teatro Peón Contreras en Mérida, Yucatán, con la participación de 620 mujeres,[54] quienes pusieron sobre la mesa de debate temas como "el yugo de las tradiciones", el cómo las mujeres podrían "dejar de ser un elemento dirigido, sino también dirigente de la sociedad"; la educación en la reivindicación femenina, y negando diferencia alguna entre mujeres y hombres, propugnaban igualdad de condiciones en todos los ámbitos, así como el voto de las mujeres mayores de 21 años en elecciones municipales. De manera muy elocuente **Francisca Ávila** expresó:

"El hombre no necesitó siglos para aprender a votar.
Se debe comenzar a hacerlo".

En sentido parecido expuso **Esperanza Romero:**

"El obrero vota su destino. ¿Por qué no podemos hacerlo las mujeres? Comencemos por el municipio, cuando menos".

Estas propuestas, lamentablemente, no fueron aprobadas por todas las participantes, pero en las conclusiones del congreso se registró que la mujer podía desempeñar cualquier cargo público "que no exigiera vigorosa constitución física", pues no habiendo diferencia alguna entre su estado intelectual y el del hombre, sería capaz, como este, de ser elemento dirigente de la sociedad.[55]

¿Cómo fue que en Yucatán ocurrió aquel evento vanguardista, incluso antes que en la capital del país y en muchos otros países, que aún no otorgaban el voto a las mujeres? Hubo una conjugación de factores: el impulso constitucionalista derivado del proceso revolucionario, pero también la convicción y lucha de la líder feminista, socialista, maestra y poeta **Elvia Carrillo Puerto,** que se hiciera de un gran aliado, su hermano, zapatista y líder del Partido Socialista del Sureste, **Felipe Carrillo Puerto,** a quien sumaría en la lucha por los derechos y participación política y de las mujeres.

La historia de **Elvia Carrillo** es interesantísima. Nació en un lugar de Yucatán llamado Motul, zona de haciendas donde se cultivaba el henequén, un agave con cuya fibra se producían cuerdas, sogas, sacos y otros insumos para la industria y el comercio, y que había hecho millonarios a sus dueños y miserablemente pobres a las familias campesinas mayas que trabajan para ellos, en un régimen de franca esclavitud. La familia de Elvia era numerosa (fueron catorce hijas e hijos) y de clase media. Siempre fue una niña curiosa, inteligente e inconformista. En una sociedad donde la mayoría de las mujeres eran analfabetas es notable que sus padres le hayan permitido ir a la escuela primaria con sus hermanos, donde aprendió maya con sus compañeros y compañeras. En esta zona henequenera atestiguó la desigualdad social, lo que contribuyó a despertar su conciencia, al igual que su encuentro con la educadora **Rita Cetina Gutiérrez,** otra fascinante *protofeminista* yucateca, quien había fundado la primera escuela secundaria para mujeres de Yucatán, La Siempreviva, y la revista del mismo nombre, así como el Instituto Literario de Niñas.

Rita Cetina fue crucial en la formación feminista de Elvia Carrillo, pues le brindó sus primeras nociones de igualdad de género y la acercó a textos de **Mary Wollstonecraft, Flora Tristán y Victoria Woodhull**. Un párroco de origen español, **Serafín García,** quien era anarquista, también influyó en ella y en su hermano Felipe al proporcionarles libros socialistas y enciclopedistas.

Unas versiones que consulté dicen que Elvia contrajo matrimonio ¡a los 13 años! con un hombre mucho mayor que ella, y otras, que a los 19 años, pero todas coinciden en que su primer esposo fue un profesor rural llamado Vicente Pérez con quien tuvo dos hijos, aunque solo sobrevivió uno, algo común en la época. Las versiones coinciden que enviudó de él, pero unas dicen que a los 8 años de casados y otras que a los 12 años. El caso es que al parecer Elvia, como muchas mujeres a lo largo de la historia patriarcal, tuvo que aceptar un matrimonio temprano no por elección, sino por obediencia, por carecer de otras opciones. Con el tiempo vuelve a casarse y luego se divorcia y ya nunca se casó, pues con sus lentes violeta feministas identificó que la institución del matrimonio, tal como se ejercía, era un medio de control social de las mujeres que ella no quería para su vida.

La lucha de **Elvia Carrillo** comienza antes del sufragismo, al combatir el sistema de haciendas bajo el yugo del entonces gobernador Olegario Molina, político autoritario y socio de la principal empresa compradora de henequén en el mundo, miembro de la "casta divina", unas 20 familias que concentraban el poder económico y político de Yucatán desde el siglo XIX, gracias al brutal sistema de haciendas. Como revolucionaria, su lucha se remonta a 1909 y 1910, cuando participó en el movimiento armado iniciado en el municipio de Valladolid para unirse al antirreeleccionismo. Su iniciativa emancipadora la llevó de regreso a Motul, para fundar en 1912 la primera organización de campesinas que reclamarían que fueran incluidas y se les dieran los mismos derechos que a los hombres en el reparto de tierras. Para 1913 lograría relevancia nacional al agrupar un gran número de adeptas.[56] **Las organizaciones promovidas por Carrillo sirvieron para otro de los grandes propósitos de su vida: construir la hermandad entre mujeres, en un mundo que siempre fomentaba la competencia y desconfianza entre nosotras.**

Respecto a los derechos de las mujeres, es interesante la visión de Elvia quien declaró, en una entrevista al periódico socialista *El Popular*, lo siguiente:

Nuestro mayor deseo es que [...] no pase inadvertida la mujer que tiene tanto derecho como el hombre para obtener [...] beneficios económicos y educativos [...] E igualmente [...] quiero hacer que la mujer se baste a sí misma para su subsistencia, única manera para que pueda tener una vida independiente y gozar de los mismos derechos cívicos, sociales y políticos que el hombre.[57]

Por otro lado, favoreció a la causa del feminismo yucateco el hecho de que el entonces presidente Carranza designara como gobernador al general Salvador Alvarado, sinaloense de gran sensibilidad social y aliado de las causas de las mujeres, quien gobernó de 1915 a 1918, y decretó tres leyes "feministas" que dieron impulso a algunas de las más sentidas demandas de las mujeres, por ejemplo:[58]

- Ley de Igualdad Jurídica, para permitir a las mujeres tener propiedades y administrarlas, participar en juicios y firmar contratos legales.
- Ley de Emancipación Legal, que establecía los 21 años (antes era a los 30).
- Ley del Divorcio, permitiendo que, tras divorciarse, cualquiera de los dos pudiera contraer matrimonio de nuevo, así como el derecho de la mujer a la custodia de hijas e hijos procreados en el matrimonio.[59]

Además, **Alvarado** dio empleo a mujeres en la administración pública estatal, promovió la agrupación de mujeres en varias localidades, mejoró las condiciones laborales de las trabajadoras del hogar, e invirtió en la educación vocacional femenina.[60] Pero dos notas discordantes de la meritoria labor de este gobernador revolucionario fueron: una, el hecho de que consideraba que la mujer era "productiva" en tanto no se casara, y la otra, que en su intento por "ayudar" a mujeres pobres y víctimas de violación, mediante su *Circular sobre matrimonios urgentes*, "castigaba" la violación, el rapto y la "seducción" de mujeres, mediante el matrimonio del culpable con su víctima, pero además de la ausencia de un castigo real al violador, solo aplicaba si el reo era soltero y de la misma etnia; en caso contrario, solo se le obligaba a dar una compensación económica a la mujer.[61]

Pese a estas acciones androcéntricas, Salvador Alvarado fue crucial para que se diera el Primer Congreso Feminista de Yucatán de 1916, cuyas figuras relevantes fueron, por un lado, las moderadas **Consuelo Zavala,** presidenta del congreso, **Isolina Pérez, Dominga Canto Pastrana, Raquel Dzib Cicero, Rosa Torres González, Beatriz Peniche de Ponce, Candelaria Ruiz Patrón o Lola Puerto,** así como las radicales **Francisca Ascanio, Amparo Machín y Mercedes Betancourt,** de quien se recuerda la frase:

"No consiento que me llamen 'feminista exaltada'.
La mujer no debe llorar, llorar, llorar, sino luchar, luchar, luchar".[62]

Del 23 de noviembre al 2 de diciembre de 1916, se realizaría el Segundo Congreso Feminista, liderado por la propia **Elvia Carrillo Puerto** y maestras de clase media. **Hermila Galindo** tampoco pudo asistir, pero envió a **Salomé Carranza** y **Elena Torres.** Cuando iban rumbo a Mérida, en Veracruz, un reportero del periódico *El Dictamen* le preguntó:

—¿Qué quieren las feministas?

Y ella respondió:

—Igualdad política, tener los mismos derechos y prerrogativas que el hombre.[63]

El énfasis del Segundo Congreso Feminista fue la educación de las mujeres, a la que concebían como condición necesaria para su participación política. Muchas de las asistentes, maestras de profesión en su mayoría, pensaban que era más necesario garantizar el acceso a la educación de las mujeres, que a las urnas. No así **Hermila Galindo,** quien en su ponencia señaló: "Las mujeres necesitan el derecho al voto por las mismas razones que los hombres; es decir, para defender sus intereses particulares, los intereses de sus hijos, los intereses de la Patria y de la Humanidad".[64]

Galindo quería que este segundo congreso tuviera como sede la Ciudad de México, pues ella ya estaba trabajando con Carranza rumbo al Constituyente, y quería plantear el voto para las mujeres en la Constitución, pero desgraciadamente no lo logró. Lo que sí pudo hacer, dos años más tarde, en el Congreso Constituyente de 1917 fue que quedara asentada su propuesta al sufragio restringido con el siguiente argumento:

[…] en estricta justicia la mujer debe ejercer todos sus derechos políticos y sociales, al igual que contribuye de igual manera al sostenimiento de la sociedad. ¿Qué problema, qué cuestión pueden discutirse en el mundo cuya solución no haya de repercutir sobre la vida de la mujer directa o indirectamente? Su fallo, señores legisladores, pasará a la historia ya denigrándolos, ya glorificándolos.

Desafortunadamente, pese a su elocuencia, el Constituyente dictaminó que "no había movimiento alguno que permitiera aceptar la propuesta de la Señorita Galindo".[65] Faltaba el movimiento de masas que las apoyara. Así que ni con dos congresos feministas, ni teniendo una aliada con el peso político de Hermila Galindo, en el primer círculo de Carranza, se pudo articular una fuerza de mujeres suficientemente fuerte para presionar y lograr ese paso. Muchas preferían ir poco a poco y no retar el orden social establecido. De hecho, esta renuencia se explica bien con el resumen que hace la feminista argentina **Liliana Hendel**:

El mayor éxito del patriarcado es convertir a las mujeres, sus principales víctimas, en sus defensoras/reproductoras. Educadas en un estereotipo que las novelas replican y los libros oficiales de historia no desmienten, al excluirlas del relato principal de la historia, las mujeres crecen con la convicción de que parte de su naturaleza es comprender y perdonar hasta lo imperdonable y ser invisibles. La frase "Detrás de un gran hombre hay una gran mujer" se convierte así en una virtud.[66]

De este modo, pese a esas mujeres brillantes y valientes que estaban listas para el gran cambio social y político, el voto femenino en México no llegaría sino casi cuatro décadas años más tarde.

Pero no hay duda de que el feminismo mexicano siempre ha sido de una perseverancia férrea ante los obstáculos, es decir, *insistencialista*, como dice **Marcela Lagarde**, y, así, la lucha de las mujeres mexicanas continuaría al ver que la Revolución prácticamente las ignoró, y no reivindicó sus derechos políticos ni sociales.

En 1917 **Elena Torres y Refugio García** crearon el Consejo Feminista Mexicano (CFM, 1917-1925), que de alguna manera continuó el abordaje que Hermila había introducido en la *Mujer Moderna*, y promovieron asociaciones feministas por todo el país. Torres y García fueron, además, fundadoras del Partido Comunista Mexicano, y en ellas se aprecia con mayor claridad la agenda del feminismo socialista, que además de pugnar por los derechos políticos como el voto y reformas al machista código civil se interesaron por temas sociales como comedores y dormitorios para obreras, regeneración de prostitutas (*sic*) y temas económicos como la igualdad salarial, la seguridad en el empleo, la protección a madres trabajadoras.

En 1919 **Elvia Carrillo**, con mujeres que estuvieron en congresos y agrupaciones feministas, integró la Liga Rita Cetina Gutiérrez (LRCG), en honor a su mentora.[67] El lema de la organización manifestaba de manera literal el espíritu de esta: "Por la Instrucción, Progreso y Derechos de la Mujer". Posteriormente instaló 66 ligas femeninas en todo su estado y, como dice **Piedad Peniche (2011)**, "esa liga se convirtió en un vibrante movimiento gracias al apoyo de **Rosa Torre, Eusebia Pérez, Nelly Aznar, Delta Aguayo, Gloria Mireya Rosado, Susana Betancourt**, entre otras". Lamentablemente, una jugada política, derivada de la cercanía de Elvia con su hermano, a la sazón gobernador de Yucatán, complicaría las cosas para estas feministas. La LRCG se integró al Partido Socialista del Sureste, con lo que estas mujeres de alguna manera "compraron" los problemas de los caudillos socialistas y se ganaron con ello el repudio, por doble partida, de la conservadora élite yucateca: por su feminismo y por su socialismo.[68]

En 1922 Carrillo se encaminó a la capital del país para dar a conocer su trabajo como presidenta de la LRCG, sosteniendo reu-

niones con figuras clave de la época. Para entonces su hermano
Felipe Carrillo ya era gobernador de Yucatán, y se rumoraba
que ella sería candidata a la presidencia municipal de Mérida.
En las elecciones de noviembre del mismo año, impulsada por
ambos hermanos, la maestra **Rosa Torre González** resultó electa regidora del ayuntamiento de Mérida, convirtiéndose en la
primera mujer mexicana en acceder a un cargo de elección popular.[69]

Pese a haber sido una defensora de la libertad sexual de
las mujeres, el divorcio y el control de la natalidad, paradójicamente en muchos escritos a **Elvia** la denominaban la Monja
Roja de Mayab, como un supuesto "elogio" por su entrega a la
lucha por los derechos de las mujeres, desde la izquierda (roja)
desde la península de Yucatán (Mayab) y (quizá) por su soltería
elegida (monja). Elvia participó en la fundación de las Ligas de
Resistencia Feministas, llamando a las mujeres de su estado a
luchar juntas por el derecho al voto, la alfabetización y el control de la natalidad, como reivindicaciones fundamentales para
la emancipación femenina.[70]

En México, la lucha por los derechos políticos de las mujeres ha ido por trechos. Se inició por la larga contienda por
el sufragismo y la conquista del derecho al voto femenino en
1953; se fortaleció con la reforma de 1996, que estableció que
los partidos políticos promovieran una mayor participación
política de las mujeres y que no excedieran en candidaturas de
un mismo género más de 70%, apenas un incipiente impulso
a la participación política de las mujeres que en los años sub-
secuentes se materializaría en el cumplimiento de las cuotas
de género de 40%. Pero no fue sino hasta 2014 que en México se elevó a rango constitucional el principio de paridad
entre mujeres y hombres para las candidaturas al Congreso

de la Unión y los congresos estatales. Sin embargo, quedó pendiente el establecimiento de la paridad vertical y horizontal* en elecciones municipales y estatales, es decir, que se garantizara no solo un mayor número de mujeres en los cabildos, sino que las postulaciones a las presidencias municipales y gubernaturas fueran igualitarias. También faltaba la paridad en el poder Ejecutivo y Judicial. Desde entonces, muchas mujeres lucharon por concretarla y algunos hombres clave se sumaron. Así, en 2019, legisladoras de diversos partidos, acompañadas por organizaciones y colectivas de la sociedad civil, como la Red Mujeres en Plural y el Colectivo 50+1, pusieron en el centro de la discusión la iniciativa #ParidadEnTodo, que planteó la reforma a los artículos 2.º, 4.º, 35, 41, 52, 56, 94 y 115. Después de una ardua discusión, en junio del mismo año, la Cámara de Diputados aprobó el establecimiento de la paridad en los gabinetes, federal y locales, organismos autónomos y poder Judicial. Es decir, en todos los puestos de decisión pública.

Cada vez estamos más cerca de tener a una mujer en el primer cargo de la nación y consolidar la paridad en presidencias municipales, y gubernaturas estatales; pero **ser mujer y acceder a cargos políticos no es garantía de tener una visión y compromiso feminista, ojo con eso.**

En 1923, en la Ciudad de México se llevó a cabo el Primer Congreso Feminista Panamericano, a consecuencia del gran impacto que dejó el Congreso de Mujeres Votantes celebrado en Baltimore, Estados Unidos; en la delegación mexicana asisten-

---

* La *paridad vertical* implica que la planilla de cada ayuntamiento esté conformada de manera igualitaria. Es decir, que haya una paridad entre todas las postulaciones para ocupar los distintos cargos dentro del ayuntamiento, mientras que la *paridad horizontal* se refiere a que en una misma elección haya una cantidad equitativa entre hombres y mujeres postulados para el mismo puesto.

te se encontraban **Eulalia Guzmán, Elena Torres, Luz Vera, Aurora Herrera, María Rentería y Julia Nava.**[71] Más de 100 mujeres provenientes de al menos 20 estados de la República e incluso del extranjero se dieron cita en este congreso para buscar, en palabras de **Luz Vera**, "la elevación de la mujer". Hubo representantes de organizaciones feministas internacionales como el Consejo Latinoamericano de Mujeres Católicas y la Liga Norteamericana para el Control Natal.[72] De manera que la agenda feminista parecía avanzar.

Un año después en San Luis Potosí, **Rafael Nieto**, otro gobernador constitucionalista, impulsó una ley que permitía a las mujeres que supieran leer y escribir participar en los procesos electorales municipales de 1924 y en los estatales de 1925.[73] Así que, sin duda, las feministas mexicanas hemos encontrado hombres aliados en nuestro caminar.

Por esa época se unió al Partido Comunista mexicano, la guerrerense **Benita Galeana**, una mujer extraordinaria, con una infancia y juventud de mucha pobreza, violencia y dolor personal, quien aunque nunca se definió como feminista, sin duda fue pionera del movimiento amplio de mujeres, desde la perspectiva de las obreras, luchando por el derecho al sufragio y al aborto, guarderías y condiciones laborales justas, como también lo hicieran las artistas **Frida Kahlo y Tina Modotti,** y la educadora y periodista **Adelina Zendejas**, entre otras.

Al respecto, vale retomar la figura de **Frida Kahlo**, quien hoy es considerada en algunos círculos como símbolo del feminismo mexicano, más allá de su reconocimiento como artista de fama mundial. Frida desde niña señaló su inconformidad con muchas normas y mandatos heterosexistas y occidentalmente hegemónicos. Por ejemplo, de muy joven masculinizó su aspecto, ostentando con orgullo su bello facial y adoptando más tarde una indumentaria con fuerte carga indigenista, cosa poco común en las mujeres blancas y de clase media como ella, y fue bisexual. Su obra expresa abiertamente su sexualidad y aborda los padecimientos que significaba ser una mujer en su tiempo, además del dolor y minusvalía que vivió como secuela de una poliomielitis temprana y un brutal accidente en tranvía. Fue una activa militante del Partido Comunista y tuvo una relación tempestuosa por muchos años con el famoso muralista Diego Rivera. Hoy, pese a su innegable talento artístico, se ha convertido más en un icono pop y herramienta de mercadotecnia que en un referente para el feminismo, pero es interesante analizar su relación con Diego con las lentes violeta de hoy. Es fácil apreciar que hay mucha violencia normalizada y que ella, con tal de no perderlo, lo perdonaba una y otra vez, como explicará décadas más tarde el modelo del ciclo o espiral sobre las fases de la violencia de género, basado en los estudios de la psicóloga **Lenore Walker,** quien escribió un libro llamado el *Síndrome de la mujer maltratada* en los años ochenta.*

Entre 1930 y 1934 se realizaron tres congresos de mujeres obreras y campesinas[74] y en 1935 se conformó el Frente Único

---

* Este modelo se caracteriza por tres fases secuenciales: *1)* **acumulación de tensión,** caracterizada por violencia psicológica que va aumentando y por una cada vez mayor irritabilidad e intolerancia del violentador; *2)* **estallido de violencia,** efecto de la tensión acumulada, donde se pierda toda comunicación con el agresor, quien descarga sus tensiones en un episodio violento, y *3)* **reconciliación,** donde el agresor se muestra arrepentido, pero no por el hecho de haber estallado, sino por haberse excedido en la manera de hacerlo, ofrece disculpas y promete que no volverá a suceder, siempre y cuando la pareja se comporte de cierta manera. El modelo explica cómo las mujeres llegan a ser víctimas, a raíz del comportamiento manipulador y dominante del violentador, y ayuda a entender por qué hay muchas mujeres que soportan maltrato y violencia por parte de su pareja. Además, permite identificar la etapa idónea para romperlo, que es cuando la pareja se halla en la fase reconciliación o luna de miel.

Pro Derechos de la Mujer (FUPDM), organización vital en el movimiento sufragista mexicano,[75] en el que destacaron personalidades como **Matilde Rodríguez Cobo, Esther Chapa, Refugio García, Esperanza Balmaceda y Consuelo Uranga.** El frente y otras organizaciones sociales, que exigían el fin de la exclusión de las mujeres de la vida pública, lograron que en 1937 el presidente Lázaro Cárdenas enviara al Senado una iniciativa de reforma del artículo 34 de la Constitución, en favor de los derechos ciudadanos de las mujeres, que habría puesto a México a la vanguardia en el escenario latinoamericano. La reforma fue aprobada por ambas cámaras, lamentablemente quedó en letra muerta ante la falta de eco en los congresos locales, condición necesaria para la aplicación de la reforma constitucional. Además, es sabido que el presidente Lázaro Cárdenas no la publicó por consejo de Jesús Reyes Heroles, bajo el argumento de que la mujer "iba a votar por la reacción", es decir, por ideologías de derecha cercanas al catolicismo.[76]

Ahora bien, el feminismo no solo iba a recibir el golpe simbólico de que los hombres del poder pensaban que todas las mujeres eran "por naturaleza conservadoras", sino que además el término iba a sufrir otro "desprestigio". Debido a que la Revolución mexicana fue una lucha social que, además del antirreeleccionismo, abanderó la reivindicación de los derechos de las clases obreras y campesinas, de acuerdo a **Gabriela Cano**, investigadora de El Colegio de México, usar la palabra *feminismo* en las siguientes décadas fue asociado a demandas "burguesas", por lo que muchas organizaciones de mujeres la evitaban, como por ejemplo, la Liga Rita Cetina o el Frente Único Pro Derechos de la Mujer.

En la mayor parte de las organizaciones que se forman en esa época, tanto en los 30 e incluso en los 40, como el Ateneo

Mexicano de Mujeres —que buscaba generar un espacio para el reconocimiento de la obra creativa e intelectual de las mujeres— hubo un rechazo hacia la palabra feminismo pues tiene asociaciones negativas.[77]

Así que quien hoy en día lee los medios y ve asociada la palabra *feminismo* a "ideología de género", a "feminazis", "mujerismo" o "hembrismo", no se extrañe. El feminismo ha recibido embates de los distintos pactos patriarcales que han tratado de confundir e intimidar a las propias mujeres acerca de lo que es y no es el feminismo, y con ello desmovilizarlas una vez más. Haré un pequeño paréntesis para explicar brevemente estos conceptos.

El término ***ideología de género* es usado sobre todo por grupos de derecha, antiaborto y contrarios al matrimonio igualitario, para oponerse a los derechos de las mujeres y de las personas de la diversidad sexual.** Por su parte, **el término despectivo *feminazi*, acrónimo de los vocablos feminista y nazi, es un neologismo que busca ofender y desacreditar el feminismo, y a ciertas feministas, a quienes critica por su supuesta radicalidad.** De manera que, por querer el control sobre su propio cuerpo, por exigir igualdad salarial o el cese de toda forma de violencia, las equipara con los nazis, que creían en la superioridad y supremacía aria y cuyo líder, Hitler, fue responsable del genocidio de millones de personas, entre ellos personas judías, gitanas y mujeres feministas, obligadas a huir o asesinadas en campos de concentración. Es decir, como si buscar la igualdad entre hombres y mujeres y querer un mundo libre de violencia pudiera equipararse a los crímenes de odio y lesa humanidad de los nazis. Así que **además de discriminatorio e ignorante, decir feminazi es una contradicción en términos, una estupidez,** pero por la fuerza de los medios se popularizó gracias a los ofensivos comentarios de un conocido locutor estadounidense, Rush Limbaugh, profundamente reaccionario, racista y sexista.

En cuanto al concepto de *mujerismo* existen distintas acepciones; una muy común es entenderlo como una postura donde equivocadamente se asume que, por poseer ciertas características biológicas, como el poder parir, o el que supuestamente tenemos un umbral de dolor más alto, las mujeres en realidad somos superiores a los hombres; los usan muchas veces quienes quieren denostar al feminismo, diciendo que las feministas somos *mujeristas*. No es así. Hay otra acepción, menos conocida fuera de los círculos académicos, que se refiere a una teoría social basada en la idea de la exclusión de la historia y experiencias cotidianas de las mujeres negras, que muchas veces no son reconocidas por mujeres feministas blancas. El término lo usó por primera vez la novelista afroamericana Alice Walker en 1979.

El *hembrismo* es otra manera de tratar de desacreditar al feminismo, que ha llegado incluso a los diccionarios, como el del Español Actual (1999), dirigido por Manuel Seco, que postula ambos términos como equivalentes. **Teóricamente quien es hembrista discrimina a los varones, como quien es *machista* discrimina a las mujeres. Pero,** por un lado, **esos términos no son simétricos,** porque el machismo es parte del orden social patriarcal, está presente y patente en muchos ámbitos de la vida, mientras que el *hembrismo*, si existiese, es más bien en el plano teórico y sin un número significativo de seguidoras, y además no tiene nada que ver con los postulados del feminismo. El machismo busca la supremacía masculina; el feminismo, la igualdad. Por eso, como dice Alex Grijelmo, es legal que haya organizaciones feministas, y no organizaciones machistas o hembristas.[78]

Los años treinta y cuarenta fueron muy retadores para el feminismo mexicano, porque el arreglo del "corporativismo" que propició el partido en el poder no incluyó a las mujeres. Entendamos las bases del sistema político mexicano del siglo XX. Cuando surgió, en 1929, lo que hoy es el Partido Revolucionario Institucional (PRI) se llamó Partido Nacional Revolucionario (PNR); luego Lázaro Cárdenas lo cambió radicalmente, no solo rebautizándolo Partido de la Revolución Mexicana (PMR), sino creando sus "sectores corporativos" (obrero, campesino, popular y militar), que serían la base de la estabilidad y longevidad de ese partido que en 1946 se convertiría oficialmente en el Partido Revolucionario Institucional, con la salida del sector militar y que se mantendría ininterrumpidamente en el poder hasta el año 2000. Con ese gesto se dejaría atrás el aspecto armado de la Revolución mexicana y se afirmaría la prevalencia de los civiles en el poder político. El PRI, un partido hegemónico, pragmático, un partido androcéntrico, alentó durante décadas, en su estructura, la coexistencia de distintas fuerzas políticas; muchas de ellas fueron "cooptadas" por liderazgos opositores y premiadas con cargos y prebendas a cambio de lealtad política. Este modelo político tuvo su parte exitosa en términos de indicadores de desarrollo económico del país durante varias décadas, pero también debilitó las luchas obreras y campesinas, dificultó la participación de la sociedad civil y la articulación del movimiento de mujeres.

En 1941 se integra la Alianza Nacional Femenina, conformada por las secretarías femeniles de la Confederación de Trabajadores de México (CTM), la Confederación Nacional de Organizaciones Populares (CNOP), la Confederación Nacional Campesina (CNC), la Federación de Sindicatos de Trabajadores al Servicio del Estado (FSTSE) y el Sindicato Nacional de Trabajadores de la Educación (SNTE), con el objetivo de pedir acceso a los puestos públicos para las mujeres.[79] Ese mismo año, **Matilde**

Rodríguez Cabo es nombrada jefa del departamento de Previsión Social (una posición similar a lo que hoy sería una subsecretaría) en la Secretaría de Gobernación; y **Palma Guillén** es nombrada embajadora en Colombia.[80] Aunque estos avances no son estrictamente de la agenda feminista, ayudan a visualizar los hitos que han contribuido a ir rompiendo, paso a pasito, los diques patriarcales que limitaban a las mujeres mexicanas al espacio doméstico.

En febrero de 1947 entró en vigor la adición al artículo 115 constitucional enviada por el presidente Miguel Alemán, que estableció el derecho de las mujeres a participar en elecciones municipales. Derivado de este avance, en Aguascalientes, **María del Carmen Martín del Campo** se convirtió en la primera presidenta municipal de esta ciudad[81] y mujeres como la tamaulipeca **Amalia González Caballero de Castillo Ledón** destacaron en su trabajo de integrar a mujeres en lo que sería la Alianza de Mujeres de México, aunque sin una agenda feminista como tal por las razones que hemos explicado.

En su campaña, el entonces candidato presidencial Adolfo Ruiz Cortines incluyó, como parte de su proyecto modernizador, más que como una respuesta a una reivindicación feminista, el voto femenino, y cumplió. El 17 de octubre de 1953 se publicó el nuevo texto del artículo 34 constitucional:

> Son ciudadanos de la República los varones y las mujeres que, teniendo la calidad de mexicanos reúnan además los siguientes requisitos: haber cumplido 18 años de edad, siendo casados, o 21 si no lo son y tener un modo honesto de vivir.[82]

Un año más tarde, **Aurora Jiménez de Palacios** se convirtió en la primera diputada federal, por el estado de Baja California, y el **3 de julio de 1955,** las mujeres acudieron por primera vez a las urnas a emitir su voto en la elección presidencial.[83] Ese año, poco antes de su muerte, le dio una distinción honoraria a **Hermila Galindo** de "Primera Mujer Congresista".

Roxana Rodríguez Bravo, Gabriela Cano y Enriqueta Tuñón,[84] entre otras académicas que han estudiado esta etapa de los movimientos y participación política de mujeres en México, en general coinciden en que, aunque existieron mujeres que participaban en los partidos políticos —liderados invariablemente por hombres— en casi todos los casos las mujeres acababan "integrándose" al aparato estatal posrevolucionario, incluyendo agrupaciones de mujeres de izquierda, con lo cual sus banderas se desdibujaron. La paradoja es que quienes no querían darles el voto a las mujeres en los años veinte, treinta y cuarenta por considerarlas conservadoras, en los hechos resultaron ser los más conservadores, al promover en los años cincuenta y sesenta leyes y acciones orientadas a preservar el *statu quo* de las mujeres, como madres y amas de casa. El feminismo mexicano tomará nuevos bríos solo hasta después del 68, especialmente en la década de los años setenta y ochenta.

El triunfo sufragista en México se da al mismo tiempo que en Pakistán, Siria y Vietnam, 60 años después que en Nueva Zelanda, 35 después que en Inglaterra y 33 que en Estados Unidos. Lástima que, pese a la intensa lucha de **Hermila Galindo** y **Elvia Carrillo Puerto,** entre otras, el Constituyente Carrancista perdió la oportunidad de marcar un hito internacional al hacer realidad la plena ciudadanía de las mujeres en la Constitución de 1917 y, en cambio, México fue uno de los últimos países de Latinoamérica en otorgar este derecho.

EL FEMINISMO MEXICANO DE
LOS AÑOS SESENTA, SETENTA Y OCHENTA

Bajo el periodo llamado "el desarrollo estabilizador", caracterizado por un crecimiento económico sostenido, que impulsó la construcción masiva de instituciones educativas y de industrias paraestatales, así como empresas privadas, poco a poco más mujeres se incorporaron a las fábricas, pero también a las universidades y no solo al magisterio, como tradicionalmente lo habían hecho; si bien ingresaron a carreras estereotípicamente femeninas como enfermería, ciencias sociales y humanidades. **La aparición del sujeto joven y la idea del cambio generacional empiezan a fraguar, y hay una primera articulación de la conciencia de género, aunque sus actividades públicas siguen siendo secundarias.**

Las mujeres de esa generación fueron las primeras que se atrevieron a usar minifalda y a contrariar a sus madres y padres por su derecho a estudiar y a elegir su vocación; también serían las primeras en usar la píldora anticonceptiva y en ejercer una sexualidad más libre. En 1968 muchas mujeres se sumaron al movimiento estudiantil. Como brigadistas repartiendo folletos o pegando carteles; recolectando dinero en transporte público, calles y mercados; alumnas escribiendo discursos y participando en asambleas y mítines del Consejo Nacional de Huelga: su labor fue fundamental, aunque sus actividades fueron consideradas por sus compañeros secundarias, pues también participaron en actividades estereotípicamente femeninas como las cocinas colectivas, y padecieron discriminación y actitudes machistas por parte de compañeros que les chiflaban o gritaban cuando intentaban hablar en asambleas.

Ana Ignacia Rodríguez, conocida como la Nacha, **Tita Avendaño y Adela Salazar** fueron activistas destacadas que enfrentaron la cárcel; una fue líder estudiantil, otra profesora de la Facultad de Derecho y la otra dirigente del Comité de Padres de Familia. Por otra parte, alcanzaron incidencia en este movimiento **Marcia Gutiérrez** de Odontología o **Myrthokleia González,** maestra de ceremonias del mitin del 2 de octubre en Tlatelolco. **Además de universitarias de clase media, también participaron en el 68 mexicano mujeres organizadas de sindicatos, barrios y colonias, artistas, intelectuales, profesionistas y amas de casa, ya que el 68, además de estudiantil, fue un movimiento popular.** Juntas alzaron la voz para exigir la libertad de presos políticos y apoyar al movimiento estudiantil, particularmente tras la masacre del 2 de octubre, pero solían ser minusvaloradas en la lucha respecto a los varones, que tenían la ventaja de participar en un terreno conocido y masculinizado, mientras que para muchas era su primera experiencia fuera de la esfera doméstica.[85]

Hubo mujeres en la reflexión sindical y en reuniones que derivaron en mayor conciencia política y entendimiento de las estructuras que las oprimían, a la vez que se abrían paso a la vida pública. Por la vía institucional, algunas mujeres de clase media y alta empezaron a ganar puestos de representación a cuentagotas: **Alicia Arellano Tapia** (1964) y **María Lavalle Urbina** (1967) se convirtieron en las primeras senadoras de la República, por Sonora y Campeche, respectivamente, e incluso, Lavalle Urbina llegó a ser presidenta del Senado.[86]

Según la académica feminista **Estela Serret,** son dos los factores que orientan al feminismo de esa época: la conciencia ciudadana a partir de las demandas de democratización generadas por los movimientos estudiantiles del 1968, y la influencia progresista del feminismo estadounidense.[87] A esto se suma, como expone **Lau Jaiven,**[88] la entrada de más mujeres al mercado laboral y a la educación superior, el desarrollo y socialización de métodos anticonceptivos accesibles y los cambios jurídicos e institucionales que empezaban.

Ya en septiembre de 1970 algunas jóvenes universitarias de clase media y alta se van a congregar a partir de un artículo publicado en el suplemento *La Cultura en México* escrito por **Marta Acevedo**, llamado "Nuestro sueño está en escarpado lugar",* a raíz de su reciente visita a San Francisco, California, donde narra las protestas en torno a la huelga de las mujeres por la igualdad (Women's Strike for Equality) como parte de los eventos de los cincuenta años del voto para las estadounidenses. Allí conoció a **Betty Friedan** y se dio cuenta de la fuerza del movimiento feminista de Estados Unidos. La historiadora **Ana Lau Jaiven considera a Martha Acevedo la primera feminista de la nueva ola mexicana.** La publicación de este artículo produjo que meses después, el 9 de mayo de 1971, jóvenes activistas ya se integraran como Mujeres en Acción Solidaria denunciando "el mito de la madre" y hablaran de que "lo personal es político" en una protesta memorable frente al Monumento a la Madre en el entonces Distrito Federal, y salieran a las calles por las noches, a escondidas, haciendo los primeros grafitis feministas. Mujeres en Acción Solidaria plantearía, en 1972, la necesidad de una modificación legislativa para el derecho a interrumpir el embarazo, entre muchas otras acciones.[89] Así, en los setenta comenzó una "nueva ola" del feminismo mexicano, más influenciado por los debates feministas norteamericano y europeo, donde se habla aún de "la mujer", no "las mujeres" y con presencia de la sociedad civil. Se ven más mexicanas aguerridas, mujeres que empezaban a desnaturalizar la violencia y

---

* Este artículo fundacional del feminismo mexicano fue reproducido en *Debate feminista*, núm. 12, octubre de 1995, pp. 355-370.

dominación masculina; que buscaban apropiarse de su sexualidad; que cuestionaban la desigualdad en sus relaciones familiares y el trabajo doméstico, la doble moral sexual, los espacios de dominación masculina; que exigían igualdad de oportunidades y salarios, el poder decidir sobre sus cuerpos, rechazando la *objetualización* y, por ende, la violencia sexual; que estaban a favor de la anticoncepción y la despenalización del aborto (temas que eran un tabú en un país de tradición católica de varios siglos y que producía muchas divisiones entre las mujeres).[90] Recordemos que en esos años las familias mexicanas tenían un promedio de seis hijas e hijos.[91] Como ves, las demandas se parecen todavía mucho a las demandas de hoy. ¡Y eso fue hace poco más de 50 años! **Sí hemos avanzado, pero no hemos alcanzado la igualdad plena, y por eso el feminismo sigue siendo más necesario que nunca.**

En paralelo al empuje desde la sociedad civil, ciertos avances legislativos e institucionales continuaron. En 1973 el gobierno de Echeverría presentó un proyecto de Ley General de Población, en el que se reconocía el aborto como problema social. Además, el 31 diciembre de 1974, se reformó el artículo 4.° constitucional estableciendo, por primera vez, que:

> El varón y la mujer son iguales ante la ley. Esta protegerá la organización y el desarrollo de la familia. Toda persona tiene derecho a decidir de manera libre, responsable e informada sobre el número y el espaciamiento de sus hijos.[92]

El Movimiento Nacional de Mujeres, en 1976, organizó la primera Jornada Nacional para la Liberalización del Aborto; del Movimiento de Liberación de la Mujer se escindiría el colectivo La Revuelta, interesado en crear conciencia sobre la situación de las mujeres marginadas y transformar las estructuras socioculturales del machismo dominante. Fue invaluable la aportación y gigantesco trabajo de este pequeño gran colectivo de mujeres, que no tenían experiencia previa en periodismo ni recursos económicos, pero crearon el periódico *La Revuelta: reflexiones, testimonios y reportajes de mujeres en México, 1975-1983*,[93] que vendían en el metro, en las universidades públicas y en algunas librerías de izquierda, y que tenía un lenguaje accesible, alejado de tecnicismos, pues querían llegar a mujeres que por primera vez tenían contacto con el feminismo, desde estudiantes, obreras hasta amas de casa. Entre sus fundadoras estaban **Eli Bartra, Marta Brumm, Chela Cervantes, Bea Faith, Lucero González, Dominique Guillemet, Berta Hiriart y Ángeles Necoechea,** que eran jóvenes que en promedio rondaban los 26 años y que, firmes en su convicción del principio de horizontalidad en la labor editorial, se negaban a firmar de manera individual sus artículos. Como nos narra **Berta Hiriart,** lograron publicar nueve números, pero ante las dificultades financieras se acercaron a **Carlos Payán,** subdirector del diario de izquierda *unomásuno*, para proponerle la creación de un suplemento feminista, y solo consiguieron una columna que eventualmente sería una hoja completa. **Eli Bartra** cuenta que el periódico exigía la firma de sus artículos, lo cual provocó debate entre ellas, pues algunas pensaban que firmar individualmente era pequeñoburgués, individualista y antifeminista. Continuaron con este esquema del 79 al 83, año en que se disuelve el colectivo.[94]

Otra importante publicación, que alcanzaría lectoras en todo el continente latinoamericano y España, fue la revista *fem*, concebida por la entrañable **Alaíde Foppa** y **Margarita García Flores,** convencidas de que faltaba un medio propio que hablara de asuntos de mujeres, aun cuando varias escribían en algunos medios, como **Martha Lamas** que era publicada en *El Universal*, **Ángeles Mastretta** en *Excélsior* y **Esperanza Brito** en *Novedades*. En octubre de 1976 sale el primer número con textos de **Alaíde Foppa, Elena Poniatowska, Elena Urrutia, Margo Glantz, Simone de Beauvoir, Carmen Lugo y Marta Lamas**. *fem* fue un medio que hizo escuela entre generaciones de feministas latinoamericanas, con su postura de vincular la investigación y la reflexión con la lucha, para cambiar la condición social de las mujeres. Era una revista académica y literaria que nació como encarte también del *unomásuno*, y se encontraba solo en espacios universitarios y algunas librerías de nicho progresista. El trágico secuestro y muerte de **Alaíde Foppa** marcará una segunda época de la revista, más especializada y con alcance en las principales ciudades del país.[95]

Las agrupaciones feministas fueron definiendo áreas de especialización y espacios de actuación; es una época con un gran despliegue de creatividad. Por ejemplo, la artista **Mónica Mayer** desarrolla *El tendedero*: lanzó una invitación para que 800 mujeres completaran una idea: "Como mujer lo que me disgusta de la ciudad es…" y lo escribieran en pedazos de papel rosa (no existían aún los post-it); colgó los papeles en un tendedero, con ganchos como para secar la ropa, y presentó la obra en el Museo de Arte Moderno en 1978. La pieza no solo ha sido recreada y homenajeada por otras artistas, sino retomada como uno de los elementos que en activismo feminista persisten hasta nuestros días, como los tendederos de acosadores y hostigadores sexuales o los de deudores alimentarios.

Unas feministas trabajan entonces desde las calles; otras desde la academia y la cultura; algunas desde el gobierno; a veces hay tensiones entre ellas, pero muchas logran superar sus diferencias. **Surgió entonces el concepto del Movimiento Amplio**

de Mujeres (MAN), que agrupa a feministas y no feministas, mujeres de izquierda, académicas, activistas, políticas, líderes sociales, entre otras.

En esta década se publica *Mujer que sabe latín*, uno de los principales aportes al feminismo de la escritora y diplomática **Rosario Castellanos**. Si bien desde los años cincuenta, inspirada en **Simone de Beauvoir**, ya cuestionaba la forma en que la cultura margina a las mujeres en su tesis *Sobre la cultura femenina* (UNAM, 1950), su obra quizá más relevante es la de los setenta. El origen chiapaneco de la escritora estuvo presente en su obra; nunca olvidó las injusticias y la discriminación de la que eran sujetas las personas indígenas, que desde niña observó como mujer privilegiada en un estado predominantemente indígena. Sin embargo, creyó que poco podría hacer por ellas sin un cambio estructural social. Así también criticó la doble opresión a las mujeres indígenas en el sistema patriarcal tradicional en las comunidades chiapanecas. Castellanos promovió la igualdad, no la radicalización: "Los hombres no son nuestros enemigos naturales, tienen que comprender que nada esclaviza tanto como esclavizar, y nada produce una degradación mayor que la que se pretende infringir a otro (a)".[96]

Un hito importante fue la celebración en la Ciudad de México de la Conferencia Mundial del Año Internacional de la Mujer, organizada por la ONU y el gobierno de México, en la que participaron más de 9000 personas de 133 naciones. El objetivo era estudiar el Plan de Acción Mundial redactado por la ONU y que las delegaciones de cada país propusieran modificaciones que apuntaran a resolver los problemas que causaban que las mujeres estuvieran en "desventaja". Hubo mucho debate, pues mientras unas consideraban que la causa de las mujeres ameritaba un Foro Mundial, otras la veían como un intento de manipulación de los países del llamado "primer mundo" o industrializados, a los países del "tercer mundo" o "subdesarrollados", además de que hubo mucha discusión en torno al concepto mismo de *mujer*, en un contexto mundial polarizado entre el bloque soviético y estadounidense, que se evidenció también en las tensiones y divergencias en la agenda entre las delegadas de estos países.

Pamela Fuentes nos cuenta que:

> Los planteamientos de las mujeres del Primer Mundo —relacionados principalmente con la sexualidad— fueron calificados varias veces y por distintas voces como triviales o extravagantes, sin relación con los asuntos que realmente debían resolverse para mejorar la condición de las mujeres en el mundo. De acuerdo con algunas participantes de los países en vías de desarrollo, para lograr un cambio en la condición de las mujeres era necesario el reordenamiento de la economía mundial y un reparto justo de la riqueza.[97]

Hubo ausencia de importantes actoras del feminismo internacional y, además en paralelo, se desarrolló una Tribuna de las Organizaciones no Gubernamentales, con nada menos que 6 000 personas, para discutir también el tema, pero con enfoques y métodos de trabajo muy distintos, con una cobertura en la prensa oficialista que rayó en el desprecio y en lo negativo.[98]

Pese a que el oficialismo se aprovechó de un discurso del que hasta entonces no había hecho mucho eco, hoy podemos ver que **los efectos de este encuentro en México y otros países fueron cruciales;** incorporaron agendas que serían discutidas en las posteriores conferencias mundiales en Nairobi, Copenhague y Beijing, y en lo más inmediato derivaron en cambios legislativos importantes. Por ejemplo, **se derogaron figuras jurídicas añejas y misóginas, como que "la mujer" necesitara el permiso de su esposo para trabajar o hacer transacciones financieras, que estaban aún presentes en el Código Civil.** En México se modificó la Ley Agraria para que las mujeres pudieran ser sujetas de dotación de tierras, algo que, en un estado como Oaxaca, con 82% de la propiedad de la tierra de carácter social y no privado, tuvo una enorme importancia. La demanda de despenalización del aborto, sin embargo, tardaría casi 20 años en concretarse. Pese a que en 1979 grupos de mujeres feministas propusieron una ley de maternidad voluntaria, no fue sino hasta 1997 que se logra la legalización parcial de aborto en 21 de 32 estados.

Para finalizar la década de los setenta, en 1979, la maestra, feminista, poeta y política **Griselda Álvarez Ponce de León,** heredera de una dinastía política, pues su padre y abuelo fueron gobernadores, se convirtió en la primera gobernadora, representando al estado de Colima, con el lema "Para progresar, educar".

Además, México fue uno de los primeros países en ratificar, en 1980, la Convención sobre la Eliminación de Todas las Formas de Discriminación contra la Mujer (CEDAW), el instrumento legal más importante para la protección de los derechos humanos de las mujeres, que brinda definiciones y líneas de actuación en materia de derechos civiles, políticos, económicos, sociales y culturales de las mujeres. Penosamente, Estados Unidos es uno de los pocos países que no ha ratificado este instrumento.

De acuerdo con la historiadora **Patricia Galeana,** en los años ochenta cobró relevancia la lucha latinoamericana por los derechos humanos, luego de las atrocidades cometidas por las dictaduras de aquellos años: las desapariciones, las intervenciones de los grupos paramilitares, la tortura a personas disidentes al régimen en cuestión, donde muchas mujeres perdieron la vida.

De ahí surgieron liderazgos populares, como el de la activista **Rosario Ibarra de Piedra** quien, ante la desaparición forzada de su hijo Jesús, inició una intensa búsqueda que la llevó a fundar el Comité Pro-Defensa de Presos, Perseguidos, Desaparecidos y Exiliados Políticos. En 1982 fue postulada como la primera candidata a la presidencia por el Partido Revolucionario de los Trabajadores, y en 1988 volvió a contender. En 1985, todavía en el decenio de la Mujer declarado por la ONU, de 1975 a 1985, se estableció la Comisión de la Mujer, y México participó en la Tercera Conferencia realizada en Nairobi.

Para el feminismo mexicano fue una etapa decisiva, en la que se empezaba a luchar por las leyes relativas al divorcio y a la patria potestad, a la violencia entonces llamada intrafamiliar, a los derechos sexuales y a la salud reproductiva.[99]

Surgieron nuevos grupos con distintos intereses, especializaciones y puntos de vista. Algunos grupos tuvieron acercamientos con partidos políticos, sindicatos u otras organizaciones sociales más politizadas; mientras que otros se constituyeron como organizaciones no gubernamentales (ONG), obteniendo financiamiento internacional para el desarrollo de nuevas categorías de análisis, la capacitación y la atención a mujeres víctimas de violencia, particularmente sexual.

Se conformó el Movimiento Urbano Popular (MUP), pilar en la lucha contra la represión y en la lucha por la libertad de los presos políticos y la defensa de los derechos humanos en general,[100] al que se unieron mujeres de barrios pobres, de acuerdo con **María Eugenia Guadarrama,** con el anhelo de aprender herramientas para transformar su condición de subordinación y ser valoradas. Sus principales objetivos de lucha eran la solución de problemas de tierra, vivienda y cobertura de servicios básicos, pues los años ochenta quedaron marcados por las crisis económicas sexenales que dejaron a miles de familias en la pobreza y en una mayor vulnerabilidad a las mujeres.[101]

El terremoto del 85 y las protestas derivadas del proceso electoral del 88 fueron dos detonantes que activaron a la sociedad mexicana, incluyendo por supuesto a las mujeres. Cuando el terremoto del 19 septiembre de 1985 derribó edificios de la Ciudad de México, quedaron expuestas muchas deficiencias en infraestructura, desarrollo urbano, protección civil y derechos humanos; como ejemplo, las condiciones en las que laboraban las trabajadoras de la industria del vestido, gremio en el que murieron alrededor de 600 costureras. Ante esta tragedia surgió el movimiento de las trabajadoras de la costura, el primer movimiento laboral dirigido por mujeres, bajo el liderazgo de **Concepción Guerrero Flores.**

Ellas, quienes vieron morir a muchas compañeras y salvaron con sus manos a otras tantas, sacaron a la luz la causa de sus muertes, como el hecho de que muchas de las fábricas no fueron construidas para soportar maquinaria pesada; los talleres clandestinos e incluso los casos en los que el patrón no las dejó salir a tiempo para no detener la producción.[102]

El movimiento se intensificó mediante campamentos colectivos afuera de algunas de las fábricas para lograr el pago de indemnizaciones para las víctimas, y un mes después obtuvieron el registro como Sindicato Nacional de Trabajadoras de la Industria de la Costura, Confección, Vestido, Similares y Conexos 19 de Septiembre. En 1986, un documental realizado casi enteramente por mujeres, dirigido por la cineasta **Maricarmen de Lara,** nace a la luz mostrando testimonios que dan cuenta de la tragedia vivida por las costureras cuyos centros laborales fueron dañados por los sismos, que trabajaban en jornadas larguísimas en condiciones infrahumanas. Se llamó *No les pedimos un viaje a la luna*, aludiendo a que sus demandas eran simples: sindicalizarse de manera independiente, trabajo e indemnización.

En este contexto, el Movimiento Amplio de Mujeres (MAN), si bien existía desde la década anterior, en los ochenta orientó grandes esfuerzos en buscar la incidencia política a través de las diferentes organizaciones que le conformaban, siendo las mujeres más conscientes de que sumarse a los movimientos sociales genéricos no reivindicaría sus derechos ni derribaría los modelos de opresión del sistema patriarcal. Hacia fines de la década del MAN surgiría la Coordinadora Nacional Feminista, como vocería del movimiento.

La escisión del PRI en 1987 daría origen al Partido de la Revolución Democrática (PRD), que tendría un papel protagónico en la elección presidencial de 1988, quizá la más controvertida del siglo XX. Surgieron figuras importantes del feminismo que agruparon a varias organizaciones simpatizantes a la izquierda mexicana: la Coordinadora Benita Galeana y Mujeres en Lucha por la Democracia.

LOS AÑOS NOVENTA
Y LA INSTITUCIONALIZACIÓN DEL FEMINISMO

A finales de los años ochenta e inicio de los noventa comenzó el proceso de institucionalización donde el feminismo mexicano comienza a ocupar espacios en los partidos políticos, sindicatos, en el gobierno, en los claustros académicos y en los medios de comunicación. Con ello surgieron dos fenómenos: la burocratización de algunos grupos y una mayor incidencia de mujeres en estructuras de poder.

En esta década perdieron fuerza los grupos de reflexión sobre la condición de las mujeres y ganaron espacios los llamados "estudios de género", que incorporaban visiones multi y transdisciplinarias, en temas nodales como las categorías de sexo y género, la lucha contra la violencia, los derechos laborales, sexuales y reproductivos, el reconocimiento de la pluralidad y la participación de las mujeres en la democracia.

En 1990 se publicó un referente del feminismo mexicano: *Los cautiverios de las mujeres: madresposas, monjas, putas, presas y locas*, escrito por la antropóloga **Marcela Lagarde,** quizá la teórica feminista más importante de Latinoamérica. Muchos de los conceptos manejados actualmente por el movimiento feminista han sido creados o resignificados por Lagarde, como el de *sororidad, feminicidio* o *empoderamiento*.[103]

En este tenor, surgió la también legendaria publicación *Debate feminista*, fundada por **Marta Lamas,**[104] reconocida antropóloga, integrante del Movimiento de Liberación de la Mujer en México desde la década de los años setenta, influenciada por el marxismo y, sin embargo, consciente de que este no reconocía las desigualdades de género y tampoco las reivindicaba. Autodeclarada discípula de **Elena Poniatowska** y de Carlos Monsiváis, **Lamas** recuerda que el primer editorial planteaba:

> Ser "un puente entre el trabajo académico y el político". Era mi forma de unir mis dos partes, la de la activista y la de la intelectual, y con esta publicación aspiraba a movilizar la investigación y la teoría feministas, dentro y fuera de las instituciones académicas, y a superar la esterilidad de los estudios aislados del debate político.[105]

El interés por los derecho sexuales y reproductivos iba en aumento, así como los primeros abordajes feministas en torno a estas violencias. A fines de los ochenta, **Patricia Olamendi**, junto con otras mujeres, unieron esfuerzos para crear el primer Centro de Atención a Víctimas de Violencia Sexual, que luego se convertirá en el Centro de Terapia de Apoyo a Víctimas de Delitos Sexuales, CTA.

En 1992, **Marta Lamas,** con la colaboración de **Patricia Mercado, María Consuelo Mejía, Sara Sefchovich y Lucero González,** fundaron el Grupo de Información en Reproducción Elegida (GIRE), con el objetivo de difundir información objetiva, científica y laica sobre el aborto en México, para así posicionarlo como un tema de interés público, de salud pública y de justicia social. Durante casi 30 años han colocado en la mesa de debate temas como anticoncepción, aborto, violencia obstétrica, muerte materna, reproducción asistida y conciliación de la vida laboral y personal.[106]

En cuanto a los avances institucionales de la década, vemos los cimientos de las políticas públicas en materia de igualdad de género. El gobierno de Ernesto Zedillo lanzó el Programa Nacional de la Mujer (1995-2000) "Alianza para la igualdad" (Pronam), bajo la conducción de la política yucateca **Dulce María Sauri Riancho,** cuyo objetivo era transformar las condiciones de discriminación que afectaban a las mujeres; a ella se le debe mucho el impulso de que en los 32 estados se crearan institutos de las mujeres y participó activamente en la Comisión Interamericana de Mujeres (CIM) como delegada.

También en los años noventa se instaló por primera vez en el Congreso federal la Comisión de Equidad y Género. Como bien lo dice la historiadora **Patricia Galeana,** esta década fue clave para el empoderamiento político de las mujeres. Ante la baja representación política femenina, en la Conferencia Mundial de Beijing en 1995, la ONU emitió la recomendación de que los países adoptaran medidas afirmativas en favor de las mujeres con miras a lograr una representación paritaria. En México, en 1996, se adicionó al Código Federal de Procedimientos Electorales (Cofipe), la siguiente indicación: "los partidos políticos nacionales considerarán en sus estatutos que las candidaturas a diputados y senadores no excedan el 70% para un mismo género".[107] Aunado al compromiso internacional, los partidos fueron incorporando poco a poco más mujeres, aunque, no necesariamente en pro de la igualdad de género, sino porque la evidencia empírica mostraba que las mujeres tenían alta "rentabilidad política" al votar en una proporción mayor que los hombres. Aún era impensable hablar de paridad.

En 1998 se creó la Comisión Nacional de la Mujer (Conmujer), con el propósito de impulsar políticas públicas para mejorar la situación de las mexicanas. Se empezaba a hablar de "las mujeres", ya no de "la mujer". Es un cambio epistemológico importante, pues no somos "la mujer", homogénea ni monolítica; somos mujeres, en plural, diversas; aunque lograr esa conceptualización tomaría décadas. Ya en 2001 nació el Instituto Nacional de las Mujeres (Inmujeres), encabezado por **Patricia Espinosa Torres,** a la que sucederían **Rocío García Gaytán, Lorena Cruz Sánchez** y **Nadine Gasman Zylbermann,** con lo que ha sido dirigido por mujeres de los principales partidos de México.[108]

Hasta aquí van registrándose algunos avances, pero desafortunadamente no se puede omitir que, en 1993 en Ciudad Juárez, Chihuahua, se dio la primera serie de feminicidios sistemáticos del país. **Diana Russell** y **Jill Radford** (1992) definen el *femicidio* (aún no usan el concepto *feminicidio*) como el "asesinato

270

misógino de mujeres por ser mujeres.[109] Al principio era una mujer asesinada cada mes y poca fue la atención que captaron los feminicidios de estas mujeres, casi todas jóvenes trabajadoras de las maquiladoras, aunque no había un perfil único. Alrededor de 300 mujeres fueron raptadas, violadas, ultrajadas, torturadas y asesinadas, en este contexto.

La maestra y contadora **Esther Chávez Cano** fue una de las activistas que más luchó por visibilizar el fenómeno feminicida que estaba ocurriendo. Desde el inicio anotó uno a uno los casos de niñas y mujeres que aparecían muertas, lo que permitió que la exigencia de justicia por las llamadas por la prensa "muertas de Juárez" llegara hasta instancias internacionales.[110] **Chávez Cano** fue fundadora del grupo defensor de mujeres fronterizas 8 de Marzo. En 1999 creó Casa Amiga, para la atención de mujeres víctimas de violencia sexual y familiar (entonces aún llamada violencia doméstica).*

Ante la situación en Ciudad Juárez, **Marcela Lagarde** acuñó el término *feminicidio* como:

> [...] una ínfima parte visible de la violencia contra niñas y mujeres, que sucede como culminación de una situación caracterizada por la violación reiterada y sistemática de los derechos humanos de las mujeres. Su común denominador es el género: niñas y mujeres son violentadas con crueldad por el solo hecho

---

* Por su etimología, la violencia doméstica se refiere al *domo* ("casa" en latín). Aunque se usa como sinónimo de violencia familiar, este constituye un término más amplio que violencia doméstica o violencia "intrafamiliar", pues presupone que la violencia sobre los miembros de una familia, es decir, personas que tienen lazos de consanguinidad puede ocurrir, por ejemplo, afuera del estrecho espacio doméstico; la violencia en el ámbito familiar puede adquirir muchas modalidades como son la violencia física, sexual, psicológica, económica, patrimonial o feminicida.

de ser mujeres y solo en algunos casos son asesinadas como culminación de dicha violencia pública o privada.[111]

Estos hechos evidenciaron las inconsistencias e incapacidad del Estado para garantizar seguridad y justicia a las mujeres, y a su vez intensificó la lucha feminista en todo el país por la erradicación de la violencia hacia las mujeres.

FEMINISMO DEL SIGLO XXI EN MÉXICO

Con la alternancia democrática, como mencionamos, nació el Instituto Nacional de las Mujeres en 2001, con lo que tanto a nivel federal como estatal se inició la introducción de políticas públicas con enfoque o perspectiva de género en México, si bien sin agenda feminista explícita, e incluso a veces francamente conservadora; por lo que en sus primeros años tanto Inmujeres como muchos institutos locales solo abordaron agendas ideológicamente menos controversiales, como la institucionalización y transversalización de la perspectiva de género, oportunidades económicas, derecho al trabajo y a la participación política de las mujeres, y la asistencia social ante la desigualdad de género, evitando temas como aborto o la agenda de la diversidad sexual, a excepción de la Ciudad de México, bastión de la izquierda mexicana desde los noventa y punta de lanza en agendas importantes como el aborto, el matrimonio entre personas del mismo sexo y la atención de la violencia de género contra las mujeres. El Inmujeres CDMX fue presidido por **Patricia Olamendi Torres** (1998), **Gabriela Delgado Ballesteros** (1999), **Isabel Molina Warner** (2000), **Luz Rosales Esteva** (2002), **Martha Lucía Mícher Camarena** (2006), **Beatriz**

Santamaría Monjaraz (2012) y **Teresa Incháustegui Romero** (2014). En 2018 se centraliza y eleva de rango al convertirse en l a Secretaría de las Mujeres y es presidido por **Ingrid Gómez Saracíbar** (2019).

Entrada la tercera década del siglo XXI, alrededor de la mitad de los estados del país ya tenían secretarías (una posición ministerial en el gabinete) en vez de institutos, lo que reflejó que, en un régimen político presidencialista, la fuerza y cobijo del poder Ejecutivo pueden facilitar la labor de los mecanismos de adelanto de las mujeres, aunque sin duda también hay una pérdida de autonomía, por lo que es un debate en curso.

Gracias a la presión de feministas, y con el apoyo de políticas aliadas, en 2007 la Asamblea Legislativa del Distrito Federal aprobó el derecho a la interrupción legal del embarazo (ILE). Doce años después, en 2019, Oaxaca se convertiría en el segundo estado en aprobar el derecho a un aborto seguro.*

Asimismo, se impulsó el andamiaje jurídico necesario para promover el acceso de las mujeres a una vida libre de violencia de género (2007)[112] y la igualdad entre mujeres y hombres (2009).[113] Con el trabajo sororo de legisladoras, académicas y activistas de la sociedad civil, las diputadas **Marcela Lagarde, Diva Gastélum, Angélica de la Peña, Blanca Gámez,** entre

---

* "El Congreso de Oaxaca aprobó, en lo general y lo particular, la iniciativa para reformar la Ley local y el Código Penal, a fin de despenalizar el aborto antes de las 12 semanas de gestación. La iniciativa obtuvo en lo general 24 votos a favor y 10 en contra, mientras que en lo particular recibió el mismo número de votos a favor. En el Código Penal se eliminaron las sanciones que establecían cárcel y multas para parteras o médicos que realizaran esta práctica médica", en "Oaxaca, segunda entidad en aprobar la legalización del aborto", *El Financiero*, 25 de septiembre de 2019 <*https://www.elfinanciero.com.mx/nacional/oaxaca-aprueba-la-legalizacion-del-aborto*>.

otras, impulsaron de Ley General de Acceso de las Mujeres a una Vida Libre de Violencia, una ley vanguardista que, como dijo Marcela Lagarde, "colocó a las mexicanas como sujetas de derechos y porque en el fondo colocó la misoginia y el patriarcado como fundamentos. Se logró acreditar el feminismo".[114] En esa época también, con Lagarde al frente, se instaló la Comisión Especial de Feminicidio en el Congreso para investigar el asesinato de mujeres en Ciudad Juárez.[115] Estas dos acciones representaron un cambio sustantivo y un nuevo paradigma, pues a partir de ellas se empezaron a crear leyes de este corte en diversos países latinoamericanos.

De la Peña y **Lagarde**, junto con otras diputadas, académicas y organizaciones civiles, también impulsaron la Ley de Protección de los Derechos de Niñas, Niños y Adolescentes, que les reconoce como titulares de derechos; la Ley Federal para Prevenir y Eliminar la Discriminación; la Ley para Prevenir y Sancionar la Trata de Personas y la Ley General para la Igualdad entre Mujeres y Hombres.

El tipo penal de feminicidio, en el que destacó el trabajo de la abogada **Patricia Olamendi,** se incorporó al Código Penal Federal en 2012, que consiste en privar de la vida a una mujer "por razones de género", como violencia sexual previa al asesinato, lesiones físicas previas, antecedentes de violencia doméstica, relación sentimental con el agresor, entre otras. Esta renombrada abogada, que también fue diputada, logró la tipificación penal de la violación en el matrimonio, así como la eliminación del adulterio como delito grave.

Los feminismos se han ido diversificando en sus temas y las feministas han incidido desde la sociedad civil y la academia para empezar a poner la perspectiva de género feminista en la agenda pública, la de gobierno y los medios principalmente, en particular en temas como la prevención, atención y sanción de la violencia de género —ante el incremento de la violencia familiar—, la violencia feminicida y la migración. Persiste la preocupación por los derechos políticos de las mujeres; también por el autocuidado y la reapropiación de los cuerpos y la promoción de los derechos sexuales y reproductivos, así como la necesidad de un sistema universal de cuidados y la relación con el medio ambiente y la naturaleza.

En palabras de la investigadora de la UNAM **Gabriela Cano,** los feminismos actuales se caracterizan por su heterogeneidad, recogen muchas de las demandas incumplidas del feminismo de décadas anteriores, como los derechos sexuales y reproductivos[116] y, como ha repetido **Marcela Lagarde,** no combaten la violencia contra las mujeres, sino buscan erradicar sus causas. Otro gran objetivo ha sido el visibilizar las brechas de desigualdad, para explicar y exigir a las instituciones gubernamentales acciones para revertir la otra gran preocupación: la feminización de la pobreza.

En el siglo XXI las redes sociales han sido herramienta crucial para socializar las convocatorias y planteamientos feministas. Esto ha permitido viralizar campañas multinacionales como #MeToo, #NiUnaMenos, #SiTocanAUnaNosTocanATodas, #NosotrasTenemosOtrosDatos, #ElParoDeMujeres, etcétera, con lo cual se ha logrado un gran impacto que ha posicionado la agenda feminista en la agenda pública en muchas otras latitudes.

El movimiento feminista ha encontrado en las mexicanas tanto el hartazgo ante una situación que las pone en desventaja como un alto potencial de organización para la movilización social. "El feminismo está en las calles, en los medios y en las redes. Algunas veces llega diluido, pero existen diferentes corrientes. Es una nueva generación que si no tiene canales de diálogo, no tiene oportunidades y no les queda más que manifestarse, describe **Valentina Zendejas,** subdirectora del Instituto de Liderazgo Simone de Beauvoir."[117]

En este siglo, el feminismo se ha diversificado aún más: han surgido grupos que no solo han integrado a activistas sociales y académicas, sino también a funcionarias públicas, políticas, periodistas, empresarias y líderes de opinión, los cuales están impulsando cambios dentro y fuera de las estructuras. Este es el caso de la Red Mujeres en Plural que en 2019, en coordinación con senadoras y diputadas y agrupaciones como el Colectivo 50+1 y otras activistas reconocidas, fue clave para la aprobación del establecimiento de la paridad en todos los cargos de representación en los tres poderes de la Unión, en los tres niveles de la administración pública y en órganos autónomos; así como, en 2020, para la reforma constitucional más ambiciosa en materia de violencia política contra las mujeres por razón de género en el mundo, que clarifica y amplía las competencias de las autoridades, ensancha las puertas de acceso a la justicia para las mujeres víctimas de este tipo de violencia, sanciona al violentador y busca que las conductas no se repitan. Nacieron nuevas organizaciones feministas como Nosotras Tenemos Otros Datos, y Las ConstituyentesMx, redes de mujeres mexicanas, con presencia de abogadas, académicas, activistas y defensoras de derechos humanos, en favor de visibilizar en la agenda pública las realidades de las mujeres, impulsando iniciativas como la "3de3 contra la violencia hacia las mujeres", que promovió que para poder ser designado en un cargo electoral o gubernamental, un hombre debe no solo cumplir con los requisitos de elegibilidad, como la edad mínima y la nacionalidad, sino un tema ético para poder tener una responsabilidad pública en cualquiera de los poderes y órganos autónomos. Estos tres requisitos adicionales son: no ser deudor de pensión alimentaria, no ser un agresor sexual (incluyendo el acoso y el hostigamiento sexual), ni haber ejercido violencia familiar. Así, el planteamiento desde el feminismo exige que nadie que haya vulnerado derechos de las mujeres o de la niñez pueda acceder a espacios de poder y decisiones públicas. Una de sus impulsoras destacada fue **Yndira Sandoval.**

Si bien en las últimas décadas el andamiaje jurídico y el discurso político han incluido las demandas de las mujeres, promoviendo la igualdad entre mexicanas y mexicanos, el gran reto para el feminismo en México sigue siendo hacer realidad la igualdad sustantiva y detener las violencias contra mujeres y niñas. Se han intensificado las campañas y marchas contra las violencias, pero falta lograr el cambio sociocultural que haga posible una sociedad que de raíz erradique la violencia simbólica, la misoginia y el machismo. Además, **dentro de un enfoque de derechos humanos se requiere una auténtica transversalización de la perspectiva de género feminista como elemento sustancial de cualquier política, acción, discurso, estrategia, agenda, presupuesto, sentencia, dictaminación, estudio y análisis.** Solo así podremos erradicar las causas de la desigualdad basada en la diferencia sexual.

Capítulo 4

LOS HOMBRES QUE LE DIERON
LA ESPALDA AL ORDEN PATRIARCAL

Desde la visión eurocéntrica, digamos en la Grecia y Roma antiguas, las mujeres fuimos interpretadas como seres incompletos e inferiores. Por ejemplo, Platón pregunta a Glaucón en *La República*:

> ¿Conoces alguna profesión en la que el género masculino no sea superior al femenino? [...] No perdamos el tiempo en hablar de tejido y de confección de pasteles y guisos, trabajos para los cuales las mujeres parecen tener cierto talento y en los que sería completamente ridículo que resultaran vencidas.[1]

Siglos más tarde, en la Ilustración, la gran mayoría de los ideólogos replicaron el esquema del autor de *El contrato social*, Jean-Jacques Rousseau, quien fehacientemente afirmaba que "la mujer debe ser pasiva y débil. Las mujeres están hechas especialmente para complacer al hombre";[2] y qué decir del renombrado novelista Balzac, quien afirmó:

> "Debéis retrasar lo más que os sea posible el momento en que vuestra mujer os pida un libro".

279

Podríamos seguir con miles de ejemplos en diferentes épocas y escuelas de pensamiento. Estas afirmaciones que hoy vemos como misóginas y absurdas, en realidad han sido atroces porque evidencian que la desigualdad ha sido impregnada en el ideario masculino como natural, y a su vez, han afirmado patrones de conducta y estereotipos discriminatorios de los hombres hacia las mujeres, tanto en lo público como en lo privado, que no solo los hombres, sino las propias mujeres, han interiorizado y reproducido por siglos.

Claro que ha habido hombres que han dado la espalda al patriarcado y abrazado ideas más igualitaristas. Pero ¿esto los vuelve feministas?

Ya vimos que el feminismo es un movimiento emancipatorio de las mujeres que ve como impostergable la igualdad plena de derechos, teniendo en cuenta las diferencias; pero también un marco teórico que identifica, explica y visibiliza las situaciones de desigualdad que viven las mujeres, en su enorme diversidad, y propone soluciones. Por tanto, cuando se pregunta si los hombres pueden ser feministas, yo diría que en *sentido estricto* no, por la sencilla razón de que no han experimentado la desigualdad de género como mujeres, es decir, desde la ventana de mi casa puedo sentir empatía por una persona que pasa frío sin abrigo, pero no quiere decir que entienda su frío plenamente, si no lo he experimentado. Ello no excluye que sí puedan ser feministas en *sentido amplio*, como aliados estratégicos.

Para muchas es un hecho que la construcción de la igualdad a la que aspira el feminismo requiere de la alianza con los hombres, que una masa crítica de ellos se vuelva consciente de los privilegios que implica haber nacido con cuerpo de varón en el orden social heteropatriarcal. Requerimos de compañeros conscientes de las desigualdades, responsables y valientes para contribuir a desmontar un orden social injusto, y que trabajen en su propia agenda y amplíen sus propios espacios. Como bien lo ha dicho **Rita Segato**:

> "Nuestros enemigos no son los hombres, sino el orden político patriarcal…".

Como en cada ola del feminismo ha habido aliados, algunos ya han sido mencionados en capítulos anteriores, que han enfrentado la férrea oposición de otros hombres y hasta burlas y exclusión política en pro de la igualdad. Vale la pena revisar sus historias un poco más a fondo, porque sus ejemplos pueden inspirar a más hombres que decidan darles la espalda a relaciones heteropatriarcales basadas en la desigualdad. Si eres un lector, espero este capítulo te anime e inspire.

ALIADOS EN LA HISTORIA DEL FEMINISMO

De los primeros ejemplos de aliados que tenemos registro, se encuentra el escritor, filósofo y sacerdote **François Poullain de La Barre (1647-1723),** quien, convencido de la injusticia y desigual condición en que se encontraban las mujeres de su época, escribió numerosos textos en defensa de la igualdad entre los sexos, como *De la educación de las damas*, en el que cuestionó la discriminación ejercida por el sistema educativo hacia las mujeres, al afirmar que el cerebro no tiene sexo; así como las ideas dominantes sobre la superioridad de un sexo sobre el otro.[2] Fue precursor de la Ilustración, movimiento intelectual que pugnaba por la razón como catalizador de una mejor sociedad sin desigualdades.

Un siglo más tarde, **Jean-Antoine Nicolas**, marqués de Condorcet (1743-1794), teorizó sobre la desigualdad entre sexos, definiéndola como una violación al "derecho natural"; fue partidario de que si la igualdad, uno de los conceptos clave de la Revolución francesa, se conquistó con sangre de hombres, pero también de mujeres, lo justo era que las alcanzara jurídicamente también a ellas. En 1790 publicó un texto en el que defendía abiertamente el derecho al voto de las mujeres: *Sobre la admisión de las mujeres en el derecho de ciudadanía*.

En el marco del sufragismo anglosajón, recordamos al filósofo, economista y legislador inglés **John Stuart Mill** (1806-1873). Dentro de sus escritos con mayor resonancia encontramos la publicación de *La esclavitud femenina* (1869), donde reconoce las relaciones desiguales entre los sexos y fundamenta sus causas. Paladín de la igualdad como premisa necesaria para la libertad, como parlamentario defendió el sufragio femenino, pese a críticas y burlas de sus pares. Se ganó el reconocimiento del feminismo inglés y norteamericano.

Pero Stuart Mill no fue el único británico en favor del sufragio femenino. Más de 1 000 hombres participaron en asociaciones activistas de la causa entre finales del siglo XIX y principios del XX; por ejemplo, la Men's League for Women's Suffrage, fundada en 1907 por intelectuales de izquierda, entre ellos los escritores **Laurence Housman** y **Henry Nevinson**, el periodista **Henry Brailsford** y el poeta y laborista **Gerald Gould**.[3]

Por su parte, Karl Marx y Friedrich Engels (1820-1895) fueron de los primeros en señalar la división sexual del trabajo, a partir de la función reproductiva de las mujeres. Engels, en *El origen de la familia, de la propiedad privada y del Estado*, dice que con la llegada del sistema capitalista vino la desvalorización de la labor de las mujeres en el hogar, siendo la explotación de ellas, en sus casas, una extensión de la que el sistema ejercía sobre sus esposos.[4] Engels y Marx nunca plantearon una repartición igualitaria en las tareas domésticas, pues las definían como "naturales a su sexo", aunque Marx como Kollontai hablan, respectivamente, de que para lograr un nuevo orden social se requieren "un hombre nuevo" y una "mujer nueva".[5]

Un siglo antes en Estados Unidos también hubo varones partidarios del feminismo, con nombres destacados como el constitucionalista y revolucionario **Thomas Paine,** quien compartió un círculo intelectual liberal con **Mary Wollstonecraft.** Paine, de origen inglés, fue motivado por Benjamin Franklin a emigrar a Estados Unidos, donde sería editor de la revista *Pennsylvania Magazine*, en la que puso sobre la mesa ideas vanguardistas, entre estas, la defensa de los derechos de la mujer.[6] También destacan los abolicionistas **William Lloyd Garrison, Frederick Douglass, Wendell Phillips** y el creador norteamericano **Walt Whitman,** reconocido como *poeta de la democracia* por sus avanzadas ideas sobre libertad e igualdad.[7]

En México, en la época del Segundo Imperio y la Reforma, durante el periodo de debates en torno a la Constitución, el liberal **Ignacio Ramírez,** conocido como el Nigromante o como el Voltaire mexicano, propuso, a diferencia del propio Voltaire, los mismos derechos para mujeres y hombres, pero fue desestimado.

Con el presidente **Benito Juárez** se implementó la escuela mixta, un gran avance a favor de las niñas mexicanas y todo un triunfo sobre el conservadurismo que férreamente se había opuesto. También favoreció el acceso de las mujeres a la educación preparatoria.[8]

Entre los revolucionarios, **Venustiano Carranza** fue quien más integró a las mujeres a sus tropas, dio valor a sus labores y supo ganarse su fidelidad en la batalla.[9] Además, tuvo el tino de impulsar la carrera de **Hermila Galindo.**

Así también, Carranza fue mentor de otro aliado clave del sufragismo mexicano, el también general constitucionalista **Salvador Alvarado,** gobernador de Yucatán, quien igualó el salario mínimo para mujeres y hombres, cerró prostíbulos, extendió servicios médicos a mujeres que se encontraban en situación de prostitución y amplió para las mujeres las oportunidades para una educación universal. Además, en su gobierno incluyó a las mujeres y legisló sobre la igualdad *de iure* y *de facto*.[10]

Mediante el decreto 167, Alvarado reconoció para la mujer yucateca la igualdad jurídica con el hombre y en el 144 (ambos publicados en el *Periódico Oficial* el 15 de julio de 1915) afirmó:

No hay razón ni natural ni legal para privar a la mujer del derecho de disponer libremente de su persona desde que cumple la mayoría de edad; debe ponérsele en igual condición que al hombre para no establecer distinciones odiosas e infundadas.[11]

Otro personaje importante fue su sucesor en la gubernatura, el caudillo y periodista **Felipe Carrillo Puerto,** llamado el Apóstol Rojo de los Mayas, también mencionado en el capítulo anterior. Influenciado por su hermana Elvia y por su pensamiento socialista, fue impulsor decidido del sufragismo de las yucatecas y de las mexicanas. Como gobernador interino, mandó publicar el primer código de trabajo expedido en el país, que establecía el derecho de la mujer de recibir un salario igual al hombre por el mismo trabajo.[12]

Finalmente, también es importante destacar que en la década de los treinta, el entonces presidente de la República, el

general Lázaro Cárdenas, hizo escucha de agrupaciones de mujeres sufragistas y presentó una iniciativa en ese sentido, la primera impulsada por el Ejecutivo; aunque fue aprobada por las dos cámaras, nunca concluyó su declaratoria formal, por miedo a que el conservadurismo imperante en la mayoría de las mujeres llevara al poder a la derecha.[13] El discurso de libertad e igualdad que se utilizó durante el cardenismo estuvo en resonancia con el discurso feminista, en su lucha por el reconocimiento de su ciudadanía y en la búsqueda de su emancipación. Cárdenas creía en algunas causas feministas y trabajó para dar cauce a algunas, como en la importancia de la educación de las niñas, pero lamentablemente su convicción del igualitarismo no era tan profunda, pues por un cálculo político perdió la oportunidad de otorgar el voto a sus contemporáneas, quienes tuvieron que esperar otros 20 años para poder votar.[14]

Quise hacer este breve y por fuerza incompleto recuento de aliados del feminismo, en reconocimiento a ellos, pero también para que los hombres contemporáneos se abran a la posibilidad de darle la espalda al modelo hegemónico de masculinidad, caracterizado por prejuicios y conductas machistas, que no solo ha perpetuado la desigualdad entre los sexos, sino también ha sido generador de violencia y desintegrador de familias; y sobre todo porque la igualdad de género será una realidad cuando todas las personas, en cuanto seres de la raza humana, estemos plenamente conscientes de ello y actuemos en consecuencia.

Así que si eres un hombre que estás empezando a simpatizar con el feminismo, debes saber que tu empatía es tan importante en estos tiempos como lo fue la de los hombres del siglo XVIII en Inglaterra o la de los constitucionalistas mexicanos a principios del siglo XX. Eres un aliado necesario para construir un país más justo, libre, igualitario y plural.

Y si, por el contrario, eres un hombre que teme "perder algo" al empatizar con la causa de las mujeres, o incluso te has burlado de otros hombres que no siguen las imposiciones conductuales machistas, te darás cuenta de que grandes hombres en la historia han sido partidarios del feminismo.

ESTUDIOS SOBRE LA MASCULINIDAD Y SUS TIPOLOGÍAS

Con las primeras conceptualizaciones sobre género que aparecen desde la psicología elaboradas por Money y Stoller en los años cincuenta, los grupos de estudios sobre la mujer y su condición de dominio fueron proliferando. En la década de 1970 surgieron las primeras investigaciones sobre la masculinidad en Estados Unidos, Canadá, Inglaterra y Suecia[15] y, con ello, comenzó el ejercicio de visualizar, analizar e incluso politizar las prácticas y subjetividades de los hombres en las relaciones de género.[16]

Podemos definir la masculinidad como "una construcción social mediante la cual a lo masculino se le asigna una posición de superioridad sobre lo femenino, definiendo las relaciones entre la masculinidad y feminidad como una relación de poder versus sumisión".[17]

Pioneros en el tema encontramos a **Herb Goldberg, Dan Kiley, Andrew Tolson, Michael Kaufman, Michael Kimmel** y, muy señaladamente, a **R. W. Connell,** quienes, complementando los estudios feministas, hicieron aportes como el concepto de *masculinidad hegemónica* que, en palabras de Connell, se explica como "la configuración de práctica genérica que encarna la respuesta corrientemente aceptada al problema de la legitimidad del patriarcado, [...] que garantiza la posición dominante de los hombres y la subordinación de las mujeres".[18]

La masculinidad se aprende y se practica en la confluencia cultural, histórica y social.[19] Si bien, de acuerdo con **Connell**, aunque todas las sociedades han contado con categorías culturales relativas al género, no todas han tenido el concepto de masculinidad como lo entendemos hoy. Siguiendo a **Kimmel**, sociólogo y director del Centro para el Estudio del Hombre y las Masculinidades de la Universidad de Stony Brook de Nueva York, la masculinidad es una construcción social que va cambiando, pero con una constante: la construcción de la virilidad en oposición a las mujeres y a las divergencias sexuales y raciales. Así, la masculinidad moderna se construye en las relaciones que los hombres establecen con las demás personas, pero también la que establecen consigo mismos.[20]

Elisabeth Badinter ha estudiado el fenómeno de la masculinidad y ha encontrado que los hombres afirman de tres maneras su identidad masculina: mostrándose a sí mismos y a los otros que no son mujeres, que no son bebés y que no son homosexuales.[21]

El ejercicio de la masculinidad y su relación con la búsqueda de poder es también la raíz de las conductas de dominio. **Michael Kaufman** dice:

"El deseo de poder y control forma la parte fundamental de nuestra noción de masculinidad y también la esencia misma del proyecto de convertirse en hombre".[22]

Dicha afirmación concuerda con lo expuesto por el gran crítico de la modernidad, Michael Foucault, respecto a que las relaciones de poder surgen de "las divisiones, desigualdades y desequilibrios" en las relaciones sociales. Justamente la masculinidad hegemónica se refiere a un modelo de comportamiento masculino que logra imponerse, originando una situación de desigualdad.

No muy distante de esta concepción, R. W. Connell asocia la construcción del modelo de masculinidad predominante al concepto gramsciano de *hegemonía*,* como un fenómeno colectivo de dominio en la organización del Estado y la sociedad, por un grupo que impone su predominio (los varones).

¿Qué tiene que ver el machismo con la masculinidad y la violencia contra las mujeres? **La evidencia empírica sugiere que el hombre machista es más agresivo; más proclive a cometer actos de violencia tanto en contra de mujeres como en contra de otros hombres.**

Entonces, ¿por qué no basta únicamente con decirles a los hombres que dejen de ser machistas y agresivos? Porque es un tema profundamente enraizado en la psique masculina desde la más tierna edad, repetido y reforzado en casi cada interacción social a lo largo de todo el proceso de socialización. **El machismo está sustentando en un orden de género que desde la más tierna infancia induce a los hombres a "probar" su masculinidad**

---

* Antonio Gramsci fue un filósofo marxista italiano que no comparte la idea extendida del determinismo económico, es decir, que las relaciones de producción y las fuerzas productivas son las que determinan la ideología, la política y las leyes de una sociedad. Gramsci propone el concepto de *hegemonía cultural*, palabra derivada del griego ἡγεμονία, que indica dominación o control político, económico o militar. Si en la política, la hegemonía es una forma de dominación indirecta de un país sobre otro, es decir, no obtenida por la fuerza directa, como el control militar, el término de *hegemonía cultural* alude a que en una determinada sociedad las normas culturales vigentes son impuestas por la clase dominante (la burguesía), como un instrumento de dominación sobre el proletariado, sin necesidad de usar las armas sobre él. Para este pensador el proletariado debería crear y reivindicar su propia cultura de clase para librarse de este yugo hegemónico.

a través de actitudes supuestamente "valientes", como correr riesgos, a diferencia de las mujeres a quienes se educa para ser pasivas y buscar la protección de un varón. A ellos se les educa mayoritariamente para asumir como misión proteger, defender y, por lo tanto, se vuelve habitual la agresión como conducta; el enojo y la ira les son alentadas como emociones "propias" de su ser hombre. Otro ejemplo derivado del machismo es cómo a las chicas se les enseña a buscar ser deseadas, esperar ser *escogidas* y a ser complacientes, mientras que a los chicos se les enseña a conquistar, a ser ellos quienes *eligen* en su calidad de futuros "jefes de familia". Estas conductas tan enraizadas en nuestras sociedades indican que **necesitamos entender cómo se forman las identidades psicosociales de los hombres en su contexto social, comunitario y familiar, con el fin de lograr deconstruir y construir, conceptos alternativos y sanos de lo que significa ser un hombre.**

Connell ha distinguido cuatro tipos de interacciones entre masculinidades, valores y características:[23]

1) **Masculinidad hegemónica**: practicada sobre todo por varones heterosexuales, pertenecientes a la clase dominante, que monopolizan el poder, el prestigio y la autoridad legítima. La relación de la masculinidad con el trabajo y el papel de los varones como proveedores ha sido un elemento clave del ejercicio de este tipo de masculinidad. **Andrew Tolson**[24] lo estudió a detalle en los años setenta en el libro *Los límites de la masculinidad*, apuntando que es en el ámbito laboral donde el hombre principalmente se afirma en relación con los otros, probando su fuerza física, destreza, ambición, competitividad, en busca de sobresalir y tener éxito.

2) **Masculinidad subordinada:** hace referencia a masculinidades divergentes, incluye a homosexuales y a los mal llamados "afeminados".

3) **Masculinidad cómplice:** aquella que no ejerce el poder como la primera, pero que disfruta de las ventajas del sistema patriarcal con la sumisión de la mujer.

4) **Masculinidad marginada:** relacionada con pertenencias étnicas frecuentemente marginadas, como son los afroamericanos en Estados Unidos, y en México los indígenas y afrodescendientes. También a los individuos con conductas delictivas o patológicas.

A partir de esta tipología, entendemos que, **tal como lo afirmaron Kaufman y Kimmel, la masculinidad hegemónica no solo es nociva para las mujeres sino también para los propios hombres.**[25] Aunque no es comparable, incluso a los varones el orden de género patriarcal les impone cargas simbólicas y materiales con el mandato de ser proveedores exitosos. En muchos lugares el desempleo y los bajos salarios, tener que pasar a la economía informal, impiden a muchísimas familias vivir dignamente bajo ese modelo del *uniproveedor* masculino, lo que genera en ellos sentimientos de frustración y enojo, que muchas veces expresan de manera violenta.

En su obra, Kaufman afirma que "la combinación de poder y dolor es la historia secreta de la vida de los hombres", y profundiza sobre ello, en un análisis titulado "Las siete P's de la violencia de los hombres",[26] del cual sintetizo las características:

P1: poder patriarcal
La violencia o la amenaza de esta se convierte en un medio para asegurar el disfrute continuo de privilegios y del ejercicio

de poder. Estas violencias son nutridas por las demandas de la sociedad patriarcal y por los privilegios que ciertos varones han adquirido a través de su ejercicio. Como resultado, **la violencia ha sido normalizada en todas las formas de relacionarnos como hombres;** dice Kaufman: "las formas originales de jerarquía y poder son aquellas que se basan en el sexo", de ahí derivan otras de acuerdo con la condición de clase, edad, raza, orientación sexual, etcétera.

P2: la percepción de derecho a los privilegios
No solo las desigualdades de poder conducen a la violencia, sino la percepción masculina, sea consciente o inconsciente, de sus privilegios sobre las mujeres.

P3: permiso
No habría violencia de los hombres sobre las mujeres si no existiera en las costumbres e incluso en la ley, **un permiso implícito, e incluso en ocasiones explícito. En tanto la violencia sea promovida y tolerada en las normas jurídicas y sociales, en los medios, en el cine, en los deportes y en otras formas de cultura, no se erradicará.** Como muestra, en **la 94 Entrega de los Premios Oscar 2022,** un evento con una audiencia calculada en 16.6 millones en directo, el comediante **Chris Rock hizo supuestas "bromas" a costa de Penélope Cruz, a quien no se dignó a mencionar por su nombre, sino como la "esposa de Javier Bardem",** es decir, una extensión de él, pese a estar nominada al igual que él, invisibilizándola y reforzando el estereotipo sexista de "las mujeres están locas", pues "bromeó" que Bardem preferiría no ganar a tener que soportar su reacción —presumiblemente histérica si ella no ganaba y él sí—; y ante esa "broma" Javier suelta una risa hilarante, mientras que

Penélope denota, con una risa forzada, su molestia e incomodidad por el comentario sexista. Pero el sexismo de Rock no para allí. También decidió ejercer otra forma de violencia, relacionada con la imposición patriarcal, hegemónica y androcéntrica de cánones de belleza, generalmente occidentalizados y que ensalzan la blanquitud y estándares de belleza como los pechos grandes o las largas melenas en las mujeres. Rock voltea a ver a Will Smith, esposo de Jada Pinkett, actriz con carrera y méritos propios, y hace una "broma" que alude a la calvicie de ella, resultado de un trastorno autoinmune del que Pinkett ya había hablado en público; seguramente el comediante ya lo conocía, y aun así se sintió con el derecho a "bromear" sobre el cuerpo de esa mujer y sobre su falta de cabello, un aspecto de la femineidad que en el orden patriarcal occidental tiene un impacto muy notable, especialmente en las mujeres negras, descendientes de las mujeres africanas esclavizadas y comerciadas en países colonialistas, que han crecido con el estigma de no poseer la melena que exigen los estándares hegemónicos de la blanquitud. **La mofa, la burla a costa de la apariencia de una mujer está tan naturalizada, que no nos percatamos cuán violento es el acto y cuánto daño hace.** Tiene nombre y **se llama violencia estética.** Y es siempre grave. Y más aún si esta persona está enferma, si es una mujer racializada recibiendo violencia en vivo y a todo color, enmarcada por millones de gargantas cómplices riéndose a su costa. **La broma no justifica la violencia. Humillar no es humor.**

Pero pocas personas cuestionaron la violencia estética, simbólica, emocional y psicológica que vivió Jada Pinkett al ser objeto de una supuesta "broma" sobre una enfermedad evidenciada en su cuerpo. La reacción de ella en el momento fue de clara molestia, mientras que su esposo paradójicamente al inicio se rio, pero acto seguido se levantó, subió al escenario y propinó tremenda bofetada a Chris, gritándole, furioso, que no volviera a mencionar el nombre de "su" esposa: otra reacción machista disfrazada de caballerosidad.

Así, la naturalización de la violencia se vio manifiesta en una escena que, en medios y redes, se comentó ante todo como un altercado entre dos hombres, uno que ofende a "la esposa de" y otro que "la defiende" (como si ella se lo hubiera pedido o como si fuera incapaz de decidir qué hacer ante ese hecho), porque **el trasfondo machista es que una ofensa contra "mi" esposa, o sea, "mi propiedad", es una ofensa contra mi persona, contra mi ego masculino, y por eso, como varón patriarcal, me siento obligado a salir a defender su "honor".** La opinión pública estuvo mayormente dividida entre si Will hizo mal o no en reaccionar así (en el orden patriarcal la violencia física se considera socialmente más dañina que la emocional); si debía disculparse o si debían retirarle el premio, pues **para muchas personas él "sobrerreaccionó" ante una "broma".** Es decir, **la discusión** —dime si esto no es una prueba de un mundo patriarcal y androcéntrico— **se centró en dos hombres generadores de violencia; de las víctimas casi nadie habló.** Como comenta **Lupita Ramos Ponce** respecto al discurso que Smith dio cuando recibió el codiciado Oscar, minutos después de haber cometido la agresión violenta:

El corolario fue la justificación del ejercicio de su violencia: "el amor te hace cometer locuras", "he recibido el llamado de amar y proteger a mi gente". Es decir, el amor como justificante para la agresión y la violencia (eso lo he escuchado tantas veces en los casos de feminicidio). El colmo de esa naturalización de la violencia es que después de la agresión pública [...] el actor recibe

293

su premio sin que tuviese una consecuencia inmediata por la violencia realizada. Al contrario, le abrazan, le permiten que llore mostrando su masculinidad herida y justificando así públicamente, el ejercicio de la violencia. Al final, entre machos se dicen que eso lo arreglarán "como familia", en ningún momento existió una disculpa a la ofendida directa, pareciera que el ofendido era el macho agresor por haber insultado a "su hembra". Es importante dejar de poner el foco de atención en los ejercicios de masculinidad violenta que realizaron dos hombres, para centrar la reflexión en el reconocimiento de Jada Pinkett que enfrenta la alopecia y todo lo que implica el mandato hegemónico de la belleza centrada en la cabellera y que ella de manera digna confronta, con su propia presencia y belleza resignificada. Jada no necesitaba de ningún príncipe que la rescatara, ni de ningún macho alfa que la defendiera. Rompamos ya con esa narrativa que justifica la violencia para salvar a la damisela en apuros y que coloca y perpetúa, a las mujeres, en una indefensión aprendida que parecería eterna.[27]

La sociedad, basada en el pacto patriarcal de los hombres, es demasiado permisiva respecto a todas las violencias contra las mujeres. Preocupante que, mientras la ONU propugna la igualdad entre mujeres y hombres, en China, el país más poblado del mundo, se ha establecido una cruzada para fomentar el fortalecimiento de una masculinidad hegemónica y "que los hombres sean más varoniles", desde el Ministerio de Educación y del que regula las comunicaciones.[28]

P4: la paradoja del poder de los hombres
Se refiere a que las formas en que los varones han construido su poder social e individual son fuente de temor, aislamiento

y dolor para ellos mismos. Kaufman dice que, privando a los hombres del sustento emocional, su experiencia de poder presenta, paradójicamente, problemas incapacitantes. Por ejemplo, la amenaza del fracaso lleva a muchos hombres al aislamiento, temor, autocastigo, agresión y depresión. Entonces, por un lado, **los hombres ganan poder en el juego patriarcal de desigualdad, pero pierden la libertad de sentir y expresar.**

P5: la armadura psíquica de la masculinidad
En la crianza de los hombres se crean estructuras psíquicas, a menudo tipificadas por la ausencia del padre o por la distancia emocional con otros hombres. De modo que **la masculinidad es decodificada como rechazo a la madre y a la femineidad,** lo que crea fuertes barreras de ego, una armadura ante las emociones. Finalmente, **la violencia contras las mujeres e incluso contra otros hombres también es resultado de esa distancia emocional.**

P6: masculinidad como una olla psíquica de presión
Como efecto de enseñar a los niños varones a reprimir sentimientos de temor y dolor, y convertirlos en ira, aprenden a responder de manera violenta ante situaciones de rechazo, menosprecio e inseguridad, pues en el ideario de la masculinidad hegemónica **no ser poderoso equivale a no ser hombre. La violencia se convierte en la manera de probar la hombría.**

P7: experiencias pasadas
Las heridas que deja la violencia familiar generan dos reacciones en los hombres: en algunos se produce una repulsión a la violencia, mientras que otros la interiorizan como norma de conducta, la normalizan. Es un mensaje enfermizo que los

niños aprendan que es válido lastimar a personas amadas. En muchos casos ocurren ambas: hombres que violentan mujeres, pero a la vez sienten repudio hacia sí mismos.

La masculinidad hegemónica impone cargas sobre el "deber ser de un hombre" que también le restan libertad y le opri-men. Por ejemplo, la conocida frase de que "el hombre debe ser feo, fuerte y formal" implica que debe soportar los problemas conteniendo sus emociones, ser protector, probar su fuerza ante otros, hombres y mujeres, lo que a veces los lleva a confrontarse físicamente, y además que lo "normal" es que ellos no se preocupen de su físico, su salud y de cuidarse a sí mismos, sino que dependan del cuidado de una mujer, con lo cual se refuerzan mandatos sexistas estereotipados. Es un molde impuesto que, al inhibir el desarrollo sano de sus emociones, los puede llevar a la agresividad como recurso emocional, porque, a diferencia del llanto, esta sí es una emoción que les está permitida.

Entre los funestos efectos de este modelo de masculinidad hegemónica, basado en una supuesta superioridad y hambre de control y dominio, podemos mencionar: todas las formas de violencia de género, particularmente la familiar; adicciones; enfermedades mentales como depresión y ansiedad por la carga de responsabilidades económicas y el estrés de no poder expresar las emociones; hogares desintegrados, parejas en conflicto, progenitores enfrentados con sus propias criaturas, hermanos divididos; y la violencia en general, desde el *bullying* en las escuelas, riñas callejeras y a mayor escala la violencia feminicida o la delincuencia organizada, dado que, como sostiene Kaufman, **la violencia es para la masculinidad el vehículo por medio del cual los varones reproducen, perpetúan y afianzan**

su dominación y su poderío, en un orden patriarcal donde ese poder les confiere estatus y privilegios. Para entender la gravedad del asunto veamos qué sucede con un tipo de violencia que vivimos en muchos países, particularmente en México: la *narcocultura* y su relación con la masculinidad hegemónica. Como afirma Guillermo Núñez Noriega:

Lo que los estudios de género de los hombres y las masculinidades están mostrando, es que **la *narcocultura*, con sus canciones, videoclips, moda, narco series,** en YouTube y en redes sociales, pero también con su arraigo en la sociedad mexicana [...] también en otros países [...] **es el brazo ideológico que produce sujetos disponibles para el crimen organizado en la medida en que los configura con determinados proyectos ideológicos de masculinidad poderosa.**[29]

Así, en una sociedad androcéntrica heteropatriarcal se promueve y alienta aún que las mujeres sean, por un lado, lo más atractivas posibles para un "buen partido" y, por otro, que se preparen para ser madres y dedicarse a las labores de cuidados de otras personas. Debido a ello, desde muy niñas se les dan muñecas, se les aplaude que jueguen a maquillarse y vestirse como modelos, a cocinar y cuidar bebés, con un claro mensaje patriarcal y androcéntrico que les dice que lo ideal es que su vida se reduzca solo a ser buenas en la cama y esposas que "atiendan" bien a su esposo y a sus criaturas. En cambio, a los niños se les regalan carros de bomberos, pistolas de juguete, balones de futbol y videojuegos; **el orden de género patriarcal y androcéntrico les enseña que su vida es ser ellos mismos, conquistando el mundo mediante la fuerza y el éxito**

económico, y que el ser padres en todo caso los honra y los enaltece, pero no los define.

Ahora, hablemos de violencia masculina hegemónica, que podemos dividir en cuatro grandes categorías:

1) **Violencia hacia la otredad,** que incluye la violencia hacia las mujeres (a quienes se les objetualiza para el placer masculino), hacia todo lo "femenino" (por ejemplo, hacia la homosexualidad, bisexualidad y la divergencia sexual), hacia la infancia o la vejez y hacia las personas diversas biológicamente.

2) **Violencia hacia otros hombres** (desde pleitos escolares o callejeros hasta conflictos armados y guerras. Todos los datos indican que quienes causan más violencia hacia los hombres son otros hombres).

3) **Violencia hacia sí mismos** (falta de cuidados a su salud, alcoholismo y otras adicciones, exceso de accidentes, mayores tasas de suicidios y vidas más cortas que las de las mujeres).

4) **Violencia hacia el medio ambiente** y la naturaleza (hombres decisores en gobiernos y empresas que promueven y permiten acciones depredadoras, extractivistas y expoliadoras de la naturaleza, así como un consumismo irracional, en virtud de sus intereses políticos y económicos individuales o de grupo).[30]

No es fortuito que las primas de seguro de vida sean más altas para hombres que para mujeres, pues la vida de un hombre joven conlleva un mayor riesgo en este orden de género patriarcal. Sin embargo, **la masculinidad estereotipada y reducida a ese tipo de representación de la virilidad y la hombría se asocia a pro-**

blemas de ansiedad, depresión y conflictos familiares, sexuales, laborales, de pareja y conductas adictivas y de riesgo.

Michael Kimmel ha sostenido en distintos foros que **no pueden empoderarse las mujeres y las niñas sin que cambien también los hombres y los niños.** En sus charlas suele poner de ejemplo un documento que hay en el Pentágono, en el que el presidente estadounidense Lyndon B Johnson, quien sucedió a John F. Kennedy tras su asesinato, se negó a abandonar Vietnam porque tal gesto no se iba a considerar *propio de un hombre*. Imagínate el costo tan enorme de su masculinidad hegemónica. La guerra de Vietnam duró 19 años y resultó en que perdieran la vida casi 60 000 soldados estadounidenses, y del pueblo de Vietnam 1.3 millones de personas. El costo de esta guerra suma lo equivalente a un trillón de dólares de 2019, o 2.3% del PIB de 1968. Y todo por un hombre que, entre otras consideraciones, no quería sentir herido su "ego patriarcal" y que ello dañara su imagen frente a su pueblo. Para adentrarte más en el tema sugiero ver la charla TED de Michael Kimmel: "Por qué la igualdad de género es buena para todos, incluso para los hombres".[31]

Seguramente, tú tienes algunos ejemplos, con nombre y apellido, de los efectos nocivos de la masculinidad hegemónica; quizá si eres hombre algo haya resonado en ti. Es importante que sigas observándote y sobre todo cuestiones qué tipo de vida quieres tener: una de conflicto constante por mantener un control ilusorio que dañe a las personas a tu alrededor, o una más libre donde te permitas explorar quién eres y expresarlo sin cumplir con las expectativas de un modelo moribundo. **Te invito a que seas parte de un amplio consenso sobre el agotamiento de la masculinidad hegemónica, ante una sociedad cuyo desarrollo y construcción de la paz depende de la igualdad entre mujeres y hombres.**

VIOLENCIA VELADA:
MICROMACHISMOS O MACHISMOS COTIDIANOS

Comenzamos el capítulo con un repaso histórico para referir que la desigualdad entre los sexos ha sido causa no solo de las mujeres, sino también de hombres lúcidos, conscientes de las estructuras que les han privilegiado y responsables para tomar acción.

Sin embargo, el gran reto ha sido y sigue siendo que ellos, conscientes de ser herederos privilegiados de una cultura patriarcal basada en la idea falsa de la superioridad del hombre sobre la mujer, realicen un exhaustivo autoanálisis que les permita identificar las conductas con las que, consciente o inconscientemente, buscan ejercer dominio sobre las mujeres.

La evasión para ellos es normal porque, como dice la campaña publicitaria de una cerveza mexicana: "Es fácil ser hombre"; también es fácil minimizar responsabilidades o pasarlas por alto, lo cual puede llegar a configurar formas sutiles de violencia. Esto es recurrente incluso en hombres que ya han vivido fracasos en sus relaciones, porque **resulta incómodo reconocerse como privilegiado debido a un orden injusto y resulta perturbador saberse violento.**

Un campo promisorio ha surgido desde el feminismo y la psicología, como aporte para la prevención de la violencia: fomentar la construcción de identidades masculinas saludables, positivas y no violentas. Estas masculinidades alternativas y responsables transitan hacia actitudes más igualitarias y sanas sobre las relaciones entre hombres y mujeres, así como relaciones afectivas más sanas entre hombres, lo cual permite la creación de entornos más saludables.

Las mujeres, en nuestra búsqueda por la igualdad, estamos cambiando nuestra relación con el mundo y con nosotras

mismas. El cuestionamiento de la hegemonía del poder masculino y el fortalecimiento de nuestros derechos como ciudadanas son parte de este esfuerzo, que desafía los modelos patriarcales de relación entre los seres humanos.

Deconstruir la masculinidad hegemónica requiere mucho trabajo personal, así como romper con patrones de dominio. Te voy a contar una historia que puede ilustrar estas formas sutiles de violencia.

Una joven, a la que llamaré Carla, tuvo un novio al que llamaré Jorge. Carla lo amaba, pero la sutileza de sus conductas controladoras la confundía. A ratos era encantador, divertido y tierno, podían hablar y reír durante horas, lo mismo podían cantar juntos que contarse las historias más tristes. Eran buenos amigos y amantes, ella creía al inicio que la quería y la respetaba. Sin embargo, era confuso porque muchas otras veces Carla se sentía juzgada y desvalorizada por Jorge. Tardó mucho en entender esta ambivalencia sin culparse, pues como él mismo le decía: "Nunca te pegué, ni te grité, tampoco fui celoso, ni infiel".

Con el tiempo, conforme fue aprendiendo de feminismo y en un círculo de mujeres al que se incorporó, Carla se dio cuenta de que él controlaba la relación con ciertas actitudes recurrentes que aplicaba sin razón, como la distancia emocional y la victimización, que hacían que Carla sintiera que tenía que ganarse *el lugar* como su pareja, complaciéndolo, amoldándose y ajustándose a sus gustos y tiempos. Jorge tenía el "talento" de manipular para imponer siempre sus prioridades. Sin gritos ni insultos, es cierto, pero con poca consideración hacia ella y hacia sus intereses. Todo en la relación giraba en torno a él, sus pasiones, sus horarios: hacían normalmente lo que a él le gustaba y cuando le daban ganas. Ella se iba con él al futbol y pasaba domingos viendo programas deportivos con él y sus amigos, u oyendo música que en el fondo a ella no le interesaba.

Cuando regresaba contenta de trabajar e intentaba contarle que le había ido muy bien y que había recibido una felicitación de su jefe, su respuesta indiferente le hacía acortar la historia, porque ya estando con él su logro no parecía tan importante como ella lo había sentido. En cambio, Jorge le contaba hasta el más mínimo detalle de la moto que le quería comprar a su hermano, esperando su total atención. Y ella se la daba, sin regatear.

Al principio no se daba cuenta de que él se metía a la cocina solo para probar que cocinaba mejor o criticar que los trastes que ella lavaba no quedaban tan bien, para que a la próxima se esforzara más y de paso restarle importancia a la cena que, a pesar de estar supercansada, ella le había preparado. Usualmente comentaba el físico de otras mujeres mientras veían la tele o en la calle: "A esta chava sí se le nota el gimnasio, no me lo vas a negar", o "¡Qué asco de gorda!, ¿qué no le da pena?"; en cambio, era avaro en sus expresiones afectivas hacia Carla, lo que generaba en ella un sentimiento de insuficiencia. A la larga, descubrió que Jorge tenía otra relación, que gastó dinero que ella había ganado en esa infidelidad y cuando lo confrontó él siguió negándolo pese a los mensajes anónimos que la alertaban con datos muy precisos. Ella intentó creerle y él le dijo que la amaba y que "no echara a perder la relación por chismes". Por un tiempo las cosas mejoraron, pero pronto él volvió a su actitud de frialdad, combinada con arrebatos sexuales y pequeñas humillaciones cotidianas. Hacia el final de la relación, Jorge no dudó en tacharla de neurótica, hormonal, celosa e insegura. Y sí, por mucho tiempo logró que ella misma dudara en si había sido su culpa.

Si Carla hubiera conocido acerca del modelo de masculinidad hegemónica y sus manifestaciones, incluidos los machismos cotidianos y la espiral de violencia de **Lenore Walker,** se habría evitado mucho dolor al romper mucho tiempo antes con esa relación tormentosa que la hizo dudar de sí misma y que mermó tanto su autoestima.

Quizás ahora mismo haya alguna "Carla" leyendo e identificándose con la historia, tal vez haya algún "Jorge" que esté haciendo conscientes sus propios patrones violentos, los observe y decida abandonarlos. Ojalá, porque la sutileza de estos machismos de baja intensidad constituye un tipo de maltrato que, al estilo de la gota que perfora la roca, logra dañar gravemente la autoestima de muchas mujeres, así como su salud física y emocional.

El psicoterapeuta argentino Luis Bonino, primero en usar el término *micromachismos* en 1990, dice que **los micromachismos son dispositivos mentales y corporales automatizados en el proceso de hacerse hombres, como hábitos de funcionamiento frente a las mujeres.** No perdamos de vista que, pese a que muchos de estos comportamientos no son delitos, de cualquier forma son abusos derivados de mandatos patriarcales: la misoginia y la masculinidad hegemónica que lleva a los varones a sentirse superiores, a no permitir ser opacados por una mujer y a aprovecharse del trabajo doméstico femenino.[32]

Bonino identifica cuatro tipos de micromachismos:

1) **Micromachismos utilitarios:** buscan usufructuar el trabajo doméstico y de cuidados de las mujeres; y yo agregaría que incluso manipulan a las mujeres para aprovecharse de otros recursos como su salario o sus redes de apoyo. La sutileza de estos no está tanto en el hacer como en el

no hacer; es decir, si no colaboran en las tareas domésticas o "apoyan" con poco, es porque consideran que la responsabilidad y la carga implícita o explícitamente recaen en una mujer, que por lo común es su pareja. De igual forma con el dinero, si el hombre deja de pagar ciertas cosas, sobre todo gastos relacionados con necesidades de hijas e hijos, la madre termina asumiendo la responsabilidad de pagarlos con sus ingresos, aunque estos sean menores que los del hombre (recordemos que la brecha salarial entre mujeres y hombres se mantiene entre 20 y 30%).

2) **Micromachismos encubiertos**: implican abuso de confianza, a través de engaños y medias verdades, con un fin oculto que beneficia al hombre. Aquí se incluye la falta de intimidad o el alejamiento como estrategias de control de la relación, así como el malhumor manipulativo y la avaricia de reconocimiento, con el fin de que la pareja coarte sus propios deseos, se someta y cuide no opacarlo "con tal de tenerlo contento". ¿Te acuerdas de Carla?

3) **Micromachismos de crisis**: cuando se fuerza la permanencia de la desigualdad, a través de chantajes, amenazas o victimizaciones. Por ejemplo, cuando ella obtiene un ascenso o comienza a ganar más dinero que él, y en este empoderamiento reclama mayor colaboración de parte del hombre en las tareas domésticas y de cuidados; el hombre en su miedo a perder el control puede responder con una resistencia pasiva al cambio, a través de reproches, victimizaciones y pretextos para adaptarse a la nueva situación.

4) **Micromachismos coercitivos**: ocurren cuando el hombre usa su fuerza psicológica, moral o económica, para

304

intentar doblegar a la mujer y limitar su capacidad de decisión. Por ejemplo, puede ser desde el clásico: "así no se visten las mujeres decentes", pasando por el "no quiero que trabajes, para que no descuides a nuestros hijos", hasta el "si sigues así vas a destruir nuestra familia, y te olvidas de mis hijos". (Dejé de manera explícita el masculino en "hijos" porque es la manera en la que la mayoría de los padres, e incluso muchas madres, se refieren a sus hijas e hijos, perpetuando el lenguaje patriarcal que invisibiliza a las hijas).

Todas las personas hemos sido socializadas en este orden patriarcal, de modo que tanto hombres como mujeres reproducimos conductas que parecen banales, pero que refuerzan las desigualdades. **A los micromachismos yo prefiero llamarlos, como Claudia de la Garza y Eréndira Derbez, "machismos cotidianos",[33] para destacar su constante ocurrencia, su persistencia y erradicar la idea de que son "micro", es decir, pequeños o poco importantes,** pese a que no son un feminicidio o un ojo morado, como dice **Eréndira Derbez. Desde los chistes y memes misóginos hasta el "impuesto rosa",** es decir, el hecho de que las mujeres nos vemos obligadas a pagar más que los hombres por ciertos productos, especialmente cuando son funcionalmente idénticos a sus equivalentes diseñados para varones; o la revictimización que reciben en redes sociales las mujeres víctimas de violaciones o acosos, **los machismos cotidianos propician un ambiente hostil para las mujeres y cómodo para los hombres, que facilitan la existencia de violencias de género mayores,** que atentan contra la democratización de las relaciones, se utilizan para mantener la asimetría, buscando imponerse sobre la autonomía y libertad femeninas. Sus comportamientos manipulativos inducen a ambos sexos a perpetuar roles de género sexistas.

Lo peor de los machismos cotidianos es que causan una tremenda infelicidad. Son golpes psicológicos y emocionales que no se ven, que provocan daños en la autoestima, la mente y en las decisiones de muchas mujeres —y también de hombres en relaciones homosexuales o bisexuales donde su pareja ejerce también una masculinidad tóxica—, afectando su salud, autonomía y economía; y, sin embargo, a veces son difíciles de identificar, y más aún de probar no solo ante un fiscal o un juez, sino hasta con la propia familia que muchas veces te culpa por conductas en las que en realidad tú eres la víctima.

MASCULINIDADES POSITIVAS: LA OPORTUNIDAD DE CONSTRUIR RELACIONES "PAREJAS"

Desde los años setenta surgió, en algunos grupos de hombres euronorteamericanos, pero también en Latinoamérica, una crítica de las construcciones patriarcales y heterosexistas de la masculinidad, a partir del empuje del feminismo de la tercera ola: 1) crítica al orden de género patriarcal; 2) rechazo de la violencia hacia las mujeres; 3) discurso de la diversidad sexual; 4) inclusión de las masculinidades en el mundo de los afectos; 5) corresponsabilidad en las tareas del hogar y la crianza de hijos e hijas; 6) reconocimiento de la lucha feminista, y 7) impactos sociales de las masculinidades hegemónicas.[34]

Desde entonces, en el debate sobre la masculinidad ha tomado fuerza la crítica a aspectos como las distantes relaciones emocionales que mantienen con sus criaturas; la escasa participación en la salud psicoemocional de sus parejas; la violencia dentro de la relación de pareja y familiar, etcétera.[35]

Partiendo de que la masculinidad hegemónica deriva de una construcción social patriarcal androcéntrica, su significado puede modificarse en consonancia con los cambios culturales, ideológicos, económicos e incluso jurídicos de cada sociedad.[36] **Existen muchas formas de ser hombre y en la actualidad cada vez son más los varones que se atreven a romper con el patrón hegemónico.**

A fines de los años noventa, **Seidler** planteó las limitaciones que la sociedad patriarcal ha impuesto a los propios hombres, y que por tanto era necesario escucharlos en la expresión su experiencia y sus emociones.[37]

En México una de las asociaciones civiles con más trabajo en el tema es Género y Desarrollo, A. C. (Gendes), que en el documento "'Masculinidades emergentes' en México: un acercamiento a los grupos de hombres y activistas por la diversidad sexual y contra la violencia de género" hace un repaso serio sobre el estudio de las masculinidades, yendo al punto nodal sobre sus complejidades, paradojas, motivaciones y cambios deseables. Retoma el trabajo que **Eleonor Faur** hizo para Unicef, en el que afirma que hablar de "nueva masculinidad" no es correcto, toda vez que esta ha estado siempre reinventándose en dimensiones y tiempos diferenciados para cada hombre. En cambio, consideran que lo mejor es observarlas con actitud abierta a las posibilidades de conservación o transformación y sus conexiones con los procesos de desarrollo social.[38]

Entonces, **hablar de masculinidades emergentes o positivas, como yo prefiero llamarlas, no es tan simple como la mera adopción de ciertos hábitos y conductas, como lavar los platos y ser más participativo en la crianza de hijas e hijos,** porque especialistas como **Otegui** previenen que hay que cuidar que aquello no se convierta, en el fondo, en una versión sofisticada del viejo macho, representada en nuevos modelos pautados por la publicidad.[39] **Caamal** coincide en que las también llamadas *masculinidades alternativas* pueden ser una solución simplista para erradicar la violencia hacia la mujer, la discriminación y el machismo.[40] Evidentemente la construcción de masculinidades positivas no son toda la solución, pero son parte importante.

No hay atajos en la construcción de masculinidades positivas. Es un camino de profundo autoanálisis que cada hombre debe asumir, preferentemente con apoyo profesional y/o de sus pares, para develar los resquicios que resguardan los pensamientos de "superioridad", las intenciones de control y poder sobre las mujeres y sobre sus pares masculinos, así como las conductas en las que se materializan dichas creencias. Es decir, no se trata de seguir una "receta" que marca ciertas actitudes e incluso declararse "feminista", máxime cuando, al igual que en las mujeres la etnicidad, clase social, orientación sexual, entre otros, se intersectan en la construcción de su identidad.

El tema es que cada hombre se asuma heredero de una cultura patriarcal, artífice de violencia y desigualdad; y una vez decidido a romper con ello haga un profundo trabajo interno profundo para **despatriarcalizarse; es un llamado ético que va a la par del discurso emancipatorio e igualitario del feminismo.**

Un apunte relevante es el contexto económico donde el feminismo demanda que se dé esta despatriarcalización urgente: las crisis del neoliberalismo (y las feministas socialistas dirían que las contradicciones propias del modelo capitalista *per se*) han generado, en muchos contextos, condiciones socioeconómicas donde no es posible sostener la economía de una familia con una sola fuente de ingreso (una idea íntimamente relacionada con la construcción patriarcal de la masculinidad que afirma que el hombre es el proveedor y "jefe" de familia). Así, **la masculinidad hegemónica, que se autoafirmaba mediante el trabajo fuera de casa y a través de su papel proveedor, presenta una falla sistémica que potencialmente vulnera y fragiliza aún más su condición masculina.**

Todos estos cambios pueden traducirse finalmente en la adopción de nuevas reglas del juego en las relaciones entre los sexos, donde la opresión de las mujeres ya no tenga cabida. No obstante, dado que se trata de cambios profundos, del orden patriarcal y económico, seguramente no se lograrán sin resistencias fuertes, ni en poco tiempo.

Pero enfoquémonos en lo positivo. **Hoy vemos hombres que están despertando y saliendo poco a poco del molde en que los encasillaron; que buscan ejercer paternidades más afectivas que las que vivieron de niños, buscando ser padres muy presentes** al ser hijos de padres ausentes; padres que ya no están dispuestos a sacrificar todo su tiempo y energía para satisfacer su papel de proveedor, y que se sienten cómodos en labores de la casa y de cuidados, con familias más democráticas, donde se consensan las decisiones.[41]

Así, **las masculinidades positivas son una respuesta de diferentes grupos de hombres organizados, para romper con la masculinidad tradicional.**[42] Les permiten tomar lo bueno de una masculinidad ya construida en un tiempo determinado y de otras formas alternativas de ser hombres, posibilitando generar relaciones no violentas, respetar el derecho a la diversidad sexual, asumir el reconocimiento de sentimientos y emociones, etcétera.[43]

Por ello, muchos jóvenes y otros no tan jóvenes se están atreviendo a revisar y construir su propia masculinidad de manera alternativa y positiva. De acuerdo con diversos estudios, los millennials muestran mayor empatía con el movimiento feminista y mayor rechazo al sistema patriarcal que la Generación Y; [44] no obstante, también es alarmante que algunos varones activistas más jóvenes de la generación Z, o nativos digitales, han empezado a manifestar un "antifeminismo" activo, estereotipando falsamente a las feministas como mujeres que odiamos a los hombres; y, con un lenguaje extremista y reacciones virulentas, denigran a mujeres destacadas, afirmando que no existe el patriarcado ni la violencia de género e incluso atacando instituciones de gobierno, como ha ocurrido en Corea del Sur.[45]

FACTORES EN LA CONSTRUCCIÓN
DE MASCULINIDADES POSITIVAS

Reitero: no se trata de imponer un nuevo molde, sino de invitar a que cada hombre haga su propia reflexión sobre los daños de la desigualdad, y tome la decisión de observarse con actitud abierta a las posibilidades de transformación, buscando una masculinidad más libre. A continuación, comparto algunas pautas que pueden contribuir a dicho proceso:

1) **Desmantelar el viejo modelo:** la tarea es identificar cualquier idea, noción o actitud que esté sustentada en algún estereotipo, prejuicio o rol de género; es decir, los moldes androcéntricos y sexistas que imponen un determinado comportamiento a mujeres y hombres. Una vez identificados, el siguiente paso es reconocerlos como pensamientos y/o actitudes heredadas por una sociedad patriarcal, que no son propias de la personalidad ni tampoco fueron

elegidos libremente. Durante este ejercicio será deseable sustituir los viejos valores de control y dominio por valores afines a la libertad y a la igualdad sustantiva.

2) **Corresponsabilidad:** cuando somos capaces de ver que detrás de un privilegio hay desigualdad, nos hacemos conscientes de la injusticia. El siguiente paso es tener la madurez y la congruencia de materializar esa conciencia, para tomar la parte de responsabilidad que nos corresponda, tanto en la familia como en la comunidad o en el trabajo. En la casa las labores domésticas, de crianza y de cuidados deben asumirse como tareas plenamente compartidas, y en el trabajo será importante evitar actitudes de *machismos cotidianos*. Y como habíamos visto con **Kimmel**, esta corresponsabilidad es benéfica no solo para las mujeres, sino también para los hombres.[46]

3) **Paternidades integrales:** cada día hay más hombres que buscan involucrarse de lleno en la crianza y cuidados de sus criaturas, sin miedo a las demostraciones afectivas; conscientes de la importancia de la figura paterna en su formación, buscan hacer las cosas diferentes a como las hicieron sus propios padres, quienes salían de casa temprano a trabajar y volvían muy tarde, convirtiéndose en padres de "domingo". Con el tiempo, esos padres han valorado el tiempo que perdieron sin generar lazos psicoafectivos con su familia.[47] Cada vez es más común no solo ver a los padres jugando con sus peques, sino también compartiendo actividades como sus deberes, llevarles a la escuela o la clínica, prepararles la comida e involucrándose en su desarrollo psicoemocional. Se trata de compartir la responsabilidad, pero también la gran satisfacción de formar con amor a seres humanos.

4) **Conciliación de la vida laboral y familia:** aquí cabe insistir en que las políticas laborales de los centros de trabajo deben promover y garantizar derechos como licencias de paternidad extendidas, permisos para cuidados parentales, acceso a estancias infantiles para padres y no solo para madres, horarios más accesibles, trabajo a distancia; todo lo que permita fortalecer su rol activo como padres en la crianza y cuidado.[48]

Hay que apuntar que, en muchas ocasiones, aunque algunos derechos están previstos en la ley, no se han universalizado, y la cultura laboral también perpetúa los roles de género sexistas. De ahí la importancia de un sistema universal de cuidados y políticas con perspectiva de género feminista, acompañado de campañas de difusión orientadas a promover la igualdad y corresponsabilidad en estas tareas esenciales que sostienen la vida.[49]

5) **Autocuidado:** la masculinidad hegemónica apuntala como un gran valor la fortaleza física de los hombres, pero paradójicamente también los orilla a conductas de descuido y dejadez en cuanto a salud física y emocional se refiere. Muchos hombres jóvenes no solo caen en conductas temerarias que ponen en riesgo su vida, como conducir a alta velocidad, hacer deportes extremos, probar drogas o inmiscuirse en peleas para probar la hombría; también hombres de todas las edades, cuando enferman, suelen ser más reacios a atenderse y a seguir tratamientos; una conducta que se ha denominado "negligencia suicida", a menos que una mujer (generalmente la mamá o la pareja, pero a veces su hija) esté detrás como su "enfermera de planta", atendiéndolo, cuidándolo y verificando que se apegue al tratamiento.

Un ejemplo es el cáncer de próstata. En México es la primera causa de muerte en hombres mayores de 65 años, y está correlacionada con depresiones asociadas a un decremento en la "potencia sexual" del hombre, uno de los pilares de la masculinidad hegemónica falocrática. Sin duda, muchas vidas podrían salvarse y elevar la calidad de la vida si los varones acudieran a hacerse las revisiones necesarias a tiempo, sin tabúes, ni creencias limitantes.

En el caso de las enfermedades mentales la situación es aún peor. Actualmente la depresión es la principal causa de discapacidad en México; sin embargo, el orden de género patriarcal nos sigue enseñando que los hombres no lloran y que, si lloran, parecen viejas, o que hablar de sentimientos es de débiles o afeminados (connotaciones negativas dado el estereotipo de lo femenino como inferior a lo masculino). El modelo de la masculinidad hegemónica sigue mandatando que los varones deben ser fuertes, fríos, recios y que repriman sus emociones afectivas, sobre todo las que establecen con otros hombres. Pero lo cierto es que **los hombres, en cuanto seres humanos, también necesitan contención y manejo de sus emociones, ante tantas presiones y estrés del mundo actual.** Los hombres **necesitan aprender a autocuidarse y a sanar las heridas derivadas de la violencia que sufrieron en sus propias familias o entornos,** y para no seguir "ahogando en alcohol o en drogas sus penas".

Necesitamos que los hombres no se sientan juzgados, sino animados por ir a terapia o grupos de reflexión; intimidados por darse un abrazo, un beso entre hermanos o expresar su afecto a otras personas del sexo masculino que no son sus parejas. Alentarlos a que se den a sí mismos y a otros hombres la oportunidad de entender y revisar los patrones de la masculinidad hegemónica que han heredado, para que entiendan que fueron impuestos y pueden cambiarlos.

Necesitamos que, desde niños, vayan construyendo las bases de su identidad de una manera alterna a esta masculinidad tóxica. Desde cosas básicas de autocuidado, como que hagan suyos hábitos de vida saludables como el buen comer (los datos muestran que suelen ser reacios a comer frutas y verduras); pero, ante todo, que no rehúyan estar en contacto con su gama completa de emociones y no solo las relacionadas con los mandatos de la masculinidad hegemónica, como el enojo. Necesitamos que hablemos desde la niñez de las adicciones y un adecuado manejo de emociones para prevenirlas y de ser posible eliminarlas completamente de sus vidas; además de la activación física, prácticas de meditación y mindfulness para el manejo de estrés como parte de su bienestar.

GRUPOS DE MASCULINIDADES: EXPERIENCIAS POSITIVAS

Algunos colectivos en favor de masculinidades positivas y responsables, de la mano del movimiento feminista, están generando una revolución sin precedentes del modelo hegemónico de masculinidad.[50] En América Latina existen redes y alianzas entre grupos de hombres, organizaciones sociales y agencias de cooperación, como estrategia de incidencia en las políticas públicas, que deriva en acciones como el Simposio Global Involucrando a Hombres y Niños en la Equidad de Género (Brasil); la creación del capítulo Latinoamérica y Caribe de la Alianza Global MenEngage y de la Red Colombiana de Masculinidades por la Equidad de Género.[51]

314

En México, aunado al trabajo de investigación e incidencia desarrollado por Gendes, para promover relaciones igualitarias que contribuyan al desarrollo social, también encontramos el Colectivo de Hombres para Relaciones Igualitarias, A. C. (Coriac), que elabora iniciativas que impulsen el cambio individual y colectivo de los varones, y trabaja por cambiar actitudes y comportamientos masculinos que empobrecen las relaciones humanas y someten a las mujeres.[52]

En Nicaragua surgió un grupo llamado Cantera, organización enfocada a la "deconstrucción de la cultura e identidad patriarcal tanto de hombres como de mujeres, buscando cimentar nuevas relaciones de equidad y compromiso político para transformar la realidad".[53] Otro colectivo importante en ese país es la Asociación de Hombres contra la Violencia (AHCV).[54]

En Costa Rica surgió el Instituto Wem, asociación sin fines de lucro que se ha consolidado con el paso de los años como una organización que trabaja la temática de género principalmente con población masculina, en temas como violencia, equidad de género, promoción de nuevas masculinidades, paternidad y sexualidad.[55]

La asociación colombiana Colectivo Hombres y Masculinidades nació en 2003 con el objetivo de "adelantar procesos de protección y promoción de la dignidad humana y coadyuvar a la transformación social, mediante el impulso de la equidad de género y de dinámicas de construcción de nuevas masculinidades".[56]

Varones Antipatriarcales surgió en Buenos Aires en 2012, buscando revertir toda forma de desigualdad y opresión hacia las mujeres; trabajan en la deconstrucción sobre lo que se ha enseñado sobre qué es ser varón. Convocan encuentros anuales que han ido ganando relevancia, por ejemplo, en 2018 se realizó el VII Encuentro Latinoamericano de Varones Antipatriarcales (ELVA) y convocó cuatro veces más que el año anterior.[57]

En varias plataformas digitales una cuenta muy interesante es la de #demachosaHOMBRES, auspiciada por el Instituto para el Desarrollo de las Masculinidades Antihegemónicas (IDMAH). Esta propone contenidos profundos, educativos y de *infotenimiento* para provocar la reflexión y la crítica.

Sin duda, necesitamos lograr la generalización de modelos psicoeducativos para generar este gran cambio sociocultural. **Los procesos de reeducación son alternativas para que los hombres agresores reconozcan, detengan y erradiquen sus violencias.** Este tipo de intervenciones buscan cambios nodales. Apuestan a la posibilidad de relacionarse de una manera no violenta, equitativa, igualitaria, no discriminatoria y respetuosa.

Estos procesos deben realizarse desde una perspectiva feminista, de derechos humanos e interseccionalidad, que permitan observar que los cambios permeen en los pensamientos, creencias, conductas, actitudes y emociones. **Es un trabajo para sanar no solo su relación con las mujeres, sino con ellos mismos y con su entorno, que resignifica sus historias de vida y contribuye a erradicar la violencia como forma de relacionarse con la otredad.**

Estos modelos ya están dando resultados en muchos países, incluyendo México, donde Oaxaca fue el primer estado en establecer (desde 2013) un Centro de Reeducación para Hombres que Ejercen Violencia (CRHEVM), uno de los primeros en su tipo a nivel nacional, con buenos resultados. Si bien es cierto que ninguna metodología puede garantizar que los hombres que asisten o concluyen este tipo de programas no vuelvan a ejercer violencia, también es cierto que, bajo las medidas de vigilancia, reeducación y judiciales adecuadas, se puede minimizar el riesgo de que más mujeres sufran violencia a manos de su pareja.

Por otro lado, es importante promover desde lo local iniciativas multilaterales como la campaña HeForShe, promovida por ONU Mujeres desde 2004, que ha involucrado a hombres y niños como agentes de cambio para el logro de la igualdad de género y reivindicación de los derechos de las mujeres.[58]

MenEngage Alliance es una alianza a nivel global, conformada por cientos de organizaciones e individuos miembros, conectados por docenas de redes nacionales y seis redes regionales, cientos de organizaciones no gubernamentales y socios de la ONU, cuyo objetivo también es involucrar a hombres y niños en la igualdad de género.[59]

Estas son algunas de las experiencias más relevantes, aunque la realidad es que necesitamos que sigan proliferando estos grupos de reflexión y de incidencia sobre la masculinidad, con enfoque de género feminista y derechos humanos, para construir una verdadera transformación cultural.

Capítulo 5

¿POR QUÉ SER FEMINISTA **HOY**?

El feminismo, en su gran diversidad, se ha insertado ya de manera imborrable en crecientes sectores de la sociedad, para visibilizar y ofrecer soluciones a problemáticas que, pese a su importancia en la sustentabilidad de las sociedades, han permanecido en segundo o hasta en un último nivel de atención.

El común denominador es la búsqueda de la libertad, la autonomía y el acceso al ejercicio pleno de derechos de todas las personas, sin discriminación ni restricción basada en nuestra condición sexo-genérica. En este capítulo haremos un repaso de algunos debates contemporáneos que actualmente ocupan la atención y activismo de diversos feminismos:

1) **La feminización de la pobreza**
2) **El feminicidio: punta del iceberg de otras violencias**
3) **La urgencia de la corresponsabilidad en las tareas domésticas y una sociedad del cuidado**
4) **Los derechos sexuales y reproductivos y la violencia sexual contra las mujeres**
5) **La violencia digital de género contra las mujeres y las niñas**
6) **El derecho a decidir y la Marea Verde**
7) **Movilidad: las mujeres y la reapropiación de las calles y el espacio público**

Estos son algunos debates centrales en lo que la teórica **Rosa Cobo** ha llamado la cuarta ola del feminismo, un movimiento avivado por el activismo global y las redes sociales; un activismo que con la experiencia de las luchadoras de los años setenta a la fecha y la determinación de las más jóvenes, no solo está moviendo conciencias, sino logrando posicionar esta agenda de mujeres en todos los ámbitos.

Así, el primer paso para ser feminista hoy implica tomar conciencia de las diferentes aristas de la desigualdad que viven las mujeres, independientemente y sin negar que hay otros seres humanos que también viven discriminación y desigualdad, y con luchas muy válidas. Pero el centro de la preocupación feminista se refiere a la mitad de la humanidad: las mujeres, en su gran diversidad, lo que conlleva el segundo y definitivo paso, que es tomar acción para cambiar esa situación. Por supuesto, puedes ser feminista y apoyar solidariamente las luchas por la inclusión y la diversidad de los colectivos LGBT+, así como de otros movimientos de los derechos humanos, los derechos de animales, etcétera. La invitación quizá está en no perder el foco de tu feminismo, pues la gran mayoría de las mujeres del mundo siguen sufriendo discriminación y violencia por el solo hecho de serlo, e incluso las mujeres dentro de los colectivos de la diversidad sexual sufren mayor discriminación.*

Ser feminista, para algunas, es un compromiso y una convicción que conlleva un estilo de vida que adopta hábitos como informarse, reflexionar sobre la lucha de las mujeres a lo largo

---

* En la Encuesta Nacional sobre Diversidad Sexual y de Género (ENDISEG) 2021, las mujeres lesbianas han sufrido más intentos por parte de sus padres de "corregir" su orientación sexual (11.2%), seguidas de los hombres gays; y el 14.2% de las personas mujeres lesbianas en México han pensado en suicidarse.

de los siglos, exigir, levantar la voz y tomar postura en relación con los derechos humanos de las mujeres, en sus familias, escuelas, centros de trabajo y su comunidad, involucrarse en acciones encaminadas a crear cambios reales hasta alcanzar la igualdad sustantiva, incluyendo el apoyo a cambios legislativos, la sororidad activa como herramienta para tejer redes de mujeres, el apoyo a las autonomías de las mujeres más vulnerables o su propio autocuidado; para otras más implicadas, la lucha por deconstruir el pensamiento y prácticas patriarcales, descolonizarse y despatriarcalizar. Para otras aún más radicales, es hablar de utopías y revolución.

FEMINIZACIÓN DE LA POBREZA

Este fenómeno social, que aqueja tanto a países desarrollados como en vías de desarrollo, ha sido identificado por **Rosa Cobo** y **Luisa Posada,** de la siguiente manera: "Patriarcado y capitalismo se configuran como dos macrorrealidades sociales que socavan los derechos de las mujeres, al propiciar la redistribución de los recursos asimétricamente, es decir, en interés de los varones".[1]

Esta es una realidad que azota fuertemente al Sur Global y a México, donde injustamente la pobreza tiene rostro de mujer.

Ya sabemos que la división sexual del trabajo ha derivado en que las mujeres, históricamente, hayan estado relegadas al ámbito privado, es decir, condenadas al trabajo no remunerado y, posteriormente, con su ingreso al mercado laboral, a trabajo peor pagado; aun para las más privilegiadas, el acceso a la riqueza económica sigue siendo limitado y desigual, al casi no estar en posiciones de toma de decisiones y al enfrentar todavía en muchas ocasiones menor pago por el mismo trabajo. **Para las mujeres, el ámbito laboral ha implicado una *segregación horizontal* (el hecho de que a las mujeres el orden de género nos inclina a concentrarnos más en ciertas actividades y ocupaciones de menor prestigio y menor remuneración) y una *segregación vertical* (que implica un reparto desigual entre mujeres y varones en la escala laboral jerárquica, habiendo más mujeres en la base y pocas en los puestos de mayor decisión, poder y recursos).**

Es importante decir que la feminización de la pobreza es un fenómeno invisibilizado durante mucho tiempo, pues los estudios en la materia carecían de perspectiva de género, lo que ocultaba así la situación de vulnerabilidad extrema en la que el sistema socioeconómico ha colocado a millones de mujeres en todo el mundo, y dificultado por políticas públicas ciegas al género que tampoco han podido corregir de fondo la pobreza femenina.[2]

Ya en los años setenta Diana Pearce, profesora de la Universidad de Washington, demostró que la mayor parte de las personas pobres en el mundo son mujeres;[3] que la pobreza de las mujeres es más severa que la masculina; pero también que a lo largo del tiempo la incidencia de la pobreza en las mujeres ha crecido respecto a la de los hombres.[4] La socioconstrucción de inferioridad que el patriarcado ha instituido sobre las mujeres se ha materializado en pobreza para muchas de ellas.

Que las mujeres vivan en una pobreza multidimensional afecta el ejercicio de todos sus derechos, especialmente en el acceso a la salud, a la educación y a la toma de decisiones vitales para ellas. De acuerdo con la ONU, 300 000 mujeres mueren anualmente por falta de servicios de salud de calidad y hay 15 millones de niñas en el mundo que nunca aprenderán a leer ni a escribir porque no asisten a la escuela en países del Sur Global.[5]

322

Esta realidad también tiene que ver con la minusvaloración patriarcal del trabajo de hogar, y el hecho de que en el mercado informal las mujeres sean mayoría (situación que en economías más débiles cobra relevancia); así como la persistencia de la brecha salarial entre mujeres y hombres, lo cual se traduce en que el diferencial de lo que ganan ellas respecto a ellos suele ser 30% menos, ¡a fines de la segunda década del siglo XXI!

Antes de la pandemia de covid-19, las mexicanas ya se encontraban en un estado de mayor precarización, pobreza y vulnerabilidad, respecto a los hombres, de acuerdo con Coneval:

- En México las mujeres tienen más responsabilidad en el hogar, ya que más de una cuarta parte de los hogares son administrados y sostenidos económicamente por ellas, de los cuales 8.4% está en situación de pobreza y presenta mayor grado de inseguridad alimentaria en comparación con los hogares llevados por hombres.
- Pese a que la brecha educativa entre hombres y mujeres ha disminuido, las mujeres enfrentan mayores obstáculos para acceder y permanecer en los sistemas educativos en comparación con los hombres.
- El derecho a la salud para muchas mujeres está muy lejos de haber logrado su auténtica y plena materialización, debido a que muchas de ellas están en pobreza laboral y no cuentan con un empleo formal, lo cual genera dependencia económica respecto a los hombres, lo que afecta sus derechos humanos, como elegir su proyecto de vida y el ser autónomas, y eleva su prevalencia de quedarse en relaciones violentas porque dependen económicamente de sus agresores.

- Debido a que las mujeres se ven más orilladas a la informalidad económica, no gozan de los beneficios que la seguridad social brinda a las personas asalariadas (que son mayormente hombres). Según datos de 2016, **en México solo había 62 mujeres que gozaban de seguridad social por cada 100 hombres.**[6]

Por si fuera poco, la pandemia recrudeció la situación económica de las mujeres en todos los países. **Para 2021 por cada 100 hombres entre los 25 y 34 años en pobreza extrema había 118 mujeres.** Los trabajos de las mujeres representan 39% del total del mundo, pero 54% de la pérdida de empleos por la pandemia.[7]

Rosa Cobo señala que, cuando la impresión generalizada es que las vidas de las mujeres están mejorando, las cifras lo desmienten. **No importa qué país sea, el reparto de la renta aún no es igualitario, sino que sus integrantes acceden a un orden jerárquico de reparto presidido por criterios de género.**[8] Esta observación se sostiene al verificar que dentro de las personas que se incorporan a las estadísticas de pobreza, la mayoría son mujeres.[9]

Gemma Nicolás Lazo, en "Feminismos, concepto sexogénero y derecho", sostiene que "la ratio de pobreza de las mujeres es siempre superior en un contexto geográfico concreto"[10] y que aunque el volumen del trabajo que ellas desempeñan es más de la mitad del realizado por toda la fuerza laboral, perciben tan solo un tercio de la remuneración global.

Una última reflexión sobre este tema. Una de las más importantes tareas del feminismo del siglo XXI radica en impulsar las políticas públicas orientadas a erradicar las desigualdades económicas, buscando la redistribución de la riqueza y mayor representatividad de las mujeres en posiciones de poder, para que esto se traduzca en que las mujeres de las diferentes latitudes alcancen su autonomía económica[11] y la igualdad plena en los espacios públicos, privados y comunitarios. La pregunta clave aquí es: **¿será posible llevar a cabo está transformación mayúscula de la humanidad, de las relaciones entre los seres de la especie humana bajo el modelo económico neoliberal que nos rige?** Es materia de una discusión muy amplia y profunda, que amerita otro libro, pero sin duda es una pregunta pertinente. Por lo pronto, lo que sí puedo afirmar es que, si bien el orden patriarcal androcéntrico es mucho más antiguo que el capitalismo, el pacto entre ambos vino a recrudecer la de por sí difícil e inequitativa experiencia de ser y vivir en cuerpos de mujeres.

EL FEMINICIDIO:
PUNTA DEL ICEBERG DE OTRAS VIOLENCIAS

La violencia de género ha sido y sigue siendo la manifestación más clara de las relaciones de desigualdad entre los sexos y los géneros. Se basa en creencias, actitudes y comportamientos discriminatorios contra las mujeres y las niñas, y contra todo lo asociado a lo femenino, ampliamente socializados por el orden social patriarcal, que se expresan de manera sistémica en actos de violencia que constituyen violaciones, en diferentes grados, a sus derechos humanos. La violencia de género contra las mujeres se basa también en la idea del control y de poder que, para garantizarlo, recurre a una serie de actos violentos de distintos grados y en distintos ámbitos, que van desde la amenaza, la humillación o el grito, hasta el golpe, la violación o el asesinato.

Tal como afirma ONU Mujeres, **la violencia de género contra las mujeres no solo impacta en la salud, la libertad, la seguridad y la vida de las mujeres y las niñas, sino que socava el desarrollo de los países y daña a la sociedad en su conjunto.**[12]

Las Naciones Unidas definen la violencia contra la mujer como:

> Todo acto de violencia de género que resulte, o pueda tener como resultado un daño físico, sexual o psicológico para la mujer, inclusive las amenazas de tales actos, la coacción o la privación arbitraria de libertad, tanto si se producen en la vida pública como en la privada.[13]

Imposible saber el número exacto de cualquier violencia. Solo se conoce lo que se denuncia y cuantifica. La Organización Mundial de la Salud (OMS) estima que una de cada tres mujeres (35%) en el mundo ha sufrido violencia machista, física o sexual.[14] De esta, una de las violencias más comunes es el *acoso sexual*, una conducta no deseada de naturaleza sexual que puede implicar miradas y palabras lascivas, tocamientos, nalgadas, arrimones, exposición de órganos sexuales, masturbación, toma de videos y fotografías de la víctima sin su consentimiento, abuso sexual e incluso violación sexual en el espacio público, que ofende, humilla y vulnera la dignidad e integridad de la víctima.

Este tipo de violencia puede tener lugar tanto en el trabajo y la escuela, como en la propia calle o en el transporte público, a lo que se le llama *acoso callejero*, el cual genera sentimientos de angustia, miedo e incomodidad en la víctima. Por su parte, el *hostigamiento sexual* "es el ejercicio del poder, en una relación de subordinación real de la víctima frente al agresor en los ámbitos laboral o escolar. Se expresa en conductas verbales, físicas o ambas, relacionadas con la sexualidad de connotación lasciva".[15] Es decir, que el elemento característico de esta modalidad de violencia es la condición de jerarquía. Por ejemplo, en un salón de clases, donde la máxima autoridad es un profesor, si este hace comentarios a sus alumnas del tipo: "¿por qué no tienes novio si estás tan guapa?" o le impone acudir a su cubículo, a solas, para revisar el examen, o manda reiterados mensajes de texto a una alumna para invitarla salir, sus conductas representan hostigamiento sexual, pues las víctimas se encuentran en una posición jerárquica inferior, que las condiciona a acceder a las peticiones, so pena de consecuencias negativas para sí mismas, como una nota baja en sus calificaciones o simplemente crea un ambiente de hostilidad o violencia hacia ellas.

Estas formas de violencia generan el caldo de cultivo para violencias más graves, como la violencia feminicida. Por eso no podemos dejarlas pasar, si queremos erradicar la violencia que roba vidas a las mujeres.

De acuerdo con la Comisión Económica para América Latina y el Caribe (CEPAL), al menos 3 529 mujeres de la región fueron asesinadas por ser mujeres en 2018. Brasil y México presentan el mayor número de casos.[16]

De acuerdo con datos de ONU Mujeres publicados en 2019:

- Con una tasa de 1.6 por cada 100 000 habitantes, América Latina es la segunda región más letal para las mujeres después de África. Cada día 137 mujeres son asesinadas en el mundo por algún miembro de su familia.
- Cada dos horas y media se registra una muerte violenta de mujeres en la región.
- Una de cada tres mujeres sufre violencia física o sexual.
- El 80% de violencia física se comete contra mujeres.[17]

En México, cada día se registran casi once feminicidios; cada hora ocho mujeres son lesionadas dolosamente y tres son violadas.[18] Las cifras del Secretariado Ejecutivo del Sistema Nacional de Seguridad Pública revelaron que en los primeros siete meses de 2020, 2 240 mujeres fueron asesinadas, 3.1% más en comparación con el mismo periodo de 2019.[19] Sí, el confinamiento derivado de la pandemia de covid-19 recrudeció la violencia feminicida, de la cual la expresión máxima es el *feminicidio*. Este representa la forma más atroz y extrema de esa violencia sistémica contra niñas y mujeres, que puede o no terminar en la muerte.

El antecedente de este término fue *femicidio*, utilizado la primera vez por la antropóloga estadounidense Diana Russell en 1986, en Bruselas, durante una sesión del Tribunal Internacional de Crímenes contra la Mujer, y en 1990 otra pensadora, **Jane Caputi,** lo definió como "el asesinato de mujeres realizado por hombres motivado por odio, desprecio, placer o un sentido de propiedad de las mujeres".[20] Por su parte, en 1992, **Jill Radford** en su obra *Feminicidio. La política del asesinato de mujeres (Femicide. The Politics of Women Killing)*, lo conceptualiza como "el asesinato misógino de mujeres por hombres".[21] Estas autoras plantean que el *femicidio* es el punto final de una serie de actos que incluye abusos verbales y físicos como la violación, tortura, esclavitud sexual, el incesto y el abuso sexual extrafamiliar, la agresión psicológica, el hostigamiento sexual, la mutilación genital, las operaciones ginecológicas innecesarias, la esterilización forzada, la maternidad forzada, la denegación de alimentos a las mujeres, la cirugía cosmética u otras mutilaciones forzadas en nombre de la belleza. Cuando alguna de estas formas de terrorismo resulta en muerte, consideran que es un *femicidio*.[22]

Desde fines del siglo XX el término se extendió, particularmente con la emergencia de las llamadas por la prensa "muertas de Juárez", aunque fue apenas hasta el siglo XXI que los sistemas penales en América Latina lo incluyeron y tipificaron en sus legislaciones, pues desgraciadamente el fenómeno se ha expandido como pandemia en nuestro continente.

La antropóloga feminista Marcela Lagarde fue la primera hispanohablante que redefinió, precisó el concepto y popularizó el usó el término *feminicidio,* cuando la cifra de los asesinatos contra niñas y mujeres en Ciudad Juárez iba en dramático aumento entre 1993 y 2006: 400 mujeres fueron asesinadas por hombres en esa ciudad.[23]

Como señala Lagarde, el común denominador es que ocurre en espacios sociales donde hay alta tolerancia a la violencia contra las mujeres y las niñas.

Y agrega que el feminicidio comprende "el conjunto de delitos de lesa humanidad que reúnen crímenes, secuestros, desapariciones de mujeres y niñas ante un colapso institucional".[24] Es decir, es un fenómeno que aparece donde el Estado en su conjunto, no solo el gobierno, no brinda las garantías y no crea las condiciones de seguridad ni los mecanismos de protección y transformación social para las mujeres y las niñas, ya sea dentro de sus propios hogares, en las calles o espacios públicos. Para ella, el Estado patriarcal es uno de los mecanismos reproductores, mediante su inacción, ignorancia negligencia o incluso colusión respecto a esta violencia.

El feminicidio, como la máxima manifestación de odio contra las mujeres originada desde el patriarcado, se conjuga con ciertos factores específicos, como una alta tolerancia del Estado hacia la violencia machista. Expresa también el racismo, la opresión económica, el *adultocentrismo,* **la xenofobia,**

de la *heteronormatividad* y la *colonialidad*.[25] Todos estos aspectos deben ser considerados en el diseño e implementación de las políticas de prevención y atención de la violencia contra las mujeres.

Trece países latinoamericanos han aprobado leyes integrales y 18 más han penalizado el feminicidio entre 2006 y 2018,[26] entre ellos México, en 2012.

Gracias a años de lucha, especialización, observancia e insistencia de organizaciones feministas y de académicas, con el respaldo de las directrices internacionales en materia de derechos humanos, **se han logrado importantes cambios legislativos e institucionales para reconocer la problemática y empezar a instrumentar estrategias y mecanismos de prevención, atención y sanción. Pero son insuficientes sin presupuestos que garanticen una prevención primaria, secundaria y terciaria y el acceso pleno de las mujeres a la justicia** para por fin erradicar la violencia y consolidar una cultura igualitaria y pacífica.

En las últimas décadas, las campañas para la erradicación de la violencia machista han contribuido a empezar a desnaturalizarla y han generado mayor conciencia social sobre la urgencia de eliminar desigualdades, como origen y fin de la violencia. La campaña ÚNETE para poner fin a la violencia contra mujeres y niñas, mejor conocida como **Día Naranja**, lanzada desde 2008 por la ONU, ha sido replicada por todos los países miembros, generando un gran alcance cada 25 de mes, sumando a más agentes clave.

Sin embargo, la plena erradicación de la violencia contra las mujeres, como su nombre lo indica, requiere eliminar de raíz sus causas, lo cual a su vez precisa de un profundo cambio sociocultural y liberarnos hasta del último vestigio de la cultura patriarcal para construir un nuevo orden social igualitario, libre y pacífico. Es en el seno familiar donde se comete la mayor incidencia de violencias contra las mujeres, y es ahí también donde tenemos la oportunidad de arraigar nuevos valores sociales, fincados en la paz, la igualdad y el respeto. En esta tarea todas, todos y todes podemos sumarnos.

LA URGENCIA DE LA CORRESPONSABILIDAD EN LAS TAREAS DOMÉSTICAS Y UNA SOCIEDAD DEL CUIDADO

Que el trabajo de cuidados, indispensable para el sostenimiento de la vida familiar, social y comunitaria se haya delegado a las mujeres está generando una crisis social derivada de la sobrecarga de trabajo que recae en ellas, pues su incorporación masiva al mercado laboral no se ha traducido en una repartición igualitaria de las cargas doméstica y de cuidados hacia niñas y niños, personas adultas mayores o con alguna discapacidad o enfermedad. Además, los cambios en el estilo de vida, propiciados por el consumismo capitalista, han incrementado enfermedades y disminuido la calidad de la convivencia familiar, factores que hacen indispensable un cambio sociocultural, un giro en las dinámicas familiares, así como mejor legislación y políticas públicas para conciliar la vida personal, laboral y familiar.

En México, la Encuesta Nacional sobre el Uso del Tiempo (ENUT) es un esfuerzo compartido entre Inegi e Inmujeres, que permite reconocer justo esas desigualdades que ocurren en el ámbito familiar. Revela el tiempo que las personas dedican a actividades como comer, dormir, arreglo personal, actividades recreativas, tiempos de traslado y trámites diversos. Esta encuesta levantada a fines de 2019 arrojó tremendos datos para ejemplificar la crisis de cuidados como son: que **las mujeres dedican 31% de su tiempo al mercado laboral vs. 69% que dedican los hombres; y de manera inversamente proporcional, ellas invierten 67% de su tiempo al trabajo no remunerado, en contraste con 28% por parte de ellos.**

En cuanto a las actividades que consumen el mayor tiempo de las mujeres semanalmente se encuentra la preparación de alimentos: más de 13 horas para ellas, 4.7 en el caso de ellos; la limpieza de la casa representa más de 10 horas para ellas y 4.6 horas para ellos.[27]

Lo peor del trabajo no remunerado del hogar no solo es que no es pagado, sino que durante siglos ni siquiera ha sido visibilizado ni reconocido. Es común que hombres e incluso las propias mujeres todavía no le dan el valor social, mucho menos político, a esas labores esenciales para la vida familiar, comunitaria y de cualquier país; de hecho, uno de los principales insultos que los hombres que han sido proveedores han usado contra las mujeres, es el calificativo de "mantenidas", como si cuidar criaturas, hacer las comidas, o la limpieza, atender personas enfermas y administrar el gasto fuera nada.

Es innegable que la posibilidad de conciliar la vida personal, familiar, laboral y comunitaria redunda en una mejor calidad de vida de las personas y las familias, no solo de las mujeres, e incrementa la productividad en el trabajo. Así, iniciativas como los "Sellos de Igualdad Laboral" —promovidos por organismos como el PNUD—, en nuestro país se materializaron en 2015, a nivel federal, mediante la Norma Mexicana 085 para la Igualdad Laboral y la No Discriminación, un instrumento que promueve dicha conciliación. Pero no es suficiente.

Un aspecto crucial, pero difícil, es lograr el cambio social que desacredite los roles de género derivados del mandato heteropatriarcal androcéntrico, reconociendo el valor económico y social del trabajo en el hogar y, por otra parte, fomente paternidades comprometidas, responsables y afectivas, que se involucren al 100% en los quehaceres de la casa y tareas de cuidados de sus criaturas y personas enfermas, creando ambientes familiares plenamente igualitarios y libres de violencia. Recordemos que ese "no hacer", esa falta de corresponsabilidad provoca que unas mujeres, de manera no remunerada, o bien otras mujeres precarizadas, terminan haciendo, con bajos salarios, la mayoría del trabajo de cuidados a costa de su propio bienestar y proyecto de vida. Hay que desenmascarar ese "no hacer", que no es sino otra forma de manifestación de la creencia de superioridad del hombre sobre la mujer, donde ella debe servir y él ser servido. Y cuando haya separación en las parejas, que se provea no solo una pensión alimenticia que sí se cumpla, sino una verdadera corresponsabilidad postdivorcio o postseparación en las tareas de cuidado físico y emocional, que es además derecho de niñas, niños y adolescentes.

Ni siquiera las políticas progresistas en materia de cuidados e igualdad han logrado una sistémica y definitiva flexibilización familiar-laboral que esté acorde a la faceta reproductiva de la población, no solo de las mujeres, pues el feminismo deja muy claro que no se trata solo de garantizar que ellas logren un desarrollo laboral y profesional pleno en esta larga etapa de la vida, sino que los hombres, en cuanto reproductores también de la especie humana, asuman su parte de la responsabilidad de la crianza, los cuidados y las tareas domésticas.

En paralelo, en Latinoamérica muchas académicas feministas y organismos públicos, como la CEPAL, han insistido en la importancia de impulsar una agenda integral en materia de cuidados y una agenda regional. Impulsar una economía del cuidado, que implique inversión, creación de empleo y participación económica de las mujeres es clave para la recuperación económica sostenible. Se requiere un nuevo pacto fiscal que oriente estratégicamente el gasto y mayor inversión hacia sectores feminizados de la economía, como el turismo, la salud o la economía informal, donde las mujeres resintieron de manera desproporcionada los efectos de la pandemia, particularmente las madres de criaturas de 0 a 4 años, y en donde la recuperación ha sido más lenta. Y sobre todo, hacia 2030, poner los cuidados al centro, atendiendo los cuatro nudos estructurales de la desigualdad según la Estrategia de Montevideo: *1)* desigualdad socioeconómica y persistencia de la pobreza en el marco de un crecimiento excluyente; *2)* rígida división sexual del trabajo e injusta organización social del cuidado; *3)* patrones culturales patriarcales, discriminatorios y violentos, y predominio de la cultura del privilegio, y *4)* concentración del poder y relaciones de jerarquía en el ámbito público. **La CEPAL ha invitado a transitar hacia una sociedad que priorice el cuidado de las personas, del planeta y el autocuidado, caminando hacia una distribución equitativa del poder, el tiempo y los recursos entre mujeres y hombres para transitar a un desarrollo basado en la igualdad y la sostenibilidad de la vida.** La sociedad del cuidado es un cambio paradigmático que implica repensar los patrones de producción, consumo y distribución, y fortalecer el rol de los países desde una perspectiva feminista a través de políticas y sistemas de cuidado universales, intersectoriales, integrales, corresponsables y con sostenibilidad financiera y énfasis en el cuidado del planeta. El Compromiso de Santiago de 2020 enfatizó que incluir la economía del cuidado en los planes de mitigación y reactivación poscovid-19 conlleva los desafíos de *desfeminizar,* es decir, que los cuidados los dejen de hacer prioritariamente las mujeres; *democratizar*, o sea, corresponsabilizar no solo los hogares, sino al Estado, al mercado y la comunidad, y *desmercantilizar*, invirtiendo en la economía del cuidado, que produce un círculo virtuoso; por ejemplo, establecer servicios gratuitos de cuidado infantil traería un 3.9% de incremento en el empleo total y un crecimiento del PIB de 1.16%.[28] Asimismo, deberán implementarse medidas en materia laboral que impidan la discriminación por razón de sexo y género; regular los contratos de trabajo para garantizar la igualdad salarial, incentivar la formalidad laboral, así como el trabajo a distancia, escuelas y guarderías de tiempo completo, comedores comunitarios, casas para la tercera edad, entre otras.

LA LUCHA POR LOS DERECHOS SEXUALES Y REPRODUCTIVOS Y LA ERRADICACIÓN DE LA VIOLENCIA SEXUAL

Los derechos sexuales y reproductivos son derechos humanos, inherentes a todas las personas, que para su pleno ejercicio requieren de la toma de decisiones informada y libre. Sin embargo, tradicionalmente el patriarcado enseñó a las mujeres que su sexualidad no era suya, que sentir placer era indecoroso y que la función de sus órganos sexuales era complacer a "su hombre", y procrear hijos, los que un Dios masculino dispusiera. El patriarcado ha impuesto una *heteronormatividad*, un régimen social, político y económico que ha confinado la sexualidad humana a un molde: el de la heterosexualidad, es decir, la atracción física y el deseo sexual entre hombres y mujeres presentado como una forma "superior" a cualquier otra forma de sexualidad, donde a los varones y a la sexualidad "masculina" se les conceden toda la libertad y privilegios, y donde cualquier manifestación no heterosexual es considerada históricamente como minoritaria y disfuncional, estigmatizándola, excluyéndola y discriminándola.

Los derechos sexuales se refieren a la libertad de las personas para ejercer su sexualidad de manera saludable, sin ningún tipo de coerción, abuso, violencia o discriminación, mientras que la sexualidad comprende la actividad sexual, la identidad de género, la orientación sexual, el erotismo, el placer, la intimidad y la reproducción. Es importante enfatizar la complejidad del tema, ya que la sexualidad implica la interacción de factores biológicos, psicológicos, sociales, económicos, políticos, culturales, éticos, legales, históricos, religiosos y espirituales, y se experimenta y expresa a través de pensamientos, fantasías, deseos, creencias, actitudes, valores, comportamientos, prácticas y relaciones.[29]

Por ello, hay que romper con la inercia patriarcal de concebir a los hombres heterosexuales como los sujetos sexuales por excelencia, mientras se ve a las mujeres o a cualquier persona no heterosexual como objetos sexuales, o la tendencia a reducir la sexualidad a lo genital o a lo reproductivo.[30]

Cuesta creer que aún hay resistencias que obstaculizan a millones de mujeres la apropiación de sus cuerpos, frente a costumbres y pensamientos arcaicos. La educación es trascendental para que las mujeres conozcan su cuerpo, y aprendan a cuidarlo y disfrutarlo plena, libre y responsablemente. Sin embargo, en ciertos contextos hablar de sexualidad todavía es un tabú, mientras que en otros la *hipersexualización* androcéntrica y la desinformación agudizan múltiples problemáticas colaterales, una de las más graves es la violencia sexual.

Por ejemplo, cuando la educación sexual es incipiente o nula, así lo es también la cultura de la prevención, tanto respecto a la salud sexual como a la violencia sexual. El cáncer cérvico uterino es la segunda causa de muerte de las mujeres en México, derivado en la mayoría de los casos de distintas cepas del virus de papiloma humano (VPH);[31] de ahí que la educación integral en sexualidad, la autoexploración, las revisiones y el seguimiento médico deberían darse muchos antes que las niñas comiencen a menstruar y más aún a partir de iniciar una vida sexual activa.

Otra problemática derivada de la falta de educación integral en sexualidad son los embarazos entre adolescentes, cuya responsabilidad, por conveniencia del orden patriarcal, se atribuye casi exclusivamente a las chicas, y no a los chicos que contribuyen con 50% del material genético, por lo que aquí también un cambio generacional hacia masculinidades positivas es indispensable. México ocupa el primer lugar en este rubro entre los países de la OCDE, situación que no solo corta el desarrollo de miles de jóvenes mexicanas anualmente, sino que ancla a muchas a ciclos de violencia y de pobreza.

Además de las medidas preventivas como el uso de métodos anticonceptivos en mujeres, pero sobre todo en hombres, dado que ellos son fértiles todos los días, mientras que nosotras solo cinco días del mes, es importante promover soluciones que sean menos invasivas para las mujeres. También es importante el acceso a estudios como citopatología cervical, colposcopías y vasectomías gratuitas o de bajo costo.

En una educación integral en sexualidad desde edades tempranas es crucial reflexionar y alentar la autoexploración y el derecho al placer sexual responsable en todas las personas, porque cuando hablamos de salud sexual no solo nos referimos a la ausencia de enfermedad, sino a un estado de bienestar en el que cada persona toma, de manera informada, responsable y libre, sus propias decisiones a fin de gozar de una sexualidad placentera, libre y segura.

Pero volviendo al derecho del placer de las mujeres, si bien el orgasmo no es ni debe ser la medida de este, vale la pena mencionar que se calcula que en México existe una brecha orgásmica muy preocupante. Mientras que los hombres heterosexuales manifiestan alcanzar orgasmos en un porcentaje de 95%, los hombres homosexuales en 89%, los varones bisexuales en 88%, las lesbianas en 86%, y las mujeres bisexuales en 66%, en el último lugar se encuentran las mujeres heterosexuales con un 65%. Es decir, **hay una brecha orgásmica de 30% entre mujeres y hombres heterosexuales, pero solo en esos encuentros heterosexuales, porque cuando las mujeres heterosexuales se masturban alcanzan el orgasmo con la misma frecuencia de los hombres.** ¿Qué podemos inferir de estas estadísticas? Por lo pronto, que el patriarcado ha construido la sexualidad humana teniendo como centro el placer masculino y de los hombres heterosexuales en particular, centrando la atención en el coito, es decir, la penetración intensa del pene a la vagina, invisibilizando y relegando a un segundo plano el placer femenino, pese a que hay pruebas de que solo una de cada cinco mujeres alcanza el orgasmo en penetración y de que para ellas en los encuentros heterosexuales suelen faltar más besos y caricias previas, durante y posteriores a la penetración para facilitar sus orgasmos. En la misma lógica patriarcal, se explica que los estudios científicos sobre el clítoris y el placer sean tan escasos, poco difundidos e incluso desconocidos para la mayor parte de la población, incluidas las propias mujeres.

El orden patriarcal de nuevo es parte de la causa, al promover distintos grados de estigmatización respecto a las mujeres que disfrutan de su sexualidad. **Se sigue socializando la idea de** que en el sexo el hombre debe ser el activo, y que después de la eyaculación masculina se acaba la "fiesta".[32] Aunado a ello, en países de tradición judeocristiana, pero también en otras tradiciones, persisten inhibiciones religiosas, restricciones familiares y prácticas sociales que restringen e incluso buscan impedir el gozo de las mujeres, alentando, en cambio, el de los hombres. En ese tenor se explica la tortuosa práctica de mutilación genital femenina, que aún persiste en 29 países en África y Asia, principalmente. De acuerdo con el informe de Amnistía Internacional (2016) 120 millones de mujeres han sido clitoridectomizadas, y se calcula que anualmente se suman tres millones de niñas.[33]

La *hipererotización* androcéntrica de las mujeres, la permisividad patriarcal machista, el sistema económico que promueve el consumismo y la *objetualización* y mercantilización del cuerpo de las mujeres tiene efectos devastadores e impide que logremos una sociedad sexualmente sana y feliz, engendrando una incidencia de violencias sexuales cotidianas.

La OMS define la violencia sexual como:

Todo acto sexual, la tentativa de consumar un acto sexual, los comentarios o insinuaciones sexuales no deseados, o las acciones para comercializar o utilizar de cualquier otro modo la sexualidad de una persona mediante coacción por otra persona, independientemente de la relación de esta con la víctima, en cualquier ámbito, incluidos el hogar y el lugar de trabajo".[34]

A escala mundial, la ONU ha determinado que 35% de las mujeres ha experimentado alguna vez violencia física o sexual por parte de una pareja íntima, o violencia sexual perpetrada por una persona distinta de su pareja. Estos datos no incluyen el acoso sexual. Algunos estudios nacionales muestran que la proporción puede llegar a 70% de las mujeres, y que las tasas de depresión, abortos e infección por VIH son más altas en las mujeres que han experimentado este tipo de violencia frente a las que no la han sufrido.[35]

ONU Mujeres México señala que, a nivel nacional, 19.2 millones de mujeres fueron sometidas en algún momento de su vida a algún tipo de intimidación, hostigamiento, acoso o abuso sexual.[36] **Por cada 9 delitos sexuales cometidos contra mujeres, hay 1 delito** sexual cometido contra hombres[37]

El fenómeno de la violencia de género en todas sus dimensiones contra las mujeres indigna, y revela el gran impedimento al pleno ejercicio de la sexualidad, que se presenta en países como el nuestro en jóvenes y mujeres quienes, al haber sido víctimas de violencia sexual, terminan negando su sexualidad. Pero la reconciliación de las mujeres con su sexualidad es un asunto de gran calado, un tema de derechos humanos más allá de la salud como política pública. Los estudios afirman que la actividad sexual libre, consensuada, plena y segura, además de relajar el cuerpo, promueve actividad neuronal y emocionalmente desarrolla un estado de plenitud y satisfacción.

Desde la perspectiva del autocuidado, la salud del útero tiene una relación estrecha con la salud de nuestras emociones, y pocas personas, incluidas mujeres e integrantes de la comunidad médica, saben que en muchas culturas y tradiciones se le reconoce como un centro de placer y no solo de reproducción. De ahí la importancia de hacer conciencia de él, y del ciclo menstrual, porque **como lo han documentado ginecólogas feministas, el dolor y los estigmas y discriminación asociados a la menstruación o a la menopausia son también, en buena medida, resultado de la construcción sociocultural patriarcal del género.** Hay disponible mucha información que rescata sa-

beres ancestrales que procuran la salud de la sexualidad femenina. Te invito a leer más al respecto.*

No podemos concluir esta sección sin hablar de la pornografía y prostitución.

El feminismo radical, con su mirada profundamente crítica
ante el fortalecimiento de capitalismo neoliberal, con su creciente necesidad de crear y crecer mercados, incluyendo el mercado sexual, va a detectar que este es el punto de partida de la
transformación de la pornografía y la prostitución en grandes
industrias globales.

El patriarcado, como dice **Carole Pateman** (1995), se va a
asentar sobre la figura de un "contrato sexual", donde los varones, de la misma forma que se ponen de acuerdo para crear el
Estado (teorías contractualistas), se ponen también de acuerdo
en dos cosas respecto a las mujeres:

1) Una mujer para cada hombre, con lo cual se crea la figura
   del matrimonio y queda establecida la obligación de la
   monogamia femenina.
2) Unas pocas mujeres para todos los varones, con lo cual
   queda institucionalizada la prostitución.

---

* Un libro interesante es el del Barbara Ehrenreich y Deirdre English,
Por tu propio bien. 150 años de consejos expertos a mujeres (Madrid, Capitán
Swing, 1990). Estas autoras desmitifican y desmantelan la manera en la que
por más de 150 años las mujeres hemos recibido consejos médicos, y se nos
ha desautorizado epistémicamente nuestros propios saberes milenarios como
mujeres. En otro libro de estas mismas autoras, *Brujas, parteras y enfermeras*
(México, El Rebozo, 2014), hablan acerca de que las mujeres en distintas culturas y sociedades han sido sanadoras, han cultivado y aprendido los usos
de las hierbas medicinales, fueron parteras médicas sin título, excluidas de
la ciencia "oficial", llamadas "sabias" o "sanadoras por unos" y "brujas" o
charlatanas por otros. También recomiendo el texto de Casilda Rodrigáñez
Bustos, *Pariremos con place*r (Murcia, Crimentales, 2008).

Pero hoy en día la discusión sobre la prostitución es muy álgida y ha generado una fractura entre corrientes feministas sobre qué hacer con ella, porque hay quienes la ven como un simple servicio sexual, como un trabajo "como cualquier otro", por lo que impulsan su regulación y derechos laborales, sin ver que ello implica considerar el cuerpo como una mercancía dejando de lado la dimensión global del fenómeno, que ha crecido, al igual que la pornografía, de manera exponencial en las últimas décadas, mientras que hay otras que la vemos como una forma de explotación y violencia, con muchas capas, pero donde siempre se llevan la peor parte las mujeres más vulnerables, precarizadas, racializadas, algunas incluso niñas, sin ninguna capacidad de elegir (en España la policía habla extraoficialmente de 80% de ellas como víctimas forzadas).[38]

Ante ello, la exigencia de muchas feministas es la total abolición de la prostitución y el castigo a los "clientes" de un sistema prostitucional, donde el fenómeno de la trata está presente a lo largo y ancho del planeta. Se asume que la abolición no terminará con la prostitución de un día para otro, pero sí logrará disuadir y limitar cada vez más los mercados para los proxenetas.

Rosa Cobo, en su libro *La prostitución en el corazón del capitalismo neoliberal*, explica que hemos pasado del *viejo sistema prostitucional*, el de las casas de citas, con mujeres jóvenes marcadas por la pobreza y eventos de vida que las orillaron a la marginalidad, y con numerosos varones que acudían a esos burdeles, en los que con frecuencia eran iniciados a la vida sexual, a un *nuevo sistema prostitucional* caracterizado por una gigantesca industria de explotación sexual multinacional de mujeres, niñas —y también niños—, con circuitos semiinstitucionalizados por los que operan varias economías ilegales que conectan mafias entre países, y donde convergen no solo la explotación sexual, sino el tráfico de drogas, órganos, armas o vientres de alquiler, así como la industria del juego para blanquear el dinero traspasando fronteras, en un mercado global que extrae enormes ganancias económicas de los cuerpos de las mujeres precarizadas. Se calcula que la prostitución es el segundo o tercer negocio en términos globales, como explica **Saskia Sassen. En lo que ambos cánones prostitucionales coinciden es en "el** *megarrelato* **de las** *putas felices",* es decir, que las mujeres están ahí "porque les gusta y les va bien".

Concedo que al menos, en teoría, podría haber algunas mujeres que de niñas hayan tenido acceso a todas las oportunidades de educación y desarrollo físico, psicoemocional y material, que no hayan sufrido abusos ni violencia sexual, y que, en su adultez, en absoluta libertad podrían elegir esta actividad, aunque extrañaría que lo hicieran teniendo oportunidades reales de otros trabajos más seguros (la tasa de asesinatos entre mujeres que se dedican a la prostitución es cinco veces más alta que las que no se dedican a ellos). Pero la realidad es que en este fenómeno salta la desigualdad estructural que atraviesa a la mayor parte de las mujeres en situación de prostitución, quienes reciben impactos a nivel físico, cognitivo y emocional que se traducen en problemas de salud, emocionales y de relaciones sociales, además de que la mitad de ellas entraron al sistema prostitucional promediando 14 años de edad, es decir, siendo aún niñas.

Rosa Cobo en su investigación de campo no encontró ni una sola mujer en situación de prostitución que hubiera soñado estar donde estaba. Y por eso se pregunta:

¿Se puede, desde el feminismo y desde la izquierda, proponer la regulación laboral de una fellatio o de una penetración anal o

343

vaginal? ¿Se puede utilizar para ello el principio de la libertad individual? Es decir, ¿podemos seguir repitiendo el argumento de "hago con mi cuerpo lo que quiero"? Si se utiliza este principio para legitimar el acceso sexual al cuerpo de las mujeres, podremos también utilizarlo para la venta de órganos o para legitimar cualquier esclavitud siempre y cuando esté consentida por el sujeto que la padece. ¡Es desolador cómo ha impregnado la cultura de la mercantilización neoliberal a sectores de la izquierda! ¿Podemos legítimamente reclamar que la salud, la educación o las pensiones no sean parte del mercado y al mismo tiempo proponer que el cuerpo de las mujeres esté disponible como mercancía? La regulación de la prostitución es abrir el último dique del que disponemos, que es nuestro propio cuerpo, al mercado. Por eso la prostitución es un test de hasta dónde puede llegar la voracidad del capitalismo neoliberal.[39]

Siguiendo a Cobo, nuestras juventudes no merecen recibir una socialización de género que les diga que está bien acceder al cuerpo de mujeres precarizadas o vulnerables por precios irrisorios, siempre y cuando ellas quieran. El abuso y la explotación no deben tener cabida en nuestro horizonte. Y aunque va a costar mucho trabajo, debemos reafirmar que la abolición remueve intereses masculinos que tenemos que eliminar como humanidad si en verdad queremos un mundo igualitario.

VIOLENCIA DIGITAL DE GÉNERO
CONTRA LAS MUJERES

Las plataformas y redes sociales digitales están marcando el siglo en el que nos encontramos. Han revolucionado la libertad de expresión y de asociación, derechos fundamentales para catapultar movimientos feministas y, por supuesto, han hecho mucho más accesible socializar los derechos de las mujeres, las infancias, los grupos vulnerables y de las personas de la diversidad sexual.

Aunado a ello, las redes sociales cobran cada vez mayor relevancia para proyectar los objetivos económicos, políticos y sociales específicos de empresas, gobiernos, organizaciones o colectivos e individuos: Twitter es el ágora de la opinión pública; Facebook, además de influir en compras y decisiones políticas, FBLive se convirtió en un espacio mejor segmentado que la televisión, marcando tendencias en información y formación de opinión pública. LinkedIn hace la función de un escaparate laboral, e Instagram, preferido por las juventudes, junto con TikTok, "encanta" con historias y fotos de personas de distintas partes del orbe interactuando, posando, exhibiendo algún aspecto de su vida para causar risa o repulsión, generalmente, pero nunca pasar desapercibidos. Estas plataformas se usan también para vender desde productos y servicios hasta ideas de toda índole.

En este sentido, sobre todo tras la pandemia de covid-19, las redes sociales han dejado de ser solo entretenimiento para convertirse en herramientas de la vida profesional, personal y social. Para bien y para mal, pues **el patriarcado y el mercado reproducen sus cánones en conversaciones, tuits, fotos, videos, gifs y toda clase de *streamings*.** Esta modalidad de comunicación abre nuestras vidas de par en par. No podemos escapar al escrutinio total de nuestro uso del tiempo ante las pantallas, de los hilos invisibles pero poderosos de los algoritmos de los grandes consorcios digitales.

Con el viejo patriarcado haciendo uso de nuevas plataformas, el mundo digital se ha convertido en un espejo ampli-

ficador de las violencias contra las mujeres, dejándolas expuestas y vulnerables en un ciberespacio poco regulado, lleno
de violencia simbólica y cuerpos femeninos hipererotizados
desde tiernas edades, promoviendo un *hiperconsumismo* en los
mercados de la moda, la salud, la belleza; pues, al repetirnos
que somos seres imperfectos, tenemos que buscar qué defecto
vamos a cubrir, qué imperfección esconder, qué falla corregir,
qué supuesta "monstruosidad" arrancar y gastar dinero en ello.
Eso sin hablar de una capacidad de reproducción exponencial,
cuando de acoso y hostigamiento se trata, así como formas va-
riadas de invasión de la privacidad, suplantación de identidad,
daño reputacional y daño emocional.

De acuerdo con ONU Mujeres, la violencia digital contra
niñas y mujeres se expande a través de medios digitales cau-
sando daños a la salud psicocmocional de estas, e impidiendo
su empoderamiento, desarrollo y el pleno disfrute de sus derechos.[40]

La violencia digital contras las mujeres, la niñez y las personas de la diversidad y divergencia sexual otorga nuevas armas
al heteropatriarcado que sigue considerándonos como objetos
sexuales y no como titulares de derechos. El espacio virtual
apenas comienza a ser regulado. Por mucho tiempo lo que ahí
sucede se ha minimizado, pero su impacto cada vez es más real
y poderoso para afectar la vida de una persona. **En la medida
en la que las plataformas digitales han ido ganando relevancia en el desempeño laboral, académico, económico, político,
social e íntimo de las personas, en la misma medida la violencia digital ha ido aumentando.**

A eso se le suman los juicios y prejuicios que configuran
todo un orden de revictimización que obstaculiza el acceso a
la justicia. Por ejemplo, **en los casos de violencia sexual, tra-**

dicionalmente han sido peores los cuestionamientos hacia la
víctima que hacia el agresor: "es su culpa por estar ahí a esas
horas"; "¿para qué sale así vestida?"; "es su culpa por emborra-
charse; ella siempre está de provocadora".

En la arena virtual pasa lo mismo cuando alguna persona
(por lo general, la expareja) decide publicar contenido íntimo
de alguien, sin consentimiento, con el objetivo de dañar, denostar, difamar, exponer o someter; la tendencia social ha sido
la de señalar a la víctima, cuestionando su integridad personal:
"eso pasa cuando las mujeres no se valoran y andan mandando
desnudos", "para qué se deja fotografiar", "es una cualquiera";
etcétera.

**La ciberviolencia de género contra las mujeres reproduce
ejercicios de poder concretos como acosar, denigrar, humillar
a la mujer con la intención de oprimirla y ejercer poder contra
ella.**[41] "Si no regresas conmigo, te vas a arrepentir"; "si no haces
lo que yo te pido lo vas a pagar muy caro".

En sus conferencias, **Olimpia Coral Melo,** gran impulsora
en México, por distintas vías, de la llamada Ley Olimpia, ha
hecho más que solo impulsar reformas a los códigos penales o
la Ley General de Acceso de las Mujeres a una Vida Libre de
Violencia. Para ella y muchas académicas, como Aimé Vega, no
es solo una reforma, sino una causa.

La virtualidad es una extensión de la vida y estas violencias
han dañado más a las mujeres, porque el espacio digital fue
creado como un espacio masculinizado y patriarcal: "internet es
una herramienta patriarcal, con machismo y misoginia".[42] Hasta
mayo de 2021, estas reformas ya habían sido aprobadas en 29 de
las 32 entidades federativas mexicanas.

¿QUÉ CONDUCTAS SON CONSIDERADAS
COMO VIOLENCIA DIGITAL?

- Videograbar, audiograbar, fotografiar o elaborar videos reales o simulados de contenido sexual íntimo, de una persona sin su consentimiento o mediante engaño.
- Exponer, distribuir, difundir, exhibir, reproducir, transmitir, comercializar, ofertar, intercambiar y compartir imágenes, audios o videos de contenido sexual íntimo de una persona, a sabiendas de que no existe consentimiento libre y explícito, mediante materiales impresos, correo electrónico, mensajes telefónicos, redes sociales o cualquier medio tecnológico.

Comparto algunos datos del informe *Violencia contra las mujeres y niñas en el espacio digital*, publicado por ONU Mujeres:

- El 73% de las mujeres en el mundo han estado expuestas o han experimentado algún tipo de violencia digital.
- El ciberacoso afecta a 9.4 millones de mexicanas, mayoritariamente entre los 18 y 30 años.
- Los estudios sobre la dimensión de género de la violencia digital indican que el 90% de las víctimas son mujeres.[43]

Además, previo a la pandemia, el Módulo del Ciberacoso del Inegi publicó que:

- En México había en 2021 aproximadamente 84 millones de internautas, de los cuales el Instituto Nacional

de Geografía y Estadística calcula que el 23% fue víctima de ciberacoso. Se pronostica que para 2025 en México habrá alrededor de 95.3 millones de internautas.[44]

- Ese 23% significa que 17.7 millones de personas de 12 años
y más que utilizaron internet en 2019 fueron víctimas de
acoso en plataformas digitales; de las cuales, 53% fueron
mujeres y 47% hombres.

- Solo 8.6% de los casos de ciberacoso es denunciado;
la reacción más recurrente es bloquear a la persona o
página agresora (69% de las mujeres, 49% de los hombres).[45]

Como en todo, el que haya sanciones no es suficiente. Hay
mucho trabajo que hacer por delante para proteger, informar
a la población, prevenir haciendo conciencia y educando, y actuar oportunamente para que estas conductas no queden en
el anonimato ni en la impunidad; de otra forma no lograre-
mos revertir su tendencia de incremento. La violencia digital
es un delito y debe erradicarse. En México existe el Centro
Nacional de Respuesta a Incidentes Cibernéticos, y en las entidades federativas ya hay unidades de policía cibernética a donde
acudir, aunque aún les suele faltar la perspectiva de género, ya
no digamos feminista.

Es muy importante también una intensa labor desde el
ámbito educativo, una alfabetización digital con perspectiva
de género, la cual requiere de una reflexión sobre el trabajo de
prevención y de intervención de las realidades machistas digitales estudiadas.[46]

EL DERECHO A DECIDIR
Y LAS MAREAS VERDES

Uno de los aspectos más polémicos de los derechos reproductivos se refiere a la libertad de las mujeres para elegir si desean ser madres o no, cuándo, cuántas veces y en qué circunstancias, sin imposiciones sociales, culturales, religiosas, ni mucho menos otro tipo de acciones coercitivas derivadas de relaciones violentas. En este sentido, se vuelve vital garantizar el derecho a forjar libremente un proyecto de vida, contar con una educación integral en sexualidad, información pública laica de calidad, opciones y métodos anticonceptivos, pero también acceso gratuito a los servicios de salud necesarios para que, en su caso, cualquier mujer sin importar su origen o condición pueda acceder a anticonceptivos y también, de ser necesario, al aborto legal y seguro.

Marta Lamas afirma: "El derecho a decidir sobre el propio cuerpo es una de las demandas básicas y más antiguas del movimiento feminista",[47] porque es un asunto de derechos humanos, salud pública, de autonomía y de justicia social.

El heteropatriarcado ha endilgado a las mujeres la responsabilidad reproductiva, con lo cual se traduce en que **6 de cada 10 hombres no se preocupen por usar condón en sus relaciones sexuales**[48] **y que 67.5% de las madres jefas de familia no reciba pensión alimentaria.**[49] También explica que el orden social no aliente a las mujeres a que decidan libremente sobre sus planes de vida y sus cuerpos, condicionadas por los mandatos, roles y estereotipos sexistas. Esta es una realidad injusta que afecta transversalmente a mujeres de diferentes latitudes, condiciones socioeconómicas, etnias, religiones, culturas, clases y niveles educativos.

La Organización Mundial de la Salud señala que 1 de cada 4 embarazos termina en aborto y que 45% de la cifra estimada, que es de 56 millones de abortos anuales que se practican en el mundo, es inseguro y pone en grave riesgo la vida de las mujeres. En América Latina solo 1 de 4 abortos fue seguro.[50]

Y, sin embargo, según los datos de la Comisión de Derechos Reproductivos (CDR), tan solo una de cada tres mujeres tiene acceso al aborto libre en todo el mundo, mientras que 90 millones de las mujeres viven en países donde no podrían abortar bajo ningún concepto, aunque su vida corriera peligro.[51]

Este panorama nos aclara por qué hablar del aborto, del derecho a decidir y de la interrupción legal del embarazo son temas que forman parte de los derechos humanos de las mujeres, y hoy, desde ese enfoque, se incluye también a las personas gestantes que no se definen como mujeres. Son derechos, es decir, prerrogativas sustentadas en la dignidad humana, cuya realización efectiva resulta indispensable para el desarrollo integral de las personas. Entre las observaciones finales emitidas en 2018 por el Comité de Naciones Unidas para la Eliminación de Todas las Formas de Discriminación contra la Mujer (CEDAW) para México, en la observación 41 referente a la salud, se expresa la preocupación del comité porque las disposiciones de las leyes penales estatales que restringen el acceso al aborto legal siguen obligando a muchas mujeres a someterse a abortos en condiciones de riesgo; y porque las modificaciones de la Ley General de Salud, hechas en 2018, que contemplan la objeción de conciencia del personal médico, pueden plantear barreras al acceso al aborto sin riesgo y a los anticonceptivos de emergencia, especialmente en las zonas rurales y remotas.[52]

La despenalización del aborto tiene como fin lograr mejores condiciones sanitarias y la adecuada regulación jurídica, respetando el derecho humano a la salud de las mujeres, y su derecho a decidir sobre su cuerpo, no para obligarlas a abortar, sino para que quienes decidan hacerlo lo hagan de manera segura, evitando la muerte de miles de mujeres por abortos clandestinos y que vayan a la cárcel por realizarlos.[53] En México la interrupción del embarazo fue despenalizada primero en la Ciudad de México (desde 2007) y después en Oaxaca (2019).

En esta lucha ha sido fundamental el esfuerzo de las organizaciones feministas y de derechos humanos, quienes han sumado y aliado con intelectuales, mujeres de ciencia y las artes, académicas y medios de comunicación. **Martha Lamas** señala que la eficacia de la lucha feminista por la despenalización del aborto tiene que ver con la conformación de una "minoría consistente" que, a través de la especialización, ha logrado convertirse en factor de influencia.[54]

Esa minoría que ha venido caminando en América Latina desde los años setenta, ha sido revitalizada y engrosada en los últimos años gracias al movimiento internacional conocido como Marea Verde, una corriente que se pronuncia y trabaja a favor de la despenalización del aborto, sobre todo en Latinoamérica. Encuentra sus antecedentes en Argentina, en 2005, con la llamada Campaña Nacional por el Derecho al Aborto Legal, Seguro y Gratuito, que en la marcha del 8 de marzo de 2018 ya se identificaría como Marea Verde. Dentro de sus consignas más populares se encuentra:

"Educación sexual para decidir, anticonceptivos para no abortar, aborto legal para no morir".

Al paso del tiempo, han ido sumando aliadas en toda Latinoamérica, que están sacudiendo y pintando de verde las calles, buscando hacer realidad el derecho al aborto seguro y libre.[55]

Gracias a que la conversación y la lucha se reactivaron desde el feminismo en México con la llegada de la Marea Verde, a partir del 7 de septiembre de 2021 el aborto inducido no es punible en ninguna de las 32 entidades federativas de México, tras un fallo judicial unánime de la Suprema Corte de Justicia que, de manera histórica, declaró inconstitucional encarcelar a las mujeres por abortar, al igual que legislar en torno a "la vida humana desde la concepción", por considerar que estas dos situaciones atentan contra los derechos sexuales y reproductivos de las mexicanas. Aún está pendiente realizar la homologación legislativa en todos los 28 estados donde el aborto solo está permitido bajo ciertas condiciones y lograr la total despenalización.[56] Veracruz, Hidalgo, Baja California y Colima ya lo habían despenalizado hasta las 12 semanas de gestación, pero hay mucha variación respecto a los excluyentes de responsabilidad.[57]

En 2020 en México hubo eventos trascendentes en esta lucha como la **Marcha del 8 de marzo** (8M), el **Paro Nacional de Mujeres** (#UnDíaSinNosotras) el 9 de marzo, la toma de la sede de la Comisión Nacional de Derechos Humanos (CNDH) el 4 de septiembre y la Marcha #28S para exigir la interrupción legal del embarazo en todo el país.

Aunque la interrupción legal del embarazo enfrenta la oposición de grupos religiosos y conservadores y polariza a la opinión pública, el feminismo ha logrado ir posicionando el tema como un asunto de derechos humanos, justicia social y de salud pública, pues son las mujeres en situación de pobreza las que menos posibilidades tienen de decidir sobre sus cuerpos, y a su vez corren mayor riesgo de sufrir complicaciones por un aborto clandestino.

La despenalización y legalización del aborto está generando un cambio más profundo que el mero ejercicio de los derechos

sexuales y reproductivos de las mujeres: se trata del reconocimiento de la mujer como dueña de sus decisiones y de su
cuerpo, o de su *cuerpa* como dirían muchas jóvenes feministas,
titular efectiva de sus derechos más allá de convencionalismos
patriarcales. **Desde luego ninguna feminista reclama el aborto
para quien no lo desea, ni tampoco como método anticoncep-
tivo, sino como un derecho al que se pueda acceder si así se
decide, en libertad y con responsabilidad.**[58]

En América Latina, solo cinco naciones han logrado reconocer el aborto libre, es decir, sin condicionantes: Uruguay, Cuba,
Guyana y Guyana Francesa.[59] Argentina lo logró en 2020, país
cuna de una de las más fuertes manifestaciones de esta Marea
Verde.

Colombia y Perú permiten el aborto en casos y condiciones
específicos, Paraguay es la excepción: único país latinoamericano con una prohibición absoluta respecto al aborto.[60]

MOVILIDAD: LAS MUJERES Y LA REAPROPIACIÓN
DEL ESPACIO PÚBLICO Y LA CALLE

De acuerdo con la CEPAL, la movilidad se refiere a la:

Necesidad que tienen las personas de moverse de un lugar a
otro, independientemente del modo de transporte que utilicen
para ello, donde más que la unión entre dos puntos se busca permitir el acceso a bienes, servicios y oportunidades en beneficio
de un desarrollo sostenible y una mejor calidad de vida".[61]

La movilidad incide directamente en la calidad de vida urbana y rural, y es un derecho que permite a las personas ha-

cer efectivas sus libertades. Presenta características conocidas como patrones de movilidad e incluyen, entre otros aspectos:

- Los motivos por los que se trasladan las personas
- El tipo de viajes que realizan
- Los horarios en los que se desplazan
- Los modos de transporte que utilizan
- Tiempo empleado
- Costos[62]

Gracias a estudios como los de geografía y género de **Linda McDowell,** hoy sabemos que la planeación de las ciudades ha respondido siempre a una lógica *androcéntrica*, que privilegia las necesidades de los hombres y su rol en la arena pública, dejando fuera o en la periferia las necesidades y experiencia de vida de las mujeres. Esta lógica también patriarcal y el *sesgo inconsciente** que tienen las personas tomadoras de decisiones se reproducen también en comunidades más pequeñas, donde las mujeres con hijas e hijos en edad escolar también necesitan movilizarse más, generalmente con menos opciones. Por esto, cuando hablamos de derecho a la ciudad y a la movilidad y al espacio público, es indispensable hacerlo desde el enfoque de género, interculturalidad e intergeneracionalidad.

---

* El sesgo o prejuicio inconsciente se refiere a ideas, preconcepciones, creencias y actitudes de las que no nos damos cuenta de manera consciente, y que nos hemos formado respecto de cosas y personas, a partir de nuestra propia experiencia vital. Surge de una característica del cerebro que, para ser eficiente, es siempre selectivo, es decir, solo procesa una parte de los estímulos o información que recibe para poder simplificar la enorme cantidad de datos que percibimos. Aunque todas las personas los tenemos, el hecho de vivir en un orden social y androcéntrico hace que abunden los sesgos que refuerzan estereotipos de género sexistas en quienes suelen tomar decisiones, ya sea en empresas o gobiernos.

Es real que mujeres y hombres vivimos las calles, la movilidad y los espacios públicos en general de manera diferente. En América Latina esto se recrudece en ciudades y periferias donde la calidad de los servicios de transporte público, la precaria cultura vial, así como el estado de vialidades, banquetas y espacios públicos, no garantizan las condiciones necesarias para una movilidad incluyente, segura y polifuncional.

Además, los servicios de transporte acentúan las desigualdades existentes por género, afectando desproporcionadamente la vida productiva, social y cultural de las mujeres en edad productiva, adultas mayores y las adolescentes principalmente.[63]

Esto es importante, porque en México y en Latinoamérica, el transporte público es la forma de movilidad más común para las mujeres en las medianas y largas distancias. En zonas conurbadas predominan mototaxis, camionetas, taxis colectivos, por lo que las dificultades de acceso a medios de transporte, como la baja frecuencia de los recorridos, y la escasez de infraestructura adecuada significan una barrera considerable para la participación de las mujeres en la vida económica, política y social, en igualdad de condiciones.

El concepto de *movilidad del cuidado* que maneja **Inés Sánchez Madariaga** ofrece herramientas para "reconocer y reevaluar el trabajo de cuidado". En un estudio que la académica llevó a cabo en España, si se comparan los datos recolectados de forma tradicional, estos arrojan que 12% de los viajes son para compras y 9% para acompañar a otra personas, pero cuando ella analiza otros componentes de la actividad de las mujeres, que incluyen llevar en su carriola o silla de ruedas a un familiar, o visitas, resulta que 25% de su movilidad está relacionado con trabajo de cuidado.[64] En México, las mujeres realizan la mayoría de los viajes relacionados al cuidado: 10% de las mujeres declara el motivo "ir de compras" como propósito de sus viajes mientras que solo la mitad de esta proporción los hombres afirman lo mismo (5%). Del mismo modo, en la categoría de "llevar o recoger a alguien", 5% de las mujeres menciona haber viajado con ese propósito mientras que solo 2% de los hombres asegura haber viajado con el mismo fin.[65]

De igual manera, las desigualdades también se reflejan en cuanto al acceso al automóvil particular, de acuerdo con los registros de la emisión de licencias de conducir. Por citar algunos ejemplos en América Latina: en Buenos Aires entre 2016 y 2017, solo 28% fueron otorgadas a las mujeres; en Chile, durante 2015, el porcentaje de las mujeres que recibieron la licencia de conducir alcanzó un poco más de 20%; en el caso de Costa Rica, durante 2017 solo el 31%.[66]

Resumo algunos de los patrones de movilidad de las mujeres:

- Las mujeres, particularmente si somos madres o cuidadoras de personas enfermas o ancianas, realizamos más viajes, más cortos y más heterogéneos.
- Utilizamos con mayor frecuencia el transporte público.
- Seamos o no madres, caminamos más que los hombres, por disponer de menos opciones de transporte o menos recursos para pagarlos.
- Viajamos con más cargas (compras, pañaleras, mercancía para vender, etcétera).
- La movilidad de cuidados (infantes, hijas e hijos en edad escolar, adultos mayores, personas enfermas) supone mayores responsabilidades para las mujeres, que generalmente están a su cargo.

Así pues, estos datos nos hablan de retos importantes, ya que **el diseño de las políticas públicas del transporte y la movilidad, sin perspectiva de género ni generacional, sobrecargan, en vez de aligerar, los desplazamientos de las mujeres** necesitadas de tomar varios transportes públicos para llegar a su destino, con el consecuente gasto adicional y utilizando varios medios de transporte y/o paradas, que no contemplan la movilidad de carga o de cuidados que ellas sobrellevan.

Además, **el acceso de las mujeres a medios de transporte como la bici, la moto, o el propio automóvil es limitado**, porque en las familias donde hay solo uno de estos medios, su uso generalmente es reservado a los hombres al considerarse, por mandato patriarcal, que sus tareas son más importantes que las de ellas, y por visiones estereotipadas que aducen mayor destreza a los hombres. Incluso estudios de la OCDE dan cuenta de la masculinización del uso del automóvil particular, por el cual a los hombres les es asignado socioculturalmente el uso prioritario del auto, aunque el vehículo haya sido adquirido con fines familiares. Esto hace que el acceso al automóvil propio quede limitado a aquellas mujeres con mayores ingresos y con trabajos formales.

En el medio rural las mujeres también sufren más discriminación y falta de oportunidades. En materia de movilidad, suelen trasladarse en caminos no pavimentados, oscuros, poco concurridos y sin vigilancia, acentuando su inseguridad y desprotección.

Los factores antes mencionados: **los mandatos sexistas pautando los patrones de movilidad de las mujeres, la masculinización de la industria y del uso del automóvil, sumado a la movilidad de carga y cuidados como limitantes del acceso a otros medios de transporte, explican por qué las mujeres** caminan más y tienen que usar más el transporte público donde, en regiones como América Latina, tienen mayores probabilidades de sufrir acoso sexual, y viven más inseguridad.

Violencia y acoso callejero: el gran reto

Actualmente, quizás el reto menos tomado en consideración en la movilidad es el relacionado con detener la violencia machista y el acoso callejero como una de sus expresiones. ONU Mujeres resalta que la violencia en espacios públicos, particularmente en los sistemas de transporte público, en plazas o en las calles, reduce la libertad de movimiento de mujeres y niñas, lo que se traduce en limitantes para acudir a la escuela o al trabajo y participar adecuadamente en la vida pública, lo que a su vez impacta negativamente en su salud, oportunidades y bienestar.

México, en 2017, ocupó el primer lugar en acoso sexual en América Latina, de acuerdo con una encuesta realizada por las consultoras Brain y Win-Gallup International.[67] Aunado a ello, en 2018 el Foro Económico Mundial ubicó a la Ciudad de México en el segundo lugar, después de Bogotá, Colombia, entre las urbes donde el transporte público es más peligroso para mujeres en el mundo.[68]

Mediante la Encuesta sobre la Violencia Sexual en el Transporte y otros Espacios Públicos en la Ciudad de México (2018), realizada por ONU Mujeres y Estudios y Estrategias para el Desarrollo y la Equidad (EPADEQ), se encontró que, de las 3 214 mujeres entrevistadas, 88% había sufrido algún tipo de violencia sexual en la calle o en el sistema integrado de transporte, una o más veces en un periodo de 12 meses.[69] A 22 de cada 100 mujeres las persiguieron en unidades del transporte público con intenciones de ataque sexual, a 21 de cada 100 le hicieron propuestas sexuales indeseadas, a 9 de cada 100 le tomaron fotos a su cuerpo sin su consentimiento.[70]

Las miradas lascivas o con morbo son la forma más común de violencia. **Al menos 82 de cada 100 mujeres hemos sido víctimas alguna vez en nuestra vida.** El 81% hemos sido agredidas con frases ofensivas o de carácter sexual; a 66% se le han recargado con el cuerpo con intenciones sexuales; a 57% nos han insultado o dicho palabras despectivas e incluso denigrantes, por ser mujeres; a 50% nos tocaron el cuerpo sin consentimiento; a 37% nos dieron una nalgada; a 26% un hombre nos mostró los genitales; a 24% nos susurraron cosas al oído y se tocaron o masturbaron frente a nosotras, todo sin nuestro consentimiento.[71]

La cifra negra de estas situaciones es altísima porque las víctimas desconfían de las autoridades, no tienen tiempo para hacerlo o desconocen a dónde acudir. De modo que recurren a alterar sus patrones de movilidad, cambiar de rutas, horarios y buscar acompañantes, lo que se vuelve una tarea más que puede generarles costos y tiempo extra.

Sin duda, el problema de las violencias sexuales es uno de los principales retos en México y Latinoamérica para que podamos movernos de forma autónoma, cómoda, segura, y sin límite.

La bicicleta como medio de autonomía de las mujeres

En la actualidad el uso de la bici está teniendo una expansión, gracias a que muchos movimientos ecologistas y ecofeministas están promoviéndolo como medio alternativo de transporte, pues favorece la sustentabilidad de las ciudades e impulsa la autonomía de las mujeres, al dejar de depender de alguien que las lleve y las traiga, además ahorra costos y permite construir comunidad.

La bici obviamente no es nueva. En el siglo XIX se convirtió en un símbolo de libertad para algunas mujeres, y estuvo asociada a movimientos sufragistas. Montar en bici para las mujeres suponía todo un desafío, ya que los hombres lo consideraban poco decoroso, peligroso para la unidad familiar y hasta presuponían que podía causarles daños físicos.[72]

Se argumentaba que su uso podía provocar en la mujer pérdida de la virginidad, esterilidad o aborto, y que las mujeres que osaban usarla buscaban su excitación sexual. Lo sorprendente es que en nuestros días argumentos sexistas, aunque de otro corte, permanezcan vigentes, como el hecho de que promover el uso de la bici en las mujeres siga siendo toda una transgresión al patriarcado y al dominio androcéntrico del automóvil.

En la Ciudad de México, pese a la complejidad que presenta la movilidad de más de 25 millones de personas, en una zona metropolitana con deficiente planeación urbana y territorial, es donde, con impulso de la sociedad civil y funcionariado progresista, se ha promovido un modelo de movilidad más polifuncional que en otras ciudades del país. Sin embargo, solo 24% de los viajes en bicicleta es realizado por mujeres.

La sufragista **Susan B. Anthony** opinaba que la bicicleta era el objeto que más había contribuido a la emancipación de la mujer: "Le proporciona sensación de libertad y seguridad en sí misma. Cada vez que veo una mujer sobre una bicicleta me alegro, porque es la imagen de la libertad".[73] Y sí, en efecto, la bici empodera, libera y mejora la salud física y mental al activar ambos hemisferios cerebrales.

Hoy, redes como Women In Motion, Insolente, Bicitekas, Colectivo Punt6, entre otras, tienen un papel clave en la planeación de las ciudades, con un activismo que atraviesa fronteras para compartir experiencias exitosas e impulsar ciclovías, intervenciones peatonales y planes de movilidad con perspectiva de género.

Con el apoyo de mujeres activistas, mayoritariamente feministas, de organizaciones como TDP México, Reacciona por la Vida, Bicitekas y La Liga Peatonal, entre otras, a finales de 2014 fue presentada una propuesta para diseñar una Ley General de Movilidad pensada para resolver los problemas que presentan las ciudades mexicanas en un contexto actual de expansión urbana y crecimiento del parque vehicular.

En octubre de 2020 se dio un gran paso en la materia al aprobarse las reformas que reconocen el derecho a la movilidad en el artículo 4.° de la Constitución, con lo cual se faculta al Congreso a legislar en materia de movilidad y seguridad vial, y a los municipios a elaborar sus planes en la materia.

La importancia de la agenda feminista por la movilidad es hacer efectivo ese derecho colectivo que reubica a las personas como protagonistas de las calles, reconoce otras formas de movilidad más allá del automóvil —que por cierto representa la minoría de los viajes—, favorece la sustentabilidad de las ciudades, pero también el disfrute del espacio público promoviendo la inclusión social y la igualdad de género, porque en la calle también se hace ciudadanía.

CONCLUSIONES

A través de este viaje histórico y conceptual has repasado los orígenes y generalogía del feminismo, comprendido algunos de sus fundamentos teóricos principales, develado mitos, y quizá hasta te hayas emocionado con algunos de sus momentos y personajes más importantes o hayas encontrado sanador leer la historia e ideas de muchas mujeres y hombres aliados que han abierto caminos para nosotras. Más allá del punto de vista intelectual, lo esencial para mí es ver si te interesa interiorizar posibles rutas del feminismo como una vía de acompañamiento en tu proceso de autoconocimiento y quehacer cotidianos, una *ética feminista*, como diría **Alma Guillermoprieto,** que nos invita a romper paradigmas basados en la discriminación, a redescubrirnos con ojos más libres y a construir relaciones basadas en la igualdad, empezando por la relación con nuestro propio ser, sanando nuestra relación con nosotras mismas y con otras mujeres. Ella afirma, con razón, que han cambiado tanto las cosas gracias al feminismo, que:

> El desequilibrio entre el poder de los hombres y el poder de las mujeres se ha modificado tanto, hemos aprendido tanto, somos tanto menos sumisas, que todo, todo se tiene que mirar de nuevo. Desde el arte del Renacimiento hasta las películas más inocentes de Marilyn Monroe".[1]

363

Mirar todo de nuevo. Repensar todo. Empezando por la relación contigo misma y siguiendo con la relación entre nosotras las mujeres. Tenemos una gran oportunidad de aprender a mirarnos a través de *las otras*, de las historias de nuestras ancestras, de los ojos de nuestras amigas, de las voces de nuestras compañeras, vecinas, e incluso a través de las niñas, jóvenes, adultas o ancianas que ni siquiera conocemos, que viven en países y contextos distintos al nuestro.

En la medida en que hagamos hábito de mirarnos con simpatía y no con desconfianza crecerá la empatía entre nosotras. Asimilaremos que nos une una opresión de género que nos ha puesto en situaciones de discriminación y de violencia, que no elegimos ni merecemos, pero que nos llama a actuar de manera *sorora* para el avance de todas, en nuestra diversidad. A partir de ese entendido, hacer valer nuestro valor y nuestros derechos, deconstruyendo y borrando el orden patriarcal, colonizador, racista, sexista, clasista, colonial, para que ninguna quede fuera, para que ninguna enfrente sola la violencia y para que todas gocemos de oportunidades de hacer nuestros proyectos de vida personales y comunitarios.

Para lograr un mundo igualitario, las relaciones entre hombres también tendrán que trascender las imposiciones de la masculinidad hegemónica patriarcal. Los hombres —hetero o no— mejorarían mucho su vida al despatriarcalizarse, empezando por aprender a identificar y discernir mejor las emociones propias, dejar de competir, para ya no canalizar el miedo y el dolor a través de la ira. Hombres, tómense el tiempo para hacer un balance entre los privilegios que el patriarcado les otorga contra las limitaciones que les impone. Si lo hacen con honestidad, se darán cuenta de que paradójicamente salen perdiendo. No podemos generalizar, pero muchos con el orden patriarcal limitan su abanico de manifestación de afectos a las personas importantes, por ejemplo, sus propios padres o amigos con los que mostrar su fragilidad; los hombres heterosocializados en la masculinidad hegemónica pierden la posibilidad de verdaderas amigas si ven a las mujeres como objetos; de mejores relaciones de pareja o amistad, conexiones más profundas y más cercanas con sus criaturas, familias y comunidades; pierden oportunidades a causa de las adicciones e incluso su integridad física queda expuesta a accidentes o su salud emocional mermada por esta falacia de que el éxito se mide con dinero y poder, lo cual quebranta muchas veces las relaciones de trabajo. En suma, pierden parte de su esencia humana, además de convertirse en engranes de esa maquinaria injusta, obsoleta y rancia, llamada patriarcado. **Invito a quien me lee, si eres hombre, a que te decidas, si es que no lo eras antes, a ser un aliado de la igualdad sustantiva.**

Y por supuesto, el resultado final de la interiorización del feminismo será la transformación de las relaciones entre mujeres y hombres, y personas de la diversidad y la divergencia sexual, desaprendiendo el mito de la "superioridad masculina" y dejando atrás el androcentrismo, el falocentrismo, el machismo, la misoginia, la discriminación racial y la colonialidad, que ya no puede silenciar, imponer su manera de vivir, violentar impunemente, ni borrar a las mujeres de la historia.

Al reconocer que el patriarcado no solo oprime a las mujeres, sino también a los hombres y a las personas de la diversidad y la disidencia sexual,* tenemos la gran oportunidad de estable-

---

* De acuerdo con los resultados de la Encuesta Nacional sobre Diversidad Sexual y de Género (Endiseg) 2021, en México cinco millones de personas se identifican como parte de la comunidad LGBTIQ+, es decir, una de cada veinte, lo que representa 5.1% de la población de 15 años y más. El resto de las personas se identifica como heterosexuales.

cer o reconfigurar relaciones basadas en el respeto mutuo, en el reconocimiento de cada ser de la especie humana como persona titular de derechos humanos, en la convivencia pacífica y el diálogo, bajo la premisa de la igualdad en dignidad; relaciones en las que las mujeres no sean tratadas como objetos para la satisfacción de unos, ni tampoco ellas asumir un papel pasivo esperando a ser "rescatadas", valoradas, protegidas, amadas para que su vida tenga sentido; donde ellos no sientan más la necesidad de probar su hombría ni asumir solos la responsabilidad de proveer, ni ellas carguen más con dobles o triples jornadas; maternidades y paternidades solo deseadas y ejercidas desde la corresponsabilidad y el amor, en el cuidado hacia sus criaturas, con la corresponsabilidad también de un sistema universal de cuidados. Las juventudes y las vejeces, cada una en su diversidad, gozarán de oportunidades en todas las esferas sin ser estereotipadas ni discriminadas. Incluso las personas no binarias se beneficiarán con la desaparición de los mandatos de género sexistas. La paridad política será una realidad, sin regateos, sin resistencias, sin violencia. Y por supuesto, en este escenario de igualdad sustantiva, el amor se vivirá con disfrute, en libertad y con responsabilidad; no dolerá, se vivirá plenamente a través del respeto y los cuidados mutuos.

Este es el sueño de muchas feministas; por el que las sufragistas lucharon, lo que llevó a las feministas de la tercera ola a radicalizarse, y con la que quizá se atrevieron a soñar algunas abuelas y madres que ni siquiera sabían que existía el feminismo; es con el que seguimos soñando muchas feministas de todos los colores en todos los rincones del globo. Y ahora te toca a ti responder, en un momento histórico en el que muchos velos han caído y podemos ver con más claridad las razones de la desigualdad y la opresión que padecen aún tantos millones de mujeres, aunque bajo una mirada superficial parezca que ya estamos en un piso parejo. **Te pregunto a ti, ¿quieres asumir tu parte en la historia de la humanidad para escribir páginas de justicia, emancipación, libertad e igualdad? Feminista... ¿Tú?**

Escríbeme a anavasquez.feministayo@gmail.com Me encantará seguir escribiendo contigo lo que venga en esta cuarta ola, y si vivo para una quinta, cuenta conmigo.

NOTAS

Introducción

1 Según ONU Mujeres, datos de 2021 <*https://news.un.org/es/story/2021/03/1489352*>.

2 A. Díaz O., "Por cada delito sexual contra hombres hay 11 contra mujeres", *Forbes México*, 7 de noviembre de 2019 <*https://www.forbes.com.mx/por-cada-delito-sexual-contra-hombres-hay-11-contra-una-mujeres-inmujeres/*>.

3 A. Guillermoprieto, *Será que soy feminista*, México, Literatura Random House, 2020, p. 15.

4 A. García, "Solo 3 de cada 10 empleos mejor pagados lo ocupan las mujeres", *El Economista*, 29 de marzo 2020 <*https://www.eleconomista.com.mx/economia/Solo-3-de-cada-10-empleos-mejor-pagados-los-ocupan-mujeres-20200329-0005.html*>.

5 Inmujeres (s. f.), *Glosario para la igualdad* <*https://campusgenero.inmujeres.gob.mx/glosario/terminos/division-sexual-del-trabajo*>.

6 S. de Beauvoir, *El segundo sexo*, 1949 <*https://www.segobver.gob.mx/genero/docs/Biblioteca/El_segundo_sexo.pdf*>

7 Secretaría de Gobernación, "Momento para generar políticas públicas que mejoren las condiciones de mujeres en México: Alexandra Hass Paciuc", 7 de noviembre de 2019 <*https://www.gob.mx/segob/prensa/momento-para-generar-politicas-publicas-que-mejoren-las-condiciones-de-mujeres-en-mexico-alexandra-hass-paciuc?idiom=es*>.

8 A. de Miguel, "Los retos del feminismo: un mundo con rumbo", *Prensa Ganemos Jerez*, 25 de marzo de 2018 <*https://www.youtube.com/watch?v=RjkoJq8pdDo*>.

9 Inegi, "Una de cada 5 personas de 18 años y más declaró haber sido discriminada en el último año: Encuesta Nacional sobre Discriminación (ENADIS) 2017" <*https://www.inegi.org.mx/contenidos/saladepren sa/boletines/2018/estsociodemo/enadis2017_08.pdf*>.

10 Mientras que para Sternberg, la *masculinidad* consiste en el conjunto de atributos, valores, comportamientos y conductas que son características del ser hombre en una sociedad determinada, variando según la época de la que se trate, el concepto de *masculinidad hegemónica* propuesto por R. Connell permite identificar una manera o forma de expresar el género masculino comúnmente aceptada en el orden social patriarcal, y garantiza o intenta garantizar la posición dominante de los hombres y la subordinación de las mujeres. (R. W. Connell, *Masculinities*, 2ª ed., Berkeley, University of California Press, 2005.

Capítulo 1. ¿Qué es y qué NO es feminismo?

1 ONU Mujeres Guatemala, "Profundicemos en términos de género: Guía para periodistas, comunicadoras y comunicadores", 2016 <*http://onu.org.gt/wp-content/uploads/2017/10/Guia-lenguaje-no-sexista_onu mujeres.pdf*>.

2 Salvo que esté especificado de otra forma, las citas sobre Malintzin las he tomado del libro de Isabel Revuelta Poo, *Hijas de la historia*, México, Editorial Planeta Mexicana, 2021, pp. 18-37. No es un libro propiamente feminista, pero es una investigación que aborda de manera interesante y alternativa la figura de esta increíble mujer.

3 D. Brooks, "La Malinche: la desafiante vida de la mujer más despreciada de la historia de México"; BBC, 2019 <*https://www.bbc.com/mundo/noticias-47503433*>.

4 Véase la tesis sostenida por Patricia Segués en su libro *5000 años de misoginia* (México, Turner, 2019), donde habla de la génesis e historia del patriarcado y su intrincada vinculación con la misoginia.

5 Algunos de los énfasis son míos: J. Martínez, "Patriarcado para principiantes", *Diario Femenino*, 7 de febrero de 2019 <*https://diariofeme nino.com.ar/patriarcado-para-principiantes/*>.

6   M. Beard, *Mujeres y poder, un manifiesto*, Barcelona, Editorial Crítica, 2018.

7   L. Salamero, "8 mitos sobre el Feminismo", Asociación Mujeres entre Mundos, 2019 <*https://www.mujeresentremundos.es/8-mitos-sobre-el-Feminismo/*>.

8   Mona Ozouf, *Les Mots des suffragettes*, París, Fayard, 1995.

9   R. Stoller, *Sex and Gender: On the Development of Masculinity and Femininity*, Marefield Library, 1968.

10 R. Cobo, *Aproximaciones a la teoría crítica feminista*, CLADEM, 2014 <*https://cladem.org/wp-content/uploads/2018/11/aproximaciones-a-la-teoria-critica.pdf*>.

11 S. Velasco, "Recomendaciones para la práctica clínica", Observatorio de Salud de la Mujer, Ministerio de Sanidad y Política Social, Madrid, 2019 <*https://escueladesalud.castillalamancha.es/sites/escueladesalud.castillalamancha.es/files/recomendvelasco2009.pdf*>.

12 M. Alario, "Pornografía, escuela de violencia sexual", conferencia presentada en el marco del evento La agenda feminista del tiempo global: nuevos y viejos cautiverios, XIX Escuela Feminista Rosario de Acuña Gijón, España, 7 de julio de 2022.

13 Definición escuchada en una sesión de videoconferencia con la filósofa española, que lamentablemente no fue grabada, organizada por el colectivo mexicano Red de Mujeres en Plural, el 23 de agosto de 2020.

14 M. Lagarde, "Pacto entre mujeres: sororidad", 2006 <*https://www.asociacionag.org.ar/pdfaportes/25/09.pdf*>.

15 Para inspirarse sobre este tema recomiendo leer dos artículos breves: E. Gaviola, "Apuntes sobre la amistad política entre mujeres", 2019; y C. Korol, "El feminismo compañero de las feministas compañeras", Pensare Cartoneras, Chiapas, libre circulación <*https://issuu.com/pensarecartoneras/docs/a_nuestras_amigas*>.

16 L. Posada, "Affidamento", Colectiva Feminista La Revuelta, 2010 <*http://www.larevuelta.com.ar/articulos/ST_2010_01_31.html*>.

17 A. H. Puleo, "El patriarcado: ¿una organización social superada?", *Mujeres en Red. El Periódico Feminista*. Texto original publicado en *Temas para el Debate*, núm. 133, diciembre de 2005, pp. 39-42 <*https://www.mujeresenred.net/spip.php?article739*>.

18 *Ibid.*, p. 2.

19 Puede verse un resumen de este preocupante tema en este artículo sobre la feminización de la pobreza que explica que, en 2021, por cada 100 hombres de 25 a 34 años que viven en la pobreza extrema, hay 118 mujeres; una brecha que se espera aumente a 121 mujeres por cada 100 hombres para 2030 <*https://www.undp.org/content/undp/en/home/ news-centre/news/2020/_COVID-19_will_widen_poverty_gap_bet ween_women_and_men_.html*>.

20 CNDH, "Conceptos generales", s. f. <*https://igualdaddegenero.cndh.org. mx/Conocenos/Conceptos#*>.

21 A. de Miguel, *Neoliberalismo sexual. El mito de la libre elección*, Barcelona, Ediciones Cátedra, 2015, p. 12.

22 OEA/Comisión Interamericana de Mujeres, "COVID-19 en la vida de las mujeres: razones para reconocer los impactos diferenciados", 2020, p. 12.

23 Te recomiendo el libro de E. Clit, *La carga mental: sí a la vida en común, no a los lugares comunes*, Barcelona, Lumen, 2019.

24 A. Guillermoprieto, *op. cit.*, p. 39.

25 ONU Mujeres, "Hechos y cifras: poner fin a la violencia contra las mujeres", 2020 <*https://www.unwomen.org/es/what-we-do/ending-violen ce-against-women/facts-and-figures*>.

26 Cámara de Diputados, "Ley General de Acceso de las Mujeres a Una Vida Libre de Violencia", 2007 <*http://www.diputados.gob.mx/Leyes Biblio/pdf/LGAMVLV_130418.pdf*>.

Capítulo 2. Breviario de las Olas en el mar feminista

1 C. Garrido Rodríguez, "Repensando las olas del feminismo. Una aproximación teórica a la metáfora de las 'olas'", *Investigaciones Feministas*, vol. 12, núm. 2, pp. 483-492 <*https://www.psyciencia.com/formato-apa-7ma-edicion-lista-referencias/*>.

2 D. Suárez Tomé, "El mar proceloso del feminismo, ¿en qué ola estamos?", 18 de febrero de 2019 <*https://economiafeminita.com/en-que-ola-estamos/*>.

3 C. de Pizán, *La ciudad de las damas*, edición de Marie-Jose Lemarchand, Madrid, Siruela, 2000, pp. 22-23.

4 A. Valcárcel, *Feminismo en el mundo global*, Madrid, Cátedra/Universitat de València, 2008.

5 Véase A. Ramos, "Condorcet: sobre la admisión de las mujeres al derecho a la ciudadanía", *La Otra Voz Digital*, 11 de septiembre de 2008 <*http://www.laotravozdigital.com/condorcet-sobre-la-admision-de-las-mujeres-al-derecho-de-ciudadania/*>.

6 T. Gottlieb von Hippel (el Viejo) fue un abogado y político alemán, quien se destaca en la historia de las ideas precursoras del feminismo por preconizar la igualdad de hombres y mujeres en su ensayo *Sobre el mejoramiento civil de las mujeres*. Véase María Luisa P. Cavana, "*Sobre el mejoramiento civil de la mujeres*: Theodor Gottlieb von Hippel o las contradicciones de la Ilustración", *Ágora*, núm. 10, 1991, p. 50.

7 J. Scott, "El género: una categoría útil para el análisis histórico", *Revista del Centro de Investigaciones Históricas*, núm. 14, 2002, pp. 9-45.

8 A. Lau Jaiven, "La historia de las mujeres, una nueva corriente historiográfica", en *Historia de las mujeres en México*, México, Instituto Nacional de Estudios Históricos de las Revoluciones de México, 2015, p. 19.

9 G. García, "Feliz día a las niñas de la cuarta ola feminista", *Animal Político*, 30 de abril de 2020 <*https://www.animalpolitico.com/blog-invitado/feliz-dia-a-las-ninas-de-la-cuarta-ola-feminista/*>.

10 S. Reverter, "La perspectiva de género en la filosofía", *Feminismo/s*, vol. 1, núm. 1, pp. 33-50.

11 D. Alamo, "Reseña de *Teoría feminista: de la Ilustración a la globalización* (3 vol.) de Celia Amorós y Ana de Miguel Álvarez (eds.), Madrid, Minerva Ediciones, 2007", *Empiria. Revista de Metodología de Ciencias Sociales*, núm. 15, enero-junio de 2008, pp. 185-208.

12 N. Varela y A. Santolaya, "Feminismo para principiantes", *Planeta-fácil*, 2019, p. 26 <*http://planetafacil.plenainclusion.org/wp-content/up loads/2019/03/Feminismo-para-principiantes.-Lectura-fácil.pdf*>.

13 M. Reuter, "François Poullain de la Barre", *The Stanford Encyclopedia of Philosophy*, 2019 <*https://plato.stanford.edu/entries/francois-barre/*>.

14 L. Benítez, *Algunas reflexiones sobre el filosofar de las mujeres en la modernidad temprana. Filósofas de la Modernidad temprana y la Ilustración*, Xalapa, Universidad Veracruzana, 2014 <*https://www.uv.mx/ bdh/files/2014/06/Libro-Filosofas-modernidad.pdf*>.

15 Un interesante análisis literario del feminismo de sor Juana se encuentra en Lucía Dulfort, "El feminismo de Sor Juana Inés de la Cruz" <*https:// www.diva-portal.org/smash/get/diva2:472769/FULLTEXT01.pdf*>.

16 N. Rosales y F. Pérez, "Feminismo y las olas en la historia", *El Universal*, 8 de marzo de 2020 <*https://interactivo.eluniversal.com.mx/2020/ feminismo-olas/*>.

17 N. Varela, *Feminismo para principiantes*, Barcelona, Ediciones B, 2005.

18 R. Cobo, "Mary Wollstonecraft: un caso de feminismo ilustrado", *REIS*, núm. 48-49, 1989, p. 216.

19 *Ibid.*, p. 215.

20 Para más detalles de la vida de Mary Wollstonecraft un texto fácil, breve y bien contado es el prólogo de la obra *Vindicación de los derechos de la mujer* de Ema Charo, publicado por Editorial Debate en 1977 (Colección Tribuna Feminista).

21 R. Cobo, *Aproximaciones a la teoría crítica feminista*, CLADEM, 2014 <*https://www.academia.edu/15035359/APROXIMACIONES_A_LA_ TEORÍA_CRÍTICA_FEMINISTA*>.

22 A. Espínola, "La segunda ola del movimiento feminista: el surgimiento de la teoría de género feminista", *Mneme. Revista de Humanidades*, 2004 <*https://es.scribd.com/document/263762073/La-segunda-ola- del-Movimiento-Feminista-el-surgimiento-de-la-Teoria-de-Gene ro-Feminista-Flores-Espindola*>

23 A. Miyares, "La 'cuarta ola' del feminismo: su agenda", mesa redonda, V Jornadas EPF Clara Campoamor, Concejalía de Feminismo y Diversidad, Fuenlabrada, 23 mayo de 2018 <*https://www.youtube.com/ watch?v=m-xWa1tVY-M*>.

24 Dos grandes autoras del feminismo chicano son Gloria Anzaldúa y Chela Sandoval.

25 Recomiendo el artículo de Karina Ochoa, "Feminismos de(s)coloniales", en Hortensia Moreno y Eva Alcántara (coords.), *Feminismos de(s)*

coloniales. Conceptos clave en los estudios de género, vol. 2, México, UNAM, 2018, pp. 109-121.

26 B. Mendoza, "Colonialidad del género y epistemología del Sur", en *Ensayos de crítica feminista en Nuestra América*, México, Herder, 2014, pp. 45-71. Citada por Ochoa en el artículo mencionado.

27 A. Miyares, "1848: El Manifiesto de 'Seneca Falls'. Análisis y referencias históricas del manifiesto", *Revista Leviatán*, 1999, pp. 135-158 <*http://www.mujeresenred.net/spip.php?article2259*>.

28 "Declaración de Seneca Falls, 1948". *Mujeres en Red. El Periódico Feminista* <*http://www.mujeresenred.net/spip.php?article2260*>.

29 A. de Miguel, "Feminismos a través de la historia", *Mujeres en Red. El Periódico Feminista* <*https://web.ua.es/es/sedealicante/documentos/programa-de-actividades/2018-2019/los-feminismos-a-traves-de-la-historia.pdf*>.

30 E. Montagut, "Elizabeth Cady Stanton en el sufragismo norteamericano", *Nueva Tribuna*, 10 de marzo de 2016 <*https://www.nuevatribuna.es/articulo/historia/elizabeth-cady-stanton-sufragismo-norteamericano/20160310120202126281.html*>.

31 A. Davis, *Mujeres, raza y clase*, 3ª ed., Madrid, Akal, 2016, capítulo primero.

32 Un libro fascinante sobre la cara multirracial del sufragismo estadounidense, narra la historia de seis mujeres de distintos orígenes y colores de piel que contribuyeron a esta lucha: Cathleen D. Cahill, *Recasting the Vote: How Women of Color Transformed the Suffrage Movement*, Chapel Hill, University of North Carolina Press, 2020. No encontré versión en español.

33 J. Johnson, "26 de agosto de 1920: las mujeres ganan el derecho al voto", *Progreso Semanal*, 28 agosto de 2013 <*https://progresosemanal.us/20130825/26-de-agosto-de-1920-las-mujeres-ganan-el-derecho-al-voto/*>.

34 A. Davis, *op. cit.*, capítulos octavo y noveno.

35 Un interesante artículo al respecto de Ida Irene Bergstrom "The history of Norwegian equality", *Kilden*, 27 de septiembre de 2013. <*https://kjonnsforskning.no/en/2015/09/history-norwegian-equality*>.

36 K. Tinat, "La biografía ilusoria de Simone de Beauvoir", *Estudios Sociológicos*, vol. XXVII, núm. 81, septiembre-diciembre de 2009, pp. 755-800 <*https://www.redalyc.org/articulo.oa?id=59820678001*>.

37 E. Montagut, "El sistema electoral victoriano", *Nueva Tribuna*, diciembre de 2015 <*https://www.nuevatribuna.es/articulo/historia/sistema-electoral-victoriano/20151222113739123739.html*>.

38 "Cronología y principales acciones de la lucha sufragista femenina", s. f. <*http://www.ub.edu/ciudadania/hipertexto/evolucion/trabajos/0003/4/11.htm*>.

39 N. Varela, "John Stuart Mill: el marido de la feminista", 2013 <*http://nuriavarela.com/john-stuart-mill-el-marido-de-la-feminista/#: ~:text=Harriet%20Taylor%20y%20John%20Stuart,y%20se%20 movió%20el%20sufragismo.&text="El%20ensayo%20de%20Mill %2C%20La,la%20biblia%20de%20las%20feministas*>.

40 D. Álamo, *op. cit.*, p. 189.

41 N. Rosales y F. Pérez, *op. cit.*

42 M. Medina-Vicent, "El papel de las trabajadoras durante la industrialización europea del siglo XIX. Construcciones discursivas del movimiento obrero en torno al sujeto 'mujeres'", *Fòrum de Recerca*, núm. 19, 2014, p. 152.

43 N. Varela y A. Santolaya, *op. cit.*

44 F. Tristán, *Unión obrera*, p. 51, citada en *Diario Izquierda*, 7 de abril de 2021 <*http://www.izquierdadiario.es/Flora-Tristan-el-martillo-y-la-rosa*>.

45 A. D'Atri, "Flora Tristán: el martillo y la rosa", *Diario Izquierda*, 7 de abril de 2021 <*http://www.izquierdadiario.es/Flora-Tristan-el-martillo-y-la-rosa*>.

46 M. Thomen, "Las cuatro olas del feminismo. Historia y origen", *Psicología Online*, 2019 <*https://www.psicologia-online.com/las-cuatro-olas-del-feminismo-4627.html*>.

47 CNDH. "Emmeline Pankhurst Activista política británica y líder del movimiento sufragista", <*https://www.cndh.org.mx/noticia/emmeline-pankhurst-activista-politica-britanica-y-lider-del-movimiento-sufragista*>.

48 E. Miras, "Emmeline Pankhurst, la sufragista más feroz", *ABC Historia*, 31 de diciembre de 2017 <*https://www.abc.es/historia/abci-emmeli ne-pankhurst-sufragista-mas-feroz-201712310147_noticia.html*>.

49 *Idem.*

50 "Cronología y principales acciones de la lucha sufragista femenina", Universidad de Barcelona, s. f. <*http://www.ub.edu/ciudadania/hiper texto/evolucion/trabajos/0003/4/11.htm*>.

51 C. Argibay, "Sexual Slavery and the Comfort Women of World War II", *Berkeley Journal of International Law*, vol. 21, núm. 2, p. 375 <*https://genderandsecurity.org/sites/default/files/Argibay_-_Sexual_Sla very_the_Comfort_W_of_WWII.pdf*>

52 A. Puleo, "Naturaleza y libertad en el pensamiento de Simone de Beauvoir", *Investigaciones Feministas*, vol. 0, 2009, pp. 107-120 <*https://www.google.es/url?sa=t&rct=j&q=&esrc=s&source=web&cd= &ved=2ahUKEwjDrISk3MrqAhUCO60KHdiuAIAQFjAAegQIBRAB &url=https%3A%2F%2Frevistas.ucm.es%2Findex.php%2FINFE% 2Farticle%2Fdownload%2FINFE0909110107A%2F7789%2F&usg=A OvVaw1kSKWxxPpfi24h-QYdKebk*>.

53 S. de Beauvoir, *El segundo sexo*, Buenos Aires, Siglo Veinte, 2017 <*https://femyso.files.wordpress.com/2017/01/el-segundo-sexo.pdf*>.

54 Real Clear, "13 things to know about Simone de Beauvoir", 1 de septiembre de 2014; publicado para conmemorar los 106 años de su nacimiento <*http://www.realclear.com/history/2014/01/09/things_to_ know_about_simone_de_beauvoir_5054.html*>.

55 A. Valcárcel, *La memoria colectiva y los retos del feminismo*, Santiago, CEPAL/ONU, Colección Unidad, Mujer y Desarrollo, marzo de 2001 <*https://repositorio.cepal.org/bitstream/handle/11362/5877/S01030209_ es.pdf*>.

56 Un artículo breve pero muy rico en torno a este tema es el de Julia T. Wood, "The Influence of Media Views of Gender" del Departamento de Comunicación de la Universidad de Carolina del Norte en Chapel. Aquí la liga en inglés: <http://www.nyu.edu/classes/jackson/causes. of.gender.inequality/Readings/Wood%20-%20Gendered%20Me dia%20-%2094.pdf>.

57 L. Branciforte y R. Orsi, *De la mística de la feminidad al mito de la belleza*, Madrid, Universidad Carlos III, 2012 <*https://e-archivo.uc3m. es/bitstream/handle/10016/4262/escritoras_pensadoras_anglosajonas.pd f;jsessionid=B66B7827503A41D08C848F2538F33EC9?sequence=1*>.

58 J. Martínez, "Engels, las mujeres trabajadoras y el feminismo socialista", *Ideas de Izquierda MX*, s. f. <*https://www.laizquierdadiario.mx/En gels-las-mujeres-trabajadoras-y-el-feminismo-socialista*>.

59 N. Varela y A. Santolaya, *op. cit.*

60 R. Cobo, *Aproximaciones a la teoría crítica feminista, op. cit.*

61 R. Romero, "In Memoriam: Kate Millett, un hito clave en la tradición feminista", *Encrucijadas. Revista de Ciencias Sociales*, vol. 17, 2019, p. 5.

62 Frase dicha en la entrevista que le hizo Lidia Falcón en 1984.

63 *Ibid.*, p. 6.

64 M. Fernández, "Olas del feminismo: la perenne búsqueda de la igualdad", *Agnosia. Revista de Filosofía del Colegio de Filosofía y Letras*, 2017 <*http://www.ucsj.edu.mx/agnosia/index.php/component/k2/item/414-olas-del-feminismo-la-perenne-busqueda-de-la-igualdad#_ftn1*>.

65 A. Espínola, "La segunda ola del movimiento feminista", *op. cit.*

66 L. Marcos, "Las olas del feminismo a lo largo de la historia", *Muy Historia*, s. f. <*https://www.muyhistoria.es/contemporanea/fotos/las-olas-del-feminismo-a-lo-largo-de-la-historia/1*>.

67 N. Varela, *Feminismo 4.0. La cuarta ola*, Barcelona, Ediciones B, 2019.

68 "Desde la cuarta ola: ¿cuáles son las cuatro olas del feminismo en la historia?", *Clarim.com*, 3 de marzo de 2018 <*https://www.clarin.com/entremujeres/genero/mujeres-feminismo-ola-feminista_0_N-yPg4mar.html?utm_term=Autofeed&utm_medium=Social&utm_source=Twitter #Echobox=1543901312*>.

69 *Ibid.*

70 E. Simón, "Las olas del feminismo", s. f. <*https://ieg.ua.es/es/documen tos/boletines-2015/boletin-7/las-olas-del-feminismo.pdf*>.

71 V. Sendón, "¿Qué es el feminismo de la diferencia? (Una visión muy personal)", 2010 <*http://www.mujeresenred.net/spip.php?article1985*>.

72 E. Nájera, "¿Feminismo de la igualdad y feminismo de la diferencia?", *Feminismo/s*, vol. 15, junio de 2010, pp. 9-14.

73 ONU Mujeres, "Convención sobre la Eliminación de todas las Formas de Discriminación contra la Mujer", 2011 <*https://www2.unwomen. org/-/media/field%20office%20mexico/documentos/publicaciones/2011/convenci%C3%B3n%20pdf.pdf?la=es*>.

74 ONU Mujeres, "La plataforma de acción de Beijing cumple 20 años", s. f. <*https://beijing20.unwomen.org/es/about*>.

75 OEA, "Convención Interamericana para prevenir, sancionar y erradicar la violencia contra la Mujer", s. f. <*https://www.oas.org/es/mesecvi/docs/Folleto-BelemdoPara-ES-WEB.pdf*>.

76 Gobierno de México, "¿Qué es la agenda 2030?", s. f. <*https://www.gob.mx/agenda2030*>.

77 Programa de Naciones Unidas para el Desarrollo, "Objetivo 5, Igualdad de Género", s. f. <*https://www.undp.org/content/undp/es/home/sustainable-development-goals/goal-5-gender-equality.html*>.

78 M. Fernández, "Olas del feminismo: la perenne búsqueda de la igualdad", *op. cit.*

79 F. Vila Núñez, "Genealogías feministas. Contribuciones de la perspectiva radical los estudios de las mujeres", *Política y Sociedad*, núm. 32, 1999, pp. 43-51.

80 N. Varela, *Feminismo 4.0, op. cit.*

81 V. Sendón, "¿Qué es el feminismo de la diferencia?", *op. cit.*

82 A. Espínola, "La segunda ola del movimiento feminista", *op. cit.*

83 R. Luxemburgo, "La mujer proletaria", *Revista Espartaco*, 2018 <*https://espartacorevista.com/2018/03/la-mujer-proletaria-1/#_ftn2*>.

84 A. Rich "Compulsory heterosexuality and lesbian existence", *Journal of Women Culture and Society*, verano de 1980. Edición en español por LeSVOZ, 2012, con permiso de la traductora María Soledad Sánchez Gómez.

85 Un artículo que resume de manera sencilla este tema es el de Mariana Pérez Ocaña, "¿Qué es el Lesbofeminismo?", *LeSVOZ*, 26 de agosto 2020 <*https://www.lesvoz.org/2020/08/26/que-es-lesbofeminismo-origen-y-practica/*>.

86 K. Ochoa, *op. cit.*, p. 120.

87 Y. Espinosa Miñoso, "De por qué es necesario un feminismo descolonial: diferenciación, dominación co-constitutiva de la modernidad occidental y el fin de la política de identidad", *Revista Solar*, año 12, vol. 12, núm. 1, 2016, p. 145 <*http://revistasolar.org/wp-content/uploads/2017/07/9-De-por-qu%C3%A9-es-necesario-un-feminismo-descolonial...Yuderkys-Espinosa-Mi%C3%B1oso.pdf*>.

88 K. Ochoa, *op. cit.*, p. 117.

89 L. Cabnal, "Acercamiento a la construcción de la propuesta de pensamiento epistémico de las mujeres indígenas feministas comunitarias de Abya Yala", *Feminista siempre. Feminismos diversos: el feminismo comunitario*, ACSUR-Las Segovias, 2010, pp. 11-26 <*www.acsur.org*>. Véase también su entrevista "Red de sanadoras ancestrales del feminismo comunitario en Guatemala" <*https://www.youtube.com/watch?v=6 CSiW1wrKil*>.

90 Véase la entrevista a Claudia Korol: "Luchar contra el patriarcado que atraviesa nuestros movimientos populares", *Colombia Informa TV*, 9 de julio de 2015, <*https://www.youtube.com/watch?v=aiR2T-9T_So*> y el video "Así llegué al feminismo popular y comunitario", *Wambra Medio Digital Comunitario*, 25 de febrero de 2019 <*https://www.you tube.com/watch?v=8xCVY2m8oa8*>.

91 A. Puleo, *Econofeminismo para otro mundo posible*, Madrid, Catedra, 2011.

92 E. García Forés, "Ecofeminismos rurales: mujeres por la soberanía alimentaria", *Revista Soberanía Alimentaria, Biodiversidad y Culturas*, octubre de 2012 <*https://www.soberaniaalimentaria.info/images/estu dios/ecofeminismos.pdf*>.

93 R. Caros, *Primavera silenciosa*, Barcelona, Crítica, 1982.

94 M. Mellor, *Feminismo y ecología*, México, Siglo XXI Editores, 2000.

95 E. Carcaño, "Ecofeminismo y ambientalismo feminista: una reflexión crítica", *Argumentos*, 2008 <*http://www.scielo.org.mx/pdf/argu/v21n56/v21n56a10.pdf*>.

96 *Idem.*

97 *Idem.*

98 M. Velázquez, "Hacia la construcción de la sustentabilidad social: ambiente, relaciones de género y unidades domésticas", en Esperanza Tuñón Pablos (coord.), *Género y medio ambiente*, México, Plaza y Valdés, 2003, p. 88.

99 J. Salgado Álvarez, "Aportes del ecofeminismo latinoamericano y el feminismo comunitario Abya Yala para la comprensión de los cuerpos/territorios", en *Cuerpos, despojos, territorios: la vida amenazada*, Sucre, Universidad Andina Simón Bolívar, 2019 <*https://www.uasb. edu.ec/documents/2005605/2879782/SALGADO+JUDITH.+Aportes+t eo%C3%ACricos+del+ecofeminismo+latinoamericano+y+el+feminism*

o+comunitario+de+Abya+Yala.pdf/6e9e7e71-da99-4fa1-a614-5ba 6ad8d0e07>.

100 M. Boix, "Hackeando el patriarcado: la lucha contra la violencia contra las mujeres como nexo. Filosofía y prácticas de Mujeres en Red desde el Feminismo Social", *Mujeres en Red. El Periódico Feminista*, 2006 *<https://www.mujeresenred.net/spip.php?article880>*.

101 "Relaciones peligrosas: tecnologías feministas y feminismos tecnológicos", *Animal Político*, 10 de febrero de 2021 *<https://www.animalpoli tico.com/una-vida-examinada-reflexiones-bioeticas/relaciones-peligrosas-tecnologias-feministas-y-feminismos-tecnologicos/>*.

102 N. Varela, *Feminismo 4.0, op. cit.*

103 *Ibid.*, p. 77.

104 T. Villaverde, "Judith Butler: 'Queer pro quo'", *Pikara Magazine*, 21 de junio de 2016 *<https://www.pikaramagazine.com/2016/06/judith-but ler-queer-pro-quo/>*.

105 Esta larga cita es del mismo libro de Nuria Varela, *Feminismo 4.0*, ya citado. Es una gran libro. Te recomiendo especialmente el capítulo 2.

106 Tomado de Nuria Varela (*op. cit.*), que cita a su vez a R. Rodríguez Magda, *La mujer molesta. Feminismos post género y transidentidad sexual*, Madrid, Ménades, 2019.

107 R. Rodríguez Magda, *op. cit.*, p. 49.

108 OMS, "El autocuidado y la OMS", s. f. *<https://www.mallamaseps.com.co/ index.php/el-autocuidado-en-la-actualidad>*.

109 A. Londoño, "Hacia una ética de amor propio en las mujeres", en *Memorias*, Cali, Grupo Latinoamericano de Trabajo OPS/OMS, 1992.

110 V. Martínez, "Politizando lo personal. El autocuidado feminista", *Revista Enfoque*, 15 de noviembre de 2018 *<https://www.revistaenfoque. com.co/opinion/politizando-lo-personal-el-autocuidado-feminista>*.

111 *Idem.*

112 M. Lagarde, *Claves feministas para la autoestima de las mujeres*, México, Siglo XXI Editores, 2020.

113 J. Techalotzi, "El autocuidado también es feminista", RedLac México, 2016 *<http://www.eligered.org/el-autocuidado-tambien-es-feminista/>*.

114 E. Parcerisa, "Claves para entender la cuarta ola del feminismo", *La Factoría. Revista Social*, 8 de abril de 2019 *<https://revistalafactoria.org/ articulos/claves-entender-cuarta-ola-feminismo>*.

115 I. Alabau, "Feminismo interseccional: qué es, tipos, libros y frases", *Psicología Online*, 8 de agosto de 2019 *<https://www.psicologia-online.com/feminismo-interseccional-que-es-tipos-libros-y-frases-4679.html>*.

116 R. Sileo, "¿Qué es el feminismo interseccional?", *Escritura Feminista*, 12 de diciembre de 2017 <https://escriturafeminista.com/2017/12/12/que-es-el-feminismo-interseccional/>.

117 I. Alabau, "Feminismo interseccional", *op. cit.*

118 M. Millán, "La eclosión del sujeto del feminismo y la crítica de la modernidad capitalista", *Pléyade*, núm. 22, diciembre de 2018 *<https://scielo.conicyt.cl/scielo.php?script=sci_arttext&pid=S0719-36962018000200131>*.

119 Un breve pero interesante reportaje al respecto puedes verlo en el sitio web de la BBC del 6 de diciembre de 2019: https://www.bbc.com/mundo/noticias-50694888.

120 En la CDMX se calculó que el #9M tuvo un impacto de entre 34 000 y 47 000 millones de pesos, según diversas fuentes.

121 N. Varela, *Feminismo 4.0, op. cit.*

122 *Idem.*

123 K. Ballesteros, "Cuarta ola del movimiento feminista: el hartazgo ante siglos de extrema violencia", *Contralínea*, 8 de marzo de 2020 *<https://www.contralinea.com.mx/archivo-revista/2020/03/08/cuarta-ola-del-movimiento-feminista-el-hartazgo-ante-siglos-de-extrema-violencia/>*.

Capítulo 3. Hechos y protagonistas del feminismo en México

1 O. Paz, *Sor Juana Inés de la Cruz o las trampas de la fe*, México, Fondo de la Cultura Económica, 1982.

2 B. Aracil, "Cuando Octavio Paz leyó a Sor Juana: a vueltas con *Las trampas de la fe* y sus respuestas", *Atenea*, núm. 513, julio de 2016 <https://scielo.conicyt.cl/scielo.php?script=sci_arttext&pid=S0718-04622016000100002>.

3 A. Vásquez, "El legado feminista de Sor Juana", *Periódico Imparcial*, abril de 2018.

4 S. Moya, *Juana Inés de Asbaje y Ramírez*. *Pasión disruptiva*, México, edición de autor, 2020.

5 C. Galindo Diego y D. Becker, "Sor Juana Inés de la Cruz y el concepto de estudio", *Actas*, vol. 3, 2015.

6 *Idem.*

7 E. Lira, "Una feminista en el convento", *Focus on Women*, 2017 <*https:// focusonwomen.es/sor-juana-ines-la-cruz-una-feminista-convento/*>.

8 M. C. Mata, "Mujeres en el límite del periodo virreinal", en *Historia de las mujeres en México*, México, Instituto Nacional de Estudios Históricos de las Revoluciones de México, 2015, pp. 47-67.

9 "Josefa Ortiz de Domínguez, la mujer que sostuvo una conspiración por la independencia", *VocesFeministas.Mx*, 8 de septiembre de 2020 <https://vocesfeministas.mx/josefa-ortiz-dominguez-mujer-sostuvo-conspiracion-independencia/>.

10 Hay una novela histórica, bien documentada e interesante que tiene como personaje central a la Corregidora. Escrita por Rebeca Orozco, se titula *Tres golpes de tacón*, publicada por Editorial Planeta en 2008 y reeditada en 2010. Muy recomendable.

11 E. Cervantes, "Gertrudis Bocanegra", *CimacNoticias*, 19 de julio de 2011 <*https://cimacnoticias.com.mx/noticia/gertrudis-bocanegra/*>.

12 A. Staples, "Mujeres ilustradas mexicanas", en *Historia de las mujeres en México*, México, Instituto Nacional de Estudios Históricos de las Revoluciones de México, 2015, pp. 137-156.

13 L. Vicario, "Carta vindicativa de su participación en la Independencia contra las injurias de Lucas Alamán", *El Federalista Mexicano*, 2 de abril de 1831, transcrito del original por Gabriela Huerta, en *Ideas feministas de nuestra América*, 1 de agosto de 2011 <*https://ideasfem. wordpress.com/textos/b/b10/*>.

14 "Mujeres en la historia: doña Mariana Rodríguez", *Kiosko de la Historia*, s. f. <*https://www.kioscodelahistoria.com/dona-mariana-rodriguez*>.

15 C. del Palacio, *Adictas a la Insurgencia*, México, Punto de Lectura, 2010.

16 C. del Palacio, "La participación femenina en la Independencia de México", en *Historia de las mujeres en México*, México, Instituto Nacional de Estudios Históricos de las Revoluciones de México, 2015, pp. 67-92.

17 "Ignacia Riechy la Barragana", *Mexteki*, 17 de junio de 2020 <*https://www.mexteki.org/post/agustina-ram%C3%ADrez-hero%C3%ADna-de-mocorito-1*>. También merece la pena consultar el artículo escrito por F. Aquino, "Ignacia Riechy, un caso de mujer soldado", *Breviario Cultural*, Museo Nacional de las Intervenciones, s. f. <*https://intervenciones.inah.gob.mx/breviariodetalle/191/ignacia-riechy,-un-caso-de-mujer-soldado*>.

18 E. Poniatowska, "En busca de la verdadera Juana Cata", *La Jornada*, 18 de diciembre de 2016 <*https://www.jornada.com.mx/2016/12/18/cultura/a06a1cul*>.

19 Otro libro recomendable al respecto, ligero, ameno y con datos interesantes es el de los investigadores Julia Astrid Suárez Reyna y Raciel Rivas, *Juana C. Romero, mujer extraordinaria en la historia de México*, prólogo de Elena Poniatowska, México, edición de autor, 2017.

20 R. González, "Las mujeres durante la Reforma", *en Historia de las mujeres en México, México, Instituto Nacional de Estudios Históricos de las Revoluciones de México, 2015,* p. 95.

21 Si te interesa este tema, un artículo que describe la vida en la Escuela de Artes y Oficios de la Ciudad de México es el de Isabel Castillo Tenorio, "La regulación de la práctica escolar en la Escuela de Artes y Oficios para Mujeres de la Ciudad de México, 1871-1879", *Repositorio digital IPN*, 2012 <*https://www.repositoriodigital.ipn.mx/bitstream/123456789/5428/1/Ponencia%20ISCHE%2033%20ICT.pdf*>.

22 P. Galeana, "Un recorrido histórico por la revolución de las mujeres mexicanas", en Patricia Galeana (coord.), *La revolución de las mujeres en México*, México, Instituto Nacional de Estudios Históricos de las Revoluciones de México, 2014 <*https://inehrm.gob.mx/work/models/inehrm/Resource/492/1/images/Mujeres.pdf*>.

23 E. Camacho, "Violetas del Anáhuac: el primer periódico feminista de México", *Gatopardo*, 25 de octubre de 2019 <https://gatopardo.com/arte-y-cultura/violetas-del-anahuac-el-primer-periodico-feminista-de-mexico/>.

24 *Idem.*

25 E. Hernández, *Dos violetas del Anáhuac*, México, Documentos y Estudios de la Mujer (Demac), 2010 <*https://demac.org.mx/acervo/dos-violetas-del-anahuac/*>.

26 E. Camacho, "Violetas del Anáhuac", *op. cit.*

27 M. Martín Orozco, "*La Mujer Mexicana* (1905 a 1906), una revista de época", *Ethos Educativo*, núm. 33-34, mayo-diciembre de 2005, pp. 68-87 <*http://www.imced.edu.mx/Ethos/Archivo/33-34-68.pdf*>.

28 Puedes conocer un poco más de la vida de Matilde Montoya en este artículo de Xochiketzalli Rosas: "Cuando impedían a las mujeres ser doctoras, ella lo logró", *El Universal*, 19 de agosto de 2017 <*https://www.eluniversal.com.mx/colaboracion/mochilazo-en-el-tiempo/nacion/sociedad/cuando-impedian-las-mujeres-ser-doctoras-ella-lo*>. Si deseas profundizar en el tema de la larga lucha de las mujeres para estar en la ciencia en México recomiendo leer la tesis que para obtener el grado de doctora en Historia escribió Irma Saucedo Rodríguez, *Mujeres y comunidad científica en México (1887-1987): problemáticas en torno al ejercicio profesional, desde una perspectiva de género,* Zacatecas, Universidad Autónoma de Zacatecas, 2018 <*https://core.ac.uk/download/pdf/323141098.pdf*>.

29 D. Arauz, "Primeras mujeres profesionales en México", en *Historia de las mujeres en México*, México, Instituto Nacional de Estudios Históricos de las Revoluciones de México, 2015, p. 191.

30 D. Erlij, "Precursoras de la democracia en México", *Letras Libres*, 31 de mayo de 2005 <https://www.letraslibres.com/autor/david-erlij>.

31 Para estos datos pueden verse varias fuentes, unas académicas y otros artículos periodísticos interesantes. Por ejemplo: L. Bárcena, "La mujer gobernante en la época prehispánica", *Revista y Boletines Científicos*, s. f. <*https://www.uaeh.edu.mx/scige/boleti n/prepa4/n5/e1.html*>; "La desconocida historia de Atotoztli, la primera (y única) gobernante de México", *BBC*, 27 de abril de 2019 <*https://www.bbc.com/mundo/noticias-47916037*>; "Cuatro reinas mesoamericanas que la historia olvidó", *History*, s. f. <https://latam.historyplay.tv/noticias/4-reinas-mesoamericanas-que-la-historia-olvido>; y "¿Quién es la princesa Donají?", *El Oriente*, 23 de julio de 2019 <*http://www.eloriente.net/home/2019/07/23/oaxaca-quien-es-la-princesa-donaji/*>.

32 R. González, "Las mujeres durante la Reforma", *op.cit.* p. 98.

33 E. Camacho, "Violetas del Anáhuac", *op. cit.*

34 L. Salmerón, "El voto femenino en México", *Relatos e Historias en México*, 2019 <*https://relatosehistorias.mx/nuestras-historias/el-voto-fe menino-en-mexico*>.

35 Si te interesa la vida de Elisa Acuña te recomiendo el artículo de A. Cienfuegos, "Mujeres insumisas: Elisa Acuña cien años después", *FINI Magazine*, 2010.

36 M. Rocha, "Las propagandistas", en *Historia de las mujeres en México*, México, Instituto Nacional de Estudios Históricos de las Revoluciones de México, 2015 <*https://www.inehrm.gob.mx/work/models/inehrm/ Resource/1484/1/images/HistMujeresMexico.pdf*>.

37 Véase A. Villaneda, *Juana Belén Gutiérrez de Mendoza, 1875-1942: "Justicia y Libertad"*, México, Documentación y Estudios de Mujeres, 1994; y E. García, "Juan Belén Gutiérrez de Mendoza, 1875-1942", Revista del Centro de Estudios Filosóficos, Políticos y Sociales Vicente Lombardo Toledano, 20 de julio de 2018 <*https://www.centrolom bardo.edu.mx/juana-belen-gutierrez-de-mendoza/*>.

38 T. Meza, "Las mujeres que hicieron la Revolución mexicana", *Milenio*, 14 de noviembre de 2017 <*https://www.milenio.com/opinion/tania-meza-escorza/meza-de-redaccion/las-mujeres-que-hicieron-la-revolu cion-mexicana*>.

39 "La participación de las mujeres en la Revolución Mexicana", *Corridos de la Revolución*, s. f. <*https://sites.google.com/site/corridosdelarevolu cion/plano-cultural-de-la-epoca/la-participacion-de-las-mujeres-en-la-re volucion-mexicana*>.

40 M. Rocha, "Las mexicanas en el siglo xx", en Francisco Blanco Figuera (dir.), *Mujeres mexicanas del siglo xx. La otra revolución*, tomo IV, México, Universidad Nacional Autónoma de México/Editorial Edicol, 2001, pp. 89-159.

41 "Carmen Vélez", *Mujeres y Revolución*, 18 de julio de 2017 <*https:// mujeresyrevolucion.wordpress.com/2017/07/18/carmen-velez/*>.

42 E. Poniatowska, "Las soldaderas", *Diario ContraRéplica*, 18 de noviembre de 2019 <*https://www.contrareplica.mx/nota-Las-Soldaderas-20 19171123*>.

43 Secretaría de la Defensa Nacional, "Mujeres destacadas en la Revolución Mexicana", 1 de mayo de 2019 <*https://www.gob.mx/sedena/accio nes-y-programas/mujeres-destacadas-en-la-revolucion-mexicana*>.

44 M. Rocha, "Las propagandistas", *op. cit.*, pp. 208-212.

45 A. Jaiven y R. Rodríguez, "El sufragio femenino y la Constitución de 1917, una revisión", *Política y Cultura*, núm. 48, México, septiembre-diciembre de 2017 <*http://www.scielo.org.mx/scielo.php?script=sci_artt ext&pid=S0188-77422017000200057*>.

46 A. López, "Hermila Galindo, pionera feminista y primera candidata federal", *El País*, 2 de junio de 2018 <*https://elpais.com/internacio nal/2018/06/02/mexico/1527930330_055710.html*>.

47 *Idem.*

48 D. de la Cruz, "Hermila Galindo, la revolucionaria y feminista de la Laguna", *El Sol de la Laguna*, 31 de mayo de 2020 <*https://www.noti ciasdelsoldelalaguna.com.mx/cultura/hermila-galindo-la-revolucionaria-y-feminista-de-la-laguna-5300602.html*>.

49 P. Tuñón y J. Martínez, "La propuesta política-feminista de Hermila Galindo: tensiones, oposiciones y estrategias", *Revista Interdisciplinaria de Estudios de Género*, 16 de marzo de 2017 <*https://estudiosdegenero. colmex.mx/index.php/eg/article/view/143*>.

50 P. García, *Las raíces de la memoria. América Latina*, Barcelona: Universitat de Barcelona, 1996 <*https://books.google.com.mx/books? id=svXvm_SDXrEC&pg=PA571&lpg=PA571&dq=hermila+galindo &source=bl&ots=2YFeUH1CUR&sig=EDy7ykJFRuqf0U7e92lBtYme 7BM&hl=es-419&sa=X&ei=JNQFUMnQEc6u2AWBs5y5BQ#v=one page&q=hermila%20galindo&f=false*>.

51 P. Tuñón y J. Martínez, "La propuesta política-feminista de Hermila Galindo", *op. cit.*

52 A. López, "Hermila Galindo, pionera feminista y primera candidata federal", *op. cit.*

53 R. Valles, *Sol de libertad*, Pachuca, Universidad Autónoma del Estado de Hidalgo, 2010 <*https://www.uaeh.edu.mx/investigacion/produc tos/4961/hermila_galindo.pdf*>. Véase igualmente la conferencia de esta investigadora sobre los dos congresos feministas de Yucatán, organizadas por el Museo de la Mujer de México el 13 de enero de 2021 <*https://www.facebook.com/MuseodelaMujerMexico/videos/737 595673544088*>.

54 A. Díaz, "Un recorrido por la historia del feminismo en México", *El Universal*, 8 de marzo de 2020 <*https://www.eluniversal.com.mx/cul tura/un-recorrido-por-la-historia-del-feminismo-en-mexico*>.

55 R. Cruz, "El Primer Congreso Feminista en México", *Relatos e Historias en México*, núm. 141, 2019 <*https://relatosehistorias.mx/nuestras-historias/el-primer-congreso-feminista-en-mexco*>; y R. Valles, *Sol de libertad, op. cit.*

56 G. Alejandre y E. Torres, "El Primer Congreso Feminista de Yucatán 1916. El camino a la legislación del sufragio y reconocimiento de ciudadanía a las mujeres. Construcción y tropiezos", *Estudios Políticos*, núm. 39, 2016 <*http://www.revistas.unam.mx/index.php/rep/article/view/57316/50841*>.

57 Nota citada por Piedad Peniche Rivero en su artículo "Elvia Carrillo Puerto, su vida, sus tiempos y relaciones peligrosas con los caudillos de la revolución mexicana", *Legajos*, núm. 90, julio-septiembre de 2011, p. 91.

58 G. Alejandre y E. Torres, "El Primer Congreso Feminista de Yucatán 1916", *op. cit.*

59 P. Peniche Rivero, "Elvia Carrillo Puerto", *op. cit.*, p. 92.

60 *Las mujeres en la Revolución Mexicana,1884-1920*, México, Instituto Nacional de Estudios Históricos de la Revolución Mexicana/Instituto de Investigaciones Legislativas de la Cámara de Diputados, 1992.

61 P. Peniche Rivero, "Elvia Carrillo Puerto", *op. cit.*, p. 93.

62 R. Cruz, "El Primer Congreso Feminista en México", *op. cit.*

63 R. Ruiz, "Conferencia sobre los 2 Congresos feministas de Yucatán", Museo de la Mujer, 13 de enero de 2010 <*https://www.facebook.com/MuseodelaMujerMexico/videos/737595673544088*>.

64 Hermila Galindo, "Estudio de la Srita. Hermila Galindo con motivo de los temas que han de absolverse en el Segundo Congreso Feminista de Yucatán", Mérida, Yucatán, Imprenta del Gobierno Constitucionalista, 1916, p. 26.

65 *Idem.*

66 L. Hendel, *Violencias de género. Las mentiras del patriarcado*, Buenos Aires, Paidós, 2020 (epub).

67 Secretaría de Cultura, "Elvia Carrillo Puerto: la sufragista inalcanzable", 15 de abril de 2019 <*https://www.gob.mx/cultura/es/articulos/elvia-carrillo-puerto-la-sufragista-incansable?idiom=es*>.

68 P. Peniche Rivero, "Elvia Carrillo Puerto", *op. cit.*, p. 94.

69 P. Peniche, "La Liga Rita Cetina y el feminismo", *Diario de Yucatán*, 28 de febrero de 2020 <*https://www.yucatan.com.mx/merida/la-liga-rita-cetina-y-el-feminismo*>.

70 Senado de la República, "Reconocimiento 'Elvia Carrillo Puerto'. Biografía de Elvia Carrillo Puerto", 5 de marzo de 2013 <*https://www.senado.gob.mx/hoy/elvia_carrillo/biografia.php*>.

71 G. Cano, "México 1923: Primer Congreso Feminista Panamericano", *Debate feminista*, núm. 1, 7 de mayo de 1990 <*http://www.debatefeminista.cieg.unam.mx/wp-content/uploads/2016/03/articulos/001_34.pdf*>.

72 *Idem.*

73 C. Pérez, *Cronología integrada del movimiento de mujeres en México e internacionales (1910-2010)*, Culiacán, Instituto Electoral de Sinaloa, 2017 <*https://www.ieesinaloa.mx/wp-content/uploads/2017/12/Cronolog%C3%ADa-de-los-Derechos-Electorales-y-Civiles-de-las-Mexicanas.pdf*>.

74 A. López, "Elvia Carrillo Puerto, 'La monja roja' que logró el derecho al voto femenino en México", *El País*, 8 de diciembre de 2017 <*https://elpais.com/internacional/2017/12/06/mexico/1512553573_210132.html*>.

75 *Idem.*

76 *Idem.*

77 A. Díaz, "Un recorrido por la historia del feminismo en México", *El Universal*, 8 de marzo de 2020 <*https://www.eluniversal.com.mx/cultura/un-recorrido-por-la-historia-del-feminismo-en-mexico*>.

78 A. Grijelmo, "La trampa de la palabra 'hembrismo'", *El País*, 26 de enero de 2019 <*https://elpais.com/elpais/2019/01/25/ideas/1548420907_376084.html*>.

79 M. García, "Cronología: 127 años del feminismo en México", *Entre Ladrillos*, 12 de marzo de 2020 <*https://entreladrillos.com/2020/03/12/cronologia-127-anos-de-feminismo-en-mexico-8m/*>.

80 C. Pérez, *Cronología integrada del movimiento de mujeres en México e internacionales (1910-2010)*, *op. cit.*

81 *Idem.*

82 L. Salmerón, "El voto femenino en México", *Relatos e Historias en México*, 2019 <*https://relatosehistorias.mx/nuestras-historias/el-voto-fe menino-en-mexico*>.

83 Secretaría de la Defensa Nacional, "Mujeres destacadas en la Revolución Mexicana", 1 de mayo de 2019 <*https://www.gob.mx/sedena/accio nes-y-programas/mujeres-destacadas-en-la-revolucion-mexicana*>

84 R. Rodríguez, "Los derechos de las mujeres en México", en *Historia de las mujeres en México*, México, Instituto Nacional de Estudios Históricos de las Revoluciones de México, 2015, pp. 269-295; y también G. Cano, "Ciudadanía y sufragio: el discurso igualitario de Lázaro Cárdenas", en Martha Lamas (coord.), *Mirada feminista sobre las mujeres del siglo XX*, México, FCE/Conaculta, 2007, pp. 151-190.

85 G. A. Tirado Villegas, "Otra mirada al 68: Mujeres universitarias en Puebla", *Graffylia: Revista de la Facultad de Filosofía y Letras*, núm. 1, pp. 105-113.

86 C. Pérez, *Cronología integrada del movimiento de mujeres en México e internacionales (1910-2010), op. cit.*

87 F. Aldana, "Feminismo en México", en *La sociedad civil en el caso del feminicidio en Ciudad Juárez: una ventana a la emancipación femenina*, tesis de licenciatura en Relaciones Internacionales, Puebla, Universidad de las Américas Puebla, 2004.

88 *Idem.*

89 L. Barrera y D. Beltrán, "Las mujeres del 68 y la revolución feminista emergente", *Luchadoras*, 4 de octubre de 2018 <*https://luchadoras. mx/68-y-la-revolucion-feminista/*>.

90 E. Vega, "Feminismo en México en los 70s", 2 de agosto de 2012 <*https://sociedadequilibrio.jimdofree.com/2012/08/02/feminismo-en-méxico-en-los-70-s/*>. También véase E. Bartra, "El movimiento feminista en México y su vínculo con la academia", *La Ventana, Revista de Estudios de Género*, núm. 10, diciembre de 1999, p. 218.

91 A. Lau Jaiven, "Emergencia y trascendencia del neofeminismo", en G. Espinosa Damián y A. Lau Jaiven, *Un fantasma recorre el siglo. Luchas feministas en México 1910-2010*, México, UAM-Xochimilco/Itaca/Conacyt/Ecosur, 2011.

92 P. Galeana, "La historia del feminismo en México", en *Cien ensayos para el Centenario*, México, UNAM, 2017 <*https://archivos.juridicas.unam.mx/www/bjv/libros/9/4318/9.pdf*>.

93 T. Meléndez, "El periódico *La Revuelta*... y las brujas conspiraron", *Estudios Latinoamericanos*, UNAM, 2014 <*https://archivos-feminis tas.cieg.unam.mx/semblanzas/semblanza_de_revuelta.pdf*>.

94 Véase B. Hiriart, "La Revuelta: un testimonio de 10 años de trabajo feminista", *Ediciones de las Mujeres*, vol. 5, junio de 1986, p. 16 <*https://archivos-feministas.cieg.unam.mx/semblanzas/semblanzas_revuelta.html*>.

95 A. Parra, "*Fem*: publicación feminista pionera en América Latina se convierte en revista virtual", *La Jornada*, 19 de marzo de 2005 <*https://www.jornada.com.mx/2005/10/03/informacion/86_fem.htm*>.

96 Penélope, "Citas y poemas de Rosario Castellanos", en *8 sorbos de inspiración*, 25 de mayo de 2020, <http://www.8sorbosdeinspiracion.com/citas-y-poemas-de-rosario-castellanos/>.

97 Para este tema recomiendo leer el interesante artículo de Pamela Fuentes, "Entre reivindicaciones sexuales y reclamos de justicia económica: divisiones políticas e ideológicas durante la Conferencia Mundial del Año Internacional de la Mujer. México, 1975", *Secuencia*, núm. 89, 7 de agosto de 2014 <*http://www.scielo.org.mx/scielo.php?script=sci_arttext &pid=S0186-03482014000200007*>.

98 *Idem.*

99 P. Galeana, "La historia del feminismo en México", *op. cit.*

100 V. Macías, "Movimientos Urbanos Populares: El ejemplo mexicano", 2018 <*https://leerlaciudadblog.files.wordpress.com/2018/05/macc3adas-movimientos-urbanos-populares.-el-ejemplo-mexicano.pdf*>.

101 M. Guadarrama, "Mujeres y movimiento urbano popular en México", *Hojas de Warmi*, núm. 12, 2001 <*http://institucional.us.es/revistas/war mi/12/6.pdf*>.

102 A. Soto, "Costureras ejemplo de lucha sindical", *CimacNoticias*, 19 de septiembre de 2014 <*https://cimacnoticias.com.mx/noticia/costureras-ejemplo-de-lucha-sindical/*>.

103 O. Pardo, "Marcela Lagarde: 'El feminismo quiere construir una sociedad en la que hacer vivible la vida'", Hermandad Obrera de Acción

Católica, 8 de marzo de 2016 <*https://www.hoac.es/2016/03/08/marce la-lagarde-antropologa-y-feminista-el-feminismo-quiere-construir-una-sociedad-en-la-que-hacer-vivible-la-vida/*>.

104 F. Aldana, "Feminismo en México", *op. cit.* <*http://catarina.udlap.mx/ u_dl_a/tales/documentos/lri/aldana_f_p/capitulo2.pdf*>.

105 M. Lamas, "Martha Lamas", Universidad Nacional Autónoma de México, Programa Universitario de Estudios de Género, 2013 <*https:// www.elsevier.es/es-revista-debate-feminista-378-articulo-marta-lamas-S0188947816301001*>.

106 Grupo de Información en Reproducción Elegida (GIRE), "¿Quiénes somos?", s. f. <*https://gire.org.mx/quienes-somos/*>.

107 F. Aparicio, *Cuotas de género en México: candidaturas y resultados electorales para diputados federales 2009*, México, Tribunal Electoral del Poder Judicial de la Federación, 2011 <*https://www.te.gob.mx/publi caciones/sites/default/files/archivos_libros/18_Francisco%20Javier% 20Aparicio_Cuotas%20de%20género.pdf*>.

108 M. Eternot y M. Medina, "Experiencia de trabajo conjunto entre los institutos nacionales de estadísticas y los mecanismos para el adelanto de la mujer: el caso de México", CEPAL, 2011 <*https://www.cepal.org/ mujer/noticias/noticias/7/42817/marcelaeternod_eugeniamedinaine gi_inmujeres.pdf*>.

109 D. Russell, "Definición de feminicidio y conceptos relacionados", en *Feminicidio, justicia y derecho*, México, Comisión Especial para Conocer y Dar Seguimiento a las Investigaciones Relacionadas con los Feminicidios en la República Mexicana y a la Procuración de Justicia Vinculada, 2005.

110 Z. Gallegos, "La lucha histórica de las mujeres en Juárez por castigar los feminicidios", *El País*, 18 de octubre de 2017 <*https://elpais.com/ internacional/2017/10/18/mexico/1508290550_298025.html*>.

111 M. Lagarde, "A qué llamamos feminicidio", s. f. <*https://xenero.webs. uvigo.es/profesorado/marcela_lagarde/feminicidio.pdf*>.

112 Congreso de la Unión. "Ley General de Acceso de las Mujeres a una Vida Libre de Violencia", *Diario Oficial de la Federación*, 1 de febrero de 2017 <*http://www.diputados.gob.mx/LeyesBiblio/ref/lgamvlv/LGA MVLV_orig_01feb07.pdf*>.

113 Congreso de la Unión, "Ley General para la Igualdad entre Mujeres y Hombres", *Diario Oficial de la Federación*, 2 de agosto de 2016 <*http:// www.diputados.gob.mx/LeyesBiblio/pdf/LGIMH_140618.pdf*>.

114 A. García Martínez, "Ley General de Acceso de las Mujeres a una Vida Libre de Violencia", *CimacNoticias*, 1 de febrero de 2017 <*https:// cimacnoticias.com.mx/noticia/ley-general-de-acceso-de-las-mujeres-a-una-vida-libre-de-violencia/*>.

115 "Marcela Lagarde", *Mujeres en Red. El Periódico Feminista* <*http:// www.mujeresenred.net/spip.php?auteur457*>.

116 A. Díaz, "Un recorrido por la historia del feminismo en México", *El Universal*, 8 de marzo de 2020 <*https://www.eluniversal.com.mx/cultu ra/un-recorrido-por-la-historia-del-feminismo-en-mexico*>.

117 S. Corona y J. Lafuente, "El grito feminista retumba en México", *El País*, 25 de agosto de 2019 <*https://elpais.com/sociedad/2019/08/24/ac tualidad/1566676851_265446.html*>.

Capítulo 4. Los hombres que le dieron la espalda al orden patriarcal

1 Platón, *La República*, M. Mariño, S. Torres y F. García (eds.), Madrid, Ediciones Akal, 2008.

2 Jean-Jacques Rousseau, "Libro V. Adultez, matrimonio, familia y educación para las mujeres", en el Emilio o de la educación, 1998, Madrid: Alianza.

3 J. Duarte y J. García-Horta, "Igualdad, equidad de género y feminismo, una mirada histórica a la conquista de los derechos de las mujeres", *Revista CS*, núm. 18, 18 de enero de 2016 <*https://www.redalyc. org/jatsRepo/4763/476350095006/html/index.html*>.

4 *Idem.*

5 C. Andrews, "Marxismo y feminismo: una perspectiva histórica", *Letras Libres*, 1 de febrero de 2018 <*https://www.letraslibres.com/mexico/ revista/marxismo-y-feminismo-una-perspectiva-historica*>.

6 A. de Miguel, *Teoría feminista: de la ilustración a la globalización*, Lima, Editorial Minerva, 2005, p. 304.

7 G. Pisarello, "Vindicación de Thomas Paine", *Revista Derecho del Estado*, núm. 8, 2000 <*https://www.researchgate.net/publication/28188*

550_Vindicacion_de_Thomas_Paine/fulltext/0e60611bf0c46d4f0ab8b5 fd/Vindicacion-de-Thomas-Paine.pdf>.

8 J. Espinoza, "¿Por qué un estudio de los hombres feministas desde perspectiva histórica?", Vitoria-Gasteiz, Emakunde/Instituto Vasco de la Mujer, s. f. *<https://www.emakunde.euskadi.eus/contenidos/infor macion/gizonduz_dokumentuak/es_def/adjuntos/por.que.un.estudio. de.los.hombres.feministas.desde.perspectiva.historica.pdf>.*

9 T. Meza, "Benito Juárez: un presidente feminista", *Milenio*, 22 de marzo de 2016 *<https://www.milenio.com/opinion/tania-meza-escorza/me za-de-redaccion/benito-juarez-un-presidente-feminista>.*

10 E. Miras, "Las Adelitas: el secreto mejor guardado de la Revolución Mexicana", *ABC Historia*, 3 de septiembre de 2017 *<https://www.abc. es/historia/abci-adelitas-secreto-mejor-guardado-revolucion-mexica na-201709030236_noticia.html>.*

11 "El general Salvador Alvarado, el gobernador Felipe Carrillo Puerto y el feminismo en Yucatán", Biblioteca del Congreso, s. f. *<https://www. loc.gov/exhibits/mexican-revolution-and-the-united-states/viewpoints-women-sp.html>.*

12 A. Canto, "La veta política de los Congresos Feministas en Yucatán, 1916", en *Las hijas de Eva, las semillas de una revolución*, edición de Georgina Rosado, Celia Rosado y Alicia Canto, Yucatán, Universidad Autónoma de Yucatán, 2016, pp. 87-88.

13 G. Villagómez, "Mujeres de Yucatán: precursoras del voto femenino", *Revista de la Universidad Autónoma de Yucatán*, 2003 *<https://web.ar chive.org/web/20131017115026/http://www.cirsociales.uady.mx/rev UADY/pdf/225/ru2252.pdf>.*

14 R. Ruiz, "La evolución histórica de la igualdad entre mujeres y hombres en México", Biblioteca Jurídica Virtual, Instituto de Investigaciones Jurídicas, UNAM, s. f. *<https://archivos.juridicas.unam.mx/www/bjv/ libros/6/2758/5.pdf>.*

15 E. Montes, "Las mujeres mexicanas durante el gobierno de Lázaro Cárdenas: 1934-1940", *Revista Historia de la Educación Latinoamericana*, vol. 17, núm. 24, enero-junio de 2015 *<http://www.scielo.org.co/pdf/ rhel/v17n24/v17n24a08.pdf>.*

16 A. López y C. Güida, "Aportes de los estudios de género en la conceptualización sobre masculinidad", Universidad de la República,

2000 <*http://www.pasa.cl/wp-content/uploads/2011/08/Aportes_de_los_Estudios_de_Genero_en_la_conceptualizacion_sobre_Mascul.pdf*>.

17 E. Faur, "Las relaciones de género desde la perspectiva de los hombres", en *Masculinidades y desarrollo social*, Caracas, Unicef Colombia, 2004 <*https://www.unicef.org/masculinidades.pdf*>.

18 Salas Placeres y Pujol López, "Violencia masculina. Una mirada desde una perspectiva de género", en *Contribuciones a las Ciencias Sociales*, mayo de 2011 <*www.eumed.net/rev/cccss/12/*>.

19 R. Ramírez y V. García, "Masculinidad hegemónica, sexualidad y transgresión", *Centro Journal*, vol. XIV, num. 1, 2002 <*https://www.redalyc.org/pdf/377/37711290001.pdf*>.

20 E. Faur, *Masculinidades y desarrollo social*, Caracas, Unicef Colombia, 2004 <*https://www.unicef.org/masculinidades.pdf*>.

21 M. Kimmel, "Homofobia, temor, vergüenza y silencio en la identidad masculina", *Masculinidad/es. Poder y Crisis*, núm. 24, 1997, pp. 49-63.

22 C. Fonseca, "Reflexionando sobre la construcción de masculinidad en el Occidente desde una postura crítica", *Bajo el Volcán*, vol. 5, núm. 9, 2005 <*https://www.redalyc.org/pdf/286/28650908.pdf*>.

23 M. Kaufman, "Los hombres, el feminismo y las experiencias contradictorias del poder en los hombres", 1994 <*http://menengage.org/wp-content/uploads/2014/06/Experiencias-contradictorias-de-poder-entre-los-hombres.pdf*>.

24 *Idem*.

25 A. Tolson, *The Limits of Masculinity*, Nueva York, Harper & Row, 1977.

26 N. Minello, "Masculinidades: un concepto en construcción", *Nueva Antropología*, vol. XVIII, núm. 61, septiembre de 2002 <*https://www.redalyc.org/pdf/159/15906101.pdf*>.

27 M. Kaufman, "Las siete P's de la violencia de los hombres", Vitoria-Gasteiz, Emakunde, 1999 <*https://www.emakunde.euskadi.eus/contenidos/informacion/proyecto_nahiko_formacion/es_def/adjuntos/2003.12.10.michael.kaufman.pdf*>.

28 G. Ramos Ponce, "Mirada Violeta: el espectáculo machista en la entrega de los Oscar", *Partidero*, 30 de marzo de 2022 <*https://partidero.*

com/mirada-violeta-el-espectaculo-machista-en-la-entrega-de-los-oscar/? *fbclid=IwAR0XfG_qSjPFZJeHcPcpxcl0c6PaBndv6TyGwayr4Twc* *Vw8t43o-vIzNx4g>.*

29 K. Allen, "China: la cruzada del gobierno para educar a los niños para que sean 'más varoniles'", *BBC Monitoring*, 16 de febrero de 2021 *<https://www.bbc.com/mundo/noticias-internacional-55942570>.*

30 G. Núñez, "Analizar las masculinidades en México", *Nexos*, 9 de febrero de 2020 *<https://www.nexos.com.mx/?p=46882>.*

31 La tipificación original de la tríada de la violencia se la debemos a Kaufman. Véase M. Kaufman, "Men, Feminism, and Men's Contradictory Experiences of Power", en Harry Brod y Michael Kaufman (eds.), *Theorizing Masculinities*, Thousand Oaks, Sage Publications, 1994.

32 M. Kimmel, "Por qué la igualdad de género es buena para todos, incluso para los hombres". TEDWomen 2015. Versión digital subtitulada en español, traducida por María Dolores Botella y revisada por Lidia Cámara de la Fuente *<https://www.ted.com/talks/michael_kimmel_* *why_gender_equality_is_good_for_everyone_men_included/trans* *cript?language=es>.*

33 L. Bonino, "Los micromachismos", *Revista Cibeles*, núm. 2, 2004 *<https://www.mpdl.org/sites/default/files/micromachismos.pdf>.*

34 C. de la Garza y E. Derbez, *Machismos cotidianos*, México, Grijalbo, 2020.

35 D. Pinilla, *Masculinidades emergentes en México: un acercamiento a los grupos de hombres y activistas por la diversidad sexual y contra la violencia de género*, México, Gendes, 2017 *<https://static1.squarespace.com/* *static/5d94b52fe9de0a20d602d826/t/5db330aa7a4ea1701e25ccc0/* *1572024533820/Masculinidades+emergentes.pdf>.*

36 J. Olavarría, "Los estudios sobre masculinidades en América Latina: un punto de vista", en *Anuario Social y Político de América Latina y el Caribe*, núm. 6, Caracas, FLACSO, 2003 *<http://www.pasa.cl/wp-content/* *uploads/2011/08/Los_Estudios_sobre_Masculinidades_en_America_* *Latina_Olavarria_Jose.pdf>.*

37 Comisión Nacional de Derechos Humanos, "Respeto a las diferentes masculinidades. Porque hay muchas formas de ser hombre", 2018

<https://www.cndh.org.mx/sites/default/files/doc/Programas/Ninez_fa milia/Material/trip-respeto-dif-masculinidades.pdf>.

38 N. Minello, "Masculinidades: un concepto en construcción", *op. cit.*

39 D. Pinilla, *Masculinidades emergentes en México*, *op. cit.*

40 R. Otegui, "La construcción social de las masculinidades", *Política y Sociedad*, vol. 32, 1999.

41 M. Caamal, *Hombres machos masculinos (experiencia en la atención y reeducación en Yucatán)*, Mérida, Instituto Yucateco para la Equidad de Género, 2012.

42 J. Olavarría, "Los estudios sobre masculinidades en América Latina", *op. cit.*

43 Secretaría de Relaciones Exteriores, "Masculinidad hegemónica vs masculinidades igualitarias", 27 de junio de 2016 *<https://www.gob.mx/ sre/articulos/masculinidad-hegemonica-vs-masculinidades-igualitarias>*.

44 Comisión Nacional de los Derechos Humanos, "Respeto a las diferentes masculinidades", 2018 *<https://www.cndh.org.mx/sites/default/ files/doc/Programas/Ninez_familia/Material/trip-respeto-dif-masculi nidades.pdf>*.

45 F. Scherer, "'Nuevas masculinidades': ¿qué rol les toca a los hombres en la revolución de las mujeres?", Infobae, 6 de enero de 2020 *<https:// www.infobae.com/sociedad/2020/01/06/nuevas-masculinidades-que-rol- les-toca-a-los-hombres-en-la-revolucion-de-las-mujeres/>*.

46 Véase el interesante reportaje de Choe Sang-Hun de *The New York Times* intitulado "Fuera las que odian a los hombres: antifeminismo en aumento en Corea del Sur", traducido al español por Román García Azcárate y publicado por el periódico *Clarín* el 14 de enero de 2022 *<https://www.clarin.com/cultura/-odian-hombres-antifeminismo-au mento-corea-sur_0_24XjG0tJrG.html>*.

47 R. Castro, "Guía express del hombre igualitario", *<Conigualdad.org>*, 2013.

48 R. López y P. Carmona, "Paternidades integrales: un llamado a transformar el significado de la paternidad", *Dfensor. Revista de Derechos Humanos*, año XII, núm. 3, 2014 *<https://cdhcm.org.mx/wp-content/ uploads/2015/05/DFensor_03_2014.pdf>*.

49 *Idem.*

50 *Idem.*

51 M. Schuster, "Masculinidades críticas para vencer el patriarcado", *Nueva Sociedad*, 2017 <*https://www.nuso.org/articulo/nuevas-masculi nidades-para-vencer-al-patriarcado/*>.

52 L. García, *Nuevas masculinidades: discursos y prácticas de resistencia al patriarcado*, Quito, FLACSO, 2015 <*https://biblio.flacsoandes.edu.ec/ libros/digital/55344.pdf*>.

53 Véase el sitio web del grupo Cantera <https://www.alboan.org/es/ cantera-nicaragua>.

54 Colectivo de Hombres para Relaciones Igualitarias, A. C. (CORIAC) <*http://www.gloobal.net/iepala/gloobal/fichas/ficha.php?id=2831&enti dad=Agentes&html=1*>.

55 L. García, *Nuevas masculinidades, op. cit.*

56 Instituto Wem <*http://www.institutowemcr.org/?fbclid=IwAR2q4P UZDiRTLjOaBGVW-qdz6qdbGMW7Qayu5blDgnPsbKKwi3juOI8Z DIU*>.

57 L. García, *Nuevas masculinidades, op. cit.*

58 F. Scherer, "'Nuevas masculinidades'", *op. cit.*

59 ONU Mujeres, "HeForShe", s. f. <*https://www.heforshe.org/es*>.

60 MenEngage Alliance <*http://menengage.org/about-us/who-we-are/*>.

Capítulo 5. ¿Por qué ser feminista HOY?

1 R. Cobo y L. Posada, "La feminización de la pobreza", *Mujeres en Red. El Periódico Feminista, El País* 15 de junio de 2006 <*https://elpais.com/ diario/2006/06/15/opinion/1150322405_850215.html*>.

2 S. Herrera, "Pobreza se escribe en femenino", *Tribuna Feminista*, 13 de febrero de 2017 <*https://tribunafeminista.elplural.com/2017/02/ pobreza-se-escribe-en-femenino/*>.

3 L. Castillo, *La feminización de la pobreza en México*, México, H. Cámara de Diputados, 2011 <*http://biblioteca.diputados.gob.mx/janium/bv/ lxi/femin_pobre.pdf*>.

4 *Idem.*

5 W. Drullard, "Patriarcado y la pobreza: las mujeres, las más pobres", *Animal Político*, 23 de julio de 2019 <*https://www.animalpolitico.com/ blog-invitado/patriarcado-y-pobreza-las-mujeres-las-mas-pobres/*>.

6 Coneval, "Pobreza y género en México 2010-2016" <*https://www. coneval.org.mx/Medicion/MP/Paginas/Pobreza-y-genero-en-Mexico-20 10-2016.aspx*>.

7 "América Latina analiza claves de liderazgo femenino para reactivar economía", *La Vanguardia*, 19 de octubre de 2020 <*https://www.lavan guardia.com/politica/20201019/484174543989/america-latina-analiza-claves-del-liderazgo-femenino-para-reactivar-economia.html*>.

8 R. Cobo y L. Posada, "La feminización de la pobreza", *op. cit.*

9 M. Morgan, "La feminización de la pobreza, una mirada desde el género, en L. Castillo, *La feminización de la pobreza en México*, México, H. Cámara de Diputados, 2011 <*http://biblioteca.diputados.gob.mx/janium/bv/lxi/femin_pobre.pdf*>.

10 G. Nicólas, "Feminismos, concepto sexo-género y derecho", en Ana Sánchez y Núria Pumar (coords.), *Análisis feminista del derecho. Teorías, igualdad, interculturalidad y violencia de género*, Barcelona, Universitat de Barcelona, 2013.

11 S. Herrera, "Pobreza se escribe en femenino", *op. cit.*

12 D. Méndez, "La violencia feminicida en México, aproximaciones y tendencias 1985-2016", ONU Mujeres, 2017 <*https://www2.unwomen. org/-/media/field%20office%20mexico/documentos/publicaciones/20 17/10/violenciafeminicidamx%2007dic%20web.pdf?la=es&vs=5302*>.

13 Organización Mundial de la Salud, "Violencia contra la mujer", s. f. <*https://www.who.int/topics/gender_based_violence/es/*>.

14 I. Valdés, "El mapa de las violencias", *El País*, 25 de noviembre de 2019 <*https://elpais.com/sociedad/2019/11/21/actuali-dad/1574351057_316529.html*>.

15 Cámara de Diputados, "Ley General de Acceso de las Mujeres a Una Vida Libre de Violencia", 2007 <*http://www.diputados.gob.mx/LeyesBi blio/pdf/LGAMVLV_130418.pdf*>.

16 CEPAL, "Solo en 2018 al menos 3.529 mujeres fueron víctimas de feminicidio en 25 países de América Latina y el Caribe", ONU/CEPAL, 25 de noviembre de 2019 <*https://oig.cepal.org/sites/default/files/femi cidio_web.pdf*>.

17 D. Blandón, "Una mujer es asesinada cada dos horas en América Latina por el hecho de ser mujer", *France 24*, 3 de marzo de 2020 <*https://*

www.france24.com/es/20200303-dia-de-la-mujer-feminicidios-latinoamericano-violencia-genero>.

18 ONU Mujeres, "Violencia feminicida en México", 2019 <*https://mexico.unwomen.org/es/digiteca/publicaciones/2019/05/infografia-violencia-feminicida-en-mexico>*.

19 "Fueron asesinadas 2 240 mujeres en México en los primeros siete meses de 2020, de acuerdo con cifras oficiales", Infobae, 26 de agosto de 2020 <*https://www.infobae.com/america/mexico/2020/08/26/fueron-asesinadas-2240-mujeres-en-mexico-en-los-primeros-siete-meses-de-2020-de-acuerdo-con-cifras-oficiales/>*.

20 *Idem.*

21 J. Radford y D. E. Russell (eds.), *Femicide. The Politics of Women Killing*, Nueva York, Twayne, 1992.

22 S. Fodor, "¿Femicidio o feminicidio?", *Voces en el Fénix*, s. f. <*https://www.vocesenelfenix.com/content/¿femicidio-o-feminicidio>*.

23 E. Camacho, "La importancia de llamarlo feminicidio", *Gatopardo*, 5 de marzo de 2020 <*https://gatopardo.com/noticias-actuales/la-importancia-de-llamarlo-feminicidio-marcela-lagarde-termino/>*.

24 M. Lagarde, "A qué llamamos feminicidio", s. f. <https://xenero.webs.uvigo.es/profesorado/marcela_lagarde/feminicidio.pdf>.

25 M. Sargot, "¿Un mundo sin femicidios? Las propuestas del feminismo para erradicar la violencia contra las mujeres", 2017 <*http://repositorio.ciem.ucr.ac.cr/bitstream/123456789/223/1/RCIEM201.pdf>*.

26 D. Blandón, "Una mujer es asesinada cada dos horas en América Latina por el hecho de ser mujer", *op. cit.*

27 Inegi e Inmujeres, *Encuesta Nacional sobre el Uso del Tiempo (ENUT): presentación de resultados*, 2010 <*https://www.inegi.org.mx/contenidos/programas/enut/2019/doc/enut_2019_presentacion_resultados.pdf>*.

28 Para este tema recomiendo consultar: "Hacia la sociedad del cuidado; los aportes de la Agenda Regional de Género en el marco del desarrollo sostenible", CEPAL, septiembre de 2021 <*https://www.cepal.org/es/publicaciones/47264-la-sociedad-cuidado-aportes-la-agenda-regional-genero-marco-desarrollo>*. También "La autonomía económica de las mujeres en la recuperación sostenible y con igualdad", CEPAL, febrero de 2021 <*https://www.cepal.org/es/publicaciones/46633-la-autonomia-*

economica-mujeres-la-recuperacion-sostenible-igualdad> y "Panorama social de América Latina 2021", CEPAL, enero de 2022 <*https:// www.cepal.org/es/publicaciones/47718-panorama-social-america-lati na-2021>*.

29 Fundación Huésped, "Qué y cuáles son los derechos sexuales y reproductivos", s. f. <*https://www.huesped.org.ar/informacion/derechos-sexuales-y-reproductivos/tus-derechos/que-son-y-cuales-son/>*.

30 L. García, "La marea verde y el pañuelazo para el aborto legal", *E-Consulta*, 28 de septiembre de 2020 <*https://m.e-consulta.com/opini on/2020-09-28/la-marea-verde-y-panuelazo-parra-el-abortolegal?amp>*.

31 "El cáncer cervicouterino es la segunda causa de muerte femenina en México, alerta un especialista", *Proceso*, 8 de agosto de 2018 <*https:// www.proceso.com.mx/nacional/2018/8/8/el-cancer-cervicouterino-es-la-segunda-causa-de-muerte-femenina-en-mexico-alerta-un-especialista-210091.html>*.

32 C. Ce, "La brecha orgásmica: por qué las heterosexuales son el grupo que menos orgasmos alcanza", Infobae, 4 de febrero de 2021 <*https://www.infobae.com/tendencias/2021/02/04/la-brecha-orgasmi ca-por-que-las-mujeres-heterosexuales-son-el-grupo-que-menos-orgas mos-alcanza/>*.

33 M. Mediavilla, "Mutilación genital femenina: dolor, sangre y gritos", Amnistía Internacional, 2016 <*https://www.es.amnesty.org/en-que-estamos/blog/historia/articulo/mutilacion-genital-femenina-a-golpe-de-dolor-sangre-y-gritos/>*.

34 Organización Mundial de la Salud, "Violencia contra la mujer: violencia de pareja y violencia sexual contra la mujer", Nota descriptiva núm. 239, Ginebra, Organización Mundial de la Salud, 2011.

35 Organización Mundial de la Salud, Departamento de Salud Reproductiva e Investigaciones Conexas, Escuela de Higiene y Medicina Tropical de Londres y South African Medical Research Council, *Global and regional estimates of violence against women*, 2013 <*https://www.who. int/publications/i/item/9789241564625>*.

36 Encuesta Nacional sobre la Dinámica de las Relaciones en los Hogares (ENDIREH) 2016.

37 Encuesta Nacional de Victimización y Percepción sobre Seguridad Pública (ENVIPE) 2019.

38 "El debate feminista sobre la prostitución estalla en la Universidad", *El País*, 17 de octubre de 2017 <*https://elpais.com/sociedad/2019/10/17/actualidad/1571337601_065207.html*>.

39 R. Cobo, "La prostitución en el corazón del capitalismo neoliberal", *Contexto y Acción*, núm. 285, junio de 2022.

40 ONU Mujeres, "Violencia contra mujeres y niñas en el espacio digital. Lo que es virtual también es real", 2020 <*https://www2.un women.org/-/media/field%20office%20mexico/documentos/publica ciones/2020/diciembre%202020/factsheet%20violencia%20digital. pdf?la=es&vs=1331*>.

41 E. Linares, *El iceberg digital machista: análisis, prevención e intervención de las realidades machistas digitales que se reproducen entre la adolescencia de la* CAE, Vitoria-Gasteiz, Emakunde, 2019 <*https://www. coeducacion.es/wp-content/uploads/2020/02/vi_certamen_emakun de_2018.pdf*>.

42 L. Frías, "El enemigo es el sistema patriarcal, no los hombres", *Gaceta* UNAM, 3 de diciembre de 2020 <*https://www.gaceta.unam.mx/el-enemi go-es-el-sistema-patriarcal-no-los-hombres/*>.

43 ONU Mujeres, "Violencia contra mujeres y niñas en el espacio digital", *op. cit.*

44 Datos de Statista Research Department publicados el 6 de enero de 2022 <*https://es.statista.com/estadisticas/1171866/usuarios-de-internet-mexico/*>.

45 Instituto Nacional de Estadística y Geografía, *Módulo sobre ciberacoso (Mociba)*. Tabuladores básicos, 2019 <*https://www.inegi.org.mx/conte nidos/programas/mociba/2019/doc/mociba2019_resultados.pdf*>.

46 E. Linares, *El iceberg digital machista, op. cit.*

47 M. Lamas, "La despenalización del aborto en México", *Nueva Sociedad*, núm. 220, 2009 <*https://www.nuso.org/media/articles/down loads/3600_1.pdf*>.

48 M. Mata, "En México, solo 6 de cada 10 adultos utilizan condón", *Milenio*, 11 de febrero de 2020 <*https://www.milenio.com/ciencia-y-salud/ en-mexico-solo-seis-cada-10-adultos-utilizan-condon*>.

49 A. López, "Pensión alimenticia: no lo quiero en la cárcel pero debe cumplir manutención", *La Razón de México*, 19 de octubre de 2020

<https://www.razon.com.mx/mexico/pension-alimenticia-quiero-carcel-debe-cumplir-manutencion-409187>.

50 Datos de la Organización Mundial de la Salud señalados en el informe "En todo el mundo se producen aproximadamente 25 millones de abortos peligrosos al año" *<https://www.who.int/es/news/item/28-09-2017-worldwide-an-estimated-25-million-unsafe-abortions-occur-each-year>*.

51 CNDH, "Día por la despenalización del aborto en América Latina y el Caribe", s. f. *<https://www.cndh.org.mx/noticia/dia-por-la-despenaliza cion-del-aborto-en-america-latina-y-el-caribe>*.

52 ONU, "México antes de la CEDAW", 2018 *<https://www.onu.org.mx/wp-content/uploads/2019/04/MEXICO-ANTE-LA-CEDAW-2018-web.pdf>*.

53 L. García, "La marea verde y el pañuelazo para el aborto legal", *op. cit.*

54 M. Lamas, "La despenalización del aborto en México", *op. cit.*

55 A. Grimaldo, "¿Qué es la marea verde y por qué llegó a México", *El Heraldo de México*, 28 de septiembre de *2019 <https://heraldodeme xico.com.mx/nacional/2019/9/28/que-es-la-marea-verde-por-que-llega ron-mexico-120564.html>*.

56 *Idem.*

57 *Idem.*

58 CNDH, "Día por la despenalización del aborto en América Latina y el Caribe", *op. cit. <https://www.cndh.org.mx/noticia/dia-por-la-despenali zacion-del-aborto-en-america-latina-y-el-caribe>*.

59 E. Pont, "El aborto: un paso adelante en la igualdad de género", *La Vanguardia*, 11 de marzo de 2020 *<https://www.lavanguardia.com/vida/ junior-report/20200309/474056556926/aborto-reivindicacion-igualdad-genero.html>*.

60 *Ibid.*

61 G. Pérez, *Políticas de movilidad y consideraciones de género en América Latina*, Santiago, ONU/CEPAL, 2019 *<https://repositorio.cepal.org/bits tream/handle/11362/45042/1/S1900968_es.pdf>*.

62 *Idem.*

63 *Idem.*

64 Banco Interamericano de Desarrollo, *El porqué de la relación entre género y transporte*, Banco Interamericano de Desarrollo, 2016, p. 10

<https://publications.iadb.org/publications/spanish/document/El-por qu%C3%A9-de-la-relaci%C3%B3n-entre-g%C3%A9nero-y-trans porte.pdf>.

65 G. Pérez, *Políticas de movilidad y consideraciones de género en América Latina, op. cit.*

66 *Idem.*

67 "México primer lugar en acoso sexual en América Latina", *Hipantv*, 13 de mayo de 2018 *<https://www.hispantv.com/noticias/mexico/3769 64/acoso-sexual-violencia-genero-encuesta-america-latina>.*

68 "Ciudad de México, la ciudad más peligrosa en transporte para muje-res", *Forbes México*, 18 de marzo de 2016 *<https://www.forbes.com.mx/ las-10-ciudades-con-el-transporte-mas-peligroso-para-mujeres/>.*

69 ONU Mujeres, "Encuesta sobre la violencia sexual en los transportes y espacios públicos de la Ciudad de México", 2018 *<https://www2. unwomen.org/-/media/field%20office%20mexico/documentos/publi caciones/2018/safe%20cities/analisisresultadosencuesta%20cdmx%20f. pdf?la=es&vs=2419>.*

70 "Integra CDMX la perspectiva de género en su Plan Estratégico de Movilidad", WRI México, 2019 *<https://wrimexico.org/bloga/integra-cdmx-la-perspectiva-de-género-en-su-plan-estratégico-de-movilidad>.*

71 *Idem.*

72 T. Vaquerizo, "Así se convirtió la bici en un símbolo de libertad para la mujer", *El País*, 16 de enero de 2017 *<https://smoda.elpais.com/moda/ asi-se-convirtio-la-bici-simbolo-libertad-la-mujer/>.*

73 *Idem.*

Conclusiones

1 A. Guillermoprieto, *Será que soy feminista, México*, Literatura Random House, 2020. pp. 25-26.

BIBLIOGRAFÍA

Álamo, D. (2008). Reseña de teoría feminista: de la Ilustración a la globalización, *Empiria. Revista de Metodología de Ciencias Sociale*s, 3(15): 185-208.

Alario, M. (2022, 7 de julio). Pornografía, escuela de violencia sexual. Conferencia presentada en la XIX Escuela Feminista Rosario de Acuña, Gijón, España.

Aldana, F. (2004). *Feminismo en México.* México: Universidad de las Américas Puebla.

Adichie, C. N. (2019). *Todos deberíamos ser feministas.* Lima: Penguin Random House.

Amorós, C. (1997). *Tiempo de feminismo. Sobre feminismo, proyecto ilustrado y posmodernidad.* Madrid: Cátedra.

—— y R. Cobo (2005). "Feminismo e Ilustración", en *Teoría feminista: de la Ilustración a la globalización,* 3 t. Madrid: Minerva Ediciones (Biblioteca Nueva, colección Estudios sobre la Mujer).

—— y Ana de Miguel (2020). *Teoría feminista: de la Ilustración a la globalización,* 3 t. Madrid: Minerva Ediciones (Biblioteca Nueva, colección Estudios sobre la Mujer).

Arauz, D. (2015). "Primeras mujeres profesionales en México", en *Historia de las mujeres en México.* México: Instituto Nacional de Estudios Históricos de las Revoluciones de México.

Beauvoir, S. (1999). *El segundo sexo*, trad. de Alicia Martorell. Madrid: Cátedra.

Benhabib, S. (1999). Political Membership in the Global Era, *Social Research*, 66(3): 709-744.

Butler, J. (2001). *El género en disputa*, trad. de Mónica Mansour y Laura Manríquez. Barcelona: Paidós.

Butler J. y Nancy Fraser (2000). *¿Reconocimiento o redistribución? Un debate entre marxismo y feminismo*. Madrid: Traficantes de Sueños.

Bartra, E. (1999). "El movimiento feminista en México y su vínculo con la academia", en *La Ventana*, 10: 214-234.

Beard, M. (2018). *Mujeres y poder, un manifiesto*. Barcelona: Crítica.

Caamal, M. (2012). *Hombres machos masculinos. Experiencia en la atención y reeducación en Yucatán*. Yucatán: Editorial del Instituto Yucateco para la Equidad de Género.

Caballé, A. (2019). *Breve historia de la misoginia*. Barcelona: Ariel.

Cahill, C. (2020). *Recasting the Vote: How Women of Color Transformed the Suffrage Movement*. Chapel Hill: University of North Carolina Press.

Cano, G. (2007). "Ciudadanía y sufragio. El discurso igualitario de Lázaro Cárdenas", en *Mirada feminista sobre las mujeres del siglo XX*. México: Fondo de Cultura Económica.

Canto, A. (2016). "La veta política de los congresos feministas en Yucatán, 1916", en *Las hijas de Eva. Las semillas de una Revolución*. México: Universidad Autónoma de Yucatán.

Caros, R. (1982). *Primavera Silenciosa*. Barcelona: Crítica.

Cavana, M. (1991). "Sobre el mejoramiento civil de las mujeres: Theodor Gottlieb von Hippel o las contradicciones de la Ilustración", en *Ágora. Papeles de Filosofía*, 10: 59-69.

Chassen-Lopez, F. (2020). *Mujer y poder en el siglo* XIX. *La vida extraordinaria de Juana Catarina Romero, cacica de Tehuantepec.* México: Taurus.

Cienfuegos, A. (2010). "Mujeres insumisas: Elisa Acuña cien años después", en *FINI Magazine*: 54-57

Clit, E. (2019). *La carga mental. Sí a la vida en común, no a los lugares comunes.* Barcelona: Penguin Random House.

Cixous, H. (1995). *La risa de la medusa. Ensayos sobre la escritura.* Barcelona: Anthropos.

Cobo, R. (1995). *Fundamentos del patriarcado moderno. Jean Jacques Rousseau.* Madrid: Cátedra.

_____ (2012). Las paradojas de la igualdad en Jean Jacques Rousseau. *Revista Avances del Cesor*, 9.: 109-121.

_____ y B. Ranea (2002). *Breve diccionario de feminismo,* Madrid: Libros de la Catarata.

Connell, R. (2005). *Masculinities.* Berkeley: University of California Press.

Davis, A. (2016). *Mujeres, raza y clase.* Madrid: Akal.

De la Garza, C. y E. Derbez (2020). *Machismos cotidianos.* México: Grijalbo.

De Miguel, A. (2005). *Teoría feminista: de la Ilustración a la globalización,* 3 t. Madrid: Minerva Ediciones (Biblioteca Nueva, colección Estudios sobre la Mujer).

_____ (2015). *Neoliberalismo sexual. El mito de la libre elección.* Madrid: Cátedra.

De Pizan, Cristina (2000). *La Ciudad de las Damas,* trad. de Marie-Jose Lemarchand. Madrid: Siruela.

Del Palacio, C. (2010). *Adictas a la insurgencia.* México: Punto de Lectura.

_____ (2018). *Leona.* México: Planeta.

_____ (2015). "La participación femenina en la Independencia de México", en *Historia de las mujeres en México.* México:

Instituto Nacional de Estudios Históricos de las Revoluciones de México.

Derrida, J. (1994). *Márgenes de la filosofía*. Madrid: Cátedra.

Diego C. y D. Becker (2016). Sor Juana Inés de la Cruz y el concepto de estudio. Ponencia presentada en el 3er Congreso Latinoamericano de Filosofía de la Educación.

Federici S. (2018). *El patriarcado del salario. Críticas feministas al marxismo*. Madrid: Traficantes de Sueños.

Fraisse, G. (1991). *Musa de la razón*. Madrid: Cátedra.

Galtung, J. (1996). "Violencia, paz e investigación para la paz", en *Sobre la paz*. México: Fontamara.

Garrido Rodríguez, C. (2021). "Repensando las olas del feminismo. Una aproximación teórica a la metáfora de las olas", en *Investigaciones Feministas*, 12(2): 483-492.

González, R. (2015). "Las mujeres durante la Reforma", en *Historia de las mujeres en México*. México: Instituto Nacional de Estudios Históricos de las Revoluciones de México.

Guillermoprieto, A. (2020). *Será que soy feminista*. México: Random House.

Heise, L. (1994). *Violencia contra la mujer. La cara oculta de la salud*. Washington: Programa sobre la Mujer, Salud y Desarrollo, Organización Panamericana de la Salud.

Hendel, L. (2020). *Violencias de género. Las mentiras del patriarcado*. Buenos Aires: Paidós.

Herrera Gómez. C. (2018). *Mujeres que ya no sufren por amor. Transformando el mito del amor romántico*. Madrid: Los Libros de la Catarata.

_____ (2019). *Hombres que ya no hacen sufrir por amor. Transformando las masculinidades*. Madrid: Los Libros de la Catarata.

Hooks, B. (2020). *Teoría feminista de los márgenes al centro*. Madrid: Traficantes de Sueños.

_____ Avtar Brah, Chela Sandoval Gloria Anzaldúa (2004). *Otras inapropiables. Feminismos desde las fronteras.* Madrid: Traficantes de Sueños

Irigaray, L. (2007). *Espéculo de la otra mujer.* Madrid: Akal.

Jaiven, A. (2011). "Emergencia y trascendencia del neofeminismo", en *Un fantasma recorre el siglo. Luchas feministas en México, 1910-2010.* México: Universidad Autónoma Metropolitana-Xochimilco/Ítaca /Conacyt/El Colegio de la Frontera Sur.

_____ (2015). "La historia de las mujeres, una nueva corriente historiográfica", en *Historia de las mujeres en México.* México: Instituto Nacional de Estudios Históricos de las Revoluciones de México.

Kelly, L. (2004). *Las mujeres de la Revolución francesa.* Madrid: Javier Vergara.

Lagarde, M. (1990). *Los cautiverios de las mujeres: madresposas, monjas, putas, presas y locas.* México: Siglo XXI Editores.

_____ (2020). *Género y feminismo: desarrollo humano y democracia.* Madrid: Horas y Horas.

_____ (2020). *Claves feministas para la autoestima de las mujeres.* México: Siglo XXI Editores.

_____ (2022). *Claves feministas para la negociación en el amor.* México: Siglo XXI Editores.

Lamas, M. (1986). La antropología feminista y la categoría de género. *Nueva Antropología*, VIII(30): 173-198.

Lerner, G. (1986). *The Creation of patriarchy.* Oxford: Oxford University Press.

Londoño, A. (1992). *Hacia una ética de amor propio en las mujeres.* Cali: Grupo Latinoamericano de Trabajo OS/OMS.

Mckinsey & Company (2022). *Paridad dispareja. Women Matter México 2022.* Disponible en ≤*https://womenmattermx.com/document/Paridad%20dispareja.pdf*≥.

Martín-Gamero, A. (1975). *Antología del feminismo. Introducción y comentarios*. Madrid: Alianza Editorial.

Marcal, K. (2017). *¿Quién le hacía la cena Adam Smith? Una historia de las mujeres y la economía*. Barcelona: Debate.

Maslow, A. (1943). "A Theory of Human Motivation", en *Psychological Review*, 50(4): 370-396.

Mata Montes de Oca, Ma. Cristina (2015). "Mujeres en el límite del periodo virreinal", en *Historia de las mujeres en México*. México: Instituto Nacional de Estudios Históricos de las Revoluciones de México.

Medina-Vicent, M. (2014). "El papel de las trabajadoras durante la industrialización europea del siglo XIX. Construcciones discursivas del movimiento obrero en torno al sujeto 'mujeres'", en *Fórum de Recerca*, 19: 149-163.

Mellor, M. (2000). *Feminismo y ecología*. México: Siglo XXI Editores.

Mendoza, B. (2014). "Colonialidad del género y epistemología del Sur", en *Ensayos de crítica feminista en Nuestra América*. México: Herder.

Mies, M. y S. Vandana (1998). *"Del porqué escribimos este libro juntas"*, en *Miradas al futuro*. México: PUEG/CRIM/CP.

Millet, K. (2017). *Política sexual*, trad. de Ana María Bravo. Madrid: Cátedra.

Moya, S. (2020). *Juana Inés de Asbaje y Ramírez. Pasión disruptiva*. México: edición de autor.

mujeres en la Revolución Mexicana, 1884-1920, Las. México: Instituto Nacional de Estudios Históricos de las Revoluciones de México/Instituto de Investigaciones Legislativas de la Cámara de Diputados.

Nájera, E. (2010). ¿Feminismo de la igualdad y feminismo de la diferencia? *Revista Feminismo/s*, 15: 9-14.

Nicolás, G. (2013). "Feminismos, concepto sexo-género y derecho", en *Análisis feminista del Derecho. Teorías, igualdad, interculturalidad y violencia de género*. Barcelona: Publicacions i Edicions UB (colección Transformacions).

Ochoa, K. (2018). "Feminismos de(s)coloniales", en *Feminismos de(s)coloniales. Conceptos clave en los estudios de género*, vol. 2. México: Universidad Nacional Autónoma de México.

Offen, K. (2015). *Feminismos europeos, 1700-1950. Una historia política*. Madrid: Akal.

Osbrobe, R. y C. Molina (2008, 15 de junio). "La evolución del concepto de género", en *Empiria. Revista de Metodología de las Ciencias Sociales*, 15: 147-182.

Otegui, R. (1999). "La construcción social de las masculinidades", en *Política y Sociedad*, 32: 151-160.

Ozouf, M. (1995). *Les Mots des suffragettes*, París: Fayard.

Pateman, C. (1995). *El contrato sexual*. Barcelona: Anthropos.

Paz, O. (1982). *Sor Juana Inés de la Cruz o las trampas de la fe*. México: Fondo de Cultura Económica.

Peniche, P. (2011). "Elvia Carrillo Puerto, su vida, sus tiempos y relaciones peligrosas con los caudillos de la Revolución mexicana", en *Legajos*, 9: 85-104.

Posada, L. (2012). *Sexo, vindicación y pensamiento*, Madrid: Huerga & Fierro Editores.

Poulain de La Barre, F. (1993). *De la educación de las damas*. Madrid: Cátedra.

Puleo, A. (2000). *Filosofía, género y pensamiento crítico*. Valladolid: Universidad de Valladolid/Secretariado de Publicaciones.

_____ (2005). "El patriarcado: ¿una organización social superada?", en *Temas para el debate*, 133: 39-42.

_____ (2011). *Econofeminismo para otro mundo posible.* Madrid: Cátedra.

Radford, J. y D. Russell (1992). *Femicide. The Politics of Women Killing.* Nueva York: Twayn Publishers.

Reverter, S. (2003). La perspectiva de género en la filosofía. *Revista Feminismo/s,* 1: 33-50.

Revuelta, I. (2021). *Hijas de la historia. Las mujeres que construyeron a México.* México: Planeta.

Rich, A. (1980). Compulsory heterosexuality and lesbian existence. *Journal of Women Culture and Society,* 15(3): 11-48.

Rocha, M. (2001). Las mexicanas en el siglo XX", en *Mujeres mexicanas del siglo XX. La otra revolución.* México: Universidad Nacional Autónoma de México/Edicol.

Rodrigáñez, C. (2008). *Pariremos con placer.* Murcia: Ediciones Crimentales.

Rodríguez, R. (2015). "Los derechos de las mujeres en México", en *Historia de las mujeres en México.* México: Instituto Nacional de Estudios Históricos de las Revoluciones de México.

_____ (2019). *La mujer molesta. Feminismos postgénero y transidentidad sexual.* Madrid: Ménades Editorial.

Romero, R. (2019). *In Memoriam:* Kate Millet, un hito clave en la tradición feminista. *Encrucijadas.* Revista de Ciencias Sociales, 17: 179-217.

Rubin, G. (1975). "The Traffic in Women: Notes on the Political Economy of Sex, en *Toward an Anthropology for Women.* Nueva York: Monthly Review Press.

Russell, D. (2005). *Definición de feminicidio y conceptos relacionados. Feminicidio, justicia y derecho.* México: Comisión Especial para Conocer y Dar Seguimiento a las Investigaciones Relacionadas con los Feminicidios en la República Mexicana y a la Procuración de Justicia Vinculada.

Seager. J. (2018). *La mujer en el mundo. Atlas de la geografía feminista*. Barcelona: Grijalbo.

Segato. R. (2016). *La guerra contra las mujeres*. Madrid: Traficantes de Sueños.

Segués, P. (2019). *5000 años de Misoginia*. México: Turner.

Scott, J. (2002). El género: una categoría útil para el análisis histórico. *Revista del Centro de Investigaciones Históricas*, 14: 9-45.

Seoane, J. (comp.) (1993). *Condorcet, De Gouges, De Lambert y otros. La Ilustración olvidada. La polémica de los sexos en el siglo XVIII*, edición de A. Puleo. Madrid: Anthropos.

Staples, A. (2015). "Mujeres ilustradas mexicanas", en *Historia de las mujeres en México*. México: Instituto Nacional de Estudios Históricos de las Revoluciones de México.

Stoller, R. (1968). *Sex and Gender: On the Development of Masculinity and Femininity*. Toronto: Maresfield Library.

Suárez, J. y R. Rivas (2017). *Juana C. Romero, mujer extraordinaria en la historia de México*. México: edición de autor.

Tirado, G. y E. Rivera (coords.) (2015). *Seguir las huellas. Hacia el Centenario del Primer Congreso Feminista 1916-2016*. Puebla: Benemérita Universidad de Puebla.

Tolson, A. (1977). *The Limits of Masculinity*. Nueva York: Harper & Row.

Tomalin, C. (2011). *Vida y muerte de Mary Wollstonecraft*. Barcelona: El Viejo Topo.

Valcárcel, A. (2008). *Feminismo en el mundo global*. Madrid: Cátedra/Universitat de València.

Varela, N. (2005). *Feminismo para principiantes*. Barcelona: Ediciones B.S.A.

_____ (2017). *Cansadas. Una reacción feminista frente a la nueva misoginia*. Barcelona: Ediciones B.

_____ (2019). *Feminismo 4.0, La cuarta ola*. Barcelona: Ediciones B.

Vega, A. (2015). *El tratamiento de la violencia contra las mujeres en los medios de comunicación*. Santiago: Instituto de la Comunicación e Imagen, Universidad de Chile.

Velázquez, M. (2003). "Hacia la construcción de la sustentabilidad social: ambiente, relaciones de género y unidades domésticas", en *Género y medio ambiente*. México: Plaza y Valdés.

Vila, F. (1999). Genealogías feministas. Contribuciones de la perspectiva radical a los estudios de las mujeres. *Política y Sociedad*, 32: 43-51.

Villaneda, A. (1994). *Juana Belén Gutiérrez de Mendoza, 1875-1942: "Justicia y Libertad"*. México: Documentación y Estudios de Mujeres.

Villegas, G. (2003). Otra mirada al 68: mujeres universitarias en Puebla. *Graffylia. Revista de la Facultad de Filosofía y Letras*, 39: 179-207.

Vivas, E. (2020). *Mamá desobediente. Una mirada feminista a la maternidad*. Buenos Aires: Godot.

Wollstonecraft, M. (1994). *Vindicación de los derechos de la mujer*. Madrid: Cátedra.

AGRADECIMIENTOS

Quiero hacer patente mi gratitud a todas y cada una de las mujeres, muchas feministas y otras no, pero que me tendieron la mano, abrieron puertas, señalaron caminos, me enseñaron algo cuya huella de alguna manera está en este libro, compañeras y amigas de la Red de Mujeres en Plural y de 50+1, especialmente a Margarita Dalton, Tere Hevia, Nadine Gasman, Nayma Enríquez, Carmelita Sibaja, Zaira Hipólito, Lorena Robles, María Elena Chapa (q. e. p. d.), Mary Carmen Alanís, Fabiola Alanís, Angélica de la Peña, Leticia Bonifaz, Mónica Soto, Paz López Barajas, Diva Gastelum, Nena Orantes, Mariana Benítez, Paty Olamendi, Malú Mícher, Olga Sánchez Cordero, Dulce María Sauri, Beatriz Paredes, Paty Mercado, Ana Lilia Herrera, Kenia López, Jeanine Otálora, Adriana Favela, Carla Humphrey, Claudia Zavala, Dania Ravel, Margarita Guillé, Alicia Ocampo, Claudia Trujillo, Aurora Aguilar, Claudia Alonso, Muriel Salinas, Claudia Castello, Beatriz Cossío, Lucero Saldaña, Martha Tagle, Lore Villavicencio, Lourdes Melgar, Beatriz Zavala, Marcela Torres, Adriana Ortiz, Maru López Brun, Amalia García, Claudia Corichi, Ady García, Tere Incháustegui, Gabriela Villafuerte, Laura Cerna, Gloria Ramírez, Janette Góngora, Alejandra Rojas, Pola Peña, Lucía Lagunes, Cristina Renaud, Rosario Guerra, Ceci Lavalle, Ivonne

Melgar, Elisa Alanís, Laura Castellanos, Blanca Gámez, Amalia García, Lorena Cruz, Cristi Alcayaga, Ana Lilia Cepeda, Lía Limón, Mariana Gómez del Campo, Maricela Contreras, Miriam Hinojosa, Lorena Martínez, Mónica Villicaña, Gaby Williams, Mónica Tapia, Milagros Herrero, Ana Mireya Santos, Rogelia González, Rosy Castro, Angélica Araujo, Nashieli Ramírez, Cora Amalia Castilla, Natalia Rivera, Mirza Flores, Angélica Nadurille, Lorena Martínez, Mariana Niembro, Marifer Rodríguez, Ceci Tapia, Lourdes Pacheco, Elizabeth Aguilar, Elsa Conde, Olga Haydée Flores, Wendy Briseño, Rocío García Olmedo, Wendy Figueroa, Edith Ávila R., Norma Pérez V., Lety Gutiérrez, Rocío Medrano, Claudia de Buen, Dora Talamante, Rosalinda Ávila, María Eugenia y Paty Villanueva, Stela Fraginals, Conchita Villalobos, María Antonieta Chagoya (q. e. p. d.), Toñita Chagoya, Mina Fernández, Nieves García, Liz Santiago, Miriam Ladrón de Guevara, Celia Florián, Olga Cabrera, Ale Garza, Geo Meneses, Lila Downs, Vanessa Santiago, Isabel Chagoya, Nydia Delhi Mata, Yoanni Sánchez, Kelmic Hernández, Karina Ricci, Suhail Suárez, Elizabeth Bautista, Araceli Pinelo, Rita Bell López Vences, Titi Espejo, Bety Rodríguez, Viri Manzano, Dena Chagoya.

A todo mi equipo de la Secretaría de las Mujeres de Oaxaca (SMO), por su enorme esfuerzo y compromiso, y a mis compañeras de batallas en Oaxaca: Angélica Avilés (q. e. p. d.), Edna Liliana Sánchez, Raquel Alberto, Ana Edith Ortiz, Sara Flores, Gaby Loaeza, Elizabeth Benítez Cristóbal, Danelly Reyes, Reyna Carreño, Nadxielli Santiago, Jesusita Bautista, Mayté Cruz, Karen García, Iris Segura, Monse Hernández, Nayeli Martínez, Janet Almaraz, Tania Méndez, Paola Grijalva, Roxana Mendoza, Letty Ojeda, Aurelia Bermúdez, Elsy Méndez, Elena Ramírez, Paty Flores, Azalia Martínez, Lupita Reyes, Laura Zárate, Eva

Rodríguez, Jaquelina Escamilla, Seydi Silva, Sandra Basurto, Areli Hernández, Erika Granados, Ibeth Henríquez, Naye González, Maricela Alanís, Vianny López, Citlali Bautista, Zenelly Monterrubio, Julia Reyes, Teresita Lorenzo, Rachel Ramírez, Yolanda Salgado, Perla Carreño, Chela Calvo, Alma Delia Cuevas, María Magdalena Martínez, Oreli Feria, Fátima Santiago, Nidia Esteva, Mariana Aragón, Nadxielli Ochoa, Perla Vásquez, Alicia Mendoza, Ira Velasco, Ana María Robles, Anel Zafra, Nallely Peña Brissol Martínez, Elizabeth Gómez, Rosario Sánchez Pacheco, Karina Trápaga, Rosa Bertha Simón.

A mis colaboradores cercanos, a quienes estudiar la perspectiva feminista también les ha servido para su propia deconstrucción, a quienes por años he compartido trabajo y grandes retos. Gracias, Giovanni Zúñiga, Gregorio Robles y Armando Frías. Y por supuesto, a Chava (q. e. p. d.), Migue, Leo, Ciro, Edwin, Pascacio, Gregorio, Luis, Manuel, Ángel, Emmanuel. También a Martha, Lupita, Elena, Isela, Jessica, Gaby, Cheli, Paula, Ludy, Tere, Fernanda, Lupita, Fany, Jessica, Feli y Ciri por su gran dedicación.

Y a quienes me apoyaron desde su trinchera: Nancy Flemming, Blanca Aranda, Rosario Villalobos, Aleida Chagoya, Luz María Andrade, Laura María Cruz Kavanagh, Ivonne Gallegos (q. e. p. d.), Sonia Ramírez, Claritza Pineda, Jocabed Betanzos, Imeonel Morales, Ely Ureña, María de la Luz Candelaria Chiñas, Brenda Domínguez, Mayra Morales, Niz Yamille Gómez, Rosa Nidia Villalobos, Monse Heinze, Nadia Clímaco, Blanca Islas, Micaela Guzmán, Mara González, Anayanci Bravo, Karla Díaz, Mayleth López, María Bastidas, Nora García, Mirna López, Noemí Agapito, Cristina Velásquez, Ita Bico Cruz, Sheila Sánchez, Dulce Maza, Marusia López, Karina Martínez, Pilar Nava, Gladys Santiago, Luz Elva Rodríguez, Marisela Pérez,

Amanda Calips Mejía, Annie Lorenzo (q. e. p. d.), Stella Camargo, Pilar Monterrubio, Amelia Portes Gil, Lety Vasconcelos, Adelita Santiago, Martha Aparicio, Irma Leal, Mayra Cavero, Arabella Hernández, Karla Morales, Nelly Pérez, Arizandi Robles, Ivette del Río, Liz Rojas, Aleida Escamilla, Amable Cecilia Cruz, Miriam Cruz, y a todas las que alguna vez fueron enlaces de las Unidades de Género.

A mis aliadas y amigas de la Federación Nadine Gasman, Fabiola Alanís, Martha Ferreyra, Luz Rosales, Marian González, Sandra Samaniego, Ale Frausto, Lucina Jiménez, Gaby Rodríguez, Karina Barón. Y a Belén Sanz de la ONU.

A Alejandro Murat, por abrirme una puerta para regresar a mi tierra y tener una actitud comprometida con la agenda de la construcción de la igualdad. A mis compañeros de gabinete que realmente se sumaron a esa agenda, pero especialmente a mis sororas aliadas laborales, con quienes coincidí en el gabinete estatal: Gaby Velásquez, Miriam Liborio, Sofía Castro, Mariuma Vadillo, Yolanda Martínez, Adriana Aguilar, Mariana Nassar, Eufrosina Cruz, Helena Iturribarría, Nayelli Hernández, Dalia Baños, Virginia Sánchez, Edith Aparicio, Claudia Silva y Karla Villacaña y Caro Monroy. Celebro que hayamos caminado el último tramo ya con un gabinete paritario.

A mis mentoras y amigas de SOSTEN, María de las Heras (q. e. p. d.), Margarita Jiménez, Rosario Robles, Laura Carrera, Rocío Bolaños y a Rodrigo, Roberto y Sergio por todos los años compartidos.

A mis colegas en los 32 estados de la República mexicana, Paty Cárdenas, Berenice Serrato, Edna Guadalupe García, Karla Pedrin, América Rosas, Vania Kelleher, Ingrid Gómez S., Caty Suárez, María Mandiola, Alejandra Terrones, Martha Hilda González, Anabel Pulido, Violeta Pino, Bertha Rodríguez,

Paola Lazo, Margarita Morán, Tamara Sosa, Marisol Kuri, Tere Guerra, Mireya Scarone, Nelly Vargas Pérez, Margarita Cisneros, Diana Luz Gutiérrez, Rocío Villafuerte, María Cristina Castillo, Zaira Villagrana, Flor Dessiré León, Alicia Leal, María Herrera Páramo, Nancy Gutiérrez, Silvia Damian López, Conchita Hernández, Mariana Martínez, Blanca Saldaña, Valeria Guerrero, Laura Elena Estrada, Ceci Reyes, Adriana Rivero Garza, Claudia Padilla, Emma Saldaña, Erika Velázquez, Mayra Martínez, Adlemi Santiago, Mónica Bedoya, Lourdes Mercado, Lourdes Martínez, Mónica Díaz, Angélica Zárate, Mónica Silva Imelda Montaño, Katy Salinas, Georgina Regalado, Nuria Hernández, Margarita Blackaller, Laura González, Isela Chávez, Lorena Rubí Meza, Graciela Guadalupe Buchanan, Laura Paula López, María Hadad Castillo, Gloria Serrato, Marcela García, María Elena Figueroa, Francia Quiroga, Adriana Ortiz, Isabel Sánchez Holguín, Melissa Vargas, Lety Romero, Tere Incháustegui, Alaine López y Erika Estrada, que a lo largo de cinco años me brindaron su apoyo y sororidad.

A quienes tanto me han enseñado y ayudado en diversos momentos, Blanca Heredia, Valeria Uribe, Rebeca Vargas, Andrea Foncerrada, Valeria Moy, Fátima Masse, Edna Jaime, María Elena Morera, Alejandra Haas, Adriana Labardini, Nancy Cárdenas, Lidia López, Paula Hurtado, Marisol Vázquez, Soraya Zurita, Flavia Freidenberg, Claudia Calvin, Eunice Rendón, Beatriz Leycegui.

A las diputadas que desde las Comisión de Igualdad o desde otra posición en el Congreso local me brindaron su apoyo, Mariana Benítez, Gaby Pérez, Liz Concha, María Luisa Matus, Laura Estrada, Nancy Benítez, Connie Rueda, Rosalina López, Ysabel Herrera, Miriam Vázquez, Eva Diego, Laura Vignon, Xóchitl Jazmín Velázquez, Liz Arroyo, Adriana Altamirano,

Haydée Reyes, Rocío Machuca, Hilda Pérez Luis, Elim Antonio, Elisa Zepeda, Ale García Morlán, Aleida Serrano, Griselda Sosa, Yarith Tanos, Felícitas Hernández, Maritza Scarlett Vásquez, Lilia Mendoza Aurora López Acevedo, Inés Leal, Gloria Sánchez, Delfina Guzmán.

Gratitud enorme a las académicas, expertas y activistas de las que tanto he aprendido: Marcela Lagarde, Amelia Valcárcel, Rosa Cobo, Ana de Miguel, Beatriz Ranea, Antía Pérez, Diana Maffía, Martha Lamas, Alejandra Serret, Aimé Vega, Luisa Posada, Alda Facio, Coral Herrera, Karina Ochoa, Ana Lau Jaivén, Patricia Galeana, Suhayla Bazbaz, Rosemary Basberet, Sara Pérez Cabrerizo, Ana Parroche Escudero, Josefina Aranda, Mary Goldsmith, Andrea Medina Rosas, Esther Vivas, Patricia Segués, Edurne Ochoa, Patricia Ravelo, Georgina Cárdenas, Eva Margarita Moya, Susana Leticia Báez Ayala, Silvia Chávez Baray, Patricia Janeth de los Santos Chandomí, Lizeth Pérez Cárdenas, María del Pilar Cruz Pérez, Valeria López Vela, Laura Valladares, Laura Edith Saavedra Hernández, Paloma Bonfil Sánchez, Karolina M. Gilas, Adriana Báez, María José Binetti, Melissa Guerra, Samantha Páez, Tere Martínez Trujillo, Nazly Borrero, Andrea Cervantes, Arianna Olvera, Nancy Lysbet Flores, Iraís Soledad Ruiz, Paula Sesia, Lina Berrio, Anabel García Morales, Gisela Zaremberg, Nancy Castañeda, Rocío Restaino, Alejandra Sánchez Guzmán, Olivia Tena Guerrero, Samantha Páez Guzmán, Atenea Acevedo, Citlali Murillo, Cecilia Toledo Escobar, Gabriela Porras Rangel, María Cristina Montejo Briceño, Virginia García Beaudoux, Naidel Ardila, Amparo Rodríguez Reyes, Editha Matías, Anali Escotto, Dulce Lethian Bernal Pérez, Jessica Adler, Saraí Aguilar, Alma Mónica Almaraz, Mónica Falcón, Aurelia Gudiño, Marcelina Bautista, Romina Sánchez Torassa, Silvia Lorena Macías, Rutilia Rodríguez,

Esther Salazar, Sahara Yaship Zamora, Ma. Cristina Montejo Briceño, María Candelaria May Novelo, Paola Alcázar Romero, Jenny Godínez, Julieta Altamirano Crosby, María Guadalupe Zamora Alatorre, Claudia Rosario Galindo, Jatsume Gainza, Deniss Arandia, Ximena Avellaneda, Angélica Ayala, Rocío Blancas, Vilma Katt, Olimpia Coral Melo, Arussi Unda, Mar Grecia Oliva, Adriana Reyes Flores, Haydee Ramos, Iliana Rasgado, Lucía Cristal Laredo, Yuyé Hernández, Hadasa Yamile Dzul Uuh, Monserrat Gamboa, Josefina Ríos, Janet León, María de Jesús Pérez, Soledad Venegas, Tere Ulloa, Estefanía Vela Barba, Alejandra Betanzo, Cecilia Liotti y Alexandra Uribe, con quienes he tenido productivas conversaciones acerca del feminismo y otros temas relevantes para las mujeres de hoy.

A los hombres comprometidos con la causa feminista con los que he coincidido en talleres y cursos, como Misael García, Pablo Navarrete, Juan Carlos Pinacho, Ricardo Ruiz Carbonell, Benno de Keijzer, Yair Maldonado, Alfonso Carrera, Gabriel Licea, Juan Carlos Escobar, Sergio Zúñiga Ortega, Hernán García, Manuel Hernández, Jacobo Domínguez.

Para cerrar con broche de oro, mi agradecimiento profundo a mis amigas de años de ese chat que se fue ampliando y convirtiendo en un espacio de reflexión y de risa, de *netas*, un círculo siempre sororo, donde el feminismo también ha dejado su huella. Gracias Lili, Laura, Guada, Kathy, Natalia, Sandra, Mari Carmen, Pilar, Eunice, Elsa, Mariana, María Cristina, Jane y Zahie.

A mis otras comadres, Adriana Gutiérrez, Gaby Carbajal, Emma Diez, por su cariño, viajes y grandes conversaciones. A Alicia Parra, por buenos momentos compartidos en tantos años. A las y los integrantes de la banda pilla, especialmente amigas cercanas desde la primaria, secundaria o prepa, Mere,

Adrianita, Ana Martha, Georgina, Aurora, Rosi, Titi, Jeanette, Iris (q. e. p. d.), Claudia, Kikis. También a Susi Harp, Migue Corres, Evelyn, Mago y la Güera Fuentes. A quienes me abrieron sus puertas y me apoyaron tanto en mi regreso a Oaxaca, Analicia y Vanessa, Lety V, Pili, Pau y Hugo, Renata y Renzo, Letty y Abel, Gaby y Raúl, Jeanette y Luciano Nora, Edna. A quienes conozco hace menos tiempo, pero ya son como hermanas: Goga, Ana Laura, Ingrid, Dulce, Moni, Laura, Estela, Dena, Mariana y todo el grupo del "Aquelarre". A las chicas de mi círculo de mujeres, especialmente a Melissa, por apoyarnos a sostenerlo.

A mis entrañables amigas y amigos del Foro Convivid, proyecto que creamos en la pandemia y que nos abrió caminos nuevos y bellos momentos. Gracias Ainhoa, Caro, Cecil, Carmen, Fabi, Gaby, Ceci, Tere, Shakti, Magda, Irma, Francisco y Lázaro, Angie.

A amigas y amigos itamitas: Mon, Cybele, Pilar, Rosalba, Lulú, Julio y Nanen, Carlos y Fran, Adolfo y Rosalba, Rafa Susi, Eric, Alex, Tati, el tío, Abraham, Virgilio, Jaime, Luis, Rafa, Claudio (q. e. p. d.), Ale, Ana Lucía, Cachis, Vero, Sara Arce, Laura Reyna, Paloma Franco, Alexandra Uribe, Ana Paula Domínguez, Laura Ballesteros, Adriana González. A Federico Estévez, Alonso Lujambio, Leopoldo Gómez, Luis Aguilar, profesores que promovieron mi curiosidad intelectual y crítica.

A quienes desde el posgrado me brindaron su amistad, especialmente a los dos Pacos, Lauro, Leo, Robbie, Federico, Momo, Mau, Bernie, Adrián, José Luis, el norteño y especialmente a Jorge y Luis Carlos.

A las Martínez Corres, y a las Parcero López, dos clanes sororos con quienes me une una amistad larga y entrañable.

A Alfredo O (q. e. p. d.) y las amigas de LQP. A Jesús Piña, Caro Villalobos, Nacho Martínez, Agustín Gómez, Krishna Gómez, Paty Millán, Fernanda Sierra, Juana María Hernández,

Joel Sánchez, Silvia Gómez, Benito Martínez (q. e. p. d.), Isela Fernández, Cristi Torres, Dieter le Noir, Enrique Roberts, Gaby Torres, Ana Ramos, Juan Carlos Dávila, por ayudarme y apoyarme en momentos clave. A Ricardo por ser y estar.

A Karina, Donald, Marisol, Cuau, Rafa, Karen, Bea, Mario, Lucy F., Susi C., Mary Tere y Ceci, y a todas mis primas y primos, por momentos entrañables en la vida.

A Leydi, Bere, Lety, Rocío, Soco, Mary, Angelita e Isabel, por apoyarme con sus cuidados y permitirme recorrer caminos que no habrían sido posible sin su ayuda.

A Mariana Aragón por su gran contribución en la investigación e ideas para el libro.

A Roberto Banchik, quien desde hace años me había animado a escribir. ¡Me tardé, pero lo logramos! Y finalmente, a mi maravillosa editora Fernanda Álvarez, por su guía y acompañamiento en este fascinante proceso de que este libro haya visto la luz.

Una vez más, a mi mamá y a Mateo, por todo su amor y paciencia mientras escribí este libro.

¿Feminista yo? de Ana Vásquez Colmenares
se terminó de imprimir en el mes de febrero de 2023
en los talleres de Diversidad Gráfica S.A. de C.V.
Privada de Av. 11 #1 Col. El Vergel, Iztapalapa,
C.P. 09880, Ciudad de México.